企业风险管理数字化转型
方法论与实践

萧达人 著

DIGITAL TRANSFORMATION
OF ENTERPRISE RISK MANAGEMENT

Methodology and Practice

机械工业出版社
China Machine Press

图书在版编目（CIP）数据

企业风险管理数字化转型：方法论与实践 / 萧达人著 . —北京：机械工业出版社，2022.10
ISBN 978-7-111-68924-9

I. ①企⋯ II. ①萧⋯ III. ①金融企业 – 数字化 – 风险管理 – 研究 IV. ①F830.9

中国版本图书馆 CIP 数据核字（2022）第 176916 号

企业风险管理数字化转型：方法论与实践

出版发行：机械工业出版社（北京市西城区百万庄大街 22 号 邮政编码：100037）	
责任编辑：罗词亮	责任校对：薄萌钰　王明欣
印　　刷：北京铭成印刷有限公司	版　次：2023 年 1 月第 1 版第 1 次印刷
开　　本：170mm×230mm　1/16	印　张：26
书　　号：ISBN 978-7-111-68924-9	定　价：129.00 元

客服电话：(010) 88361066　68326294

版权所有·侵权必究
封底无防伪标均为盗版

前 言

为何写作本书

风险广泛存在于社会生活和生产活动中，它既可以带来巨大的损失，也可以带来超额的收益。风险管理像一门艺术，在不同的理念、方法和操作下得到的效果具有很大的差异。笔者在甲方和乙方企业从事风险管理工作时，经常有朋友向笔者咨询一些专业问题，例如：信用风险管理人员需要掌握财务知识吗？信用风险和信贷风险有什么区别？如何构建大数据统计模型？如何设定操作风险监测指标的预警阈值？如何识别和设定流程中的风险点？如何量化操作风险、合规风险和信息科技风险？如何对风险管理进行数字化转型？系统回答这些问题是笔者写作本书的第一个原因。

此外，数字化转型是当今的时代热点。企业经营管理已经从过去30年的电子化、信息化阶段进入数字化阶段，并将基于数字化迈入智能化阶段。这是社会经济和科学技术发展到一定程度的必然趋势。理想情况下，以往电子化和信息化的事项均可以被数字化和智能化再造，可以想象这是一项非常庞大的工程，并且在短期内无法全部完成。从社会和企业转型的发展演变来看，预计数字化和智能化变革还将持续火爆几十年。

无论国家层面、民间还是企业内部，数字化转型已经成为一种共识，特别是国家层面的推动使其更加具有紧迫性和必要性。"数字化转型"是《中华人民共和国国民经济和社会发展第十四个五年规划和2035年远景目标纲要》里的高频词。2020年，国务院国有资产监督管理委员会（以下简称国务院国资委）印发《关于加快推进国有企业数字化转型工作的通知》，大力推动数字化转型工作。2022年1月，中国银保监会发布《关于银行业保险业数字化转型的指导意见》。国家和监管机构的推动，毫无疑问将打开全面的、深入的数字化转型新局面。

虽然数字化转型在 2018 年进入火爆阶段，各行各业掀起了数字化转型浪潮，但是近几年来主要集中在营销、运营和财务等领域。在风险管理领域，信用风险管理的数字化转型是有一定基础的，而其他风险领域的数字化转型则进展相对较慢。关于战略风险、操作风险、流动性风险、组织和人才风险、信息科技风险的数字化转型，市面上缺少先进、统一、成熟的方法论和实施路径规划，这是笔者写作本书的第二个原因。

本书主要内容

本书共 14 章，分为三部分。

第一部分　风险管理和数字化（第 1~4 章）

第 1 章介绍金融科技与风险管理的基础理论、原理和方法，以及从事风险管理需要掌握的数学和财务基础知识；第 2 章介绍金融科技是如何重塑风险管理的，包括创新金融科技监管、金融科技应用项目、金融科技带来的风险、金融科技推动风险管理变革等；第 3 章介绍风险管理和内部控制的变革理论，提出了变革的方法和方向，为数字化转型做好铺垫；第 4 章介绍风险管理数字化转型方法论，这是笔者通过对风险管理和数字化相关理论、自身研究和经验、行业转型实践等进行融合与总结分析得出的。

第二部分　核心风险管理及其数字化转型（第 5~11 章）

本部分用 7 章分别详细论述了 7 种核心风险的基本概念、发展、常见问题和风险点、重点工作、数字化转型方法。

本部分的战略风险管理方面（第 5 章）提出了相关的数字化转型管理框架，弥补了市场上战略风险管理理论和方法的空白；信用风险管理方面（第 6 章）介绍了大数据建模的方法论、高级计量方法和风险中台等，这是很多业内人士苦苦寻找的内容；操作风险管理方面（第 7 章）提出了全面的风险计量方法和数字化转型方法；流动性风险管理方面（第 8 章）则提出了多种定性和定量的管理方法，这是数字化转型的基础；洗钱风险管理是近年来监管和金融机构的热点，这方面内容（第 9 章）迎合了行业趋势；组织和人才风险管理方面（第 10 章）提出了许多新颖的变革观点和数字化转型思路；信息科技风险管理方面（第 11 章）提出了一套完整的风险指标体系和数字化转型方法。

第三部分　数字化转型专题（第 12~14 章）

本部分共 3 章，每章选取一个热点专题阐述数字化转型。

第 12 章介绍战略级流程风险体系的数字化转型。构建和优化流程体系是风险管理的一种基本形式，本章提出了在传统流程管理基础上优化得到的数字化流程风险管理方法。

第 13 章介绍信贷业务和数字化信贷管理转型。信贷业务及其管理本质上是信用风险和操作风险的集合，是商业银行和类银行机构的核心经营领域。本章从经典信贷流程和核心信贷管理出发，逐步阐述相关概念、流程、业务规则和数字化转型方法。

第 14 章介绍数字化信贷产品设计。本章内容是全书的一大亮点。在市面上极少看到详细的信贷产品设计方法论，本章在一定程度上弥补了这一缺憾。

本书特色

本书紧贴社会热点，理论结合实践，以数字化转型的角度切入风险管理并提出了风险管理数字化转型的方法论和实施路径，融入了笔者对于风险管理转型变革的思考。本书的主要特色如下。

1）以风险管理数字化转型为主轴组织全书各章内容，无论第一部分的金融科技，第二部分的核心风险管理数字化转型，还是第三部分的数字化转型专题，均紧扣主题进行内容规划。

2）市面上的风险管理图书更多聚焦于信用风险、操作风险领域，而关于战略风险、洗钱风险、组织和人才风险、信息科技风险的图书极少。本书希望能够为这些领域的发展出谋划策，提出了相关内容的理论知识、实践操作和转型方法。

3）将风险管理所需的数学、财务、科技三个领域的知识融入数字化转型主题中，解决了市面上现有风险类图书缺乏这些内容的问题。数学、财务和科技知识技能既是风险管理的重要知识领域，也是实现数字化转型的基础，许多风险管理从业人员往往在这三个领域存在能力缺陷。

4）信贷管理和信贷产品设计一直是风险管理领域最核心的模块，该模块相关的知识和技能是各家企业重点保护的对象，对于很多从业者来说是一个"黑盒"。本书作者基于自己的甲方和乙方企业信贷工作经验，以简洁、通俗的语言介绍了信贷管理和信贷产品设计的基本原理、流程和数字化转型方法。

5）风险管理领域一直有一个人人追逐的热点和难点，即大数据建模和智能风控。数据建模及其应用是实现风险管理数字化转型的最重要方式。本书充分吸收了经典的模型类型和建模方法，介绍了信用风险、操作风险、洗钱风险等的统计建模和非统计建模理论与方法。

读者对象

风险管理及其数字化转型的原理、方法和工具在不同行业具有很高的相似性。本书主要适合以下人员阅读：

- 金融行业和非金融行业的风险管理人员、内控合规人员、信贷管理人员、内部审计人员、纪检监察人员、科技管理人员、数字化转型人员；
- 审计、法律和咨询行业的风险管理咨询人员、法律合规咨询人员、内部控制咨询人员、内部审计咨询人员、信息科技咨询人员、数字化转型人员；
- 金融行业相关企业的业务操作人员，如信贷客户经理、理财顾问、投资经理、证券经纪人、保险代理人、信托经理、柜面人员、客服人员；
- 高等院校从事风险管理、合规内控、投资管理等方向的师生；
- 其他对风险管理及其数字化转型感兴趣的人员。

致谢

感谢我的同学和同事对我写作本书的支持。在过往的学习和工作中，大家一起计划、构思、实施了许多咨询和审计案例或项目。通过这些案例或项目，我掌握了风险管理相关的方法和工具。

感谢所有为了理想和情怀而努力奋斗的人们。在这个美好的时代，我们得以静下心来思考和描述社会生活与企业管理中的点点滴滴，并通过有效的方式将其记录下来，作为对社会有用的资产。

Contents 目 录

前言

第一部分 风险管理和数字化

第 1 章 金融科技与风险管理基础 ········ 3

1.1 金融科技与监管科技 ········ 3
  1.1.1 金融科技 ········ 4
  1.1.2 监管科技 ········ 5
1.2 风险管理的基础知识 ········ 7
  1.2.1 风险和风险管理的概念 ········ 7
  1.2.2 风险和风险管理的分类 ········ 8
  1.2.3 风险管理的框架 ········ 11
  1.2.4 风险因素、事件、损失、价值和大小 ········ 13
  1.2.5 风险管理的流程 ········ 14
  1.2.6 风险管理的能力要求 ········ 15
1.3 风险管理的数学知识图谱 ········ 17
1.4 财务分析 ········ 17
  1.4.1 财务分析简介 ········ 18
  1.4.2 财务分析方法 ········ 18
  1.4.3 杜邦分析法、盈利因素驱动模型和财务能力分析 ········ 20
  1.4.4 现金流与折现 ········ 22
  1.4.5 杠杆企业财务估值的常见方法 ········ 23

第 2 章 金融科技重塑风险管理 ········ 26

2.1 金融科技的简要发展历程 ········ 26
2.2 金融科技及其在金融行业的应用 ········ 30
  2.2.1 大数据与风险管理 ········ 30
  2.2.2 人工智能与风险管理 ········ 32
  2.2.3 云计算与风险管理 ········ 33
  2.2.4 区块链与风险管理 ········ 34
  2.2.5 物联网与风险管理 ········ 38
  2.2.6 5G 通信技术与金融 ········ 39
2.3 金融科技监管和监管沙盒 ········ 39
2.4 金融科技常见问题与改进方案 ········ 44
2.5 金融科技推动风险管理变革 ········ 45
  2.5.1 领先金融机构和监管机构的金融科技动态 ········ 45

2.5.2 金融科技带来的风险 ……… 46
　　2.5.3 金融科技推动风险管理
　　　　 变革 …………………… 48

第3章　风险管理的变革 ………… 50

3.1 三道防线理论、COSO框架和
　　 巴塞尔协议 …………………… 50
　　3.1.1 风险管理三道防线理论 … 50
　　3.1.2 COSO企业风险管理框架… 52
　　3.1.3 巴塞尔协议 …………… 54
3.2 风险管理的热点主题 ………… 60
　　3.2.1 数字化风险管理 ……… 60
　　3.2.2 金融科技风险管理 …… 60
　　3.2.3 金融信息安全管理 …… 61
　　3.2.4 员工行为风险管理 …… 61
　　3.2.5 新三道防线模型 ……… 62
3.3 风险管理变革的方向和机制 … 62
　　3.3.1 风险管理的数字化和
　　　　 智能化 ………………… 62
　　3.3.2 风险管理防线的变革：
　　　　 六道风险管理防线 …… 63
　　3.3.3 内部审计助力数字化和
　　　　 金融科技风险管理 …… 64
　　3.3.4 合规基础上的数字化员
　　　　 工行为管理 …………… 65
3.4 内部控制的概念、流程及
　　 演进 …………………………… 65
3.5 内部控制的数字化和智能化 … 69
3.6 内部控制变革的方向及方法 … 73
　　3.6.1 价值定位和职能拓展 … 73
　　3.6.2 加强系统性研究和制定
　　　　 标准 …………………… 74

　　3.6.3 设计定性和定量的管理
　　　　 方法、工具 …………… 75
　　3.6.4 人才培育、技术改造和
　　　　 转型 …………………… 75

第4章　风险管理数字化转型
　　　 方法论总纲 ……………… 77

4.1 数字化转型简介 ……………… 77
4.2 为什么要进行数字化转型 …… 79
4.3 风险管理的数字化转型架构、
　　 方法论和实施路径 …………… 80
　　4.3.1 数字化转型的架构 …… 81
　　4.3.2 风险管理数字化转型
　　　　 方法论 ………………… 82
　　4.3.3 数字化转型的实施路径 … 88
4.4 风险管理数字化转型的
　　 突破点 ………………………… 89
4.5 数字化转型的常见问题及
　　 其改进方案 …………………… 94
　　4.5.1 数字化转型的常见问题 … 94
　　4.5.2 数字化转型常见问题的
　　　　 改进方案 ……………… 95

第二部分　核心风险管理
　　　　 及其数字化转型

第5章　战略风险管理及其
　　　 数字化转型 ……………… 100

5.1 战略和运营的基本概念 ……… 100
5.2 战略风险管理的发展 ………… 103
5.3 战略风险管理的常见问题和
　　 风险点 ………………………… 104

5.3.1 战略风险管理的常见问题 ………………………… 104
5.3.2 战略风险管理的常见风险点 ………………………… 105
5.4 战略风险管理的重点工作 …… 106
5.5 战略风险管理数字化转型 …… 107
5.5.1 战略风险管理数字化转型总框架 ………………… 107
5.5.2 明确战略分析的三个基础 ………………………… 109
5.5.3 开展全面的战略分析 …… 109
5.5.4 战略风险管理的程序 …… 110
5.5.5 战略风险指标体系建设 … 111
5.5.6 战略风险的度量 ………… 112
5.5.7 战略风险的评价和审计 … 114
5.5.8 利用情景分析管控战略风险 ………………………… 117

第6章 信用风险管理及其数字化转型 …………………… 119

6.1 信用风险的基本概念 ………… 119
6.2 信用风险管理的发展 ………… 120
6.3 信用风险管理的常见问题和风险点 ……………………… 121
6.3.1 信用风险管理的常见问题 ………………………… 122
6.3.2 信用风险管理的常见风险点 ………………………… 122
6.4 信用风险管理的重点工作 …… 125
6.5 信用风险管理数字化转型 …… 128
6.5.1 信用风险管理数字化转型总框架 ………………… 129

6.5.2 信用风险数据治理和管理 ………………………… 131
6.5.3 信用风险评级模型开发 … 132
6.5.4 信用风险高级计量方法 … 154
6.5.5 风险中台建设 …………… 156
6.5.6 大数据信贷管理平台建设 ………………………… 157
6.5.7 新兴金融科技的应用 …… 161

第7章 操作风险管理及其数字化转型 …………………… 162

7.1 操作风险的基本概念 ………… 162
7.2 操作风险管理的发展 ………… 164
7.3 操作风险管理的常见问题和风险点 ……………………… 173
7.3.1 操作风险管理的常见问题 ………………………… 174
7.3.2 操作风险管理的常见风险点 ………………………… 175
7.4 操作风险管理的重点工作 …… 181
7.5 操作风险管理数字化转型 …… 181
7.5.1 操作风险管理数字化转型总框架 ………………… 182
7.5.2 操作风险管理三道防线机制的数字化 ………… 184
7.5.3 流程风险管理及操作与风险控制自我评估 …… 185
7.5.4 操作风险关键监测预警指标 ………………………… 189
7.5.5 操作风险损失数据收集 … 196
7.5.6 操作风险的计量 ………… 201

- 7.5.7 操作风险报告的数字化 … 206
- 7.5.8 操作风险审计 … 207
- 7.5.9 操作风险、合规风险和内部控制的整合管理 … 208
- 7.5.10 操作风险数字化管理平台 … 216

第8章 流动性风险管理及其数字化转型 … 217

- 8.1 流动性风险的基本概念 … 217
- 8.2 流动性风险管理的发展 … 219
  - 8.2.1 流动性风险管理理论 … 219
  - 8.2.2 流动性风险管理监管政策 … 220
- 8.3 流动性风险管理的常见问题和风险点 … 221
  - 8.3.1 流动性风险管理的常见问题 … 221
  - 8.3.2 流动性风险管理的常见风险点 … 222
- 8.4 流动性风险管理的重点工作 … 224
- 8.5 流动性风险管理数字化转型 … 226
  - 8.5.1 流动性风险管理数字化转型总框架 … 226
  - 8.5.2 流动性风险管理的治理体系 … 228
  - 8.5.3 流动性风险识别、计量、监测和控制 … 229
  - 8.5.4 融资管理和融资抵（质）押品管理 … 236
  - 8.5.5 流动性风险管理应急演练 … 237
  - 8.5.6 流动性风险管理审计 … 237
  - 8.5.7 流动性风险管理信息系统 … 238

第9章 洗钱风险管理及其数字化转型 … 240

- 9.1 洗钱和洗钱风险的相关概念 … 240
- 9.2 反洗钱监管政策的发展 … 241
- 9.3 反洗钱工作的常见问题和风险点 … 242
  - 9.3.1 反洗钱工作的常见问题 … 243
  - 9.3.2 反洗钱工作的常见风险点 … 244
- 9.4 反洗钱领域的重点工作 … 246
- 9.5 洗钱风险管理数字化转型 … 247
  - 9.5.1 洗钱风险管理数字化转型总框架 … 247
  - 9.5.2 反洗钱工作治理和管理 … 250
  - 9.5.3 洗钱风险判别规则模型的开发 … 251
  - 9.5.4 知识工程和知识图谱在洗钱风险管理中的应用 … 252
  - 9.5.5 AI建模与可疑交易的识别和监测 … 253
  - 9.5.6 反洗钱工作审计和自评估 … 254
  - 9.5.7 反洗钱数字化信息系统建设 … 255

第10章 组织和人才风险管理及其数字化转型 … 256

- 10.1 人力资源管理的基本概念 … 256

- 10.2 人力资源风险管理的发展 ⋯⋯ 258
- 10.3 组织和人才风险管理的常见问题和风险点 ⋯⋯ 259
  - 10.3.1 组织和人才风险管理的常见问题 ⋯⋯ 260
  - 10.3.2 组织和人才风险管理的常见风险点 ⋯⋯ 261
- 10.4 组织和人才风险管理的重点工作 ⋯⋯ 263
- 10.5 组织和人才风险管理数字化转型 ⋯⋯ 264
  - 10.5.1 组织和人才风险管理数字化转型总框架 ⋯⋯ 264
  - 10.5.2 组织和人才风险管理的流程 ⋯⋯ 267
  - 10.5.3 实施人力资源计划模型 ⋯⋯ 268
  - 10.5.4 组织优化和敏捷组织转型 ⋯⋯ 269
  - 10.5.5 绩效考核的设计和数字化管理 ⋯⋯ 271
  - 10.5.6 人力资源三支柱转型和数字化 ⋯⋯ 275
  - 10.5.7 基于 HR-SaaS 服务的数字化转型 ⋯⋯ 276
  - 10.5.8 绩效审计或评价 ⋯⋯ 277

第 11 章 信息科技风险管理及其数字化转型 ⋯⋯ 283

- 11.1 信息科技风险的基本概念 ⋯⋯ 283
- 11.2 信息科技风险管理的发展 ⋯⋯ 284
- 11.3 信息科技风险管理的常见问题和风险点 ⋯⋯ 287
  - 11.3.1 信息科技风险管理的常见问题 ⋯⋯ 287
  - 11.3.2 信息科技风险管理的常见风险点 ⋯⋯ 288
- 11.4 信息科技风险管理的重点工作 ⋯⋯ 292
- 11.5 信息科技风险管理数字化转型 ⋯⋯ 294
  - 11.5.1 信息科技风险管理数字化转型总框架 ⋯⋯ 294
  - 11.5.2 协同信息科技风险管理三道防线 ⋯⋯ 296
  - 11.5.3 信息科技前、中、后台转型 ⋯⋯ 297
  - 11.5.4 信息科技风险的控制 ⋯⋯ 298
  - 11.5.5 信息系统建设合规管理 ⋯⋯ 298
  - 11.5.6 信息系统建设流程管理 ⋯⋯ 301
  - 11.5.7 信息科技风险指标体系建设 ⋯⋯ 303
  - 11.5.8 开展信息科技的全面和专项审计 ⋯⋯ 308

第三部分 数字化转型专题

第 12 章 战略级流程风险体系的数字化转型 ⋯⋯ 310

- 12.1 战略级流程风险体系建设简介 ⋯⋯ 310
- 12.2 战略级数字化流程风险体系建设的框架 ⋯⋯ 311
- 12.3 战略级数字化流程风险体系建设的程序和方法 ⋯⋯ 313

12.3.1 战略的理解和澄清 313
12.3.2 组织架构和岗位体系建设 313
12.3.3 关键领域的识别和梳理 ... 314
12.3.4 战略流程的设计、优化和再造 315
12.3.5 政策制度和流程文件的建设 318
12.3.6 信息系统设计和改造 325
12.3.7 人才激励和绩效考核的设计 326
12.4 流程中风险点挖掘和设置的方法 327
12.5 流程中数据点挖掘和设置的方法 333

第13章 信贷业务和数字化信贷管理转型 335

13.1 信贷业务及其管理简介 335
13.2 信贷业务组织、岗位及其职责 338
13.3 金融科技和数字时代下信贷业务的发展 340
13.4 信贷业务的数字化流程管理 342
  13.4.1 信贷流程 342
  13.4.2 贷前调查 345
  13.4.3 信用评级 348
  13.4.4 审查审批 350
  13.4.5 放款支付 358
  13.4.6 贷后管理 362
  13.4.7 资产保全 366

13.5 客户管理、担保管理、额度管理和押品管理 370
  13.5.1 客户管理 370
  13.5.2 担保管理 376
  13.5.3 额度管理 377
  13.5.4 押品管理 380
13.6 信贷中台建设 383

第14章 数字化信贷产品设计 386

14.1 产品管理能力模型与信贷产品设计概述 386
  14.1.1 产品管理能力模型 386
  14.1.2 信贷产品设计概述 388
14.2 数字化部门、岗位及其职责设计 389
14.3 数字化流程和操作规范设计 392
14.4 数字化信贷产品关键模块设计 394
  14.4.1 贷款产品设计概述 394
  14.4.2 贷款的基本属性设计 ... 395
  14.4.3 贷款的交易结构设计 ... 396
  14.4.4 贷款的关键要素设计 ... 397
  14.4.5 贷款的基本准入规则设计 399
  14.4.6 贷款的交易规则设计 ... 400
  14.4.7 贷后管理设计 400
14.5 数字化零售信用贷款和抵押贷款设计 401
  14.5.1 个人信用消费类贷款 ... 401
  14.5.2 个人房产抵押类贷款 ... 402

第一部分 Part 1

风险管理和数字化

企业提高利润的方向有两个：增加收入和降低成本。粗略地说，战略管理、财务管理、人力资源管理、营销管理等更倾向于增加收入，而风险管理、合规管理、审批管理、审计管理等更倾向于降低成本。但实际上，由风险管理的定义（一个事件发生的可能性及其带来的正面和负面的影响）可知，恰当、科学的风险管理既能增加收入，也能降低成本。这也是各类企业，特别是金融企业在经营管理中将风险管理作为重中之重的原因之一。既然风险管理如此重要，企业势必要投入足够多的资源来确保自身的风险管理水平能够适应内外部环境的发展变化，保持适当的领先性。数字化转型是当今社会的一个发展热点和趋势，在这个热点和趋势的引领下，各家企业开展了轰轰烈烈的数字化转型变革，而风险管理成为数字化转型的核心领域之一。

本部分是本书的引论部分，主要介绍进行风险管理数字化转型所需的金融科技基础、风险管理基础、风险管理变革和转型方法论。读者可以带着以下问题来阅读本部分内容：首先，我们需要了解哪些与数字化转型相关的信息科技知识？其次，风险管理到底是什么？再次，风险管理需要进行什么样的变革？最后，数字化转型变革的方法和路径是什么？

本部分是基础知识，读者务必厘清科技、数学、财务、内部控制等与风险管理的关系，并在此基础上思考自己所在企业的风险管理数字化转型历史、现状及未来方向，为进一步参考本书后面提出的数字化转型方法论制定企业转型规划做好准备。

第 1 章 Chapter 1

金融科技与风险管理基础

要开展风险管理或进行风险管理的数字化转型,必须先了解金融科技和风险管理的基础知识。狭义的金融科技主要包括大数据、云计算、人工智能、区块链、物联网和边缘计算,而广义的金融科技除了上述技术外,还包括传统的信息化技术、移动互联技术和前沿技术等。风险管理的基础至少包括风险的定义、分类、因素、事件、损失和价值以及风险管理的框架、流程、方法和系统等基础概念与核心内容。此外,开展风险管理工作的人员还需要具备必要的数学和财务知识,这些知识是进行风险分析、风险预测和风险决策等关键活动的有力工具。

总体而言,当代风险管理工作十分依赖金融科技所提供的强大的数据、计算、决策、预警和控制能力,金融科技也是风险管理实现数字化转型的基石之一。

本章将介绍金融科技、监管科技、风险管理以及风险管理涉及的数学和财务分析基础知识,这些是风险管理和风险管理数字化转型的入门内容。

1.1 金融科技与监管科技

在传统信息技术基础之上发展起来的金融科技是当今非常热门的概念,而随着金融科技的发展,具有强监管特征的金融行业发展出了相应的监管科技。不过无论是金融科技还是监管科技,均以大数据、人工智能、云计算和区块链等作为重要的技术领域。当然随着社会的发展,不断有新兴的前沿技术出现,并被逐步应用到金融科技公司的经营和监管机构的管理活动中。本节主要介绍金融科技和监管科技的基本概念与分类，熟悉这些内容是进入风险管理数字化转型领域的基本要求之一。

1.1.1 金融科技

金融科技（FinTech）是指运用现代科技成果改造或创新金融产品、经营模式、业务流程等，推动金融创新、提质增效和改善用户体验，是对信息技术与金融业务深度融合背景下的ABCD（人工智能、区块链、云计算、大数据）相关新兴技术的统称。随着信息技术的进一步迭代和创新，金融科技从ABCD时代进入5IABCDE时代（5G通信、物联网、人工智能、区块链、云计算、大数据、边缘计算）。

大数据（Big Data）主要是指海量的不同种类的数据。从应用层面来说，大数据分析就是运用计算机工具对庞大的数据进行设计、获取、存储、处理和分析的全过程。

人工智能（Artificial Intelligence）是指由人类制造出来的机器或者系统所具备的类似人类思维和行为的智能，其研究内容包括认知建模、知识学习、机器感知、机器思维、机器学习、机器推理及应用、机器行为和智能系统等。

区块链（Block Chain）是指一个由不同节点共同参与的分布式共享数据库，可理解为分布式账本、共享数据库、智能合约、点对点价值传输协议的综合，它的技术基础是分布式网络架构和计算，起源于比特币。可以这样简单理解：数据基于特定的规则形成区块，这些区块再基于特定的规则连接起来，形成区块链。

云计算（Cloud Computing）是指利用"云"的资源对大量数据进行计算和处理并将得到的结果返回给用户的技术，其中"云"可以分为公有云与私有云。美国国家标准与技术研究院（NIST）将云计算定义为一种按使用量付费的模式，通过云计算，用户可以随时随地按需从可配置的计算资源共享池中获取网络、服务器、存储器、应用程序等资源。云计算一般可以划分为三种类型：IaaS（基础设施即服务）、PaaS（平台即服务）和SaaS（软件即服务）。

物联网（Internet of Things）的通俗理解是"物体与物体相连而形成的可以进行信息沟通和交流的网络结构"。物联网具体是指利用各种智能感知、定位、识别技术与计算科学的各种装置和工具，以及各种物体或过程的物理、化学、生物、地理等信息，通过各类可能的网络接入，实现物与物、物与人的连接。

5G通信（5th Generation Mobile Network）是具有高速率、低时延和广连接特点的新一代宽带移动通信技术，是对2G、3G、4G和Wi-Fi的改进，也是实现人机物互联、万物互联的网络基础设施。

边缘计算（Edge Computing）是在靠近物体或数据源头的网络边缘侧，融合网络、计算、存储、应用核心能力的分布式开放平台（架构），就近提供边缘智能服务，以满足行业数字化在敏捷连接、实时业务、数据优化、应用智能、安全与隐私保护等方面的关键需求。云计算擅长全局、非实时、长周期大数据的处理与分析，而边缘计算更加适用于本地、局部、实时或短周期数据的处理与分析。

除了上述技术领域之外，金融科技还包括很多子领域，总体来看，其主要的一级和二级领域如图1-1所示。

图1-1　金融科技主要的一级与二级领域概览

1.1.2　监管科技

监管科技（RegTech 或 SupTech）是指金融监管机构和金融企业运用大数据、人工智能、云计算、区块链、物联网、API 技术、密码学等科技及其底层技术进行监管工作，目的是促进监管的合规化、有效化、自动化和智能化。

英国金融市场行为监管局（FCA）最早使用 RegTech 一词并将其定义为解决监管面临的困难、推动各类机构满足合规要求的新兴技术，重点是那些能比现有手段更有效地促进监管达标的技术。一些观点也将 RegTech 叫作"合规科技"，但是监管科技和合规科技是有差异的。巴塞尔委员会认为，合规科技是指金融机构为使得提交的报告符合监管要求而运用的各种金融科技,而监管科技是指监管机构用来驱动监管创新的技术手段。国际清算银行认为,监管科技是指监管机构用来支持监管活动的创新技术。

中国人民银行《金融科技发展规划(2019—2021年)》指出,要加强金融科技监管顶层设计,围绕基础通用、技术应用、安全风控等方面,逐步建成纲目并举、完整严密、互为支撑的金融科技监管基本规则体系。针对不同业务、不同技术、不同机构的共性特点,明确金融科技创新应用应遵循的基础性、通用性、普适性监管要求,划定金融科技产品和服务的门槛和底线。针对专项技术的本质特征和风险特性,提出专业性、针对性的监管要求,制定差异化的金融监管措施,提升监管精细度和匹配度。针对金融科技创新应用在信息保护、交易安全、业务连续性等方面的共性风险,从敏感信息全生命周期管理、安全可控身份认证、金融交易智能风控等通用安全要求入手,明确不可逾越的安全红线。

监管科技出现的原因是多方面的,其中主要原因有金融行业逐利的本质、金融系统本身的风险、金融科技发展及其带来的显著性和隐蔽性风险、金融企业和金融科技企业的违规经营、数据的采集和应用等。

监管科技已经成为各国监管机构重点关注的事项,领先监管机构已经利用监管科技来进行反洗钱管理、征信管理、对非法集资的打击、互联网金融和科技金融监管、外汇管理、消费者权益保护、机器可读监管、合规报告的自动生成等。应用监管科技,可以让监管机构从传统的人员手工监管向信息系统监管、从报表监管向大数据监管、从事后监管向事前和事中监管转变,从而在一定程度上减轻监管机构的工作压力,降低监管成本。

我们来看监管科技的几个典型案例。2017年,广东省地方金融监督管理局在其"金鹰系统"中针对七大非法金融活动开发了风险模型,并抓取国内110余万个采集点信息进行舆情监控,构建金融行业风险评级模型,对大量的视频、音频和图片数据进行智能分析以便监测违法广告。联动优势科技公司开发的区块链非现场监管系统将交易监管要素信息进行数字化上链,将监管规则固定为通过智能合约自动执行,采用分布式账本和拜占庭容错共识机制降低受到非法攻击的风险。2020年,该系统落地广东省地方金融风险监测防控中心和广州金融风险监测防控中心。微众银行将大数据技术与实际业务结合,建设反洗钱大数据实时分析平台,开发了规则模型和机器学习模型,其中机器学习模型使用循环神经网络学习可疑特征,进而识别新型的可疑交易。以上三个案例均取得了非常不错的应用效果。

在国外,荷兰中央银行利用神经网络检测实时结算系统支付数据中的流动性异常，以应对挤兑风险。意大利中央银行运用大数据和人工智能技术预测未来的房价或通货膨胀水平。澳大利亚证券投资委员会建立了市场分析及情报分析系统，该系统能够实时动态监控澳大利亚一级和二级市场并识别市场中的异常情况。

1.2 风险管理的基础知识

风险管理是企业经营管理的关键模块之一，而对于本质上是经营风险的金融企业来说，风险管理更是重中之重，是一切业务的根本。风险管理也是监管机构的核心工作，是确保金融稳定、社会和谐的基本举措之一。

开展风险管理工作和实施风险管理数字化转型的第一步是认识风险。风险管理人员需要掌握的知识和技能很多，如企业管理、业务、数学和统计学、财务、IT 等。入门风险管理需要先了解和掌握风险及风险管理的相关定义、流程、方法、工具，再根据自己所定位的风险管理领域学习和掌握对应的知识与技能。

本节主要介绍风险的定义、分类、框架、操作流程以及其他相关的概念、基础知识和技能领域，这也是入门风险管理的先决条件之一。

1.2.1 风险和风险管理的概念

关于风险的定义，当前最简洁的观点是：风险是指"可能性"和"损失"两个维度的组合。其中可能性用数学语言描述即概率，损失则包括财务损失和非财务损失。风险的二维坐标图形如图 1-2 所示。

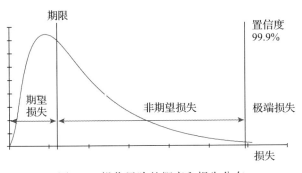

图 1-2 操作风险的概率和损失分布

除此之外，还有下列对风险的主流定义。

1）COSO 风险管理框架中的定义：风险是指一个事件将会发生并给目标实现带

来负面影响的可能性。

2）ISO31000 中的定义：风险是指一个事件发生的不确定性及其对目标带来的影响，影响可以是正面的或负面的。

3）国务院国资委《中央企业全面风险管理指引》中的定义：企业风险指未来的不确定性对企业实现其经营目标的影响。一般可分为战略风险、信用风险、市场风险、运营风险、法律风险、财务风险等；也可以能否为企业带来盈利等机会为标志，将风险分为纯粹风险（只有带来损失一种可能性）和机会风险（带来损失和盈利的可能性并存）。

ISO31000 和国务院国资委《中央企业全面风险管理指引》中对风险的定义更加客观地反映了实践中风险的本质特征。我们不仅应看到风险带来的负面影响，也应关注到它可以带来的积极影响，例如基于风险的投资可能带来超额收益。

在生产生活中，人们对于风险的理解和认知各不相同，常见的风险如图 1-3 所示。

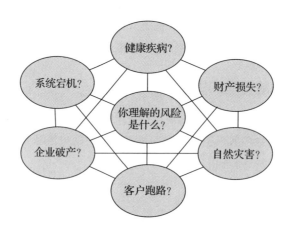

图 1-3　生产和生活中的风险

风险管理是运用科学的方法从治理、管理与执行层面对各类风险进行识别、评估、应对、监测并得出报告的全过程。无论国家治理、企业经营还是社会生活，都普遍面临着各式各样的风险。

1.2.2　风险和风险管理的分类

1. 风险的分类

按照风险成因划分，主要风险类型如下。

1）信用风险。
- 违约风险：因交易对手不能或者不愿意履行合同约定的条款而导致损失的可能性。
- 评级风险：因债务人信用评级降低所引发的债务价格下跌而导致损失的可能性。
- 结算风险：由于不可预测的客观原因，导致债务人短期内无法进行交割的风险。

2）市场风险。市场风险又称为价格风险，是指由于资产的市场价格发生变化或波动所导致的未来损失的可能性，可细分为利率风险、汇率风险、股票价格风险、商品价格风险、衍生品价格风险等。

3）操作风险。操作风险是指由不完善或有问题的内部程序、员工和信息科技系统，以及外部事件造成损失的风险。本定义所指操作风险包括一般操作风险、法律风险、合规风险、信息科技风险，但不包括战略风险和声誉风险。

4）流动性风险。流动性风险是指无法及时获得充足资金或以合理成本获得充足资金以应对资产增长或支付到期债务的风险。
- 融资流动性风险：在不影响日常经营或财务状况的情况下，无法及时、有效地满足资金需求的风险。
- 市场流动性风险：由于市场深度不足或市场动荡，无法以合理的市场价格变现资产的风险，又称为筹资流动性风险。

5）其他风险：战略风险、银行账户利率风险、声誉风险、国别风险、模型风险、数字化风险等。

总结一下，实践中一般对风险的分类如图1-4所示。不同的方法论下分类不一样。对于操作风险的下级分类有多种处理方式；随着信息科技及其风险的重要性日益突出，也可以将其单独列为一种大类风险；洗钱风险一般作为合规风险的下级风险。

2. 风险管理的分类

按照"三道防线"理论划分，风险管理的领域包括但不限于如下方面，具体如图1-5所示。

1）前台业务风险管理：主要是指经营机构针对各项业务开展过程中和企业日常管理中的各类风险进行管理，管理部门一般是经营机构自身。

2）中台管理风险管理：主要是指各中台风险管理部门对经营机构的业务营销和日常管理进行二次风险管理，以及对整个企业的宏观运行和微观风险进行管理，管理部门一般涉及风险管理部、法律合规部、计划财务部、信息科技部等。

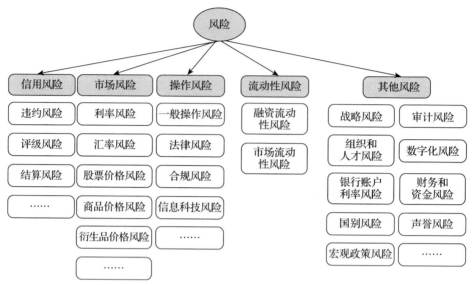

图 1-4 风险的分类

3）后台审计监督管理：是以独立客观的角度对企业整体的风险和特定领域的风险进行监督和评价，提供专业咨询，改善风险管理水平，管理部门一般是内审部、纪检监察部、道德委员会等。

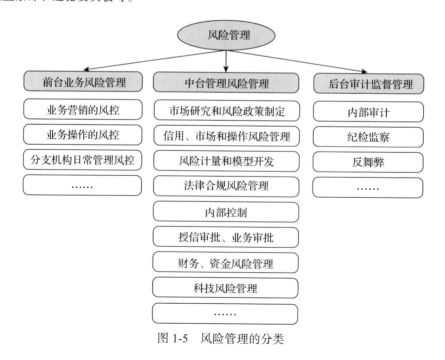

图 1-5 风险管理的分类

需要说明的是，虽然不同的公司和不同的方法论对风险管理的划分各不相同，但总体来看这些划分的核心原理是接近的。各公司可以根据通用的风险或风险管理划分方法，结合自身实践、特点和诉求，设计出一套个性化的划分方法。

下面我们看一下中国工商银行（简称"工商银行"）是如何基于三道防线进行风险管理架构设计的。工商银行建立了董事会及其专门委员会、监事会、高级管理层及其专业委员会、风险管理部门和内部审计局等构成风险管理的组织架构，其中：风险管理部负责全面风险、市场风险和国别风险管理，信贷与投资管理部负责信用风险管理，资产负债管理部负责流动性风险和银行账户利率风险管理，内控合规部负责操作风险和合规风险管理，法律事务部负责法律风险管理，办公室负责声誉风险管理，金融科技部负责信息科技风险管理，全面深化改革领导小组办公室负责战略风险管理。工商银行的风险管理组织架构体系如图1-6所示。

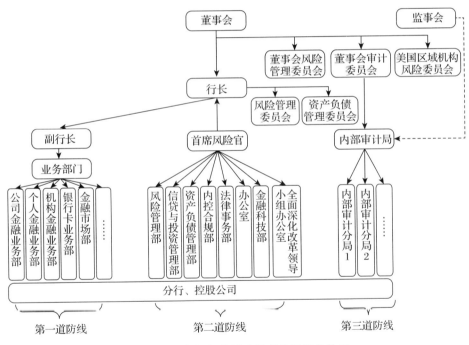

图1-6 工商银行的风险管理组织架构体系

1.2.3 风险管理的框架

1. 风险管理框架的内容

风险管理的框架包括风险管理环境、风险管理战略和策略、风险管理预算、组织架构和职责、明确的权限与控制、完善的风险数据库、可靠的风险管理信息系统、针对特定风险的定性和定量方法、考核与激励措施、持续的风险管理培训教育、风险管理流程，以及定期的风险预警和风险管理报告等。下面介绍其中主要的部分。

（1）风险管理环境

风险管理环境是指支撑风险管理全过程的风险管理政策制度和操作流程、企业风险管理文化、胜任的工作人员、及时有效的信息交流沟通、庞大准确的风险管理数据、高效先进的风险管理信息系统等。

（2）风险管理战略

风险管理战略包括整体的风险管理目标、实施规划及实现路径。

（3）风险管理策略

风险管理策略在风险管理中的价值理念（是否承认风险的存在，是否愿意投入资源管理风险）、风险偏好（在业务和管理活动的选择中对个别风险的态度）和风险承受度（风险发生后，对所承担影响的容忍范围）。

（4）风险管理预算

风险管理预算是指在年度预算中考虑风险的影响，并对预算进行调整。

（5）风险管理流程

风险管理的基本流程是指识别、评估、控制、报告和监督风险的工作步骤，以及风险管理流程和用以支持流程实施的工具。

风险事件管理流程是指识别、评估、控制、报告和监督风险事件的工作步骤，以及风险事件管理流程和用以支持流程实施的工具。

（6）风险管理的方法和工具

风险管理流程各个环节都需要风险管理工具的大力支持。

- 信用风险：尽职调查、审查审批、内部评级体系、担保、保证金、资产风险分类、资产减值、限额管理模型、损失拨备、抵债资产管理、催收、诉讼等。
- 操作风险：内部控制、操作风险与控制自我评估、关键风险指标、损失数据收集、计量模型、预测模型。
- 市场风险：市场价值重估、风险价值模型法、内部资金转移定价、限额控制、投资审查等。
- 综合性方法：包括经济资本、压力测试、内部资本充足性评估程序（ICAAP）、风险定价、风险审计等。

2. 全面风险管理

全面风险管理是指企业通过自上而下和自下而上的方式，对包括信用风险、市场风险、操作风险、流动性风险以及战略风险、声誉风险、数字化风险等其他风险在内的各种风险，运用科学的方法、工具和流程进行管理的全过程。全面风险管理的框架如图 1-7 所示。

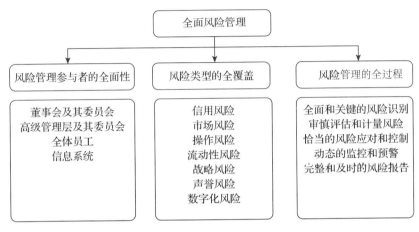

图 1-7　全面风险管理的框架

此外，工商银行认为，全面风险管理是指通过建立有效制衡的风险治理架构，培育稳健审慎的风险文化，制定统一的风险管理策略和风险偏好，执行风险限额和风险管理政策，有效识别、评估、计量、监测、控制或缓释、报告各类风险，为实现集团经营和战略目标提供保证。工商银行在全面风险管理中遵循的原则有全覆盖、匹配性和独立性。

1.2.4　风险因素、事件、损失、价值和大小

风险因素是引起或增加风险发生可能性并引发风险事故发生的机会或产生损失机会的条件。风险因素是风险事件发生的潜在原因，并不会直接导致损失。只有当风险因素增加到一定程度或者遇到某一特殊情况时，才会引发风险事件。

风险事件是促使风险变成现实的事件，是引起损失的直接原因。

风险程度又称损失程度，是指如果某项事件发生，公司会遭受损失的最大数额。在同等条件下，风险程度越高，相关的风险就越大。置信度是度量风险程度时需要用到的关键指标，期望损失、非期望损失和极端损失是衡量风险程度大小的常用指标。

1）置信度：反映了风险偏好和对风险的容忍程度，决定资本覆盖风险的程度，如 99.9%、95%。

2）期望损失：经营业务所产生的平均损失，可以通过对企业损失的历史数据统计得出。期望损失通过定价和损失准备进行覆盖。

3）非期望损失：在一定置信水平下，损失超出平均水平的幅度，即超过平均损失之上的损失。非期望损失是期望损失的标准偏差，用资本进行覆盖。

4）极端损失：超出企业正常承受能力的损失，通常发生概率极低但损失巨大，一般通过极端情景假设进行测试，可通过保险来覆盖。

风险价值（Value at Risk，VaR）是一种度量风险程度的指标，使用它进行风险度量的方法被称为 VaR 方法。美国摩根大通公司对其下的定义为：VaR 是在既定头寸被冲销或重估前对可能发生的市场价值最大损失的估计值。G30 集团在研究衍生品种的基础上，于 1993 年发表了题为《衍生产品的实践和规则》的报告，提出了度量市场风险的 VaR 方法已成为目前金融界测量市场风险的主流方法。实际上在度量其他风险，如操作风险时，也可以使用 VaR 的概念。

当前常见的定性判断风险等级的方法是使用计算公式和矩阵。计算公式如下：

$$风险等级 = 风险发生的可能性等级 \times 风险的影响程度等级$$

一种常见的风险等级判定矩阵如图 1-8 所示。

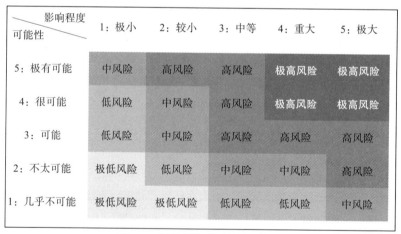

图 1-8 风险等级的判定矩阵

1.2.5 风险管理的流程

风险管理的基本流程是风险识别、风险评估、风险应对、风险监测和风险报告。

风险识别是指风险管理人员运用有关的知识和方法，系统、全面、连续地发现经济单位面临的各种风险。其目的是衡量风险和应对风险，实际上就是收集有关风险因素、风险事故和损失暴露等方面的信息,发现导致潜在损失的因素。

风险识别技术实际上就是收集有关损失原因、危险因素及损失暴露等方面信息的技术。风险识别所要回答的问题是:存在哪些风险,哪些风险应予以考虑,引起风险的主要原因是什么,这些风险所引起的后果及严重程度如何,风险识别的方法有哪些,等等。

风险是客观存在的,风险事件的发生是一个从渐变到质变的过程,是风险因素积聚、增加的结果。因此,在风险识别中,最重要、最困难的工作是寻找和确定风险因素,即识别风险的来源。

风险评估是指针对已经识别出的风险,采取定性、定量或者定性与定量相结合的方式对风险的大小进行评估。

风险应对是指针对已经存在的风险采取各项应对措施,如控制风险、接受风险、转移风险等。其中控制风险是重点,由其衍生出风险控制理论和内部控制理论等。

风险监测是指运用各项方法、指标、技术、信息系统等,对各类风险开展静态或动态、整体或局部、长期或短期的监测预警,目的是发现潜在的风险,或者在出现风险的初期即及时采取应对措施,降低风险的负面影响。

风险报告是针对全面风险和单项风险,对风险管理的全过程进行定期和不定期汇报,包括风险管理报告、风险事件报告等。

1.2.6 风险管理的能力要求

风险管理是一项十分专业的工作,从业人员必须掌握特定的技能,方能在风险管理日常工作和数字化转型过程中得心应手地洞察风险因素,处理好各项问题,提升公司价值。风险管理的能力要求包括但不限于以下几个方面。

1)企业管理。风险管理本身属于企业经营管理的一个模块,掌握公司治理、战略规划、流程管理、合规管理、绩效管理等知识是入门风险管理的基本要求。缺乏相关经营管理知识的风险管理人员极有可能缺乏对企业宏观经营管控和微观业务流程的综合分析能力。

2)业务操作。企业各项业务的操作流程和操作规范是风险管理的直接着力点,风险管理的一个重要目标是改进业务流程,规范业务操作,最终提升业务价值。实践中常有"不懂业务就做不好风险管理"这样的说法。一般来说,不懂业务的风险管理人员很难认识到风险的实质影响因素,导致在具体风控措施的落地执行上存在不足。

3)数学和统计学。风险管理中可以使用数学和统计学方法来进行风险识别、评估、计量,比如基于数据挖掘的统计模型法是当今风险计量领域的主流方法,用于信贷领域的申请评分卡、行为评分卡和催收评分卡等。

4）财务分析。很多风险管理活动实质上是对企业或个人进行财务分析，例如：在信用风险管理领域，需要对公司客户进行大量的专业财务分析，如资产负债分析，利润和现金流分析，偿债能力、盈利能力、营运能力、成长能力分析；又如非零售信用风险评级模型的核心风险因子是由财务指标组成的，建模过程需要专业的财务分析。

5）法律。一方面合规经营是企业必须遵循的基本原则，另一方面企业经营管理过程中面临着众多的法律和合规风险。在战略风险、信用风险、操作风险、洗钱风险、消费者权益保护、信息科技风险、声誉风险，以及采购管理、人力资源管理、产品管理、创新管理等领域均存在众多的法律和合规要求，因此法律是一般风险管理人员特别是从事法律、合规相关工作的风险管理人员需要掌握的知识和技能，具体的掌握程度取决于所从事领域对相关知识的要求。

6）数据分析和挖掘。数据分析和挖掘与数学和统计学密切相关，但这里说的数据分析和挖掘更聚焦于编程方向。由于人工几乎无法完成大量数据的计算，因此使用Python、R等编程语言对数据进行分析和挖掘是风险分析与风险建模的基本功之一。

7）信息科学技术。信息技术之所以能成为风险管理的核心技能，有三大原因：其一，信息科技在企业经营管理中的重要性将会越来越突出，信息科技已成为企业整体的核心能力之一；其二，信息科技风险及信息安全本身也是风险管理的热点主题，信息科技风险管理是风险管理的重要模块；其三，在数字化时代，企业将应用更多的信息技术来完成数字化转型和提升数字化的实施效果。

8）逻辑分析和推理。许多企业在招聘员工的职位介绍上会对应聘人员的逻辑分析能力提出要求，具备严谨的逻辑分析能力几乎成为对任何一个工作岗位的基础要求。风险管理是一项追求真理、洞察本质、发现真相和预测未来的综合性工作，目的是更加完整、准确、严谨、规范、动态地分析和改进问题，因此对风险管理人员的逻辑分析和推理能力要求极高。而缺乏逻辑的从业者则不能达成目标，反而很容易得出错误的结论。

9）信息沟通。在风险管理工作中需要进行大量的自下而上、自上而下、同部门和跨部门、内部和外部、监管和非监管的信息沟通与交流。信息不对称是最大的风险因素，信息沟通不到位将直接降低风险管理工作的效率并增加风险。由于良好的信息沟通能力能够降低信息不对称风险、减少人际交往的障碍、降低风险管理成本，因此它是风险管理人员必备的基础技能之一。

下面我们从中选取数学和财务分析两个主题进行专项介绍，梳理在风险管理工作中需要掌握的一些重要知识。

1.3 风险管理的数学知识图谱

风险管理的重要工作是对风险进行评估、预测或计量，所使用的方法一般包括定性方法和定量方法，而定量方法势必要用到数学和统计学知识。对于从事风险管理工作的专业人士来说，掌握相关的数学知识是有必要的，一般高等院校经济类、管理类专业开设的大学数学课程就能够满足日常风险管理工作对于数学知识的要求。核心的知识领域如图1-9所示。

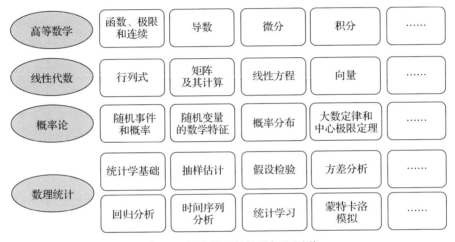

图 1-9 风险管理的数学知识图谱

由于风险管理需要利用数学和统计学方法对风险进行度量与预测，因此风险管理的数字化转型工作也离不开数学和统计学知识的支撑。学习和掌握必要的数学与统计学知识，通过编程对风险数据进行处理、分析和挖掘，再建立数学模型，是风险管理数字化的一种核心能力。

1.4 财务分析

一般理论认为，风险管理的最终目的是增加企业的财务价值，降低企业的财务损失。风险管理的底层就是对企业财务报表中的各项元素进行管理。财务分析是企业经营管理的基本能力，也是风险管理人员特别是从事战略风险、信用风险和流动性风险工作的人员必须掌握的技能。本节主要介绍财务管理中的财务分析，包括基本概念、步骤、方法和技术、两个财务分析模型、基本估值方法等。

1.4.1 财务分析简介

财务分析一般是指工作人员以企业的财务报表、审计报告等资料为基础，结合政策、环境、战略、目标、绩效等因素对企业的财务状况、经营成果和潜在的财务风险进行分析与评价。其目的是评价企业的盈利能力、偿债能力、营运能力、成长能力、发展趋势以及识别潜在风险。

一般来说，财务分析包括财务报表解读和财务能力分析两个关键组成部分。其中，财务报表解读包括资产负债表分析、利润表分析、现金流量表分析和所有者权益变动表分析，财务能力分析包括偿债能力分析、营运能力分析、盈利能力分析、发展能力分析和财务综合能力分析。

财务分析的过程一般分为6步，具体如下。

1）确定财务分析的目标和定位。进行任何分析和决策前都应先确定需要达到的目标和这种行为的定位。有了确定的目标和定位的指导，才能保证后续的分析工作不偏离既定方向，达到预期的效果。

2）确定财务分析的范围。根据分析目标和定位，商定财务分析的范围，例如，是全公司层面还是某些分/子公司层面，是销售条线还是职能条线，是盈利能力分析还是财务风险分析，等等。

3）财务分析信息的收集和整理。财务分析的信息来源一般是经过恰当审计或确认的会计资料和其他资料，包括但不限于财务报表、审计报告、招股说明书、上市公告书、政策信息、市场信息、行业信息。

4）公司战略分析。公司的战略和经营目标是企业管理的导向标。财务分析的首要目的就是分析公司财务状况对公司战略和经营目标的支持程度、匹配程度，因此需要先了解公司现状，在此基础上了解和分析公司的战略。

5）财务分析实施。执行报表分析、财务能力分析。一般选择一种适当的分析方法对符合本次分析目标、定位和范围，影响企业经营活动和财务状况的各种因素、指标进行分析，并抓住主要因素和关键环节。

6）综合评价和管理决策。通过完成财务分析基本活动，得出科学的结论，针对存在的问题提出可行的解决方案，对存在的潜在风险进行必要的提示，供管理层进行经营决策。

1.4.2 财务分析方法

1. 水平分析

水平分析是指将当期财务数据与上一期或历史某一时期的财务数据进行对比分析，

主要用到比较分析法和指数趋势分析法。水平分析适用于多期数据对比分析。

例如针对资产负债表的水平分析，可以分三步。首先，需要编制可比较的3～5年的资产负债表。其次，分析资产负债表科目的水平变化，包括但不限于：资产项目的趋势解读和分析，如绝对额分析、环比分析、定基分析（选定一个固定的期间作为基期，计算各分析期的流动资产、非流动资产等项目与基期相比的百分比）；负债项目的趋势解读和分析，如绝对额分析、环比分析、定基分析；所有者权益项目的整体趋势、各期变化的解读和分析。最后，对资产负债表各期变动原因进行挖掘和分析。

2. 结构分析

结构分析是指通过分析各会计科目的结构，寻找表现或隐藏在会计科目及其取值结果中的经营信息、业务信息或风险信息，可以帮助管理人员判断公司的经营管理情况以及内部各财务项目的比重是否合理。例如从资产负债表可以看出股本结构、资产负债结构、流动资产与流动负债结构等，常见指标有股东权益比率、资产负债率、资本负债率、权益乘数、流动负债占总负债比率、利息保障倍数。

3. 比率分析

- 相关比率计算，如流动比率、速动比率。
- 结构比率结算，如营业利润占总利润的比率、存货与流动资产的比率。
- 动态比率分析，如增长量、发展速度。

4. 因素分析

因素分析用于分析财务指标与其驱动因素的关系。例如：现金流量表的因素分析一般是找出影响现金流的关键因素，如经营发展战略、经营发展周期、企业会计政策、企业财务政策、市场环境以及其他特定因素。

5. 财务综合分析

常见的财务综合分析方法有财务比率综合评分法、杜邦分析法、沃尔比重评分法、盈利因素驱动分析。

6. 图解分析

图解分析，简单描述即画图，具体来说就是将企业连续会计期间的会计数据或财务比率描绘成图形，并根据图形走势来判断企业财务状况的变动趋势。

7. 趋势分析

这是一种综合分析方法，可以通过比较企业不同会计期间的会计报表或财务比率来对企业财务状况的变动趋势进行分析,并借此预测企业未来的财务状况。以上述 6 种分析方法中的一种或多种为基础,对财务科目进行比较分析、对财务比率进行演变分析或对会计报表进行百分比分析等,进而推算或预测企业的发展趋势。

1.4.3 杜邦分析法、盈利因素驱动模型和财务能力分析

1. 杜邦分析法

杜邦分析法是一种由美国杜邦公司设计的经典财务分析方法,它以股东权益报酬率作为关键财务指标并对其进行分解,以得到更多的财务指标,分解的过程中即可得到影响股东权益报酬率的各种因素,非常具有逻辑性。总体上,它侧重于评价企业的综合财务能力,有助于深入分析企业的经营情况。其结构如图 1-10 所示。

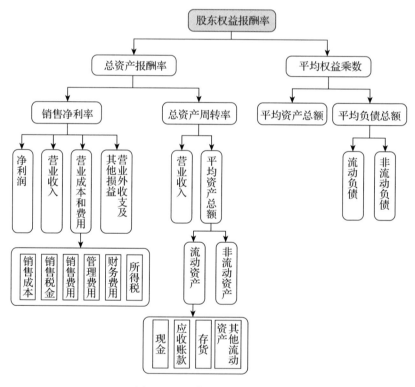

图 1-10 杜邦分析法的结构

股东权益报酬率又可以称为"净资产收益率",即 ROE 指标。总资产报酬率是一个核心分析指标,它取决于销售净利率和总资产周转率,反映了企业的销售情况和资

产运营情况。平均权益乘数代表了企业的负债程度，取值越大则负债程度越高。

2. 盈利因素驱动模型

盈利因素驱动模型是指通过寻找和计算影响企业盈利的各种财务指标来分析股东权益净利率的实现情况。这个驱动分析可以协助企业进行财务规划和利润预测。从盈利因素驱动模型的指标分解示例可以看到，它将股东权益净利率分解为净经营资产报酬率与财务杠杆作用程度，具体结构如图1-11所示。

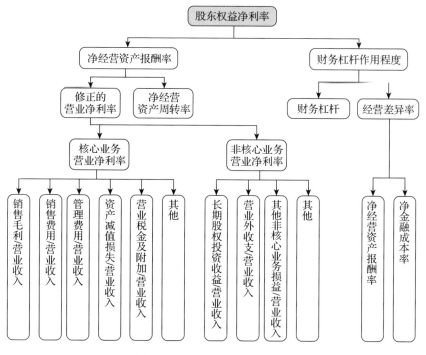

图1-11 盈利因素驱动模型结构

3. 财务能力分析

（1）偿债能力分析

1）短期偿债能力分析。流动负债是指一年内或者超过一年的一个营业周期内需要偿付的债务。企业短期偿债能力分析的主要指标有流动比率、速动比率、现金比率、现金流量比率、流动负债保障倍数和到期债务本息偿付比率。

2）长期偿债能力分析。企业的长期负债主要有长期借款、长期应付款、应付长期债券等。长期偿债能力分析通常使用资产负债表上的资本结构数据构造财务比率，反映企业使用现有资源偿还长期债务的能力。企业长期偿债能力分析的主要指标有资产负债率、股东权益比率、权益乘数、长期资本负债率、产权比率、偿债保障比率、现金流量债务比、利息保障倍数和现金流量利息保障倍数。

（2）企业营运能力分析

1）流动资产营运能力：周转期、周转率/周转次数、存货周转率、存货周转天数、应收账款周转率、应收账款周转天数、流动资产周转率、流动资产周转天数。

2）非流动资产营运能力：固定资产周转率、非流动资产周转率。

3）全部资产营运能力：总资产周转率。

（3）盈利能力分析

1）业务获利能力：销售毛利率、销售利润率、销售净利率。

2）资产获利能力：总资产报酬率、股东权益净利率。

3）市场获利能力：每股利润、每股现金流量、每股股利、股利发放率、每股净资产、市盈率、市净率。

4）成本获利能力：成本费用净利率。

1.4.4 现金流与折现

资金具有时间价值，或者称为货币的时间价值。

1）现值（Present Value，PV）：一笔未来的资金折算到当前时点的价值。

2）终值（Future Value，FV）：一笔资金经过一个时期或多个时期后的价值。

3）净现值（Net Present Value，NPV）：某一投资所产生的未来现金流的折现值减去成本后的剩余金额。

4）复利（Compound Interest，CI）：计算利息时，t 期的利息以本金加上前 $t-1$ 期所积累利息总额作为新的基数来计算的方式。

复利的终值计算公式为：

$$FV = PV \times (1+r)^t = C \times (1+r)^t$$

复利的现值计算公式为：

$$PV = FV \times \frac{1}{(1+r)^t} = C \times \frac{1}{(1+r)^t}$$

其中，C 是期初金额，r 是利率，t 是持有期限或计息期限，$(1+r)^t$ 称为复利终值系数，$\frac{1}{(1+r)^t}$ 称为复利现值系数。

5）年金（Annuity）：也称为等额值，是指一系列稳定的、有规律的、持续一段时期的现金收支对象，例如每年缴纳的保险费、每月支付的房贷、直线法下计提的折旧、租金、等额分期收款、等额分期付款等。年金可以细分为普通年金、递延年金、先付年金、不定期年金、增长年金等。

永续普通年金的现值计算公式为：

$$PV = \frac{c}{r}$$

其中，c 为每期收到的现金流金额，r 是折现率。

永续增长普通年金的现值计算公式为：

$$PV = \frac{c}{r-g}$$

t 期年金的现值计算公式为：

$$PV = c \times \left(\frac{1}{r} - \frac{1}{r(1+r)^t} \right)$$

t 期年金的终值计算公式为：

$$FV = c \times \left(\frac{(1+r)^t}{r} - \frac{1}{r} \right)$$

其中，c 为从现在开始后一期收到的现金流金额，g 是年金每期的增长率，r 是折现率。

1.4.5 杠杆企业财务估值的常见方法

企业和项目估值的方法有绝对估值法和相对估值法两类。

1）绝对估值法：通过对上市公司历史及当前基本面的分析和对未来反映公司经营状况的财务数据的预测获得上市公司股票的内在价值。绝对估值的方法有两个，一是现金流贴现定价法，二是 B-S 期权定价法（主要应用于期权定价、权证定价等）。

2）相对估值法：根据同价理论，通过参考同一行业中的类似企业（可比公司），基于某些共同的价值驱动因素，估算目标公司的价值。相对估值法中最常见的价格乘数有市盈率、市净率、市销率等。

下面简要介绍 3 种常见的绝对估值法。

1. 调整净现值法

调整净现值法（Adjust Present Value，APV）的核心计算方法是 APV = NPV +

NPVF，即一个杠杆企业的某项目创造的价值 APV = 一个无杠杆企业的项目净现值 NPV + 筹资效应的净现值 NPVF。其中，筹资效应一般包括债务的税收效应、新债券的发行成本、财务困境的成本和债务融资的利息补贴。

1）针对永续的全权益投资项目，其估值公式为：

$$现值 PV_{全权益} = \frac{UCF}{R_0}$$

2）针对永续的有杠杆的投资项目，其估值公式为：

$$现值 PV_{杠杆} = PV_{全权益} + t \times B$$

即 MM1 定理，$V = B + S = \frac{UCF}{R_0} + t \times B$。

其中，V 为估值，B 为债务融资额，S 为股权融资额，UCF 为无杠杆现金流，R_0 为全权益投资项目的资本成本，t 为税率，$t \times B$ 为债务的节税价值。

2. 权益现金流法

权益现金流法（Flow To Equity），又称为 FTE 法，它的应用步骤为：先计算有杠杆的现金流，再计算 R_s，最后进行估值。

1）对于永续项目的全权益投资项目，该方法不适用。

2）对于永续项目的有杠杆投资项目，

$$现值 PV = \frac{LCF}{R_s}$$

其中

- LCF：有杠杆的项目现金流，LCF = (EBIT − $R_b B$)(1 − t) = UCF − $R_b B$(1 − t)。EBIT 为息税前利润；UCF 为无杠杆现金流，UCF = 收入 − 成本 − 利息 − 税（简单情形的计算方法）；R_b 为债务资本成本；B 为债务融资额。
- R_s：股权资本成本，利用 MM2 定理可直接计算，$R_s = R_0 + \frac{B}{S}(1-t)(R_0 - R_b)$；$S$ 为股权融资额。

3. 加权平均资本成本法

加权平均资本成本法（Weight Average Cost of Capital），又称为 WACC 法（考虑永续和有期限两种情形）。

1）对于全权益的项目，该方法不适用。

2）对于有杠杆的投资项目，其估值公式分以下两种情形：
- 若项目是永续的，

$$现值 PV = B + S = \frac{\text{UCF}}{R_{\text{wacc}}}$$

- 若项目是有期限的，

$$现值 PV = \sum_{t=1}^{\infty} \frac{\text{UCF}}{(1+R_{\text{wacc}})^t}$$

其中
- UCF：无杠杆现金流。
- R_{wacc}：加权平均资本成本。
- B：债务融资额。
- S：股权融资额。
- t：期限。

Chapter 2 第 2 章

金融科技重塑风险管理

企业风险管理,无论风险管理的流程还是风险管理的对象,抑或风险管理的方法,都与信息科技有着紧密的联系。利用金融科技可以改进风险管理的流程,拓宽风险分析的范围,增加风险决策的深度,提高风险预警预测的准确度和风险管理的效率,最终促进风险管理战略的实现,帮助企业更好地发展业务、改善用户体验和提高收益。

利用传统信息化技术可以建立业务操作系统和风险管理系统,对流程和操作进行标准化与规范化可以降低操作风险;利用大数据技术可以采集多样化、海量的各类型数据用于风险分析、风险预警,提高风险管理的全面性、精准性和可预测性;利用机器学习可以构建数据统计模型,用于信用评级和审批,进而辅助人类进行授信决策甚至直接实现无人审批;利用区块链技术构建风险数据库,在保障信息安全的同时可以打破信息传输和交易的屏障。

2.1 金融科技的简要发展历程

一般认为,金融科技是指以大数据、云计算、人工智能和区块链为代表的新兴技术在金融领域的应用,但本书认为这只是一个狭义的概念,广义的金融科技还应该包括应用于金融领域的传统信息化技术、其他新兴技术和前沿技术。本节从广义的金融科技概念出发,简要介绍金融科技的发展历程,选取其中的核心概念和关键里程碑进行展开,并简要介绍监管机构对金融科技的态度。

1. 金融科技发展四阶段

金融科技的发展总体上分为四个阶段,分别是电子化阶段、信息化阶段、数字化阶段和智能化阶段。

1)电子化阶段,重点是将纸质文档中的各种记录通过电子化的方式进行记录和存储。

2)信息化阶段,重点建设和投产一批信息系统,将传统业务活动和管理活动从线下化操作转变到线上化运营,该过程伴随着曾经风靡一时的流程化再造。

3)数字化阶段,企业将电子化和信息化进行了深度融合与升级,将企业的所有经营活动及其记录用数字的方式进行再造,并将由此形成的数据作为新"石油"资产,打造数字核心竞争力,并推动数字化的组织、人才和系统变革。

4)智能化阶段,基于数字化时代积累的丰富数据资产和日益成熟的人工智能技术,得益于计算机的计算、感知和认知能力的提升,智能实物机器人和虚拟机器人能够取代人工操作,帮助人类解决重要的高难度问题。

电子化是信息化的前奏和基础,数字化是智能化的前奏和基础。

2. 我国金融科技发展历程

金融科技在我国有着较长的发展历史,政府和民间向来都重视信息科技的研发与应用。在21世纪开始至今的20年互联网繁荣时代,我国的科学技术迎来了跨越式的发展,重大科研方向取得了突破性进展,也诞生了一大批新兴科技企业。这一基础再结合政策支持、有效监管和企业创新等因素,使得当前我国的金融科技发展水平位居国际前列。

早在1992年,我国就设立了中国科技金融促进会,这标志着金融科技在中国开始落地实施。中国金融科技的发展大体上经历了金融信息化建设、互联网金融和科技金融、金融科技三个主要阶段。

2017年5月,中国人民银行宣告成立金融科技委员会,旨在加强金融科技工作的研究规划和统筹协调。

2019年9月,中国人民银行印发《金融科技(FinTech)发展规划(2019—2021年)》,指出金融科技是技术驱动的金融创新。该《规划》提出和确定了以下6个方面的重点任务。

1)加强金融科技战略部署,从长远视角加强顶层设计,把握金融科技发展态势,做好统筹规划、体制机制优化、人才队伍建设等工作。

2）强化金融科技合理应用，以重点突破带动全局发展，规范关键共性技术的选型、能力建设、应用场景以及安全管控，全面提升金融科技应用水平，将金融科技打造成为金融高质量发展的"新引擎"。

3）赋能金融服务提质增效，合理运用金融科技手段丰富服务渠道，完善产品供给，降低服务成本，优化融资服务，提升金融服务质量与效率，使金融科技创新成果更好地惠及百姓民生，推动实体经济健康、可持续发展。

4）增强金融风险技防能力，正确处理安全与发展的关系，运用金融科技提升跨市场、跨业态、跨区域金融风险的识别、预警和处置能力，加强网络安全风险管控和金融信息保护，做好新技术应用风险防范，坚决守住不发生系统性金融风险的底线。

5）强化金融科技监管，建立并健全监管基本规则体系，加快推进监管基本规则拟订、监测分析和评估工作，探索金融科技创新管理机制，服务金融业综合统计，增强金融监管的专业性、统一性和穿透性。

6）夯实金融科技基础支撑，持续完善金融科技产业生态，优化产业治理体系，从技术攻关、法规建设、信用服务、标准规范、消费者保护等方面支撑金融科技健康有序发展。

3. 监管机构的金融科技态度

2020年12月8日，郭树清在2020年新加坡金融科技节上就"金融科技的发展、挑战和监管"发表演讲，分享了以下3个方面的思考。

首先，中国的金融科技应用取得了很大成就。随着电子支付特别是移动支付的普及，中国已实现基本金融服务城乡全覆盖；数字信贷从根本上改善了对小微企业、个体工商户和农户的贷款服务；数字保险显著拓宽了保险覆盖范围；金融数字化为脱贫攻坚做出了巨大贡献；金融科技有力地支持了中国的防疫抗疫。

其次，应对金融科技挑战的经验教训，包括全面整治P2P网贷机构，规范第三方支付平台投资功能，推动互联网金融机构审慎经营，弥补数据隐私保护制度漏洞。

最后，指出一些有待深入研究和解决的问题，包括重视网络安全问题、促进更公平的市场竞争、关注新型"大而不能倒"风险、明确数据权益归属、加强数据跨境流动国际协调。

2021年1月，中国人民银行金融科技委员会会议在北京召开。会议指出，2021年要以深化金融数据应用为基础，以强化金融科技监管、加快金融数字化转型为主线，以风险技防能力建设为保障，全面提升金融科技应用和管理水平。具体实施为以下6项重点工作。

1)出台新阶段金融科技发展规划,加快推动金融数字化转型,发挥"技术+数据"双轮驱动作用,助力构建适应数字经济发展的现代金融体系。

2)健全金融科技监管基本规则和标准,推动金融领域科技伦理治理体系建设,强化金融科技创新活动的审慎监管。

3)出台金融业数据能力建设指引,组织开展金融数据综合应用试点,着力将数据治理好、应用好、保护好。

4)实施金融科技赋能乡村振兴示范工程,加快无障碍金融服务体系建设,努力弥合不同区域和群体间的数字鸿沟,切实解决金融科技发展不平衡、不充分问题。

5)深化监管科技应用,推动建设国家金融科技风险监控中心,构建风险联防联控体系。

6)充分发挥系统内外部力量,强化金融科技基础理论、重点领域及关键技术研究。

4. 新兴技术的发展趋势

2020年,Gartner发布的2020年和2021年新兴技术成熟度曲线介绍了许多领先的新兴技术,具体技术示例见表2-1。通过这两条曲线可以了解到,AI及其相关技术的覆盖范围进一步扩大,种类更加丰富,复合式AI、生成式AI、嵌入式AI和AI增强开发成为新的热点。可以预计,未来30年人工智能是新兴技术发展的一大趋势。领先金融机构应该深化人工智能技术的研发和应用,其他金融机构则十分有必要开始布局人工智能,紧跟技术趋势,避免被时代淘汰。由于在新兴技术的研发、管理和应用中,通常伴随着各类风险,因此风险管理人员应敏锐地捕捉到这些潜在的风险因素,并采取有效的措施进行评估和控制。

表2-1 Gartner 2020年和2021年新兴技术成熟度曲线中的新兴技术示例

序号	2020年	2021年
1	AI辅助设计	量子机器学习
2	自我监督学习	AI驱动的创新
3	双向脑机接口	基于物理信息的AI
4	生成对抗网络	组装式网络
5	可生物降解传感器	去中心化金融
6	差分隐私	实时事件中心即服务
7	自适应机器学习	主动元数据管理
8	私有5G技术	生成式AI

(续)

序号	2020 年	2021 年
9	社会数据	AI 增强软件工程
10	复合式 AI	数据编织
11	嵌入式 AI	去中心化身份
12	生成式 AI	非同质代币（NFT）
13	AI 增强开发	主权云
14	数字孪生	行业云
15	可靠 AI	数据结构
16	可解释 AI	员工通信应用
17	组合式企业	多重体验
18	数据编织	数字化人类
19	可解释	同态加密
20	本体论和图	机器可读的立法

2.2 金融科技及其在金融行业的应用

风险管理向来就是与金融科技紧密结合的领域，利用金融科技来提高风险管理工作的效率和改善风险管理水平是行业的共识。无论在金融电子化阶段、信息化阶段，还是当今的数字化阶段，各类型企业均十分注重利用科技手段来进行风险管理的优化。各种金融科技中，尤以大数据、人工智能、云计算、区块链、物联网和 5G 通信技术在风险管理领域的应用最为常见。本节简要介绍这些技术在金融行业的应用，并通过"监管沙盒"的实施案例来说明当今典型的金融科技实践有哪些，帮助大家了解金融科技到底是什么。

2.2.1 大数据与风险管理

大数据与金融的结合是金融科技最成熟的领域，我们可以从大数据系统平台、大数据治理、大数据挖掘分析及大数据应用 4 个方面来阐述。

1. 大数据系统平台

大数据系统平台一般由数据存储、资源调度、数据计算、数据应用四个模块组成。数据存储模块集中存储各类数据信息，资源调度模块会把特定需求的数据传输给数据计算模块，并服务于数据应用模块。四个模块通过分布式协作服务框架部署、管理、监控所需的服务与数据，并确保数据的安全性和隐私性。

2. 大数据治理

这是一套包含策略、原则、标准、组织和职责、人员、政策制度、管理流程、工具方法和信息系统的框架，一般通过工作规划、治理机制、治理专题、治理对象和数据的开发运维来实现，短期目的是提高数据质量，最终目标是创造数据价值。数据治理的关键领域包括 6 个维度，分别是数据定义、数据标准、数据分类、数据质量、数据生命周期管理和元数据管理。每一个维度均可通过政策制度、组织管理、操作流程和技术工具 4 个方面进行分析与评价。

数据治理的目的是确保数据的全面性、完整性、一致性、可获得性、精确性和安全性。企业可以制定管理数据和信息质量的政策、流程，重构关键信息系统的设计和实施方案，以满足运营、合规管理和财务报告的要求。

数据治理是保障企业安全稳定和高效运行的基础，是数据资产化的前提条件，在数字经济时代显得尤为必要。然而当前许多企业还处于数据治理的初级阶段，底层数据和应用数据均存在各种问题，例如数据管理机制缺失、数据标准不统一、数据完整性准确性不足、未进行数据分级分类工作、存在数据泄露和隐私保护风险。

3. 大数据挖掘分析

大数据挖掘分析是指基于数学和统计学原理，应用特定的工具和算法对数据进行分析并挖掘其商业价值与科研价值的一个体系过程。常见的挖掘分析方法如下。

1）关联分析。关联分析是指从一组数据中，基于设定的规则查找其间的相关关系或预测可能出现的情况。它的经典案例有超市购物篮分析。

2）分类分析。分类分析是最重要的数据分析方式，它试图找出描述并区分数据类的模型，以便使用模型预测给定数据所属的数据类。常见的分类方法有决策树归纳、贝叶斯分类、基于特定规则的分类、支持向量机、K- 近邻分析、遗传算法。

3）聚类分析。"物以类聚，人以群分。"这句话通俗地表达了聚类分析的基本思想。聚类分析是把大量数据依据其特征划分为不同的子集的过程。常见的聚类分析方法有 K- 均值聚类、K- 中心点聚类、基于层次的聚类、基于密度的聚类、基于概率的聚类。

4）演变分析。演变分析是指描述时间序列数据随时间变化的规律或趋势，并对其建模。常见的演变分析方法有时间序列趋势分析、周期模式匹配等。

5）异常分析。数据集中往往有一些特别的数据，其行为和模式与一般的数据不同，这些数据称为"异常数据"。对异常数据的分析称为"异常分析"，如可疑金融交易检测、欺诈识别、网络入侵检测等。

4. 大数据应用

大数据在金融行业具有深厚积淀和广阔前景。商业银行可以利用大数据进行风险管理、客户画像、精准营销三大核心应用。以风险管理领域的信贷业务为例。在贷前环节，可以基于大数据对客户进行多维度尽职调查，开发贷款申请评分模型、客户分类模型、信用评级模型或差异化风险定价模型；在贷中环节，可以利用大数据进行授信审批评价；在贷后环节，可以利用大数据进行客户行为分析、信贷业务风险预警或五级分类；在保全环节，可以利用大数据进行智能催收管理、开发催收策略模型或催收评分模型。

2.2.2 人工智能与风险管理

人工智能是在大数据和高性能计算的基础上逐步发展壮大的一个十分热门且具有广阔应用前景的领域。当前人工智能的四大关键领域是计算机视觉、自然语言处理（NLP）、机器学习和人机交互。人工智能在金融行业的典型应用有智能移动设备、智能语音机器人、智能流程操作机器人、智能风险审批模型、智能投顾或保顾、智能预测模型、智慧财务、智慧合规和智能审计稽核等。

1. 机器学习建模

利用大数据进行机器学习，可以构建客户营销模型、客户分类模型、客户画像、业务推荐模型、信用评级模型、审批决策模型、反欺诈分析、零售申请评分卡、零售行为评分卡、零售催收评分卡、贷后风险预警模型、债券预警模型、可疑金融交易监测模型、量化投资模型等。例如在监督学习中，通过机器学习得到的模型一般有两种可能的形式——决策函数或概率分布。

2. 机器人流程自动化

基于操作流程节点，通过事先设计、开发配置和运行一定的规则，机器人流程自动化（Robotic Process Automation，RPA）可以模拟人的操作，进行复制、粘贴、点击、输入等操作，协助人类完成大量流程较固定、规则较明确、重复性较高、附加值较低的工作。当前 RPA 是企业数字化转型和人工智能应用的热门方向之一。

我们甚至可以将遍布各地的银行 ATM、个人贷款的自动审批引擎理解为一种早期的 RPA。当前 RPA 已经在金融机构中有了一定的应用场景和案例，例如一些商业银行已经开始利用 RPA 技术来进行个人贷款的审批决策、房屋抵押贷款的抵押品查询、银行账户自动开户、自动对账、财务费用报销、发票核验、联网核查、洗钱风险监测等。

3. 自然语言处理

自然语言处理是当今计算机和人工智能领域的热点方向，它以语言为对象，利用计算机技术来分析、理解和处理自然语言。自然语言处理主要应用于机器翻译、舆情监测、自动摘要、观点提取、文本分类、问题回答、文本语义对比、语音识别、光学字符识别（OCR）等。

4. OCR

该技术可以对图片格式的文件进行扫描、分析和识别，获取文字及版面信息并将其翻译成计算机文字。

5. 自动语音识别和处理

自动语音识别和处理能够先将存储的语音转变为数字信息，再将这些数字信息转化为可供进一步分析的文字，最后对这些文字进行语义解析和文本分析。

6. 智能投顾系统

智能投顾是利用人工智能技术来使机器模仿人类的角色、思维和行为，通过特定的机器学习和数据分析算法训练学习形成相应的知识与技能，为特定的客户提供投资理财顾问服务，识别客户的风险偏好和承受能力，结合用户的实力来推荐资产组合或产品配置方案，并且能够积累用户的历史投资行为数据来调整决策和推荐结果。此处的智能投顾不含量化投资系统。

智能投顾包括纯机器自动投顾和"机器＋人工"的投顾。国外的 Wealthfront、Kensho、Future Advisor 是一些具有代表性的智能投顾系统。在国内，2020 年 12 月，清华大学金融科技研究院发布了《2020 中国智能投顾行业评测报告》，根据评测结果选出了华夏基金的查理智投、京东集团的京东智投、浦发银行的极客智投等十强综合智能投顾平台。

2.2.3 云计算与风险管理

2020 年 7 月，中国信息通信研究院等机构发布《云计算发展白皮书（2020 年）》。该白皮书指出：云计算将迎来下一个黄金十年并进入普惠发展期。一是随着新基建的推进，云计算将加快应用落地进程，在互联网、政务、金融、交通、物流、教育等不同领域实现快速发展。二是在全球数字经济背景下，云计算成为企业数字化转型的必然选择，企业上云进程将进一步加速。三是新冠肺炎疫情的出现，迫使远程办公、在线教育等 SaaS 服务加速落地，推动云计算产业快速发展。该白皮书还指出：2019 年以 IaaS、PaaS 和 SaaS 为代表的全球云计算市场规模达到 1883 亿元，且预计未来年增速将达到 18%；我国云计算市场规模达 1334 亿元，增速为 38.61%；我国公有云市场规模首次超过私有云，并且 IaaS 发展成熟，PaaS 高速增长，SaaS 潜力巨大；分布式云将逐步增长；原生云安全理念兴起等。

我国云计算产业也蓬勃发展，以阿里云、腾讯云为代表的中国企业在国际竞争中持续取得进步。2020 年，百度发布 AI-Native 云计算架构，中科曙光发布第五代云计算操作系统，腾讯云入选 Gartner 全球云计算魔力象限代表企业，阿里巴巴在云栖大会上发布首台云计算机和配送机器人，华为云发布融合了骨干模型、联邦学习、模型智能评估与诊断、高效算力的 AI 开发平台 ModelArts 3.0。

中国人民银行《金融科技（FinTech）发展规划（2019—2021 年）》提出要统筹规划云计算在金融领域的应用，引导金融机构探索与互联网交易特征相适应、与金融信息安全要求相匹配的云计算解决方案，搭建安全可控的金融行业云服务平台。

实际上在金融行业，一些大型金融机构已经自建私有云，并为中小型金融机构提供金融行业云服务，部分中小型金融机构也在关键领域自建了私有云。例如自 2013 年以来，平安集团布局云计算，建成"平安云"，涉及 IaaS、PaaS 及 SaaS 产品线。平安云的金融云服务支持平安集团 95% 以上的业务分/子公司，支撑 80% 的业务系统投产。2020 年 12 月，中国银联发布金融级云服务"银联云"，为产业各方提供自主可控、安全可信的金融级云平台产品和服务，促进金融行业数字化转型。

云计算未来仍将是金融科技的热点，市场规模将逐步扩大。随着人工智能的发展，AI 将助推云计算的计算速度加快，云计算也会利用 AI 技术来重构其发展战略。

2.2.4 区块链与风险管理

区块链（Block Chain）这一个概念来自信息技术领域，本质上是一个去中心化的共享数据库，具有去信任、不可伪造、全程留痕、可以追溯、公开透明、集体维护等特征。基于上述特征，它奠定了一种新的信任模式，创造了可信赖的新型合作机制。狭义的区块链是一种按照时间顺序将数据区块相连而组合成的链式数据结构，并以密码学方式保证其不可篡改和不可伪造的分布式账本。有观点认为，比特币（BTC）、以太币（ETH）和文件币（Filecoin）代表了区块链的三个重要时代，也是区块链中的热点。

1. 区块链和分布式金融信贷

DeFi（Decentralized Finance）可以理解为一种去中心化的分布式金融，具体是指基于智能合约平台（如以太坊）构建的加密资产、金融类智能合约及协议。

DeFi 目前通过跨链来解决抵押，通过保证金制度来解决杠杆，最终实现类似于信用衍生一样的操作。

DeFi 试图颠覆传统的金融服务系统，开创一个全新的数字经济时代。DeFi 借贷目前主要有 4 种产品形式，分别是 P2P 借贷撮合（如 Dharma、dYdX）、稳定币（如 MakerDAO）、流动池（如 Compound）、无抵押贷款（如 Aave 闪电贷）。

1）P2P 借贷撮合。撮合借方和贷方的点对点协议。基于 Dharma、dYdX 这两个协议的贷款和借款数量是相等的。以 Dharma 为例。智能合约充当担保方角色，评估借方的资产价格和风险；债权人则根据担保方提供的评估结果决定是否贷款给借款人；当借款人无法按时还款时，担保方自动执行清算程序。

2）稳定币。只有借方，没有贷方，且唯一可借入的资产是 Dai，借款人通过抵押数字资产（现在是 ETH）借入新创造的 Dai。Dai 是 MakerDAO 平台发行的与美元挂钩的稳定币，其资产和借款的质押比率必须保证在 150% 以上，其中的利息是全球性的，由 MKR 的持有者通过投票来决定，并不稳定。

3）流动池。借方和贷方通过流动池交易，而不是与交易对手进行匹配。每次贷款和借款的利率由流动性大小，即贷方提供的货币总量和借方的需求总量的比例决定。贷款期限是固定的，贷款人可以将资金存入贷款池，持续赚取利息，并随时提取资产。借款人有无限的合约期。

4）无抵押贷款。闪贷是基于代码执行的无抵押贷款，其实现原理是：利用智能合约的可编译性将借款、使用、偿还等所有步骤全部编写在一个交易中，智能合约可以保证所有这些步骤都在 15 秒内完成，如果还款失败，整个交易不会执行。这样做的优势是，如果最后不还款，交易就会失败，从而避免出现借钱不还的现象。

MakerDAO 是 DeFi 的一个代表，它成立于 2014 年，是以太坊上的自动化抵押贷款平台，同时也是稳定币 Dai 的提供者。MakerDAO 是一个通过智能合约质押用户的 ETH，再借给用户同等金额的 Dai 供他们自由使用的平台。

MakerDAO 的运作机制如下。

1）从用户角度来说，MakerDAO 的运作流程非常简单。首先我们要知道一个概念——抵押债务头寸合约（CDP），它是 MakerDAO 的核心智能合约，在 MakerDAO 系统中的作用是负责保管抵押品。

2）质押 ETH 换取 Dai：用户将自己持有的 ETH 打入以太池中，获得 PETH。之后将 PETH 打入 Maker 智能合约 CDP 中获得 Dai。抵押的以太币价值和所能创造的 Dai 价值的比率称为抵押率。

3）取回 ETH：用户将 Dai 和系统的稳定费打入 Maker 智能合约 CDP，取回 ETH。

4）目前 MakerDAO 的抵押率不能低于 150%，也就是说，当你的 CDP 抵押率低于 150% 时，MakerDAO 系统就会通过清算 CDP 并在以太币价值不足以支撑 Dai 之前拍卖以太币来解决这个问题。

2. 区块链与贸易金融

目前商业银行运用的区块链技术主要基于银行和企业间的联盟链，由成员节点共同参与记账，通过彼此间的互信完成共识。贸易金融及其跨境支付是商业银行区块链应用的主要场景之一。区块链技术可以很好地解决贸易金融中的身份确认、信息共享和核实、信息加密问题，通过智能合约还可以降低融资人的信用违约风险。

2018 年 9 月，中国人民银行上线央行贸易金融区块链平台，可以处理供应链应收账款多级融资、跨境融资、再贴现、国际贸易账款监管等业务。中国银行业协会牵头联合 11 家银行和 4 家科技公司共同建设的中国贸易金融跨行交易区块链平台，可以处理国内信用证、福费廷等业务。同期，中国邮政储蓄银行上线基于区块链的福费廷交易服务平台（U 链平台），该平台基于 Hyperledger Fabric（超级账本）1.0 的区块链技术研发，具有跨行国内信用证全流程链上交易、国内信用证项下贸易金融资产信息撮合、资产交易和业务全流程管理四大核心功能。

此外，中国人民银行数字货币研究所还与中国人民银行深圳中心支行主导推动建立了湾区贸易金融区块链平台（PBCTFP），并于 2018 年 9 月试点运行。中信银行、中国银行、中国民生银行也在 2018 年下半年联合设计开发并上线了区块链福费廷交易平台。

国际上，2018 年 7 月，德意志银行、汇丰银行、桑坦德银行、比利时联合银行、法国兴业银行等 9 家欧洲银行联合开发了 We.Trade 区块链平台。该平台基于 IBM 的区块链平台与 Hyperledger Fabric 技术，用于跨境金融交易。2018 年 9 月，TradeIX、R3 以及荷兰国际集团 ING、法国巴黎银行、渣打银行、曼谷银行、德国商业银行等 8 家银行联合发布了 Marco Polo 区块链开放账户贸易融资平台，首先试点应收账款贴现和保理业务。

3. 区块链和征信

区块链本质上是一个去中心化的共享数据库，存储在其中的数据具有不可伪造、不可篡改的特点，且其独特的加密技术能够确保隐私得到恰当的保护。区块链的这些特点使得其很适合用来建立特定场景下的联盟式征信数据库。

区块链征信的典型实践案例有基于区块链的长三角征信链应用平台。该平台于 2020 年 8 月由中国人民银行苏州市中心支行、苏州银行、苏州企业征信服务和苏州同济区块链研究院合作开发，是一个金融结合科技的创新产品。它利用区块链等技术搭建征信链应用平台，在获得用户授权且保障数据安全的基础上，企业征信机构可以将征信数据、授权信息、查询使用等上链存储，实现跨区域、跨系统的信息共享和服务协同。

4. 区块链与金融审计

监管和审计是金融体系的重要组成部分，监管机构使用各种方法、技术和标准来衡量系统性金融风险。目前各种区块链技术和应用都试图通过加密工具来增强隐私性，但在实践中，隐私保护和审计监督之间存在一种天然的对抗性，完全的隐私交易会使得监管机构和审计机构无法获得充分的信息来进行检查与评价，因此同时满足隐私保护和审计监督的区块链系统将有着巨大的现实意义。zkLedger 和 PGC 是两种支持可审计的去中心化机密交易系统的代表。

（1）zkLedger

zkLedger 是世界上第一个既能保护隐私又能实施有效审计监管的区块链系统，是在由 MIT 媒体实验室的 Neha Narula 和 Madars Virza、得克萨斯大学奥斯汀分校的 Willy Vasquez 共同发表的论文"zkLedger: Privacy-Preserving Auditing for Distributed Ledgers"中提出的。

我们知道，基于分布式账本的区块链能帮助金融机构有效地协调跨组织交易。例如，商业银行可以使用分布式账本作为数字资产的结算日志。但是这些账本要么完全公开给所有参与者并揭示敏感的策略和交易信息，要么是完全私有和匿名的，在不向审计师透露交易内容的情况下无法支持第三方审计或监管。因此如何在保护参与者隐私的情况下，支持监管机构审计和监督，同时又能高效运行，成为分布式账本在金融领域遇到的主要挑战。而通过创建新的分布式分类账模型并使用零知识证明应用新方案，zkLedger 实现了快速、可证明正确的审计，一定程度上解决了上述问题。

zkLedger 提供强大的交易隐私保护功能：攻击者无法分辨谁参与了交易或交易了多少，而且至关重要的是，zkLedger 不会泄露交易视图或交易之间的联系。交易时间和转让的资产类型是公开的，zkLedger 的所有参与者仍然可以验证交易是否保持了重要的金融不变量（如资产保护），审计师可以向参与者发出一组审计查询并接收与分类账一致的答案。

zkLedger 的设计实现了以下三个创新。

- 同时支持隐私保护和审计。在保护隐私的同时允许审计师计算分类账中数据的可被证明的正确结果。
- 确保审计的完整性。由于审计师无法确定谁参与了哪些交易，因此 zkLedger 必须确保在审计期间，参与者不能遗漏交易以隐藏某些资产。
- 支持高效和有效。zkLedger 的分布式版本通过缓存承诺（commitment）和审计令牌（token）来解决效率问题。该版本可以为账本上的审计查询生成可靠的正确答案，完成十万次交易审计耗时不到 10 毫秒。

zkLedger 的设计要点如下。

- 隐藏交易的金额、参与者和链接，同时维护可验证的交易分类账，并使审计师能够接收其查询的可靠答案。
- 使用多栏式总账账本结构，提供完整性支持，监管者可以验证每一条记录。
- 应用零知识证明，能够在不提供交易内容的情况下，让审计师验证银行答案的正确性。

（2）PGC 系统

传统的去中心化的交易系统中，交易隐私包括交易双方身份的匿名性和交易金额的机密性，如果违法违规人员使用这种系统进行不当操作和交易，完全的隐私保护则无法让审计人员完成必要的检查验证。PGC 由论文"PGC：Decentralized Confidential Payment System with Auditability"提出，是一种可审计的、去中心化的机密交易系统，能够有效地解决基于区块链技术的交易系统在隐私保护和可审计监管之间的平衡问题。

PGC 是一种创新型机密交易解决方案，其目的是在隐私和可审计性之间取得平衡。它的核心是加法同态公钥加密方案 Twisted-ElGamal，该方案不仅与标准的指数 ElGamal 一样安全，而且对 Sigma 协议和范围证明协议非常友好，这使得能够以模块化的方式轻松地为交易的正确性及应用程序相关的审计设计零知识证明。同时它还十分高效，与当时报告中最高效的 Paillier PKE 实现相比，Twisted-ElGamal 在密钥、密文大小和解密速度方面要好一个数量级，在加密速度方面快两个数量级。除了在机密交易方面的应用外，Twisted-ElGamal 还具有很大的应用空间，有望成为同态加密算法领域的新标准。

2.2.5 物联网与风险管理

物联网是一个基于互联网、传统电信网等的信息承载体，它让所有能够被独立寻址的普通物理对象形成互联互通的网络。它利用智能终端、智能芯片、传感器、无线模组、通信网络、物联网系统平台等，使用传感网络、射频识别、遥感定位、红外感应和激光扫描等技术，在金融和非金融领域都发挥出巨大的作用。例如，它在金融领域的应用形式有仓储物联网金融、货运物联网金融、车联网金融、公共服务物联网金融等。

物联网在风险管理领域具有十分广阔的前景，原因主要是风险管理极其依赖各种类型的大数据，而通过物联网及其相关设备可以采集到通过其他形式很难获取的数据和信息，例如定位信息、移动轨迹、健康信息等。通过物联网技术可以全面、客观、实时地采集数据和分析风险标的，开展主动型的风险管理，并使风险管理往事前和事中环节靠拢。例如，在当今发展迅速的智能可穿戴设备健康管理领域，基于物联网的可穿戴设备可以实时记录、反馈用户的个人数据信息，包括身体健康信息以及活动范围、运动规律等行为习惯信息。这样一来：一是可以监测用户的身体健康状态，提前进行疾病识别和预防；二是可以基于物联网采集的数据进行分析和匹配，进而为用户定制健康管理计划，甚至进行危机预警；三是企业可以基于用户的身体健康信息进行产品定制化开发、风险定价、风险控制等。

2.2.6　5G 通信技术与金融

5G 是指第五代移动通信技术标准，是对应 4G、3G 和 2G 的概念。相比 4G 等技术，它具有更高的传输带宽、更快的速度、更大的容量、更稳定的传输和更低的时延等特点。近些年来，5G 技术俨然是新闻舆论和信息科技中的热点话题。2019 年，各大通信服务商推出了 5G 通信套餐，部分金融机构推出了 5G 服务网点，预示着 5G 技术开始走进社会生活和金融服务。

在金融服务领域，可以利用 5G 技术助力大数据和云计算金融、赋能人工智能升级、丰富可视化服务类型、打造 5G 金融服务生态。可以预测，未来 5G 技术将在智能银行、开放银行、科技银行、创新银行上扮演越来越重要的角色。

2.3　金融科技监管和监管沙盒

为落实《金融科技（FinTech）发展规划（2019—2021 年）》，中国人民银行积极着手设计和构建金融科技监管体系，探索运用信息公开、产品公示、社会监督等柔性管理方式，努力打造包容、审慎和创新的金融科技监管政策、工具，并且支持北京市率先开展金融科技创新监管试点。

北京作为我国的金融科技监管、研发、创新和应用的中心，在金融科技领域走在了时代的前列。我们选取北京和苏州两地，通过中国人民银行官方公布的数据来了解两地金融科技创新项目的情况，从而直观地了解我国金融科技的发展现状并判断未来趋势。

2019年12月，北京探索构建包容审慎的中国版"监管沙盒"，引导持牌金融机构在依法合规、保护消费者权益的前提下，推动金融科技守正创新，赋能金融服务提质增效，营造安全、普惠、开放的金融科技发展环境。

2020年1月，北京公布2020年的第一批金融科技创新监管试点应用，从中可以了解到当今市场上已落地的金融科技及其应用具体是什么，详情如表2-2所示。

表2-2 北京金融科技创新监管试点应用（2020年第一批）

序号	应用名称	所属机构	简要介绍
1	基于物联网的物品溯源认证管理与供应链金融	中国工商银行	基于物联网技术采集产品的生产制造、质检、库存、物流、销售等全生命周期特征数据，将这些数据不可篡改地记录在区块链上，并接入中国工商银行物联网服务平台及企业智能管理系统（ECSP），实现产品全链条质量管控与信息透明
2	微捷贷产品	中国农业银行	运用大数据、人工智能、移动互联网等技术，利用行内外数据对企业进行多维度画像，科学设计授信模型，精准洞察融资需求，有效管控信用风险。实现信贷业务与金融科技融合，以移动化、智能化的经营方式重塑业务模式和运作流程，改变小微信贷业务运作模式，提高客户体验，拓展小微企业长尾市场，有效缓解小微企业融资难、融资贵等问题。实现信贷业务申请和交易的实时监控与精准拦截，提供涵盖事前防控、事中控制和事后分析与处置于一体的全流程信用风险解决方案，为产品纯线上、自动化、全自助运营保驾护航
3	中信银行智令产品	中信银行/中国银联/度小满/携程	利用支付标记化等技术打造新型金融服务模式，使支付标记（Token）成为商业银行、收单机构、电商企业等交互的"智慧令牌"。在风险可控前提下，优化服务流程，拓展应用场景，创新合作模式，提升金融服务质量
4	AIBank Inside 产品	百信银行	AIBank Inside 产品通过 API 形式开放金融服务，深度赋能生态合作伙伴。借助 API 技术将多类型、标准化、通用化的金融功能模块快速组装成行业解决方案，以服务不同行业场景。采用无侵入的连接方式，让各场景参与方均可在不改造现有系统架构的情况下获得"即插即用"的金融服务
5	快审快贷产品	宁波银行	采用大数据、人工智能等技术，通过对企业、个人的多维度数据进行综合分析，优化信贷审批模型，自动推断授信金额和等级，解决不同主体融资过程中的信息不对称问题，实现信贷智能管理，助力纾解小微民营企业融资难、融资贵等问题

(续)

序号	应用名称	所属机构	简要介绍
6	手机POS创新应用	中国银联/小米数科/京东数科	手机POS是面向小微企业、"三农"领域等商户，以移动小额收单为重点应用场景，自主研发的新型POS产品，可受理手机闪付、二维码支付、银行卡闪付等多种支付方式，具有部署成本低廉、易用性好、适应性强等特点

2020年12月25日，北京公布2020年的第三批金融科技创新监管试点应用，具体如表2-3所示。

表2-3 北京金融科技创新监管试点应用（2020年第三批）

序号	应用名称	所属机构	简要介绍
1	"光信通"区块链产业金融服务	中国光大银行	运用区块链共识算法、智能合约、大数据和知识图谱等技术构建产融协同平台，围绕企业在贸易环节的真实交易背景和债权债务关系，将企业应收账款转化为流动性工具。提供包括"光信通"签发、拆分、转让、兑付等在内的流动性服务，以及包含账户体系、身份认证、电子签名、资金监管清分、融资在内的综合性金融服务，帮助产业链各级参与加快资金周转，降低产业链整体负债和金融成本，更好地满足产业链上中小微企业的资金流动及对外支付的需要，解决其融资难、融资贵、融资慢问题
2	"链捷贷"产品	中国农业银行	运用大数据、区块链等技术，构建供应链金融服务平台，为产业链上下游的供应商和经销商提供融资服务。1）基于订单的信贷服务：以核心企业确认后的订单作为融资依据，由核心企业或保险公司、担保公司等提供增信，为下游经销商提供短期流动资金贷款。2）基于电子承诺付款凭证的信贷服务：对接核心企业ERP系统，为上游供应商提供融资服务。解决小微企业应收账款无法及时变现及核心企业信用难以多级穿透的问题。本项目由中国农业银行股份独立负责平台设计、技术开发及运营，无其他第三方机构参与
3	基于物联网技术的中小企业融资服务	中国民生银行、北京逸风金科软件公司	运用物联网、大数据、机器视觉、边缘计算、人工智能等技术构建中小企业金融服务风控平台，为中小企业提供安全便捷的融资服务
4	基于区块链的国家电投供应链金融平台	北京融合云链科技有限公司、平安银行北京分行	运用区块链、人工智能、OCR、自然语言处理、数字证书、电子签名等技术构建国家电投供应链金融平台，将核心企业（国家电投控股机构）上游供应商（产业链属中小微企业）的应收账款转化为数字债权凭证，并支持其在平台上进行流转、拆分。平安银行北京分行基于该数字债权凭证为有资金周转需要的供应商提供融资服务

(续)

序号	应用名称	所属机构	简要介绍
5	基于API的场景适配中台产品	北京中科金财科技公司、浦发银行北京分行	运用开放银行API、端到端加密、分布式微服务架构等技术，将浦发银行多个基础金融服务功能进行定制封装，形成业务中台。基于本业务中台，银行可以高效率、低成本的方式快速对接企业并提供与企业场景适配性强的金融服务，包括Ⅱ类个人银行账户的开立与变更、账户余额查询及资金转入转出交易等

2020年8月14日，中国人民银行南京分行发布了2020年第一批苏州金融科技创新监管试点应用并向社会征求意见，具体如表2-4所示。

表2-4 苏州金融科技创新监管试点应用（2020年第一批）

序号	应用名称	所属机构	简要介绍
1	长三角一体化智慧银行服务	苏州农商银行	通过运用5G、远程视频、私钥分散生成存储和多私钥协同签名技术、智能终端安全芯片（SE）、可信任执行环境（TEE）、云计算、大数据等技术，建设智慧银行平台，优化金融服务流程。一方面，支持用户在智慧银行进行金融服务信息预填，到线下网点办理业务；另一方面，基于不同业务场景、不同风险等级为客户提供差异化的金融服务，实现渠道线上化、风控智能化、凭证无纸化、功能模块化
2	基于区块链的长三角征信链应用平台	苏州企业征信服务有限公司、央行苏州市中心支行、苏州银行、苏州同济区块链研究院	基于区块链等技术搭建征信链应用平台，企业征信机构将征信数据、授权信息、查询记录上链存储，实现征信机构跨区域、跨系统的信息共享与服务协同，打破数据孤岛，实现机构间企业征信报告信息（如企业基本信息、经营信息、涉诉信息等）互联互通，数据授权采集和使用强安全控制，数据的透明性和可审计性，强化合规管理
3	基于大数据的App风险防控产品	江苏通付盾科技有限公司、江苏省农村信用社联合社、常熟农商银行	通过大数据挖掘、机器学习、关联分析、设备指纹、态势感知、探针监测等技术建立App风险防控系统，在保障个人隐私和数据安全的前提下，实现对用户移动终端设备运行情况的实时风险监测、分析及处理，防范终端风险，为用户提供及时、准确的移动终端安全威胁预警
4	基于"端管云一体化"平台的特约商户非现场管理产品	科蓝软件、中国银联、公安部第三研究所、银联商务江苏分公司、中国农业银行苏州分行	借助中国银联、公安部三所、科蓝软件联合共建的eID人证合一身份验证系统，提供对企业和个人的高强度网络客户身份验证、分布式协同认证能力，填补传统收单管理中对商户、设备和交易地址的静态、异步、人工验证带来的管理漏洞。使用科蓝软件手机柜台产品进行线上、线下一体可信作业，对小微商户、普通商户、可疑商户进行分级巡检管理

(续)

序号	应用名称	所属机构	简要介绍
5	基于大数据的供应链知识图谱分析产品	钛镕智能科技（苏州）有限公司、苏州银行	综合运用大数据融合、复杂网络、图数据库及关联图分析挖掘等技术构建供应链知识图谱平台，为苏州银行提供整合供应链上下游信息和行业知识库的查询分析与可视化功能，为中小企业信贷业务提供决策支持，主要应用于供应链上下游中小企业的信用贷款场景

2021年1月22日，中国人民银行南京分行公布第二批4个拟纳入苏州金融科技创新监管试点的创新应用并向社会征求意见，具体如表2-5所示。

表2-5　苏州金融科技创新监管试点应用（2021年第二批）

序号	应用名称	所属机构	简要介绍
1	基于人工智能技术的AI数字员工服务	南京银行	通过运用语音识别、自然语言处理、人物形象建模、语音合成、语音驱动动画、环境降噪、智能打断等技术，在手机App和营业网点打造专属3D拟人数字员工，实现转账填单辅助、余额查询、信用卡账单查询、积分查询等基础业务办理，以及客服答疑、产品咨询等功能，为客户提供智能化的银行服务，尤其为老年人群体提供更贴心、更便利的无障碍金融服务，优化服务体验与流程，提高金融产品的易用性与安全性，更好地弥合数字鸿沟
2	基于区块链的辅助金融产品	江苏省联合征信有限公司、南京数字金融产业研究院、中国农业银行南京分行、苏州同济区块链研究院	将区块链、多方安全计算和非对称加密、大数据、深度学习、物联网等技术应用于中国农业银行南京分行小微企业抵质押贷款场景。在获得客户授权和保护客户隐私的前提下，江苏省联合征信有限公司与南京数字金融产业研究院对企业上链存证的资产信息和经营数据等进行确权、校验、评估，为中国农业银行南京分行准确判断信贷风险提供支持，提升融资风控能力，降低贷款风险和成本，纾解小微企业融资难、融资贵等问题
3	基于大数据知识产权评价的智能风控产品	中知麦田（苏州）金融科技服务有限公司、中国银行苏州分行	运用大数据、OCR等技术，基于知识产权评价分析模型构建智能风控系统，准确识别中国银行苏州分行企业客户在知识产权运营中存在的风险，并对企业知识产权的状态变动、涉诉情况等进行实时监测，以提升中国银行苏州分行流动资金贷款贷前、贷后的风控能力，降低中小微企业融资成本，有效缓解中小微企业融资难、融资贵等问题。其中，知识产权数据来自中国知识产权出版社，企业基础信息来自国家企业信用信息公示系统，均为国家对外公开数据，无须获得额外授权
4	基于区块链的供应链服务平台	江苏小微云链金融科技有限公司、苏州高铁新城国有资产控股（集团）有限公司、上海银行苏州分行	运用区块链、物联网、多方安全计算等技术，基于企业在贸易环节的真实交易背景和债权债务关系，核心企业（苏州高铁国控）对上游供应商（产业链属中小微企业）应收账款进行确权，并以数字债权凭证方式进行签发。上海银行苏州分行为供应商提供基于应收账款的供应链融资服务，更好地满足产业链上中小微企业的资金流动及对外支付的需要，解决其融资难、融资贵、融资慢问题

2020年4月27日，中国人民银行表示支持在上海市、重庆市、深圳市、河北雄安新区、杭州市、苏州市等6地扩大金融科技创新监管试点。随后，各地先后发布了当地监管下的最新金融科技应用研发和项目建设情况。

2.4 金融科技常见问题与改进方案

金融科技固然是新时代企业管理的新武器、新手段、新工具，它创造了新的战略思维、商业模式、产品管理、客户管理和风险管理，提高了企业经营管理的数字化、智能化和科技化水平，对于企业发展具有十分重要的意义，不过我们还应该认识到，金融科技的出现、迭代和应用也带来了许多商业问题、道德问题和技术问题。这些是新的风险来源，为此必须在发展金融科技的同时，加强对金融科技的有效管理。本节主要介绍当今金融科技发展和应用过程中存在的一些常见问题和相应的改进方案。

1. 常见问题

1）金融科技相关的法律法规、监管指引、行业规范、技术标准还不完善。虽然国家已经发布了大量的相关政策制度，但是在一些领域还需进一步加快各项政策的制定和优化步伐。

2）部分企业和人员对金融科技缺乏理性的、客观的认识。不可否认，金融科技十分重要，但是也不能过于夸大金融科技的作用，而忽视经济金融的内在发展规律和金融科技所带来的风险。

3）一些企业运用金融科技开展了丰富多彩的传统业务和创新业务，然而其也伴随着具有特定特征的消费者权益侵犯风险、隐私泄露风险、非法数据买卖风险等。

4）部分中小型金融机构的金融科技发展水平较低，主要表现在：缺乏科学的金融科技战略发展规划；对金融科技的认知不统一，导致预算和资金投入不足；缺乏恰当的金融科技产品作为抓手来推进业务的发展；金融科技人才引进、培养和储备不足，特别是既懂业务又懂技术的综合性人才。

2. 改进方案

1）金融科技不断创新发展，首先要确保将金融安全作为金融科技创新不可逾越的红线，然后要正确处理金融创新、科技创新和金融科技之间的矛盾。这三者之间相辅相成，互相作用，金融科技和科技创新的发展可以推动金融创新，而金融创新的需求又可以反过来促进金融科技的研发应用及科技创新的进步。

2）持续推进和加强监管科技的发展。监管科技不同于金融科技，它是指利用信息技术和科技手段来变革、设计和优化宏观审慎监管的思想理念、方法工具及流程操作等。监管机构也可以利用各项金融科技来创新监管手段，提高监管的自动化、智能化水平。

3）拓宽金融科技监管的范围，根据逐步推进的理念，准确定义金融科技公司，对其业务进行科学引导和规范，将其纳入监管范围。

4）建设金融科技、金融创新、科技创新的风险管理和合规管理体系，通过风险分析、合规审查、审计评价等方式，构建一体化、三层次、多维度的智能和创新风控新局面。

5）注重在研发和应用金融科技过程中的信息安全与隐私保护，可以采取的措施包括但不限于：制定和修订信息安全与隐私保护的法律法规；开展安全和隐私保护的政策宣传与教育活动，以便提高民众的安全意识；通过信息科技手段来对网络、数据的保护提供技术防控措施；加大对网络攻击、数据买卖和隐私泄露行为的执法调查与问责处罚。

6）参与金融科技的国际合作，通过各自合规的灵活方式融入国际金融科技的浪潮中。可以考虑的措施包括但不限于完善金融科技出海的法律和政策，在境外设立和控股新型金融科技公司，并购和整合一些国外的金融科技公司等。

7）信息披露是一种重要的监督手段，可借鉴巴塞尔协议、企业内部控制框架、风险管理政策中对于信息披露的要求，设计和投产针对金融科技公司的信息披露要求。

2.5 金融科技推动风险管理变革

这是一个重视科技、强调变革的时代，企业都希望能够在激烈的竞争环境中找到有效的制胜之道，来应对科技和变革带来的机遇与挑战。金融科技作为推动变革的一个关键因素，在企业管理和实践中扮演着核心驱动力的角色，推动着包括风险管理在内的企业众多领域的变革。本节介绍领先机构和监管机构的金融科技动态、金融科技风险及金融科技推动风险管理变革，并引出第 3 章"风险管理的变革"的主题。

2.5.1 领先金融机构和监管机构的金融科技动态

国内和国际上的领先金融机构纷纷设立金融科技公司，加大对金融科技研发和应用的投入。在国内，四大国有商业银行均设立了金融科技公司，例如中国工商银行成立了工银科技和金融科技研究院。国际上，花旗集团、高盛、摩根大通、美国银行、三菱日联金融集团等也纷纷设立、投资或并购了多家金融科技公司。

除了纷纷设立金融科技公司，许多金融企业还在内部战略和文化宣导上积极融入金融科技的元素，将金融科技作为新的生产力投入企业的运营中。各种基于大数据、云计算、区块链和人工智能的研发、应用和改进项目纷纷立项，企业内部兴起自上而下和自下而上的金融科技浪潮。

领先金融机构纷纷制定金融科技战略，抢占时代高位。中国工商银行打造"数字银行"，制定了《中国工商银行金融科技发展规划2019—2023》，强调以"金融＋科技"的理念和手段打造智慧银行，推动金融科技创新，在组织上实行了"一部、三中心、一公司、一研究院"改革，进一步提升金融科技的战略引领、统筹规划、技术研发、资源协调和人才建设能力。

中国民生银行打造"科技金融银行"，制定了《中国民生银行金融科技发展战略2019—2022》，聚焦"科技引领，数字民生"战略愿景，围绕"金融＋互联网"和"互联网＋金融"两大发展模式大力发展金融科技。

中国人寿全力推进数字化转型，打造数字经济新生态，推出"科技国寿"战略定位，通过发展和应用金融科技，开展金融创新和科技创新活动，推出数字化服务、数字化销售、数字化产品、数字化管理、数字化风控和数字化生态，赋能业务发展和管理改进。随着大数据、云计算、人工智能、区块链、物联网、移动互联网、基因技术的研究和应用深度不断加强，中国人寿的金融科技核心能力显著增强，也将提高其全球竞争力水平。

与此同时，我国金融监管机构也加大了对金融科技的研究和规划，设立金融科技监管机构，推出创新金融科技监管项目，引导和支持金融科技发展。

2.5.2　金融科技带来的风险

在信息技术的不断发展、演变和应用中，一直伴随着相应的信息技术风险，金融机构也将其作为一类重要的风险进行管理。同理，金融科技一方面可以用来改进对信用风险、市场风险、操作风险等的管理，另一方面其本身也带来了风险，而且这些风险具有隐蔽性强、对技术水平要求高、对系统性影响大、较难准确预判等特点。总的来说，金融科技带来的风险主要包括如下五个方面。

1. 金融科技发展战略和规划风险

金融科技的研发与应用需要国家、社会、企业的战略和规划来进行统筹布局与引导，缺乏战略和规划可能导致研发失败、应用违规等问题，无法发挥金融科技的撬动作用。由于金融科技的本质是人的思维和思想在技术领域的体现，因此相关的哲学、伦理学、社会学、心理学、法律也应该是制定金融科技战略和规划时需要考虑的因素。只重视技术而忽视人文的金融科技战略和规划具有非常高的系统性风险。

2. 金融科技自身的技术缺陷风险

与传统信息技术一样，金融科技本身也存在很多缺陷，如技术的不完善和不成熟、技术研发过程中遗留的漏洞、原始数据的差错、AI 算法"歧视"、信息系统 bug、通信网络的不稳定和故障。以机器学习为基础的智能审批决策引擎为例，用于训练模型的原始数据质量可能存在问题、数据预处理时可能存在人工操作错误、机器学习训练过程本身存在误差、决策引擎系统可能配置不当等，这些都是金融科技自身存在的缺陷，必然会带来相关的风险。

3. 信息安全和隐私保护风险

随着大数据和通信技术的进步，金融机构逐步开始应用数据挖掘分析，打造大数据平台，利用 5G 通信建设智慧网点等。在大量数据的采集、传输、存储和应用过程中伴随着信息泄露、数据丢失、网络攻击、隐私窃取、非法数据交易、系统中断等各种问题。

4. 金融业务创新的合规风险

金融创新和科技创新是一个互相依存、互相促进、互相作用的整体，利用金融科技进行金融业务创新是当今许多金融机构的热点主题工作。最近 10 年来，各种互联网金融公司、金融科技公司和传统金融机构纷纷推出了丰富多样的金融创新产品（如互联网贷款、P2P 借贷、互联网资管、虚拟货币），而且这些产品无不打着金融创新的旗帜进行宣传和推广。虽然不排除其中有一部分是合法合规的优质产品，但是违规的创新业务也是层出不穷，其中潜藏的风险往往不会在短期内暴露。

5. 消费者权益保护风险

消费者权益至少包括消费者的知情权、隐私权、信息安全权、同意使用权和追究求偿权。在金融科技的广泛应用下，金融风险隐蔽性、复杂性更强，金融消费者权益极易受到侵害。例如，缺乏详细说明的复杂金融科技产品、App 强制获取用户信息、利用大数据"杀熟"、用户数据侵犯和买卖、平台封禁等新型侵害消费者权益的行为日渐增多。

2.5.3 金融科技推动风险管理变革

1. 金融科技发展规划的要求

《金融科技发展规划（2019—2021年）》指出："金融科技已经成为防范化解金融风险的新利器。运用大数据、人工智能等技术建立金融风控模型，有效甄别高风险交易，智能感知异常交易，实现风险早识别、早预警、早处置，提升金融风险技防能力。运用数字化监管协议、智能风控平台等监管科技手段，推动金融监管模式由事后监管向事前、事中监管转变，有效解决信息不对称问题，消除信息壁垒，缓解监管时滞，提升金融监管效率。"

该规划还指出：要做好新技术金融应用风险防范。企业应正确把握金融科技创新与安全的关系，加强新技术基础性、前瞻性研究，在安全合规的前提下，合理应用新技术赋能金融产品与服务创新。综合实际业务场景、交易规模等深入研判新技术的适用性、安全性和供应链稳定性，科学选择应用相对成熟可控、稳定高效的技术。充分评估新技术与业务融合的潜在风险，建立健全试错容错机制，完善风险拨备资金、保险计划、应急处置等风险补偿措施，在风险可控范围内开展新技术试点验证，做好用户反馈与舆情信息收集，不断提升金融产品安全与质量水平。强化新技术应用保障机制，明确新技术应用的运行监控和风险应急处置策略，防范新技术自身风险与应用风险。

例如在人工智能领域，该规划提出要稳步应用人工智能，加强金融领域人工智能应用潜在风险的研判和防范，完善人工智能金融应用的政策评估、风险防控、应急处置等配套措施，健全人工智能金融应用安全监测预警机制，研究并制定人工智能金融应用监管规则，强化智能化金融工具安全认证，确保把人工智能金融应用规制在安全可控的范围内。围绕运用人工智能开展金融业务的复杂性、风险性、不确定性等特点，研究提出基础性、前瞻性管理要求，整合多学科力量加强人工智能金融应用相关法律、伦理、社会问题研究，推动建立人工智能金融应用法律法规、伦理规范和政策体系。

2. 金融科技推动风险管理变革

首先，金融科技推动企业风险管理的数字化转型。风险管理本身在企业中就是最具数字化基础的领域之一。在长期的数据积累、模型构建和预警监控工作下，企业能够迅速适应新金融科技时代的数字化转型需求，而且风险管理的数字化转型比其他领域的数字化转型更加深刻。几乎所有企业的数字化转型战略和运营策略中都会包含风险管理和风险控制的内容。

其次，金融科技协助企业建立智能风控管理体系。大数据为风控数据采集、存储和应用提供基础，云计算为海量风险数据计算和风控模型训练提供动力，区块链利用其不可伪造、全程留痕、可以追溯、公开透明、集体维护等特性打造共享数据库和智能合约以赋能风控体系建设，物联网能够获取动态、多维、实时的数据为新风控打造提供能量，5G通信在传输数据上为风控过程提供快速稳定通道，人工智能则通过虚拟机器人、实物机器人和机器学习模型提供智能风控工具，而以新生物技术、边缘计算、差分隐私、智能感知等为代表的前沿技术同样在风控领域发挥着自己独特的优势，如基于生物技术的身份验证、基于差分隐私的信息安全等。

再次，金融科技助力企业打造开放共享的新生态。"打造生态圈"已经从互联网行业扩展到非互联网行业，并且已经成为企业发展的新共识、新趋势。自2013年英国竞争和市场管理局推出开放银行（Open Banking）计划以来，以金融行业为例，开放银行、开放保险在互联网技术和API技术的支持下已经从概念阶段进入实践阶段，以中国工商银行、中国人寿为代表的一批企业先后推出了自己的开放银行、开放保险战略与平台。借助金融科技，企业可以将金融产品和服务嵌入合作互联网场景平台的应用程序中，对内建立平台，对外输出能力，可以集合多个实体的用户、资源和流量，共建开放新生态。

最后，金融科技使企业形成上下统一的科技文化。无论是监管当局还是企业管理层都在强调金融科技对于业务发展、内部管理的重要性，这种自上而下的宣导无形中培育和稳固了企业的金融科技文化。金融科技文化一旦塑造完成，将融入企业上下一体化的治理、管理和操作过程之中，成为内部员工与外部客户对于产品、服务、沟通和认知上的共识，这也将反过来促进金融科技文化的持续调整和优化，直至达到最优状态。

Chapter 3 第 3 章

风险管理的变革

数字化时代在电子化、信息化时代的基础上更加强调将数据作为一种有价值的资产,并利用新兴科技对其进行采集、挖掘和应用。风险管理这样一个十分依赖数据的企业管理模块,自然也要根据数字时代的要求和趋势展开相关的变革。数字化转型不只强调 IT 的相关数据和技术应用,同样,风险管理的变革也是一个涉及战略、策略、理论、方法、数据、技术和系统的综合性工程。风险管理的变革主要体现在风险管理、内部控制的数字化和智能化,而实现这些变革需要我们厘清风险管理的主要方法论、当前最新热点及未来发展趋势。

3.1 三道防线理论、COSO 框架和巴塞尔协议

风险管理是一项以科学、严谨和高效为基本要求的工作,开展任何风险管理活动,我们都希望有相应的方法论作为指导。本节主要介绍风险管理三道防线理论、COSO 企业风险管理框架和巴塞尔协议这三个知名的风险管理方法论。

3.1.1 风险管理三道防线理论

2006 年,国务院国资委发布的《中央企业全面风险管理指引》指出:"企业开展全面风险管理工作应与其他管理工作紧密结合,把风险管理的各项要求融入企业管理

和业务流程中。具备条件的企业可建立风险管理三道防线,即各有关职能部门和业务单位为第一道防线,风险管理职能部门和董事会下设的风险管理委员会为第二道防线,内部审计部门和董事会下设的审计委员会为第三道防线。"

此外中国人民银行、银保监会、证监会在有关政策指引中也提出了三道防线的有关概念。

目前国内各大企业一般设计三道防线来进行风险管理,其中:第一道防线是前台业务部门或机构;第二道防线是风险管理部门,包括风险管理部、法律合规部、审查审批部、风险监控部、计划财务部等;第三道防线是内部审计部门。整个公司的风险管理最终汇总到董事会、监事会、高级管理层和各级风险委员会。

COSO 企业风险管理框架提出:风险管理责任落实的第一道防线是核心业务（Core Business）,第二道防线是支持职能（Supporting Function）,第三道防线是鉴证职能（Assurance Function）。

- 核心业务部门:一般是指企业管理的前台业务部门。
- 支持职能部门:一般包括专职风险管理部门,以及法律、合规内控、计划财务、人力资源、质量管理、安全管理等部门,甚至一些观点认为除前台业务部门和后台审计监督部门外,其他涉及风险控制的职能部门（如行政办公、科技管理部门）都属于第二道防线。
- 鉴证职能部门:主要是指审计部门,一般包括内审部门和外审机构,在我国还包括纪检监察部门。

实践中,在常见风险管理三道防线的基础上做了优化。经过优化的三道防线架构如图 3-1 所示。

随着数字化和金融科技的渗透与演化,国内三道防线理论也在不断演化和发展,但是基本思路与上述保持一致。一些企业开始重视数字转型,将传统的前中后台进行了变革。例如:在前台设置业务集群,主要负责业务的营销、受理、谈判和调查;在中台设置业务中台、数据中台、风险中台、管理中台等,主要负责智能业务运营、数据管理、风险管理、合规内控、资金管理等;在后台设置智能支持部门,如人才管理、科技运维、采购管理、内部审计,负责为前台和中台提供集中式、高效的、敏捷的业务支持和管理支持。中台方法论下的新三道防线设计如图 3-2 所示。

图 3-1 风险管理的三道防线

图 3-2 中台方法论下的新三道防线

3.1.2 COSO 企业风险管理框架

1. COSO 企业风险管理框架（2004）

2004 年，COSO 在《内部控制：整合框架》的基础上，结合《萨班斯－奥克斯法案》在财务报告方面的要求，同时吸收各方面的风险管理研究成果，发布了《企业风险管理：整合框架》(Enterprise Risk Management Framework，一般简称为"COSO框架")，在内部控制五要素（控制环境、风险评估、控制活动、信息沟通和内部监督）的基础上发展出风险管理八要素（内部环境、目标设定、事件识别、风险评估、风险应对、控制活动、信息和沟通、监督检查）。该框架具体如图3-3所示。

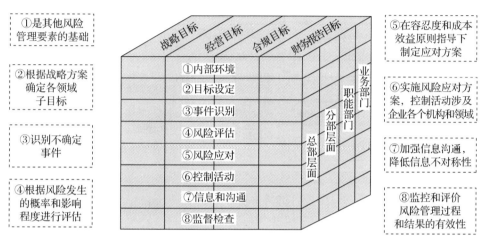

图 3-3　COSO 企业风险管理框架（2004）

2. COSO 企业风险管理框架（2017）

2017年，COSO发布新版企业风险管理框架，即《企业风险管理：与战略和绩效的整合》，提出了风险管理五要素（公司治理和文化、制定战略和设定目标、绩效管理、审查和修订、信息沟通和报告）以及由这五要素衍生出的20个原则。对比2004年发布的《企业风险管理：整合框架》，新框架提出并强调了制定战略和提升绩效过程中的风险，更加重视风险管理和内部控制过程中的战略与绩效因素，具体如图3-4所示。

该新框架的主要改进在于如下十大变化：
- 应用了要素和原则的编写结构；
- 简化了企业风险管理的定义；
- 强调了风险和价值之间的关联性；
- 重新审视了企业风险管理整合框架所关注的焦点；
- 检验了文化在风险管理工作中的定位；
- 提升了对战略相关议题的研讨；
- 增强了绩效和企业风险管理工作的协同效应；

- 体现了企业风险管理支持更加明确地做出决策；
- 明确了企业风险管理和内部控制的关系；
- 优化了风险偏好和风险承受度的概念。

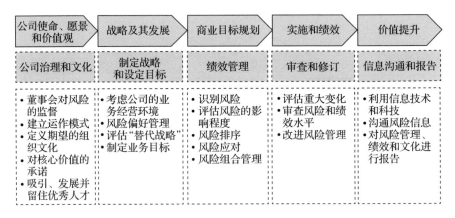

图3-4　COSO企业风险管理框架（2017）

该新框架强调企业战略、绩效和价值提升，并未直接提及风险，而是给出了很多的战略管理、战略分析、绩效管理和价值塑造因素，并强化了人才、信息技术和企业文化。

3.1.3　巴塞尔协议

1975年，巴塞尔委员会发布了第一个巴塞尔协议，即《银行海外分支机构监管原则》，其核心内容是针对当时国际银行监管主体缺失的现状，明确海外银行监管责任分工和重点。它突出强调了两点：一是任何银行的海外机构都不能逃避监管，二是母国和东道国应共同承担的职责。1983年第一版协议在实施过程中遇到了一些问题，因此巴塞尔委员会对协议进行了修改，但核心内容仍为：任何银行的海外机构都不能逃避监管，任何监管都应该是恰当的。这时候的巴塞尔协议尚处于初期阶段，内容总体上简单，提出的原则和要求不够清晰，之后巴塞尔委员会又发布了第二个、第三个巴塞尔协议等。

1. 巴塞尔协议 I

1988年，巴塞尔委员会发布了第二个巴塞尔协议，这是一般所称的巴塞尔协议 I、旧资本协议或1988年资本协议。其具体文件为《统一资本计量和资本标准的国际协议》，该协议对银行的资本比率、资本结构、各类资产的风险权数等方面做了统一规定。

巴塞尔协议Ⅰ的核心内容是资本充足率，主要涉及以下三方面的内容。

1）明确资本的定义。巴塞尔委员会将资本分为两部分：一是核心资本，包括股本和公开的准备金，这部分至少占全部资本的50%；二是附属资本，包括未公开的准备金、资产重估准备金、普通准备金或呆账准备金、带有股本性质的债券和次级债券。

2）提出权重法及其资产的风险权重。风险加权资产（RWA）根据不同类型的资产和表外业务的相对风险大小（风险权重，如0、20%、50%和100%）进行计算，风险越大，权重就越高。银行的表外业务按照信用换算系数换算成资产负债表内相应的项目，然后按对应的风险权重计算。

3）明确资本充足率的要求。协议规定到1992年底，所有签约方从事国际业务的银行的资本充足率应达到8%，其中核心资本充足率应达到4%。

巴塞尔协议Ⅰ的不足之处是过于强调资本而忽略风险的实质，仅关注信用风险而未关注市场风险和操作风险，资产的风险权重不够精确敏感，未能充分认识信用风险缓释措施，可以进行资本套利。

对于存在的问题，巴塞尔委员会先后发布了多份文件进行了持续的修正和补充：《关于通用坏账准备金计入资本的补充规定》（1991年）、《关于表外资产信用风险处置的补充规定》（1994年）、《对1988年7月版资本协议的修订》（1994年）、《关于表外项目潜在风险处置的补充规定》（1995年）、《关于市场风险的补充规定》（1996年）、《有效银行监管的核心原则》（1997年）。

2. 巴塞尔协议Ⅱ

1999年，巴塞尔委员会公布了巴塞尔协议Ⅱ的第一版征求意见稿，随后于2001年公布了第二版征求意见稿，2003年公布了第三版征求意见稿，最终于2004年正式发布《统一资本计量和资本标准的国际协议：修订框架》，一般称为巴塞尔协议Ⅱ或新资本协议，并要求在2006年正式实施。

巴塞尔协议Ⅱ的核心内容仍是资本充足率，并以三大支柱为基础。三大支柱分别是最低风险资本要求，监管检查要求，信息披露要求（市场纪律）。

1）最低风险资本要求。信用风险、市场风险和操作风险均需计提资本，签约方银行的最低资本充足率需达到8%，而银行的核心资本充足率应为4%。

2）监管检查要求。强化了各签约方金融监管部门的职责，监管机构应根据银行的风险状况和外部经营环境，全面评估银行的资本充足情况，对银行的资本充足率有严格的控制（保持高于最低水平的资本充足率），确保银行有严格的内部体制，能够有效管理自己的资本需求，从而促进银行形成自身的风险评估体系。

3）信息披露要求。银行应通过有效的信息披露来促进稳健经营，及时公开披露包括资本结构、风险敞口、资本充足率、风险评估和管理过程、对资本的内部评估机制及风险管理战略等在内的信息，建立信息披露制度，监管机构也要对银行的信息披露体系进行评估。

该协议针对信用风险、市场风险和操作风险分别提出了资本计量方法，明确了三大风险项下的子类风险，提出了资本充足率计算公式，具体如图 3-5 所示。

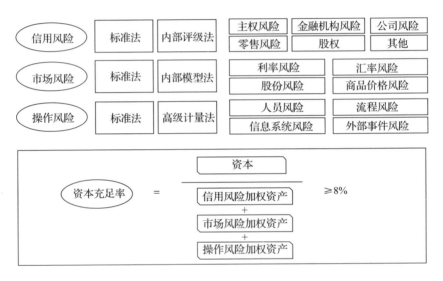

图 3-5 巴塞尔协议 Ⅱ 的三大风险领域和资本充足率计算公式

巴塞尔协议 Ⅱ 的主要创新之处在于：首次将操作风险纳入资本监管范围，全面覆盖信用、市场和操作风险；针对三类风险均提供了多种计量方法，供银行根据自身情况进行选择，并提出了信用风险计量的内部评级法；将流动性风险、银行账户利率风险纳入第二支柱；扩大了资本充足率的约束范围，有利于抑制资本套利行为；考虑了控股集团下不同分支机构的并表问题；内部评级的结果与模型参数应充分运用在银行的公司治理、风险管理、信贷管理和资本管理等领域。

3. 巴塞尔协议 2.5

2007~2008 年发生了全球性金融危机，巴塞尔委员会根据危机的表现和教训，于 2009 年发布《巴塞尔协议 Ⅱ 框架的改进》《稳健的压力测试实践和监管原则》《交易账户新增风险资本计算指引》和《巴塞尔协议Ⅱ市场风险框架的修订》,俗称巴塞尔协议 2.5。该协议在监管框架方面的主要改进在于:第一支柱方面,提高复杂衍生品,特别是再资产证券化的风险权重;第二支柱方面,再次强调全面风险管理,要求商业银行加强流动性风险管理,加强商业银行的业务集中度管理、表外资产管理、资产证券化、声誉风险管理等;第三支柱方面,提高对复杂资本市场行为的信息披露要求,加强和细化了资产证券化、交易业务和表外业务的信息披露。

2008 年 9 月,巴塞尔委员会发布关于流动性风险管理和监管稳健原则的政策文件,从五个方面提出了流动性风险管理的原则,包括基本原则、流动性风险治理结构、流动性风险度量和管理、信息披露和监管者的角色。

2009 年 12 月,巴塞尔委员会发布关于增强银行体系稳健性和流动性风险计量标准与监测的国际框架的政策文件。

2010 年 4 月,巴塞尔委员会发布关于稳健的交易对手信用风险模型返回检验实践的政策文件。

2010 年 6 月,巴塞尔委员会宣布调整新资本协议市场风险框架,发布关于新资本协议市场风险框架的政策文件。

2010 年 7 月,巴塞尔委员会发布关于逆周期资本缓冲建议、资本和流动性改革的相关政策文件。

2010 年 8 月,巴塞尔委员会发布《资本和流动性强化要求的过渡对宏观经济的影响的评估》《关于确保监管资本非可行性吸收损失的能力的建议》《金融体系管控中成本与收益的对比》和《更高的全球最低资本要求》等文件。

4. 巴塞尔协议Ⅲ

2010 年 9 月,巴塞尔委员会发布《巴塞尔协议Ⅲ:更稳健的银行和银行体系的全球监管框架》和《巴塞尔协议Ⅲ:流动性风险计量、标准和监控的国际框架》,提出了新的全球资本标准及过渡期安排,同时还从以下方面对新资本协议进行了补充完善:

- ❏ 更加强调系统性风险防范和金融稳定,提出构建以逆周期管理为核心的宏观审慎管理框架,同时对微观审慎监管给出优化意见;
- ❏ 更加强调资本质量,增强资本工具吸收损失的能力;
- ❏ 加强资本框架并明确资本定义,对于一级资本的定义更加严格,同时简化了二级资本并取消了专门用来抵御市场风险的三级资本;
- ❏ 提高监管资本的要求,提出超额资本、应急资本以便降低系统性风险,最低资本充足率为 8%，但增加 2.5% 的资本留存缓冲和 0～2.5% 的逆周期资本缓冲，最高资本充足率达到 13%，并且将增加对系统性银行的后备资本要求；
- 扩大风险覆盖范围，提高资产证券化的风险权重，加强交易对手信用风险管理；
- 引入并更新整体杠杆率，定义杠杆率为银行监管资本与总风险暴露的比值，该比值的底线为 3%；
- 提出前瞻性的拨备、资本留存及逆周期超额资本，在宏观审慎层面引入了资本留存缓冲和逆周期缓冲；
- 提出全球流动性标准，对流动性风险管理单独发布指引，提出了流动性覆盖比率（LCR）和净稳定资金比例（NSFR）两个核心指标；
- 强化系统性金融机构的管理，防范"大而不倒"的风险；
- 细化和加强资产证券化、交易业务和表外业务风险的信息披露要求。

巴塞尔协议提出的三大支柱和流动性风险监管的框架要求如图 3-6 所示。

		三大支柱监管				流动性风险监管
		第一支柱			第二支柱	第三支柱	国际流动性标准和监督检查： ·LCR ·NSFR ·LCR和INFSR均需≥100% ·监督检查和信息披露
		资本约束	风险覆盖	杠杆要求	风险管理与监督	市场纪律	
所有协议银行		·加强资本框架并明确资本定义 ·提高监管资本的要求，提出超额资本、应急资本 ·提高资本质量与水平 ·提出前瞻性的拨备、资本留存及逆周期超额资本	资产证券化： ·对复杂证券化资产的资本要求 ·提高资产证券化的风险权重 交易账户： ·对衍生品交易、复杂证券化资产的更高资本要求 ·引入压力风险价值交易对手信用风险；囊括被现有规定低估的表内和表外重大风险和衍生品风险	·引进并更新整体杠杆比率 ·杠杆比率最低要求为3% ·包含表外风险暴露的无风险基础的杠杆比率 ·作为基于风险基础的资本需求的补充	提高第二支柱的监管要求： ·强调公司治理与风险管理 ·风险集中度 ·稳健的薪酬政策 ·压力测试 ·监管合作	修订第三支柱的披露要求： ·资产证券化和表外风险暴露的披露 ·监管资本组成细节的披露要求 ·对计算监管资本比率的全面解释	
系统重要性银行要求		由于全球系统重要性金融机构将会对金融系统的稳定造成更大的风险影响，因此它必须拥有更高的风险损失吸收能力					

图 3-6 巴塞尔协议的三大支柱和流动性风险监管

巴塞尔协议Ⅲ提出了具体的资本充足率要求，其中逆周期超额资本应该是普通股或其他可以充分吸收损失的资本的 0～2.5%，具体如图 3-7 所示。

项目	普通股（扣减调整项后）	一级资本	总资本
最低资本要求	4.5%	6%	8%
资本留存超额资本	2.5%	—	—
最低资本要求+资本留存超额资本	7%	8.5%	10.5%
逆周期超额资本	0～2.5%	—	—

图 3-7 巴塞尔协议Ⅲ的资本充足率要求

巴塞尔协议Ⅲ的新资本结构框架包括更强的资本定义、更高的最低资本要求及新资本缓冲引入的组合，将确保银行能更好地应对经济和金融的紧张时期，从而促进稳健经营和防范系统性金融风险。巴塞尔协议Ⅲ与巴塞尔协议Ⅱ的最低资本要求的比较如图 3-8 所示。

项目	资本要求							补充资本要求	
	普通股			一级资本		总资本		逆周期超额资本	系统性重要银行的其他要求
	最低要求	资本留存超额资本	总资本要求	最低要求	总资本要求	最低要求	总资本要求		
巴塞尔协议Ⅱ	2%	—	—	4%	—	8%	—	—	—
巴塞尔协议Ⅲ	4.5%	2.5%	7%	6%	8.5%	8%	10.5%	0～2.5%	超额资本要求

图 3-8 巴塞尔协议Ⅲ与巴塞尔协议Ⅱ的最低资本要求的比较

2010 年 9 月召开的巴塞尔委员会决策委员会会议对新框架的实施制定了明确的过渡期安排，从 2013 年起开始多项监管指标的并行安排。

2012 年 12 月，修订后的巴塞尔协议Ⅲ正式生效，于 2013 年正式试行，提供 5 年的过渡期。2018 年底，过渡期结束，巴塞尔协议Ⅲ全面实施。

除了以上理论外，还有一些其他的风险管理理论。例如，2006 年，国务院国资委发布《中央企业全面风险管理指引》，指导中央企业开展全面风险管理工作，增强企业竞争力，提高投资回报率，促进企业持续、健康、稳定发展。

2009 年，国际标准委员会颁布《ISO/FDIS31000 风险管理——原则和指引》，该文件阐明各类企业设计、实施和完善风险管理的目的是将风险治理和管理纳入企业的治理、战略和规划、报告和程序、政策、价值观和文化等领域的整个过程。该文件还明确了风险管理的基本流程包括沟通和协商、建立环境、风险评估、风险处理及监控回顾。

3.2 风险管理的热点主题

在不同的时代，企业风险管理的热点并不一样。在风险管理组织转型、智能信用风险模型、风险资本计量、自动风险预警等传统热点主题的基础上，依托先进的金融科技和创新的社会主题，企业管理层开始关注到其他的一些风险领域。本节选取数字化风险管理、金融科技风险管理、金融信息安全管理、员工行为风险管理、新三道防线模型这五项来对当今风险管理的新热点进行初步介绍。

3.2.1 数字化风险管理

关于数字化风险的定义目前尚无统一的标准，不同企业、不同部门对于数字化风险的理解也不尽相同。总体来看，数字化风险可以理解为数字战略规划、数字化转型、信息化建设、数字化技术引进、大数据应用的过程中，应用信息技术和数字技术时所产生的风险。可以将它归为信息科技风险的一个子类，或者单独作为一类风险。一些领先咨询公司已经成立了数字化风险管理团队，推出了数字化风险管理服务。

数字化风险管理是指基于大数据思维，通过数字化技术，建设数字化的风险管理战略、方法、工具、系统和文化，开展风险全流程管理的过程。数字化风险管理是金融企业较早探索、基础扎实、应用较多的领域，各种信用评估模型、大数据审批模型、客户信用风险自动预警平台、债券风险预警平台、自动机器风险分类、精准客户风险画像都是数字化风险管理的典型代表。

德勤发布的《2019全球数字化风险调查报告》指出，近年来企业将网络、数据隐私和监管合规认定为新兴风险涉及的三大领域，而数字化转型则提高了这些风险的复杂性。数字化转型还可能带来数字化渠道对不同客户的欺诈风险、有关企业为适应数字化而带来的相伴风险、数字化工具的应用风险、变革延迟风险、企业文化和组织结构风险等。

3.2.2 金融科技风险管理

信息科技风险是指商业银行在运用信息科技的过程中，由于自然因素、人为因素、技术漏洞和管理缺陷而产生的操作、法律和声誉等风险。传统的信息科技风管理是在信息科技风险三道防线体系下由信息科技治理、信息科技风险管理、信息安全、信息系统开发、测试和维护、信息科技运行、业务连续性、外包、审计等部分组成的一揽子方案。

金融科技的深入研发和应用提高了传统信息科技风险管理的深入性、复杂性和创新性。例如，云计算、区块链和人工智能这些技术的研发、推广和应用需要人才和时间积累，传统信息科技风险管理一般不会投入大量资源进行提前、定向和集中管控，且这些领域的风险管理人才的培养和沉淀还跟不上金融科技的要求。然而时至今日，金融科技已经成为全球热点和趋势，与之相伴的风险管理势必将登上舞台。

可以认为，金融科技风险管理就是针对金融科技的战略、治理和管理、信息安全和数据隐私、新技术研发和应用、信息系统开发测试和维护、金融科技运行、业务连续性、外包和审计监督等按照风险管理方法和流程进行管理。

3.2.3 金融信息安全管理

金融信息安全是网络安全、信息安全的原理和技术在金融领域的应用，是整个金融系统的关键生命线之一。金融信息安全技术至少包含以下内容：金融信息安全概论、密码学基础、网络攻击及防范技术、数据信息和隐私安全、金融信息系统安全防范及金融信息安全标准、网络安全法、信息系统等级保护。

当前国际和国内均加强了对个人信息的保护，陆续出台了多部法律法规。在这种日趋严格的形势下，风险管理应该做好数据信息的获取、应用与信息安全、隐私保护之间的平衡。从风险管理的角度来看，企业信息安全管理体系的完善，需要强化安全管理政策制度的建设、安全管理流程的优化和控制、安全管理工具和系统建设、安全管理技术防范、安全管理准则发布和培训、安全管理文化建设。

3.2.4 员工行为风险管理

2018 年 3 月，原银监会下发《银行业金融机构从业人员行为管理指引》（银监发〔2018〕9 号），对从业人员的行为管理提出了更高的要求。当下，无论是从监管要求还是从企业内部面临的挑战来看，员工行为风险管理都已经成为数字化、科技化时代的新热点，如何合规、准确、有效地识别、控制和监控员工的行为风险是许多企业的内部审计、纪检监察、内控合规部门正在思考的问题。

员工行为风险管理是操作风险管理领域的重要内容，是操作风险项下人员风险中的内部人员风险。员工行为风险的主要表现形式包括但不限于员工舞弊、员工欺诈、员工操作失误和员工流程风险。由于各类风险之间存在相关性和传导性，员工行为风险可以诱发信用风险、流动性风险等。例如在信贷业务中，在授信调查阶段，内部员工在流程作业上的调查不尽职、主观上的材料造假，可能导致信用资质不合格的借款人获得准入，从而加大贷款人面临的信用风险水平。员工行为风险管理的主要方法有政策制度和合规指引的完善与遵循、信息系统的操作风险自动化控制、大数据员工行为风险的监测和预警、员工异常行为的预测、员工风险行为申报和举报、员工行为准则和文化的宣导等。

3.2.5　新三道防线模型

国际内部审计师协会（IIA）组织专家学者对 2013 年发布的"有效风险管理和控制三道防线模型"进行了修订和完善，并于 2020 年 7 月正式发布了全新的"三线模型"（Three Lines Model，注意用词不是"三道防线"，新理论弱化了"防"）。其主要变化在于：增加 6 项新原则（可概括为：治理、治理机构职责、管理层与第一线和第二线的职责、第三线的职责、第三线的独立性、价值创造和保护），明确提出内部审计的"独立性不意味着完全孤立"，强调治理机构的职责、作用及其与内部审计之间的关系，从局限于风险管理拓展到整个组织的治理和管理，强调价值创造和价值保护。

在以数字经济和科技创新为特点的新时期，要想发挥新三道防线模型的作用，势必要利用数字化的方法来创新性地解决风险管理三道防线的问题。这些问题包括但不限于三道防线间的协同（例如发生不良信贷资产时的履职调查、风险处置和问责处罚三道防线如何协同）、三道防线间风险监控和预警平台的建设与共享、内部审计问题的数字化整改追踪、案件防控和违规行为排查的数字化布局与执行、分支机构的业务营销和日常管理的监督监控。

3.3　风险管理变革的方向和机制

风险管理变革的大方向是数字化和智能化。在实现数字化和智能化的转型过程中，金融机构需要一些机制来助力变革，而组织管理、内部审计和合规内控是其中三种重要的机制。本节重点介绍风险管理防线的变革，在内部审计方面介绍应用内部审计助力变革，在合规内控方面介绍数字化员工行为风险管理。

3.3.1　风险管理的数字化和智能化

为了实现智慧的风险管理、低成本的资源占用、智慧的数据挖掘和充分的价值创造，企业需要加速风险管理的数字化并紧跟领先实践开展风险管理的智能化。

宏观上：首先，可以制订转型变革的实施计划；其次，应该有效地识别、评估、控制和监测数字化及智能化过程中的战略风险、合规风险、操作风险、声誉风险和技术风险；最后，需要培养和引进数字化及智能化的风险管理人才与工具。

微观上：首先，参考传统信息科技风险管理的方法建立一套风险管理的数字化、智能化的指标体系并采取监控措施；其次，可以考虑设立大数据组、区块链组、人工智能组和云计算组，分别对其进行个性化、深度的全流程管理，例如利用区块链来重塑风险管理的模式；最后，需要关注数字化和智能化所带来的新兴衍生风险，例如关于数字货币和区块链信贷的风险管理。

3.3.2 风险管理防线的变革：六道风险管理防线

IIA 的新三线模型删除了"防"，可以理解为其将"防范"或"防御"的思维转化为一个更强调"解决""合作""服务"的理念，这也代表了风险管理的新方向。基于当前主流三道防线思想的定位，在保留以前台业务部门为第一道防线、风险合规部门为第二道防线、审计监督为第三道防线的基础上提出更新的三线，作为对传统三道防线的补充和创新。补充的新三线如下。

- ❑ 第四道防线：以金融创新、科技创新、数字化和科技化为基础，简称"创新数字科技线"。
- ❑ 第五道防线：以内部和外部专家顾问提供咨询服务为基础，简称"独立咨询顾问线"。
- ❑ 第六道防线：以政府监管、社会舆论为基础，简称"外部监管监督线"。

如此一来，风险管理防线的框架变为一种新的架构，如图 3-9 所示。

1）创新数字科技线：创新、数字和科技是当今最热门的领域和主流发展趋势，在这样的社会大环境下，以创新、数字和科技的理念、方法、工具和文化来管理风险是时代发展的要求。

2）独立咨询顾问线：全球化信息交流、资源整合和合作共赢给企业带来了思想上的变革，通过交叉企业内部专家顾问和引进外部咨询顾问并融入现有的经营管理体系，能够为企业带来更具洞察力的观点，帮助企业更好地解决特定领域的疑难问题。

3）外部监管监督线：遵循国家法律法规和政府监管政策是企业风险管理的基石，承担对社会发展和公众利益的责任是企业风险管理的新使命，通过政府监管和社会监督来促进风险管理的变革是企业管理理念的新高度。

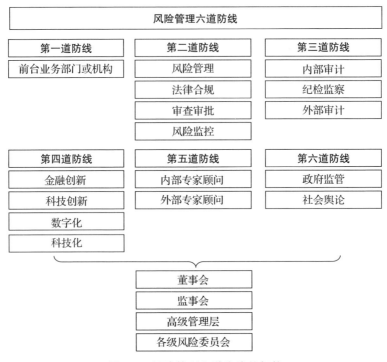

图 3-9　风险管理六道防线的架构

3.3.3　内部审计助力数字化和金融科技风险管理

内部审计作为全面风险管理中的重要一环，遵循独立和客观的精神对风险管理进行检查、评价、监督和咨询等活动。领先的内部审计机构不仅开展对信用风险、市场风险、操作风险、流动性风险、信息技术风险等领域的审计活动，而且已经审时度势地将数字化风险和金融科技风险纳入审计范围。内部审计的审计活动从事后阶段拓展到事前和事中阶段，以便将风险因素控制在前端流程，更贴近业务。当前内部审计转型呈现出"战略 + 业务 + 风险 + 技术"的深度融合，提高了内部审计对于数字化和金融科技风险管理的改进价值。

中国内部审计协会副会长兼秘书长沈立强在 2019 年数字风险峰会上提出，内部审计应成为帮助组织应对数字风险的重要力量，内部审计可以从如下方面助力数字化风险管理：一是根据组织战略培育、引进数字化风险管理人才，引进相关技术，提高审计部门在数字化管理上的权威性；二是学习和了解信息安全的框架与标准；三是关注数字治理，将数字文化融入审计项目；四是持续监控组织的数字化风险和控制措施；五是加强同业交流，关注行业最新发展动态和趋势。

3.3.4 合规基础上的数字化员工行为管理

员工行为管理属于企业操作风险管理范畴，部分也可归到合规风险管理范畴。基于操作风险或合规风险的管理思维，当前许多企业一般通过以下形式进行员工行为管理：内控体系设计、反舞弊机制优化、定期员工异常行为排查、各种专项和非专项检查、审计系统的异常行为非现场监测、员工的合规承诺、员工行为准则培训、违规警示教育、投诉举报等。其中的一些方法，如员工异常行为排查，在实践中投入的资源多却达不到预期的效果，往往每年多次排查均无法发现问题，不禁让人质疑这些排查是否流于形式。

数字化和科技化的形势下，员工行为管理也可以进行数字化再造。一些领先的甲方企业和乙方咨询公司已经开始投入精力研究和执行数字化的员工行为管理。就目前来看，至少可以采取以下措施：其一，选定关键业务和流程开始流程活动的数据监控；其二，在审计监察系统或合规管理系统中设计与开发新的异常行为排查模型；其三，在遵循最少化原则的前提下合规地引入外部数据，并结合内部数据进行异常行为监测。

3.4 内部控制的概念、流程及演进

一般来说，无论在理论层面还是在实践层面，内部控制与风险管理都具有不可分割的关系，主要原因在于：风险控制是风险管理的核心模块之一，而内部控制则是风险控制项下一种非常重要的手段。与风险管理一样，内部控制的理论和方法也在不断演进，以便更好地满足新一代风险管理的要求。本节介绍内部控制相关的概念、流程和简要演进历程，为 3.5 节将要介绍的内部控制数字化和智能化变革打好知识基础。

1. 内部控制的概念和流程

COSO 于 1992 年发布《内部控制：整合框架》，并于 1994 年对其进行了修改。该报告指出，内部控制是一个过程，受企业董事会、管理层和员工的影响，旨在确保财会报告的可靠性、经营的效果和效率以及对法律法规的遵循。

2008 年，中国财政部、审计署、证监会、原银监会和原保监会（简称"五部委"）联合发布《企业内部控制规范》。该文件明确了内部控制是指由企业董事会、监事会、经理层和全体员工实施的、旨在实现控制目标的过程。

根据《商业银行内部控制指引》（银监发〔2014〕40 号）的定义，内部控制是商业银行董事会、监事会、高级管理层和全体员工参与的，通过制定和实施系统化的制

度、流程和方法,实现控制目标的动态过程和机制。

内部控制的目标是合理保证企业经营管理合法合规、资产安全、财务报告及相关信息真实完整,提高经营效率和效果,促进企业实现发展战略。内部控制的原则是坚持全面性、重要性、合规性、风险性、成本性、效益性(《商业银行内部控制指引》规定的原则为全覆盖、制衡性、审慎性、相匹配)。内部控制的关键要素由五个维度的多个子因素组成,详见表3-1。

表 3-1 内部控制的关键要素构成

序号	内控维度	内控要素
1	控制环境	公司治理、公司战略、组织管控、职责权限、人才管理、反舞弊、企业文化、内部审计、数字化和科技、创新、领导力和执行力、对监管机构的态度
2	风险评估	制定风险偏好、制定风险策略、风险识别、风险分析、风险度量
3	控制活动	政策制度、流程管理、职责分离、授权管理、预算管理、审查审批、资产管理、采购管理、销售管理、渠道管理、资金管理、限额管理、版本管理、记录管理、安全管理、模型开发、经营分析控制、会计系统控制、财产保护控制、绩效考核控制
4	信息和沟通	信息沟通机制、信息沟通渠道、建设信息系统、数据和记录、投诉、信访和举报、数据和信息的完整性与准确性、信息披露
5	监督监控	日常监督、专项监督、风险检查、内控评价、合规检查、审计检查、纪检监察、监管检查

企业建立与实施有效的内部控制的流程是:建立内部环境,开展风险评估,执行控制活动,信息和沟通,内部监督监控。商业银行进行内部控制活动,应当建立健全内部控制体系,明确内部控制职责,完善内部控制措施,强化内部控制保障,持续开展内部控制评价和监督。

2. 企业内部控制管理的简要演进历程

《内部控制:整合框架》代表了内部控制由聚焦在财务报告和内部管理角度转而进入整合体系。该框架提出了内部控制的三个目标——合规遵循、运营有效和财务报告可靠以及内部控制的五要素——控制环境、风险评估、控制活动、信息和沟通、监督监控。五要素有机地合作才能有效地运行和整合,以实现企业的目标。该框架如图3-10所示。

2008年颁布的《企业内部控制基本规范》确立了中国企业建设内部控制规范的标准体系。为了配合该规范的实施,财政部又联合审计署、证监会、原银监会和原保监会于2010年颁布了三个指引性文件,即《企业内部控制应用指引》《企业内部控制评价指引》和《企业内部控制审计指引》。这三个文件要求自 2011 年起在境内外同时上市的公司施行，自 2012 年起在主板上市的公司施行，并鼓励非上市大中型企业提前施行。

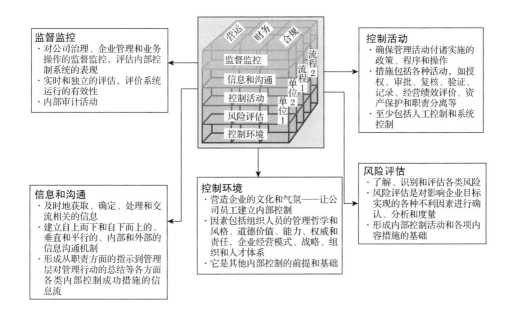

图 3-10　内部控制框架

2013 年，COSO 发布了新的《内部控制：整合框架》。该框架保留了内部控制的三大目标（合规目标、运营目标和财务报告目标）和五要素（控制环境、风险评估、控制活动、信息和沟通、监督监控），并提出了 17 项原则，这 17 项原则后来成为企业内控评价和 IPO 上市内控评价的重要依据。

2014 年，原银监会印发《商业银行内部控制指引》，对商业银行、农村信用社、金融资产管理公司、信托公司、企业集团财务公司、金融租赁公司等的内部控制管理进行规范，主要内容如图 3-11 所示。

3. 内部控制评价

2015 年，全国金融标准化技术委员会发布《商业银行内部控制评价指南》。根据这份文件的要求，内部控制评价底稿及示例如表 3-2 所示，各银行可以根据自身特点做局部调整。据了解，这种内控评价的方法和形式与主流咨询公司及金融机构的内控评价实践基本一致。

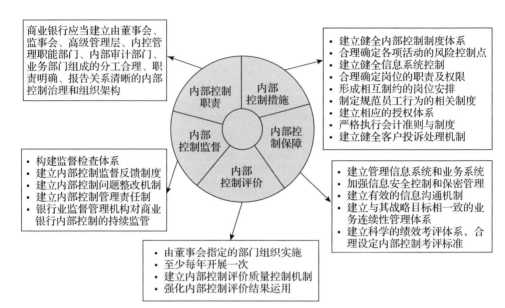

图 3-11 《商业银行内部控制指引》的主要内容

表 3-2 内部控制评价底稿及示例

流程编号	流程名称	子流程名称	风险编号	风险名称	风险描述	风险等级	控制活动编号	控制活动现状描述	控制频率	控制类型	手工/系统控制
SB-CL	对公贷款	贷款发放及收回	SB-CL-R-10	超出额度发放贷款	超出剩余授信额度发放贷款,可能造成银行信贷资产遭受损失	高	SB-CL-CA-10	信贷系统自动比较放款指令的金额与客户剩余的信贷额度,如果放款指令的放款金额大于剩余额度,则系统无法执行该放款指令	不定期 每月多次 每日一次 每周一次 每月一次 每季一次 每年一次	预防型 检查型 纠正型	手工控制 系统控制

是否为关键控制	是否为反舞弊控制	控制活动负责部门	控制活动负责岗位	是否有IT系统参与	设计有效性测试程序	设计有效性测试证明材料	设计有效性结果	运行有效性测试底稿编号	运行有效性测试结果
是	否	信贷管理部	放款操作岗	信贷管理系统	1)由于该控制为系统自动控制,根据抽样标准,我们选取一个样本截图作为测试样本 2)获取截图:随机选取一个客户,创建一笔金额大于其授信余额的放款,检查放款指令能否发送成功,系统是否拒绝该笔放款	系统放款金额超出剩余额度时,系统自动拒绝该笔放款的截图	设计有效	SB-CL-YX-03	运行有效

4. 公司治理、风险管理、内部控制和内部审计的关系

1）公司治理是股东、董事会、管理层以及其他利益相关者之间的管理控制关系及职权利划分。

2）内部审计是代表股东、董事会监督和评价企业风险管理、内部控制与业务经营情况，提供恰当的咨询服务，以便改善风险管理，促进业务发展，增加组织价值。

3）在公司治理、企业管理和业务执行过程中，不可避免地会出现风险，而风险管理可以促进组织价值的实现。

4）内部控制是董事会、管理层和员工实施的对企业经营与财务报告产生过程的控制，以达到合规、资产安全和财报准确的目的。

公司治理、内部审计和内部控制均可作为风险管理的手段，内部审计又可以用来评价风险管理和内部控制的有效性，内部控制常用于企业内部风险的管控。四者均可被认为是广义的风险管理的重要组成部分，其关系可用图 3-12 进行概括。

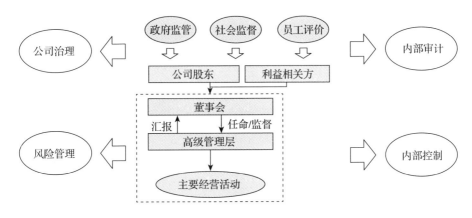

图 3-12　公司治理、风险管理、内部控制和内部审计的关系

3.5　内部控制的数字化和智能化

内部控制一直以来存在人工控制、系统控制和"人工 + 系统"控制三种基本形式。通过系统控制来提高内部控制的效率和效果一直是该领域实践者不断追求的目标，初步来看，进行内部控制的数字化和智能化转型升级是实现这一目标的必经之路。本节介绍大数据内部控制、大数据舞弊风险控制、智能化内部控制和内控评价自动化 4 个重点转型模块，为企业内部控制人员提供一种可供借鉴的思路。

1. 大数据内部控制

大数据内部控制是指对内部控制的关注对象（如组织、采购、销售、运营、人力、资产管理、各项业务）进行大数据改造，建立内部控制数据集市，进一步开展分析、预警、监控、核查、预测等活动。例如对于销售活动，首先可以建立一套数字化的销售指标监测体系，其次可以对销售流程的关键节点部署合规监控点，最后可以对销售人员建立员工画像，还可以开发销售人员行为风险预测模型。再如对于分支机构的日常管理，可以先根据机构目标对部门职责和岗位职责、工作任务、操作流程和规范进行标准化处理，然后根据这些标准化成果挖掘内部控制数据采集点，最后根据采集的数据进行可视化监控。这种监控除了用于风险管理外，还可以助力营销管理，推动业务更好、更快地发展。

大数据内部控制的难点在于三方面：首先，如何选定合适的业务或管理场景作为试验点，并识别出关键点；其次，这些被选中的关键点如何采集数据，采集什么样的数据；最后，采集数据通过什么样的方式及工具被加工和利用。

2. 大数据舞弊风险控制

IIA 在《国际内部审计专业实务框架》中指出，舞弊是指任何以欺骗、隐瞒或者违背信用为特征的非法行为。

中国内部审计协会在《第 2204 号内部审计具体准则——对舞弊行为进行检查和报告》中指出，舞弊是指组织内、外人员采用欺骗等违法违规手段，损害或者谋取组织利益，同时可能为个人带来不正当利益的行为。

中国注册会计师协会在《中国注册会计师审计准则第 1141 号——财务报表审计中与舞弊相关的责任》中指出，舞弊是指被审计单位的管理层、治理层、员工或第三方使用欺骗手段获取不当或非法利益的故意行为。

《第 2204 号内部审计具体准则——对舞弊行为进行检查和报告》给出了舞弊的类型，具体如下。

1）损害组织经济利益的舞弊：组织内、外人员为谋取自身利益，采用欺骗等违法违规手段使组织经济利益遭受损害的不正当行为。具体包括：收受贿赂或者回扣，将正常情况下可以使组织获利的交易事项转移给他人，贪污、挪用、盗窃组织资产，使组织为虚假的交易事项支付款项，故意隐瞒、错报交易事项，泄露组织的商业秘密，其他损害组织经济利益的舞弊行为。

2）谋取组织经济利益的舞弊：组织内部人员为使本组织获得不当经济利益而其自身也可能获得相关利益，采用欺骗等违法违规手段，损害国家和其他组织或者个人利益的不正当行为。具体包括：支付贿赂或者回扣；出售不存在或者不真实的资产；

故意错报交易事项、记录虚假的交易事项，使财务报表使用者误解而做出不适当的投融资决策；隐瞒或者删除应当对外披露的重要信息；从事违法违规的经营活动；偷逃税款；其他谋取组织经济利益的舞弊行为。

大数据舞弊风险控制利用数字化思维和大数据技术对传统舞弊控制手段进行改造升级。我们知道，《中国会计师执业准则》《美国注册会计师协会审计准则》曾经提出企业财务报表舞弊的风险信号，《国际内部审计专业实务标准》就企业管理舞弊提出了风险信号，这些信号多为定性信号，大数据舞弊风险控制要对这些定性信号进行数字化改造，进而通过信息系统进行自动化预警。

除了上述风险信号外，企业内部控制或内部审计机构还应就财务报表舞弊、侵占资产舞弊和腐败贿赂舞弊进行分析，挖掘更多的风险信号。

在采集到舞弊信号数据后，需要对这些数据进行分析，所用到的分析技术包括但不限于描述性统计分析、回归分析和时间序列分析。

3. 智能化内部控制

数字化和科技化背景下各种信息技术和金融科技的研发与应用，对内部控制的变革也产生了积极的推动作用。与风险管理、合规管理及内部审计一样，当前内部控制的智能化转型也是基于大数据挖掘、人工智能、知识图谱、自然语言处理、光学字符识别（OCR）、网络爬虫、机器人流程自动化、数据可视化等技术进行的。实现智能化内部控制需要多种底层技术的支持，具体如图 3-13 所示。

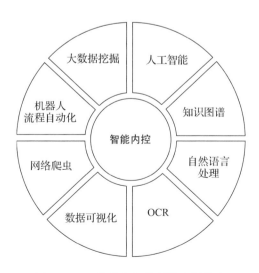

图 3-13　智能化内部控制的底层技术

针对内部控制设计，已经开始基于数字化、智能化的理念和上述新兴技术的应用，反过来调整内控体系的建设，特别是针对控制的环境、控制的流程、控制的具体措施的再造。

针对内部控制评价，部分企业已经开始研究如何将传统的以手工抽样进行穿行测试和执行测试的模式转变为自动化操作模式。

4. 内控评价自动化

传统的内部控制评价由人手工操作，常见的操作方式是借鉴内部审计的方法论和操作程序，组建一个内控评价小组并执行内控评价项目。在这种项目中，由项目人员开展访谈、抽样、调取资料、检查资料、确认问题和撰写报告。

由于内控评价项目（特定领域的专项内控评价除外）覆盖公司层面、职能层面和业务层面的多种流程，还要涉及总部、分支机构，因此工作量巨大，若想取得较好的效果，势必要投入较多的人力和时间资源。一些领先企业开始研究如何实现内控评价自动化，通过信息系统自动控制程序来完成各种测试工作，从而解放人力。

内控评价的标准流程是：明确评价目标→确定评价范围和标准→风险识别和评级→设计有效性测试（穿行测试）→运行有效性测试（抽样测试）→缺陷整改和汇报。具体过程和说明如图 3-14 所示。

	明确评价目标	确定评价范围和标准	风险识别和评级	设计有效性测试（穿行测试）	运行有效性测试（抽样测试）	缺陷整改和汇报
主要工作内容	• 明确评价的目标，例如如何判断合规遵循程度、判断剩余风险水平、评价绩效达成效果	• 明确评价对象，至少涵盖业务和机构 • 确认评价的一级流程和二级流程 • 确认评价的内容深度 • 确定评价标准	• 业务、流程和系统的梳理 • 风险识别，针对梳理的风险点进行审核 • 建立固有风险评级标准，从发生可能性和影响程度两个维度开展固有风险评级	• 开展穿行测试，识别或更新控制设计 • 对穿行测试底稿进行复核，最终确定穿行测试清单 • 实施必要的自动化控制测试	• 识别关键流程关节 • 建立内部控制缺陷认定标准以及内部控制评价的相关程序 • 制定工作方案、评价步骤，执行评价 • 汇总缺陷，提出整改建议	• 制订整改计划和方案，执行整改工作 • 认定内部控制缺陷，编制报告 • 向管理层和监管部门汇报 • 恰当地进行信息披露 • 实施缺陷整改跟踪
关键成功因素	• 评价工作的定位 • 已有资源和能力 • 管理层的要求	• 考虑成本有限，优先考虑重点和高风险领域 • 考虑新兴风险领域 • 精确的评价标准	• 具有业务广度和深度的评价团队 • 具有风险敏感性，风险识别全面而深入 • 定量管理	• 管理层下达任务和监控进度 • 关键骨干员工参与 • 管理层审核结果	• 管理层下达任务和监控进度 • 关键骨干员工参与 • 管理层审核结果 • 业务部门的认同	• 整改登记和跟踪 • 建立缺陷认定标准 • 建立问责处罚机制 • 引入内控咨询

图 3-14 内控评价的过程和说明

3.6 内部控制变革的方向及方法

总体而言，当前企业的内部控制工作面临着一定的挑战，这些挑战不断提醒着内部控制工作人员应该找到一条突破传统内控思维的新路径，来实现内部控制价值的提升。本书认为，企业在坚守内部控制核心定位、核心价值、核心方法的基础上，对内部控制进行数字化和智能化改造能够赢得先机。短期内针对存在的挑战可以从以下方面进行改进。

3.6.1 价值定位和职能拓展

内部控制很大程度上源于舞弊风险控制，特别是财务报表的舞弊风险控制。舞弊风险主要包括资产侵占和挪用、腐败、财务报表舞弊。在许多企业里，企业管理和员工关注的重点都是如何创造业绩、增加收入，舞弊并不是他们日常关注的重点。虽然当前的内部控制已从财务报表舞弊风险拓展到了企业运营、合规管理、绩效管理等方面，但是在一些企业的认知中，内部控制还不是一个能够直接创造价值的职能。

1. 定位和职能转型

对此，当前内部审计极力向企业战略管理、目标管理、绩效管理、价值管理等转型，内部控制也应充分进行这种探索，不要只关注财报风险、操作风险，而应该拓展到战略协同、运营有效、价值创造、研发创新、文化繁荣等领域。例如，可以设计、执行一套针对直接创造价值（如销售管理、客户管理、渠道管理、产品管理、创新管理）和时代热点（如数字化风险、大数据管理、安全管理、金融科技管理）的内部控制方法、指标、工具，在保持对风险控制的前提下，促进公司的业绩增长，营造"内部控制不仅能够控制风险，而且能够直接创造经济效益"的企业内部舆论。

此外，还需对内部控制进行数字化变革。当前社会各个领域都在进行轰轰烈烈的数字化转型和改造，内部控制也应该抓住机遇，与时俱进。可以开展的工作包括但不限于：了解社会与企业的数字化变革的历史、现状和未来趋势，制订内部控制数字化变革的计划，找到方法并执行，在数字化变革的基础上进行智能化改造（例如将内部控制评价自动化，引入自动程序机器人），积极参与企业的全面数字化工作。

2. 跳出常规操作风险领域

内部控制主要被定位为第二道防线中的风险控制职能的一部分。由于信用风险、市场风险多为外部风险，内部控制很难直接产生作用，因此现实中内部控制主要通过对操作风险进行管理来直接控制操作风险及间接管控信用风险和市场风险。对比信用风险、市场风险和流动性风险，操作风险在一些企业中的受重视程度不高，导致内部控制的作用难以提升到更高的层面。

对此，可以设计和推广"大内控"思想，内部控制在企业中的定位不应局限于法律合规部门或内控合规部门的一项单一职能，而应将全面风险管理、一道防线中的风险控制、二道防线中的风险管理、三道防线中的内部审计纳入公司层面的"统一大内控"框架之下。

同时，将"流程分析、流程再造和流程优化"职能纳入内部控制管理范畴，内部控制基于流程进行管理是必要的，但如何设计、优化流程才是价值创造和体现专业性的工作。将"信息科技的研发和信息系统的开发"纳入内部控制管理范畴，在科技化浪潮下，内部控制应强化对信息科技风险和信息科技绩效的管理。

3.6.2 加强系统性研究和制定标准

1. 加强内控系统性管理研究

内部控制的方法论主要还是基于流程梳理和操作，它所具有的以流程管理为基础的授权、审批、记录、职责分离等手段相对容易理解。比起战略管理、信用风险管理、市场风险管理、流动性风险管理、信贷管理、人力资源管理等，不管在学术研究还是在企业实践中，内部控制都缺少更为深入的研究。

对此，研究机构、学术界可以加强对内部控制体系科学方法论的研究，特别是结合数字化、科技化、智能化等行业趋势，研发出更多的定性和定量的方法、工具、系统等。例如，可以借鉴信用风险管理的五大方法——行业研究、用途核查、财务分析、资金监控和风险计量——开发出内部控制的核心方法论，并建立相应的工具或系统。

2. 编制内部控制的准则标准

内部控制不像内部审计那样，需要通过监管要求和审计章程来确定它的独立性和权威性，以及通过内部审计准则和实务规范提出专业性的要求。虽然"五部委"和金融监管机构发布了一些内部控制规范和指引，但在一些企业中内部控制仍处于一种政策宽泛、理念模糊、操作简单、专业要求不高的境况。

对此，内部控制的监管机构、行业协会等可以参考内部审计准则的模式，建立一套全国乃至全球通用的"内部控制准则和实务规范"。此外，可以在现有的内部控制相关职业资格考试的基础上，改进并推出认可度更高的职业资格证书，提高证书的含金量。

3.6.3 设计定性和定量的管理方法、工具

内部控制以定性的管理方法为主,缺乏一套定量的方法论、手段和管理工具,与其他企业管理模块相比,更加缺乏一套科学、系统、量化的理论体系。目前常见的方法有流程梳理、流程优化、控制设计、控制测试、内控评价等,这些方法被一些人认为投入多产出少、准入门槛低或缺乏技术含量。

建立内部控制的定性管理方法。量化的方法并不适用于所有的场景,在很多情境下定性方法也能取得非常好的效果,并且对专业性的要求很高,许多战略管理工具、人力资源管理工具均是技术含量较高的定性方法。因此,对于内部控制,可以尝试开发出一套科学的、可操作的、具有商业价值的定性管理方法,如企业运营有效性评价模型、企业合规风险诊断工具、内控流程效率计算方法、流程异常点追踪方法、企业文化评估工具、关键岗位的风险管理、数字化风险诊断、企业组织变革分析工具等。

建立内部控制的定量管理体系。主要工作包括但不限于以下四点:其一,研发和执行内部控制导向的风险偏好与风险监测指标体系;其二,研发和执行战略导向的企业内部控制运营指标监测体系;其三,开发内部控制管理的定性模型和定量模型,例如可以利用数据挖掘和机器学习构建量化模型,利用运筹学构建分析决策模型,利用模糊评价构建外包风险分析模型;其四,开发一套衡量内部控制成效的量化考评指标。

3.6.4 人才培育、技术改造和转型

1. 培育新型内部控制创新人才

内部控制涉及企业的方方面面,从公司治理、企业管理到业务操作,从总部设计、分公司管理到基层运营,可以说内部控制的范围极广。然而这种广度往往伴随着缺乏深度的问题,事实上不少缺乏业务和管理经验的内部控制人员也常被评价为对具体的业务和管理缺乏深入理解,较难成为特定领域的专家,很少提出具有洞察力的意见。

对此,企业应该招聘、培养和提拔在业务领域和管理领域具有深度专业能力、兼具传统风险控制与创新研究能力、掌握数据分析与计算机程序建模的内部控制人才。

2. 利用信息技术实施自动化控制改造

长期以来,内部控制管理信息系统没有取得与时俱进的改善,即使是与操作风险和合规管理整合的系统,在一些企业内的利用率和使用评价上均表现不佳,甚至有的企业没有开发独立的内部控制系统。此外,一些内部控制系统本身设计不合理,使用

起来十分不便，反而会增加工作流程的复杂度，可操作性不强。

对此，企业应该利用科学技术和信息系统来改造内部控制。内部控制人员应该了解和学习有关的科学技术知识，以此来指导企业管理和业务运营。企业不一定要建立单独的内部控制系统，但是要将业务和管理的内部控制落实到相应的信息系统上，并对这些控制进行自动化改造。

3. 开展内部控制的数字化转型

作为企业大风控体系中的重要一环，内部控制自然不能脱离风险管理的数字化转型；并且部分企业的内部控制依赖人工操作，带来投入大、产出少、成果虚等问题，因此亟须通过数字化转型进行升级。

内部控制的数字化转型可以考虑从以下五方面入手：其一，针对关键业务流程和管理流程的风险开发自动化控制机制；其二，针对关键内部控制的有效性设计一套监控体系并以可视化界面进行展示；其三，针对内控评价进行线上化及自动化改造；其四，针对内部控制的目标，即财务报告准确性、运营有效性和经营合规性开发一套量化衡量体系；其五，通过大数据和人工智能模型对核心内部控制领域进行风险预测与评价。

第 4 章

风险管理数字化转型方法论总纲

纵观当前学术界、企业界和社会上的研究与实践,笔者发现数字化转型的定义标准各不相同,也未形成一个权威的、标准的或者通用的数字化转型方法论,不同的机构和个人所提倡的方法与路径并不一样。在风险管理领域,同样没有形成这样的方法论。从风险管理的演进过程来看,几十年来全球都在研发和投产一些风险计量模型(这可以理解为风险管理在局部进行数字化转型的良好实践),并且积累了风险的数据基础、方法基础和人才基础。但是对于风险管理领域的其他众多方向,以及部分未被有效计量的风险来说,它们的数字化转型应尽早被提上日程。

本章基于传统的宏观和微观风险管理方法论以及综合性数字化转型方法论,根据风险管理自身所具备的特征,设计了一套新的数字化转型方法论及实施路径,并将战略风险、操作风险、信息科技风险等较难进行风险计量的领域纳入转型框架,能够为企业的风险管理数字化转型探索提供方向和实践指导。

4.1 数字化转型简介

数据的类型一般有两种划分方式:一种是按照数据的表现形式,分为文本数据、图片数据、空间数据、序列数据、生物数据、音频数据、视频数据等,另一种是按照存储和处理的方式,分为数据库数据、数据仓库数据和事务型数据库数据。

数字化是指将各种信息转换为可以度量的数字、数据,再基于这些数字、数据建立起适当的数字化模型,将它们转换为一系列计算机可识别的二进制代码,再通过计算机进行统一处理。

数字化可以说是由信息化演变而来的。在大数据时代,数据成为资产,是一种可以交易的、可以创造价值的对象。数字化包括但不限于数字化运营、数字化营销、数字化风控、数字化财务、数字化审计、数字化合规、数字化产品以及与此相关的企业信息化进程和信息技术的应用。

狭义的数字化转型是指将企业经营管理和业务操作的各种行为、状态和结果用数字的形式来记录和存储,据此再对数据进行挖掘、分析和应用,以便提高企业的经营能力和竞争能力。广义的数字化转型是基于狭义数字化转型的,从战略、组织、人才、控制、流程、文化到信息系统等领域的企业管理全过程变革。

本书认为,数字化转型就是利用数字技术来推动企业经营的自上而下和自下而上的变革,它专注于通过开发新的数字技术或构思新的用途来设计、创建和运营新的企业或者改造现有的企业。数字化已经成为一种新的社会、经济和技术力量,正在重塑传统的企业战略、商业模式、业务结构、运营流程和管理文化。

麦肯锡公司的数字化转型服务旨在通过在大数据、敏捷方法论、云计算、网络安全和大型架构等方面的数字化转型来帮助企业客户,定义和塑造它们的数字战略,发展它们的数字能力,并通过新业务和新服务创造突破性的价值,为它们带来有意义的业务影响。

当前我国各类企业纷纷进行数字化转型。例如许多金融企业投入了大量资源开始数字化转型规划,执行数字化工程建设,重点打造精准营销、智慧运营、智能风控、智慧财务、智能审计等核心竞争力。

2020年1月,麦肯锡公司在《他山之石:十大领先银行的数字化创新》报告中指出,全球银行业正在迈入第四个重大发展阶段——数字化时代(银行业4.0),这一阶段最重要的发展主题就是数字化转型。麦肯锡公司开展的国际银行业调研显示,全球领先银行已经将税前利润的17%～20%用作研发经费布局颠覆性技术,加速数字化转型。

埃森哲公司是企业数字化转型服务的领导者之一,该公司长期聚焦企业自身和企业客户的数字化转型,并一直在对数字化转型问题进行深入研究,推出多份数字化转型报告。其企业数字化转型解决方案包括数字云服务、数据安全服务和机器人流程自动化等。埃森哲公司在2020年指出,中国迫切需要找到新的增长方式,而数字化是极为有效的新动力。

4.2　为什么要进行数字化转型

当社会普遍在响应和实践数字化转型这一概念的时候，我们需要同步深入地检视为何要进行数字化转型。正如大家常说的，"一个案例改变一个流程，一个流程改变一个产品，一个产品改变一家企业"，进行数字化转型也是一个具有严格因果关系的逻辑结果。本节介绍推动数字化转型发展的 5 个因素，帮助大家理解数字化转型背后的政策因素、经济因素、技术因素、市场因素和风险因素。

1. 政府层面的推动

《中华人民共和国国民经济和社会发展第十四个五年规划和 2035 年远景目标纲要》（以下简称"十四五"规划）中频繁提及"数字化转型"，其第五篇为"加快数字化发展 建设数字中国"，从打造数字经济新优势、加快数字社会建设步伐、提高数字政府建设水平、营造良好数字生态四个方面描述了我国社会加快数字化和智能化的目标。一些地方政府也出台了数字经济与产业发展规划。例如从 2021 年 3 月 1 日起，《浙江省数字经济促进条例》正式施行。该条例规定了数字基础设施规划和建设的有关要求、促进数据资源开放共享的相关举措、推动数字产业化发展的具体措施、促进产业数字化转型的具体措施、提升治理数字化水平的具体措施以及激励和保障数字经济发展的综合性措施。

2. 数字经济发展与创业

数字化服务可以说是最近几年来，在政府、企业、教育机构等各类组织中最热门的话题。一时间诞生了大量的数字化服务创业公司，很多科技公司和咨询公司，如麦肯锡、波士顿咨询、贝恩咨询、平安科技、华为、埃森哲、IBM、四大会计师事务所的咨询公司，纷纷设立了数字化服务部门。一些高等教育机构也纷纷设立数据分析、数据科学或数字经济专业。

当前数字中国建设取得长足进展，从量的增长走向质的提升。据有关部门统计，截至 2019 年底，全国数字经济增加值达 35.8 万亿元，占 GDP 比重达 36.2%。数字经济在技术层面可以涵盖大数据、云计算、物联网、区块链、人工智能、5G 通信、网络安全等领域，在应用层面可以涵盖金融、消费零售、工业制造、互联网、科技等产业。围绕这些领域和产业的创业持续发展和兴旺，不断优化资源和人才配置，助力社会高质量发展。

3. 信息科技的发展、迭代和应用

数字化转型是当今信息科技发展下的必然。企业经营管理已经从过去的电子化、信息化阶段进入数字化阶段,并且将基于数字化开启智能化阶段,这是时代发展的规律。通俗来讲,以往电子化和信息化的事项均可以被数字化和智能化再造,这是一个非常庞大的工程,也具有广阔的市场前景。

当前大数据、人工智能、物联网、云计算、区块链、移动互联、边缘计算、信息安全等金融科技迅速发展,在硬件和软件上都形成了较为成熟的方法论和工具,能够为企业数字化提供坚实的基础。我们仔细思考会发现,这些金融科技在产生和应用上均是基于数据的。数据是金融科技的核心,而企业数字化可以从广度和深度上强化数据能力,丰富数据资源。此外,新兴技术的不断迭代也要求企业更新数据基础设施,精细化、智能化、服务化、高效化的经营管理和业务执行目标也建立在数字化基础上。

4. 市场中的客户服务要求

从信息化和互联网时代成长起来的客户已经接受并习惯了信息技术进步所带来的种种便利与体验。随着自身客户体验意识的不断增强,客户们对企业的客户服务理念、能力和工具要求也越来越高。更加领先和温馨的自助服务、线上服务、远程服务、移动服务、智能服务成为数字化时代客户服务领域的竞争着力点。数字化转型的目的之一就是改进客户服务。风险管理是直接及间接参与客户服务的过程,必然也需要基于客户服务进行升级,这包括风险管理本身的优化以及对客户服务活动中的风险控制。

5. 企业风险管理变革驱动

风险管理是企业经营管理的关键模块之一。对于本身就是经营风险的金融行业来说,风险管理是其重中之重,是一切业务的根本。风险管理也是监管机构的核心工作,是确保金融稳定、社会和谐的基本举措之一。数字化转型虽然在 2018 年进入火爆阶段,但是近些年来都集中在营销、运营和财务等领域。在风险管理领域,信用风险管理的数字化转型是有一定基础的,而其他风险领域的数字化转型则进展相对较慢,其中一大原因是战略风险、操作风险、流动性风险、组织和人才风险、信息科技风险的数字化转型难度较大,业内缺少成熟的方法论和实施路径规划。

4.3 风险管理的数字化转型架构、方法论和实施路径

风险管理的数字化转型是基于公司整体的数字化转型架构、方法论和实施路径而得到的一个局部领域的架构、方法论和实施路径,通过这种方式得到的结果能够使风险管理更好地服务于公司整体的战略。本节首先介绍企业总体的数字化转型架构,这是根据战略思维,以业务为基础,规划应用系统、数据和IT的"一战略四架构"模

型；其次介绍风险管理的专项数字化转型方法论；再次介绍数字化转型的分阶段、分领域、分步骤的实施路径；最后介绍在风险管理的众多模块中，我们可以选择哪些模块作为突破口。

4.3.1 数字化转型的架构

进行数字化转型时，应该首先基于公司战略制定一个数字化的专项转型战略，然后逐步扩展到数字化架构转型、技术转型和业务转型，其中的架构是在战略控制下的业务架构、应用架构、数据架构和技术架构的四维结构。战略是企业经营管理的核心和最高层，由公司管理层确定，它直接决定了业务架构的模式，由业务架构又可以确定应用架构、数据架构和技术架构。与企业架构类似，数字化转型的架构也是一个由战略、业务架构、应用架构、数据架构和技术架构组成的集合，如图4-1所示。

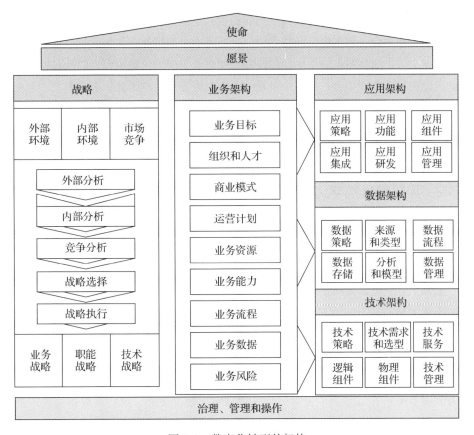

图4-1 数字化转型的架构

这里我们重点阐述技术架构。数字化技术架构包含一系列概念，这些概念被抽象为信息技术模块，涉及基础设施、应用程序平台和技术组件。技术架构是应用架构和数据架构的基础，它由技术策略、技术需求和选型、技术服务、逻辑组件、物理组件和技术管理组成。其中，技术策略包括技术架构的准则、技术资产管理方法、组合管理战略、技术标准和模式。这些资产和工具在增强和维持技术驱动的业务解决方案方面起着重要作用。技术需求的重点是识别出技术需求并映射到技术选型。技术选型是根据实际业务管理的需要，选择硬件、软件及所要用到的技术，一般涉及技术平台、技术产品、技术框架和中间件。技术服务是指IT服务及其相关关系、商业服务、应用服务、信息资产以及支持实现这些服务的逻辑组件和物理组件。逻辑组件是存在于技术基础结构层以支持每个技术服务的组件。物理组件是存在于逻辑组件后面以实现技术服务的一系列产品。技术管理是指制定企业中长期信息技术管理标准和筛选面向行业的信息技术指标。

有一个与数字化转型架构相对应的转型模式是前台、中台和后台转型，其中中台一般包括业务中台、数据中台和技术中台。业务中台为某类业务集群打造一个敏捷响应、快速交付、风险可控的集中化作业和管理平台，例如信贷中台，以及有的企业实施的风险中台、合规中台；数据中台是一个数据资源和资产的共享服务中心，为业务和职能提供统一数据服务；技术中台支持企业业务架构、应用架构和数据架构运行的硬件与软件的集合，侧重于系统性能、开发效能、中间件、运维管理、IT基础设施等方面。

4.3.2 风险管理数字化转型方法论

本书提出的风险管理数字化转型方法论是基于数字化转型的总体架构而研发出来的，核心是战略、业务、风险、数据和技术的有机统一和互相作用。可以从宏观和微观上理解该方法论。

宏观上：一是该方法论的底层，即业务基础、技术基础和数据基础，这是风险管理数字化的核心基石，缺乏业务、技术和数据，任何转型都无法进行；二是在业务、技术和数据基础上，对关键风险领域进行全流程的数字化转型；三是打造10项风险管理数字化核心能力，此处的核心能力可由各企业根据自身的实际情况进行取舍；四是顶层的数字化转型战略以及企业的使命和愿景，并且要对战略做宏观和微观分析、业务和财务分析；五是为了推动风险管理数字化转型更好、更快地取得成果，企业还需要自上而下的领导力和推动力以及自下而上的认同感和执行力来驱动整个体系的运转。

微观上，风险管理的数字化转型是利用大数据、人工智能、云计算等金融科技，采用数学和统计学的方法，利用信息技术从海量数据中采集风险因子，再建立智能模型，用于风险识别、评估、控制、监测和报告的可视化全过程。

这个方法论不仅适用于全面风险管理的数字化转型，也适用于其中任何单项风险的数字化转型。在对单项风险应用本方法论时，企业需要根据各风险的特点做一些差异化的处理，不要机械地套用。风险管理的数字化转型总方法论框架如图4-2所示。

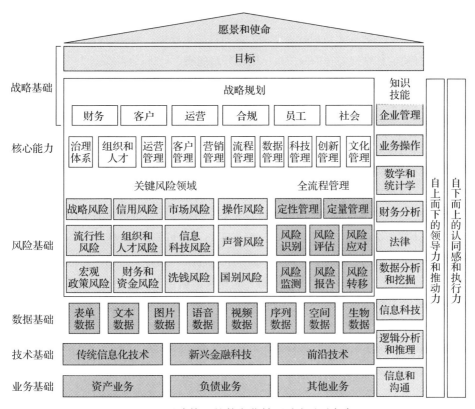

图4-2 风险管理的数字化转型总方法论框架

对于金融企业来说，本身经营风险的特征决定了风险管理是其最为核心的工作，占据了企业管理核心，无论是前台业务部门、中台管理部门还是后台支持部门，从事风险管理的部门及岗位均占据着很高的权重。对于非金融企业来说，业务营销和风险管理属于并驾齐驱的双线，风险管理是促进业务价值实现、管控业务营销问题和平衡内部利益冲突的有效工具。因此无论对于金融企业还是非金融企业，风险管理的数字化转型都极其重要。它是一个非常庞大的工程，需要企业自上而下、自下而上、自内往外地治理、管理和操作。在风险管理数字化转型的众多细分模块中，我们挑选如下模块逐一分析。

1. 战略基础

企业管理中，在开展一项重大的变革或重组前，进行充分的战略分析并制定恰当的战略已经成为共识。一个恰当的战略包括从愿景和使命、目标到战略规划的完整体系，且从规划层面深入到财务、客户、运营、合规、员工和社会层面。根据数字化转型的架构，数字化转型的基本思路是从公司战略出发，设计业务架构，再根据业务架构设计应用架构、数据架构和技术架构，并通过应用架构、数据架构和技术架构反向推断业务架构的科学性与合理性，再反馈至公司战略。

具备优秀的数字化转型实践能力的企业在战略分析和规划上都投入了充分的资源，但是这也需要根据企业自身的实际条件（如行业性质、市场规模、内部能力）等进行具体分析。一般来说，建议满足条件的企业在实施数字化转型之前制定一个科学的数字化转型战略规划，从整体到局部、从短期到中长期、从内部到外部进行规划，再推导出具体的实施计划、步骤和举措，同时要对数字化转型战略进行动态评价、调整和优化，以避免战略脱离企业发展需求。

数字化转型的核心是对数据价值的充分挖掘和运用，以创造新的生产力。在技术层面具体体现为企业数据平台的建立，数据采集、分析、挖掘以及智能场景的拓展。近年来，传统行业中的先进企业也加入数字化转型的行列，其路径一般是：从信息系统全面建设完成开始，逐步进入大数据、企业级数据仓库、数据湖和数据中台建设、数据分析场景及数据驱动应用开发，再到全面数据服务化和智能创新应用。数字经济时代，数据不仅是一种有价值的资产，也是企业打造核心竞争力的重要资源，因此企业制定和执行有效的数据战略是科学地进行数字化转型的基础。

良好的数据战略包括三方面。一是总体层面的战略和策略的制定、升级，以支持数据的组织管控、人才管理、数据治理、信息安全、绩效考核和激励机制等。二是局部的数据策略，分两个维度：从数据管理和操作的维度来看，包括信息结构和分类的设计、数据内容采集和维护政策的设置、电子信息的管理和存储、信息结构的分析、数据收集和采集、数据质量、业务报告、信息集成和信息架构管理等；从业务单元和职能单元的维度来看，包括各种业务类型（如对于金融企业来说，有信贷业务、投资业务、投行业务、理财业务等）的数据策略、各种职能（如风险管理职能、采购管理职能、合规管理职能、内部审计职能等）的数据策略。三是与数据管理相关的支持模块，如数据质量控制、信息和文档记录管理、数据审计和隐私保护等。

2. 核心能力

核心能力部门包括10个领域，此处我们选择其中的组织和人才进行分析。企业的组织架构变革是数字化转型的重要领域，也是支撑转型落地的核心，因此有必要先明确数字化组织架构的定义并进行恰当的职责划分。在内部协同方向，数字化转型一定是跨业务条线、跨业务部门的，并且未来的数字化发展将不会有明显的边界，协同发展将成为趋势和基础。数字化团队需要与战略、产品、市场、技术等部门和外部合作单位统一协同与高效合作，这是协同发展的关键评价指标之一。

新时期企业需要设计专门的数字化组织，董事会及管理层应着手为数字化转型提供动力，推动组织的搭建和优化，设置首席数字官和配备数字化专职人员，进行数字化研究、牵头落地和推广，明确自身数字化转型的定位。企业还可以设立专门的数字化预算及数字化创新基金，为数字化项目开辟绿色审批通道，激励员工创新。企业董事会和管理层必须转变思维，把自己的定位从高级决策者变为为全体员工加油的教练，并亲自监控数字化转型的过程，审阅转型的成果。

人才方面，数字化的人才体系是一个系统的体系，不局限于信息科技、数据管理等领域。可以说转型方法论框架中的每一个模块都对应于特定的人才，如业务人才、技术人才、数据人才、风险人才和战略人才等。虽然如此丰富的人才类型几乎涵盖了企业管理方方面面的人才域，为企业在招揽和聚集相关的人才方面带来一定难度，但这却是实施全面领先的风险管理数字化转型所必不可少的因子。当然我们并不能形成对数字化转型理想化、绝对化的思维，因为一般企业很难具备这么高精度和广度的人才集市。为了解决这个问题，建议根据数字化转型的整体实施规划，按步骤、按阶段、按模块实施转型方案，集中精力先解决监管合规要求的领域，其次解决市场需求大、管理层关注且具备实施能力的部分，尽量用最优规划的人才和恰当的资金取得最佳的效果。

3. 风险基础

风险基础包括关键风险领域的管理及其数字化，以及全流程管理的数字化。从关键风险来说，不同类型的企业偏好不一样，因此对于哪一种风险最需要数字化转型不能一概而论。从全流程管理来说，在通用标准流程外还有个性化、定制化和敏捷化的流程，且在不同的环节实施数字化的优先级和难度也是有差异的。

从市场表现的平均水平来看，关键风险领域中的信用风险、流动性风险、洗钱风险、财务和资金风险具有较好的数字化转型基础，宏观政策风险、战略风险、一般操作风险、组织和人才风险的数字化转型基础则相对薄弱，市场风险、信息科技风险、声誉风险、国别风险则处于中间水平。全流程管理中的风险评估（主要指定量评估，如使用统计模型计量风险）、风险监测具有较好的数字化转型基础，风险识别、风险应对和风险转移的数字化转型基础则相对薄弱，风险报告则处于中间水平。

筑牢风险管理数字化转型的风险基础：一是要夯实和升级具备良好基础的领域；二是要使处于中间水平的领域更上一层楼；三是要对基础薄弱的领域实施变革、重构、优化和改造，利用新思维、新方法、新技术、新工具和新人才挖掘数字化转型的关键点，将其进行数字化再造。

4. 数据基础

数据是企业在业务经营和管理过程中产生、获取、保存、传递和处理的信息记录，对企业的经营管理起着越来越重要的作用，是企业的重要资产之一。风险管理的相关数据丰富多样，表单数据、文本数据、图片数据、语音数据、视频数据、序列数据、空间数据和生物数据均可用于风险管理。企业应根据不同转型阶段的特点，以自身的管理需求、数据资源和分析能力为考量，选择恰当的数据类型用于风险管理。

风险管理的数字化转型离不开数据挖掘和分析。数据挖掘是指从大量不同类型、有噪声、模糊、随机的数据中，挖掘有用的模式、信息、知识和规律的过程。数据挖掘至少包括描述性挖掘和预测性挖掘。它的基本过程是：数据采集，数据存储，数据预处理，模型构建和优化，数据可视化和数据的再优化。

常见的数据挖掘模式有数据特征化和数据区分、关联分析、分类分析、聚类分析及离群点分析。大数据挖掘需要使用的知识包括但不限于数学和统计学、机器学习、数据库、数据仓库、信息检索、数据可视化及高性能计算。

当前金融大数据挖掘的热点集中在文本挖掘、大数据营销、大数据风控、大数据投资、大数据审计、大数据舆情、大数据人工智能及数据可视化等领域。在这些热点中，利用非结构化数据进行文本挖掘是许多金融企业近些年的重点探讨方向之一。

文本挖掘是大数据挖掘的重要组成部分。文本挖掘也叫文本数据挖掘或文本分析，是从文本中获取高质量信息的过程，典型的任务有文本分类、自动问答、情感分析、机器翻译等。目前文本分类技术已经可以确定未知文档的类别，而且准确度很高。借助文本分类，我们可以方便地进行海量信息处理，节约大量的信息处理费用。文本挖掘目前广泛应用于主题分析、信息过滤、信息组织与管理、数字图书馆管理、垃圾邮件过滤等社会生活的各个领域。

5. 技术基础

根据数字化转型的架构我们可以得知信息技术所扮演的重要角色，可以说信息技术是数字化的内生驱动力,当信息技术发展到一定阶段时,数字化时代也在市场需求下到来。

在早期信息化时代,企业的工作重点是利用服务器、数据库、应用系统等信息化技术进行业务与管理的电子化转型和线上化操作。进入互联网时代特别是移动互联网时代后,移动终端和应用让远程办公、移动办公和动态办公成为现实,企业从固定的 PC 端解放出来,形成更加灵活的信息处理和信息沟通机制。数字化时代到来后,新兴金融科技发挥了极其重要的推动作用,大数据、人工智能、区块链、云计算、物联网和 5G 通信成为时代主题。与此同时,前沿技术仍在不断发展,生物技术、边缘计算、智能芯片等持续迭代更新,为后续的智能化时代注入新的能量。最后,数字化会带来安全隐患和安全风险,因此需要运用各种传统和新兴的安全技术去提高数据、系统和网络的安全性,保护个人隐私和企业商业秘密。风险管理数字化转型的技术基础如图 4-3 所示。

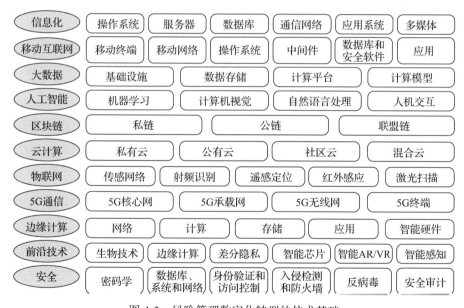

图 4-3 风险管理数字化转型的技术基础

6. 业务基础

我们为企业经营管理制定了财务、客户、运营、合规和员工规划目标,这些目标最终都需要通过业务来实现,因此企业的经营管理不能缺乏业务基础。对于风险管理的数字化转型来说亦如此。

首先,从穿透思维来看,风险管理的本质是对业务的风险管理。例如业务选择的战略风险、产品开发的操作风险、业务营销的操作和合规风险、交易对手的信用风险、客户的洗钱风险和支持业务运转所伴生的信息科技风险,都是业务研发和拓展过程中的风险。脱离了业务,这些风险将不复存在。

其次,从企业实践来看,以业务为核心的经营管理已经深入企业管理层和操作层的灵魂,即使是偏重独立审计监督的内审部门、偏重独立审查审核的审批部门还有以风险为主责的风控部门,也已经形成向业务靠拢,服务业务、赋能业务、引领业务的格局。

最后,从风险管理数字化转型的概念产生、蓝图设计、规划实施、效果评价等来看,企业如果掌握和积累了丰富、深入、可落地的业务知识和实操经验,在实施数字化转型时将会更加得心应手。

因此,计划或正在实施风险管理数字化转型的企业,应在转型团队中配置相关的业务专家,特别是具有一线实操经验、跨公司工作经验、既懂业务又懂管理的业务专家。业务专家应作为数字化转型的中枢,上承公司战略,下启信息科技,联动中后台管理部门,成为数字化转型的"产品经理"。

4.3.3 数字化转型的实施路径

风险管理是一个包含多个子风险领域的多维、立体的系统性工程,其本身在管理策略、对象、方法论、指标和工具上均具有一定的差异。具备风险管理职能和行使风险管理权力的部门也不尽相同。在选择风险管理数字化转型的时机时需要考虑企业内外部的各种因素,因此对于风险管理的数字化转型最好设定分阶段实施路径,如图 4-4 所示。

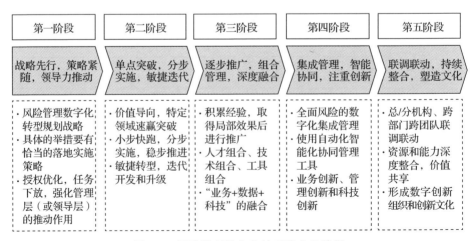

图 4-4 风险管理数字化转型的实施路径

根据行业内较为通行的规划方法，我们建议将转型路径设定为以下 5 个阶段。

1）战略先行，策略紧随，领导力推动。首先，制定一个总体性、全局性的全面风险管理数字化转型规划，明确核心能力、核心资源，对纳入规划的各种风险进行转型排期；其次，公司治理层向转型注入核心领导力，实施人格化授权，推动转型有序进行；最后，组建一个恰当的数字化转型团队，由该团队制定具体运营方案。

2）单点突破，分步实施，敏捷迭代。首先，聚焦用户价值、业务价值，结合内部资源和能力，根据排期计划选择单个风险作为转型突破点；其次，小步快跑，分步实施，稳步推进，过程中可以简化流程和进行灵活项目管理；最后，推动敏捷转型，融合不同技能的专家、骨干，建立敏捷组织和敏捷团队。

3）逐步推广，组合管理，深度融合。首先，将单点转型的经验或成果推广到其他风险领域，强调团队合作，共担共享；其次，对不同风险的转型执行风险组合管理、项目组合管理和人才组合管理；最后，将风险管理与企业战略、业务增长、财务绩效相结合，推动业务、职能和科技三大条线深度融合。

4）集成管理，智能协同，注重创新。首先，当不同类型的风险管理数字化转型进行到中后期时，可以进行全面风险的数字化集成管理；其次，打造智能化的风险管理协同系统、工具或平台，深化智慧转型；最后，注重创新，使风险管理能够助力企业打造业务创新、管理创新和科技创新三大能力。

5）联调联动，持续整合，塑造文化。首先，利用敏捷、合作、协同、激励等机制联调联动，解决最后痛点，进一步提高流程效率和工作效果；其次，持续整合风险管理各项资源和能力，协助打造企业上下一体化的命运共同体；最后，以业务、人才、数据和技术为基石打造风险管理数字化创新文化，建立创新组织。

4.4 风险管理数字化转型的突破点

1. 数据治理和应用

国际数据管理协会（DAMA）认为，数据治理是对数据资产行使权力和控制活动的集合，它包括一个涵盖组织、制度、流程和工具的管理体系。

数据治理研究所（DGI）认为，数据治理是一套切实可行的框架，帮助任何组织的各种数据利益相关方识别并满足其信息需求。

《银行业金融机构数据治理指引》（银保监发〔2018〕22 号）中规定，数据治理是指银行业金融机构通过建立组织架构，明确董事会、监事会、高级管理层及内设部门等职责要求，制定和实施系统化的制度、流程和方法，确保数据统一管理、高效运行，并在经营管理中充分发挥价值的动态过程。

从另一个角度来看，数据治理是一套包含策略、原则、标准、组织和职责、人员、政策制度、管理流程、工具方法和信息系统的框架，一般通过工作规划、治理机制、治理专题、治理对象和数据的开发运维来实现，短期目标是提高数据质量，最终目标是创造数据价值。

数据治理的关键领域一般包括6个维度，分别是数据定义、数据标准、数据分类、数据质量、数据生命周期管理和元数据管理。每一个维度均可通过政策制度、组织管理、操作流程和技术工具4个方面进行分析与评价。

数据治理的目的是确保数据的全面性、完整性、一致性、可获得性、精确性和安全性，进而提高数据质量，发挥数据价值，提升经营管理能力。企业应该制定管理数据和信息质量的政策、流程，重构关键信息系统的设计和实施方案，以满足运营、合规管理和财务报告的要求。

数据治理是保障企业安全稳定和高效运行的基础，是数据资产化的前提条件，在数字经济时代显得尤为必要。然而当前许多企业都处于数据治理的初级阶段，底层数据和应用数据均存在各种问题，例如数据管理机制缺失、数据标准不统一、数据不完整或不准确、未进行数据分级分类工作、存在数据泄露和隐私保护风险。此外，历史数据中存在的质量问题也是数据治理领域的一个重大问题。

企业可以通过开展数据治理来改善上述问题，并将数据治理作为打造数据核心能力的先行举措。第一，进行数据治理规划，充分考虑数据治理目标、内部资源和能力、数据现状、业务战略等因素，按照"初级—中级—高级"路线分阶段实施，将数据治理规划纳入数字化转型规划的一个重要子模块。第二，分析企业现有的状况，识别和改进存在的数据问题，形成良好的数据基础。第三，丰富数据采集渠道，如数据库采集、网络采集和物联网采集。第四，将现有数据资产化货币化，借助金融科技和信息管理的力量提升经营业绩，把数据机会转化为商业价值。第五，落实对数据治理的设计、执行和监督，完善企业内部的激励和惩罚制度，执行对数据质量的监测及评价。

数据应用方面，与传统的和当前的数据应用比较，数字化时代的数据应用更强调低成本、高效率、有成果三个方面。企业应该建立一套小数据和大数据的应用规范体系，在数据基础层、加工层和应用层对数据开展应用治理，在结果层对数据应用进行评价分析，助力实现"低成本、高效率、有成果"的目标。

2. 关键风险领域的数字化转型

当前战略风险、信用风险、市场风险、操作风险、流动性风险、洗钱风险、组织和人才风险、信息科技风险、声誉风险等可以作为风险管理数字化的核心对象，其中又以操作风险内涵最为丰富，可以包括一般操作风险、法律风险、合规风险等，而洗钱风险、关联交易风险、消费者权益保护、案件防范、ESG、信息技术风险、数字化风险等也可以纳入操作风险的范畴。

既然风险的种类如此之多，企业在进行数字化转型时，应根据实施路径确定在不同的实施阶段选择不同的风险进行试点、推广。根据企业内部的数据基础和管理层期望，可以将信用风险、操作风险、流动性风险、洗钱风险、组织和人才风险、信息科技风险等纳入优先考虑范围。领先企业还可以将战略风险、市场风险等纳入优先考虑范围。

在确定将一种风险纳入转型规划后，还可以针对该风险项下不同的领域制定转型实施路径。例如：选择信用风险进行数字化转型试点和推广，则可以从信贷和投资业务数字化流程再造、贷后投后智能风险预警、高级机器学习模型入手；选择操作风险进行数字化转型试点和推广，则可以从操作风险自评估、风险指标和损失建模3个领域着手。

3. 信贷和投资业务及其管理

信贷和投资业务的数字化、智能化建设是当前的重点变革和发展方向之一。以人工智能、区块链、云计算、大数据技术为代表的金融科技以及物联网技术、遥感技术、生物识别、5G通信的应用，共同推动传统信贷和投资业务向数字化、科技化及智能化方向转型。从当前实践和未来趋势来看，智能风控、智能审批、智能预警、智慧营销、智能网点和智慧运营等业务场景将是信贷和投资业务创新与变革的重点。

由于信贷和投资业务的信息化建设具有良好的基础，本身的数据治理、数据集市建设也具备一定的优势，因此对于它的数字化转型至少可以从4个方面推进：第一，在原有信息化和数据化的基础上进行高阶优化升级，如预警体系的升级、风险定价模型的改进；第二，跳出信息化的范畴，利用新兴金融科技对信贷和投资业务进行自动化和智能化改造，打造智能信贷和智慧投资；第三，将信贷和投资业务全流程与价值管理挂钩，对关键操作环节识别价值因素并对价值进行量化，再对价值进行增量分析，建立可视化的数据看板来实时监控每一个价值流；第四，将信贷和投资业务与营销管理挂钩，在经营机构层面对业务流程和操作进行数字化布点，采集数据并进行分析、展示和恰当监控，管理和优化营销过程，改善营销结果。

4. 基于流程的风险闭环管理

在信息化时代，流程管理、流程优化和流程再造都是十分热门的词，许多公司的信息化进程是与它们相伴相生、互相促进的，这些公司先后开展了规模宏大的流程再造项目。进入互联网时代后，与流程管理相关的工作似乎被逐渐边缘化，很少再听到企业进行流程工作的研究和升级，仅存一些特定领域的轻量的流程管理优化，或者企业内部按照流程标准化操作的理念编制一套业务流程或管理流程的操作文档。

进入数字化时代之后，我们可以发现流程管理相关的工作再次出现在人们的视野中，一些领先的甲方企业开始了基于数字化的流程再造，一些乙方公司也推出了流程管理的数字化服务。当前数字化的流程管理已经不再是过去信息化应用系统开发的流程线上化以及编制一套标准化的流程操作文档了，而是一场新的流程变革。这种流程变革与数字化转型紧密结合，新理念、新模式、新技术和新人才不断进入市场，使得这次流程数字化转型更加生动活泼。

数字化时代的流程管理要更加强调在闭环概念下的流程自动化，并且还需审慎考虑流程自动化的实施成本。如此一来，基于流程的风险闭环管理也必须与时俱进，闭环式自动控制的流程将依靠这场新变革成为一个核心转型领域。

5. 新产品开发和管理

风险管理实践中，新产品的开发和管理通常被纳入操作风险管理范畴。一般操作风险、合规风险、消费者权益保护、洗钱风险等多个领域均对新产品管理提出了要求。新产品的开发和管理是企业经营的源头之一，是企业开展各项业务、实现战略目标的最核心要素，是企业生命周期过程的缩影。产品开发和管理在过去往往被一些企业的信息化、数字化、智能化活动所忽视，因而其数字化转型的进程相对较慢。领先企业已在产品开发和管理的数字化转型上开始发力，因为这是一个非常有前景的领域。

新产品开发和管理的数字化转型可以从 3 个方面进行理解：一是开发和管理活动数字化；二是直接开发数字化的新产品；三是基于风险采集的海量数据对产品用户进行深度挖掘，赋能产品创新。

6. 智能风控及其模型构建

广义上，智能风控是指利用金融科技，结合风险策略和风险管理理论及方法打造的一套包含风控策略、风控组织和人才、风控制度和流程、风控模型、风控系统和配套业务的集合。狭义上，智能风控一般是指基于大数据和人工智能技术开发的调查、评级、审批决策、预警和催收模型。

智能风控是风险管理数字化的最佳落地载体，也是实现风险管理自动化、智慧化的核心工具。以零售信贷业务信用风险来看，较为成熟的智能风控模型有申请评分卡、行为评分卡、催收评分卡、大数据反欺诈模型、客户分类模型、客户评级模型。以非零售信贷业务信用风险来看，较为成熟的模型有评级模型、审批决策模型、贷后智能预警模型、智慧抵质押品估值模型、资产减值模型、压力测试模型等。除此之外,在互联网信贷领域还有策略模型等。

智能风控模型的构建至少有两种形式:第一种是大数据监测规则模型,在反欺诈、审批决策、预警监测等领域应用较多;第二种是大数据统计学习模型,在评分卡、信用评级等领域应用较多。这两种形式均是通过采集数据并进行挖掘分析而得到的,是数字化的典型案例。

智能模型的构建和应用伴随着模型风险,特别是在大量的模型被用到自动化程序中之后,这种风险更加显著,但是又很隐蔽。因此在数字化转型过程中,还要建立一套模型风险管理机制,利用数字化手段监控模型运行的稳定性和准确性。

7. 大数据风险指标及其可视化

无论对于哪一种风险,通过指标进行风险的计量、监测和预警都是十分有效的方式。因此在风险管理的数字化转型过程中,设计、开发、应用一套多维度和可视化的指标能够提升数字化转型的效果。大数据风险指标的构建方法多种多样,例如:战略风险可以通过平衡计分卡或财务分析进行指标构建,信用风险可以通过监管指标引用、财务分析、客户分析、流程分析进行指标构建,操作风险中 KRI 指标本身就是三大管理工具之一,信息科技风险可以通过 GQ(I)M、PSM 方法进行指标构建。

构建大数据风险指标的总体流程是指标设计、指标运行和指标优化。指标设计应遵循适用性、成本可控、可量化、可解释及数量恰当等原则。

指标构建完成后,应该通过对应的风险管理信息系统进行落地实施,以自动采集数据、自动计算、自动预警来达成预期的结果,并以可视化的方式呈现。企业可以通过统一的监控平台集成不同类型的风险指标,也可以以专项系统的形式进行落地。无论通过哪一种形式,都建议建立指标的可视化看板,静态和动态地更新指标数据,并对指标建立一套应用机制,助力风险管理的数字化转型。

在风险指标的基础上,风险管理可视化建设还可以通过自动的风险驾驶舱和手动的风险驾驶舱来实现。在数字化过程中,建议建立一个"自动+手动"的全功能可视化风险驾驶舱,支持正常情景下的风险管理自动化工作和特殊情景下的人工操作。

8. 赋能和引领互联网业务的发展

互联网业务是企业各项业务中对数字化要求最高的业务之一,各种高要求之中就有对该类业务的数字化风控的相关要求。企业经营管理的目标维度和价值维度很多,其中推动业务发展和提升业务价值就是重要目标之一。业务价值和风险管理的机制互相依存、互相作用、互相促进。为提高风险管理的价值,通过风险管理来赋能和引领业务是一项具有良好基础和明确效果的工作。

总结一下，在风险管理的数字化转型和建设过程中，可以在打造的互联网或网络业务设计、营销和服务新生态中融入风险管理的技术与成果。例如：可以基于风控技术设计智能产品，如自动化贷款、自动化保险理赔；在推动智能产品与场景业务的融合中，将风险管理作为中台枢纽，如智能机器人客服、智能客户流失评分；在互联网业务的效果评价、绩效考核和激励活动中，风险管理可以充分发挥领导和裁判作用，提高互联网业务的长期运营价值。

4.5 数字化转型的常见问题及其改进方案

企业应该深刻认识到数字化并不是万能的，它带来了价值，但同时也带来了风险。如何恰当有效地管控数字化转型的风险，避免掉入数字化转型的概念陷阱，是每一个企业在制定和实施转型方案的过程中需要仔细考虑的。

4.5.1 数字化转型的常见问题

1）未能正确地认识和推进数字化。部分人员认为数字化的形式就是大数据、信息化、线上化，数字化的对象就是各种业务的处理和系统操作流程。还有部分人不清楚数字化具体是指什么，对此概念的界定是模糊的。由于对数字化的认识不正确，因此很难正确地推进数字化工作。

2）企业内部资源和能力不足。部分企业的数字化转型和建设过于依赖外部机构，内部资源和能力不足。例如，数字化的战略和运营由外部咨询公司协助制定，数字化平台和信息系统建设由外部 IT 公司实施。

3）对数字化风险管理不够重视。当前各企业的精力主要集中在数字化转型和建设上，而对数字化的风险管理则关注较少。各企业对于如何定义、识别、控制和监测数字化风险还未取得共识。大部分机构的风险管理部门、内控合规部门和审计部门也未将数字化风险作为关注重点。

4）数据治理的设计和执行效果欠佳。部分企业已经开始了数字化转型，在宣传上着力强调数据作为一种资产、一种新的生产资料的价值，但是在具体的转型过程中，未能做好数据治理的顶层设计，没有打好数据治理的基础就匆忙投产了基于数据和敏捷的中台、数据湖工程、大数据平台等。这些工作十分依赖传统的、单一的、滞后的操作，偏向 IT 应用系统等硬件设施的建设，缺乏领先性和创新性，对于改进经营效率和客户体验帮助不大，执行效果欠佳。

5）数字化转型的路径不清晰，部分领域的数字化进程滞后。许多企业虽然编制了一份数字化转型的规划，但是却很难选定一条科学有效的实施路径，无法明确转型的方向。部分企业当前数字化建设的主要资源投在营销管理、客户服务、风控审批、财务、运营等领域，法律、合规、内控、审计、人力资源等领域的数字化进程进展较慢。

6）数据安全和隐私保护问题突出。数据安全和隐私保护不仅体现在大数据的安全和隐私保护方面，也体现在小数据的安全和隐私保护方面；不仅体现在信息技术层面，也体现在生活应用细节层面；不仅依赖于国家法律法规的制定和完善，也与居民的安全和隐私保护意识密切相关。

此外，清华大学的李东红教授在《数字化转型的五大陷阱》一文中提出了数字化热潮下潜藏的五大陷阱，分别是：战略陷阱，把提供数字化解决方案作为新增长点；组织陷阱，寄希望于信息化部门承担数字化转型重任；工具陷阱，以为引进数字化工具就万事大吉；治理陷阱，以为抓到数据就占据了优势；业绩陷阱，以为数字化转型能够立竿见影。

4.5.2 数字化转型常见问题的改进方案

1. 数字化转型从数字化的领导力开始

企业领导层应该钻研数字化转型和建设方法论，培养敢于创新、坚持原则、善于洞察的专家，统一企业成员对数字化的理解，利用数字化改造组织，形成科学的数字文化，帮助企业及其员工正确认识和推进数字化。

2. 整合内部资源，引进外部能力，构建智能协同的工作方式和平台

企业需要利用内外部资源和能力建立一个符合自身环境与条件的数字化战略及规划，提出切实可行的方案，并据此对企业内部的组织、人才、绩效进行变革，改进内部管理，降低内部沟通成本。例如，企业可以在每一个职能部门和分支机构设置一个兼职数字化经理，负责部门和分支机构内的数字化需求分析、资源分析、能力分析并对接全公司的数字化工作小组。

数字化转型的一个关键举措是在传统的协同信息系统平台的基础上打造自动化和智能化的新平台，以及匹配恰当的工作模式和方法。协同工作方式和协同平台在10年前就已经有很多企业进行了实践，也取得了预期的效果。近几年来，领先金融机构着手打造新一代协同管理系统，推动了企业数字化转型的进步，是数字化战略思维在内部组织管控领域的一个良好体现。企业需要构建数字化的组织模式、业务模式、人才体系、控制机制以及企业内各部门间的协作模式、企业之间开放包容的协作模式。

实现的方式则是利用数字化技术打造智能协同平台，聚焦用户价值和用户需求，以用户为中心。

3. 将数字化风险纳入全面风险管理

数字化风险是新时期的一种新型风险，与全面风险管理中的操作风险、合规风险和信息科技风险密切相关。为了强化数字化风险管理，可以采取以下措施：首先，企业的前台业务部门、中台风险管理部门、内控合规部门、信息科技部门和后台审计部门都应将数字化风险纳入管理范畴，建立覆盖三道防线的数字化风险管理体系；其次，对数字化战略、实施路径、举措、效果进行检查或评估；再次，从风险控制的角度建立一套度量方法、指标和工具，执行数字化风险监控；最后，由于数字化的具体落地将会融入到业务流程、数据流程和客户旅程中，因此还需重视战略型流程管理，将数字化建设与流程优化紧密结合，如每个数字化小组可以设定一名高级流程优化分析人员，基于数字化的思维和技术对现有流程的痛点、难点进行再造。

4. 实施全面和深入的数据治理

建立科学的治理体系，建议成立一支专业化团队以提高数据质量，选用内外部机构开展数据治理评估。具体来说，在设计层面：首先，应建立起一套基于价值和风险管理的现代化数据治理体系，并且利用数字化和智能化的方法提高数据治理的效率效果；其次，对历史数据、存量数据和未来数据建立质量标准与规范；再次，将数据作为重要的企业资产，打造科学的数据资产管理体系，如数据资产的分级分类、资产运营、资产交易、资产保护等；最后，建立数据风险和安全管理体系，加强对大数据开发与应用的操作风险、合规风险和安全风险的控制。在执行层面：对内外部数据进行规划管理、开发管理、服务管理和技术管理，在源数据模型设计、开发时进行数据模型评估和质量评审；对源数据进行验证，基础主数据的修改需要经过恰当的审批，采用敏捷、灵活、高效的方式提高数据操作和数据服务的交付能力。

5. 选择适合自身的数字化转型路径和方向

企业在实施数字化转型的过程中可以基于科学的规划选择一条适合自身的路径，以企业业务架构中各项领域为基础，按照战略优先、客户优先、价值优先、风控优先的原则，选取恰当的领域进行数字化转型的优先级排序。企业应充分认识到不同企业应该走不同的数字化转型道路，不可盲目照搬其他企业的模式，且应防止为了急于达成目标而不合理地将所有领域都进行快速、全面的数字化。例如，转型采用内部自主自研式还是外部合作共建式，进行全面数字化还是局部数字化，等等，都是需要审慎思考的原则性问题。

埃森哲公司针对企业数字化转型服务提出了"三部曲"方案，具体如下。

1）制定数字化转型目标：企业领导层需要对未来技术发展、行业发展、消费者趋势等诸多因素进行综合分析，制定对本公司最优的数字化目标。

2）采取数字化转型行动：在明确目标后，企业必须展开更为深刻的内部变革，从观念到能力都需要新的变革。打造数字化企业和赢得数字消费者应是企业关注的两大重点领域。

3）达成数字化转型成果：落实可持续的数字化商业模式，支持数字化商业模式的可持续运行，提供最佳的产品和服务，建立企业的数字文化。

6. 实施战略级安全管理

构建战略级安全管理体系、隐私保护体系和安全架构，建立覆盖主机、网络、应用、数据和操作层面的安全管理方法与工具，提高安全管理与安全运营的数字化、自动化和智能化水平。具体来说，通过设计和执行科学的安全治理，建立敏捷协同的安全管理组织，监测、评估、度量和审计安全控制水平，引进与推广先进的安全技术和安全产品等举措，提高数字化安全管理能力。

第二部分 *Part 2*

核心风险管理及其数字化转型

风险管理依据管理对象的不同可以划分为信用风险、市场风险、操作风险、流动性风险等诸多一级领域，而部分一级领域依据管理对象的差异又可以进一步细分，如操作风险可以分为一般操作风险、合规风险、法律风险、信息科技风险、数字化风险等。对于不同的风险管理对象，管理原理、流程和方法论总体上是一致的，主要差别在于具体的方法和工具。

本部分挑选了当前企业内部风险管理领域最核心或最热门的风险对象进行数字化转型专题介绍，涉及战略风险、信用风险、操作风险、流动性风险、洗钱风险、组织和人才风险、信息科技风险。由于市场风险及其管理存在特殊性，所以本部分暂不对其进行介绍。在这些风险中，信用风险、操作风险、流动性风险是经典风险管理重点关注的对象，洗钱风险和信息科技风险是当前监管层面和社会层面的新热点，战略风险、组织和人才风险是越来越受重视的新兴风险管理对象。

第 5 章
战略风险管理及其数字化转型

战略风险在许多机构的管理实践中被列入企业八大风险领域,足见它对企业经营管理的重要性和影响力。战略风险与信用风险、市场风险、操作风险、声誉风险等其他常见风险不同,它呈现出"被边缘化"的特点。本书认为其中至少存在以下几点原因:缺乏战略风险的定义、标准和管理方法论;战略处于企业经营管理的顶层并主要由董事会和高级管理层管控,一般的风险管理部门很少参与战略工作;战略风险与财务绩效风险的边界模糊,一些企业通过财务分析管理战略,使用财务指标度量风险,这弱化了战略风险的概念。

无论如何,由于战略是企业经营和发展的核心,由战略分析、规划和管控的不到位导致的风险将极大地影响企业的竞争力和生存率,因此企业应该着手对战略风险管理进行变革,通过数字化转型建立起一套标准方法,解决传统战略风险管理不具体、不明确、不系统的问题。

5.1 战略和运营的基本概念

实践中,经常有人混淆战略和运营的概念,特别是不清楚运营的准确释义、分类和具体工作,不明确战略和运营的关系。澄清每一个待分析对象的概念是我们开展研究、分析和应用的必要前提,本节将主要介绍战略和运营的基本概念,为企业开展战略风险管理及其数字化转型移除理解和信息不对称的障碍。

1. 战略的相关概念和分类

（1）战略的相关概念

战略指决定企业整体利益和经营方向的目标、谋略及策略体系。战略管理是指决定企业长期业绩的管理决策和行动过程。企业战略管理是指对企业战略的分析与制定、评价和选择、实施和控制，是使企业能够达到其战略目标的动态管理过程。

虽然当前的主流观点认为战略风险是全面风险管理领域的八大风险领域之一，但是对于战略风险却缺乏统一的标准定义。

根据原银监会发布的《商业银行资本管理办法（试行）》，战略风险是指商业银行经营策略不当或外部经营环境变化而导致的风险。

财政部于2010年颁发的《企业内部控制应用指引第2号——发展战略》提出，企业制定与实施发展战略至少应当关注下列风险：

1）缺乏明确的发展战略或发展战略实施不到位，可能导致企业盲目发展，难以形成竞争优势，丧失发展机遇和动力。

2）发展战略过于激进，脱离企业实际能力或偏离主业，可能导致企业过度扩张，甚至经营失败。

3）发展战略因主观原因频繁变动，可能导致资源浪费，甚至危及企业的生存和持续发展。

上述内容可以理解为我国企业控制监管机构对于战略风险的一种定义。

原保监会发布的《保险公司偿付能力监管规则第11号：偿付能力风险管理要求与评估》(保监发〔2015〕22号）将战略风险定义为"由于战略制定和实施的流程无效或经营环境的变化，而导致战略与市场环境和公司能力不匹配的风险"。

国外学者西德尼·巴顿将战略风险定义为"当企业面临破产等不确定性经营后果时进行决策所面临的风险"。罗伯特·西蒙斯认为，战略风险指的是一个未预料的事件或一系列未预料的事件，它们会严重削弱管理实施其原定企业战略的能力。

本书认为，战略风险是影响经营目标实现的企业内外部环境的变化、外部竞争加剧和内部能力不足所带来的负面影响和正面机遇。

（2）战略的分类

在企业实践中，除了由公司董事会和高级管理层主导，由内部专家或外聘咨询公司制定的大型战略外，一般还会有一些小型的、局部的、临时的、短期的战略。常见的战略分类如下：

1）按机构单元来分，战略可以划分为公司总体战略、特定业务单元战略、特定职能条线战略等。其中，公司总体战略包含愿景使命、战略定位、战略目标、战略重点等，特定业务单元战略包含各个具体业务单元的战略，特定职能条线战略包含管控、组织架构、人力资源、质量管理、信息化、研发和技术、市场营销等。

2）按局部战略来分，战略可以划分为竞争战略、增长战略、利润战略、进攻战略、退出战略。

（3）战略管理体系

在企业实践中，常见的完整战略管理体系包括四个环节。

- ❑ 战略分析：外部环境分析、内部环境分析和评估、最佳行业实践研究。
- ❑ 战略制定：愿景、使命、定位、战略目标体系、战略路径设计（业务选择定位、行业关键成功因素、客户购买关键因素、明确的业务竞争策略）。
- ❑ 战略实施：组织架构与管控体系、职能保障体系、战略行动方案分解和实施（平衡计分卡与战略地图、三年滚动发展战略、年度经营计划）。
- ❑ 战略反馈：战略评价（至少涵盖战略分析评价、战略选择评价、战略绩效评价）、战略跟踪、战略调整。

2.运营的相关概念和分类

（1）运营的相关概念

运营一般是指组织将它的输入进行输出的全过程，可以理解为实现一定的目标，基于特定的需求，组织投入一定的时间和资源，经过运营过程后产出另一种形式的产品或服务并供应给需求方。

运营活动一般是指企业经营的要素投入、运营转化、结果产出三方面。

运营管理一般是指企业对生产经营过程的计划、组织、控制，是对与产品生产、服务创造、价值实现相关的各项管理工作的总称。

（2）运营的分类

1）按照机构单元来分，运营可以划分为公司总体运营、特定业务单元运营、特定职能部门运营等。

2）按照局部运营来分，运营可以划分为客户运营、销售运营、内容运营、产品运营、异业运营、流程运营、系统运营等。

（3）运营管理体系

运营管理体系可包含运营策略、运营体系设计（政策制度、组织设计、人员配置、产品开发、信息系统）、运营系统运行和控制（需求预测、生产计划、库存管理、销售管理、项目管理、成本管理、质量管理、设备管理）、运营优化（业务流程再造、精益生产制造、供应链管理）等。

3. 战略和运营

战略和运营密切相关，战略是运营的前提，运营是根据战略来确定的各种管理和操作措施。通俗来讲，战略是确定企业的目标和经营的方向，提出实施的方法和手段，而运营就是实现这个目标的过程。可以这么说：广义上的战略风险是包括运营风险的。

5.2 战略风险管理的发展

战略风险尽管被列入了常见的八大风险之列，但是其风险管理体系、具体的方法和技术、企业实践等方面均未形成统一的方法论。

Miller 在 1992 年发表的《国际商业中的综合风险管理架构》一文中提出了"战略风险管理"的概念，Miller 指出企业面对战略风险可以采取规避、控制、合作、模仿和适应来进行管理。

2006 年，国务院国资委发布的《中央企业全面风险管理指引》将企业风险定义为未来的不确定性对企业实现其经营目标的影响。企业风险一般可分为战略风险、财务风险、市场风险、运营风险、法律风险等。

2009 年，"五部委"发布的《企业内部控制基本规范》明确内部控制的目标是合理保证企业经营管理合法合规、资产安全、财务报告及相关信息真实完整，提高经营效率和效果，促进企业实现发展战略。

2016 年，原银监会发布《银行业金融机构全面风险管理指引》（银监发〔2016〕44号），文件指出：全面风险管理的各类风险包括信用风险、市场风险、流动性风险、操作风险、国别风险、银行账户利率风险、声誉风险、战略风险、信息科技风险以及其他风险。

2017 年，COSO 发布新版框架《企业风险管理：与战略和绩效的整合》，着重强调了制定战略和提升绩效过程中的风险，并且指出战略风险包括"战略可能会不符合企业的使命、愿景和核心价值的风险""战略的执行风险"以及"所选战略带来的影响"三个方面。

本书认为战略风险包括狭义和广义的概念：狭义的战略风险是指战略本身存在的问题或缺陷导致战略不能达到预期目标的风险，广义的战略风险是指战略的制定、选择、执行和控制过程中的问题或缺陷导致战略不能达到预期目标的风险。

针对战略风险进行管理至少有两种方法：一种是依赖战略规划的过程，即在战略制定和选择的过程中，通过各自分析方法、论证方法和预测方法来强化战略的科学性与可落地性，进而降低战略本身存在问题或缺陷的可能性；另一种是在战略的执行过程中通过战略控制、战略评价和战略审计等方法来进行风险管理，降低战略运行的风险。

5.3 战略风险管理的常见问题和风险点

尽管大家普遍认同战略风险管理对于企业来说至关重要，但是实践中企业在管控战略风险的过程与结果方面投入的资源和人力却明显不足。企业战略风险管理存在的问题很多，主要涉及战略风险的理论和实践体系、工作重视程度和投入、方法和工具等方面。本节主要介绍这三方面的问题，以及在战略总体分析、战略制定和战略执行三个领域存在的一些风险点。

5.3.1 战略风险管理的常见问题

1. 战略风险管理理论和标准不健全

战略风险不像信用风险、市场风险、操作风险、流动性风险那样形成了全面的管理理论和实践体系，也缺乏监管指引和行业规范，在标准的定义、科学的评估和度量方法、系统的风险监测体系等诸多方面还存在不足甚至空白。

以两份重要的风险管理规范文件为例。《中央企业全面风险管理指引》（国资发改革〔2006〕108号）明确企业应广泛收集国内外企业战略风险失控导致企业蒙受损失的案例，对于战略风险可采取风险承担、风险规避、风险转换、风险控制等方法。《银行业金融机构全面风险管理指引》（银监发〔2016〕44号）明确，按照全面风险管理的要求，战略风险管理也需包括但不限于风险治理架构，风险管理策略、风险偏好和风险限额，风险管理政策和程序，管理信息系统和数据质量控制机制，内部控制和审计体系。

两份文件对于战略风险管理的要求是较为简短的、不具体的，对企业开展战略风险管理工作的指导意义极其有限。

2. 对战略风险管理的重视程度和投入不足

在战略管理的全过程中也有战略控制这个阶段，我们可以设定战略绩效标准，进而审视战略运营基础，衡量企业绩效，进行偏差分析并及时纠正偏差等。由此可见，战略控制可以承担一部分战略风险管理的工作，但是通过《中央企业全面风险管理指引》对战略风险管理的要求可以明显看出这和战略风险管理是不同的。

当前实践中,许多机构,特别是中小型机构,并未将战略风险作为一类单独的风险进行管理并投入资源,使得战略风险管理仍处于模糊的地带。

3. 缺乏战略风险管理的特定方法和工具

战略管理具有众多的学派(如设计学派、计划学派、定位学派和权力学派等)、方法论(如认知理论、竞争理论、环境理论和学习理论等)和工具(如波士顿矩阵、GE矩阵、五力模型、SWOT分析、PEST分析、博弈论等)。

虽然市面上已有几本战略风险管理图书,且一些监管指引、学术研究中也有零散的战略风险管理信息,但总体来看,在这方面的研究及成果较少,鲜有知名的学派、方法论和工具。

5.3.2 战略风险管理的常见风险点

本节从战略总体分析、战略制定、战略执行以及三项基础准备工作来介绍战略风险管理的常见风险点,如表 5-1 所示。

表 5-1 战略风险管理的常见风险点

关注领域	常见风险点
战略总体分析	1)未提出明确的目标 2)缺乏完整、准确、详细的书面战略报告,许多企业的战略报告描述宏观、简单、空虚、不明确、不清晰 3)没有将战略规划恰当分解到各项运营计划中 4)不按照既定战略执行 5)存在舍弃、偏离战略的情况 6)没有记录战略执行过程中的各项问题,没有分析出现问题的原因,更没有提出解决措施并落实
战略制定	战略制定的过程不合理。实际上战略判定一般包括三个步骤:战略分析、战略选择和战略实施
	战略分析不全面导致得出的战略目标和举措不恰当。常见的战略分析包括外部环境分析和内部环境分析。外部环境分析包括宏观环境分析、行业产业分析、竞争分析,内部环境分析包括企业资源分析、企业一般能力分析、企业关键能力分析等
	战略选择没有经过恰当的论证。战略选择的方法一般是:明确选择的方案,选择战略,提出政策制度,制订实施计划
	没有有效落实战略实施的计划和方法。一般来说,战略实施至少包括落实实施计划,制定关键措施,提出全面措施并进行实施分析、实施汇报、优化调整和绩效考核
	战略制定人员可能因为职位等原因而制定损害公司和股东利益的战略

(续)

关注领域	常见风险点
战略执行	没有设计能够促进战略执行的组织架构、政策制度、财务预算、绩效指标、激励体系、流程管理、人力资源、企业文化、信息沟通机制
	没有让全体员工了解并认同公司的战略，公司缺乏战略文化
	战略的执行和公司全面预算管理脱钩，导致战略执行缺乏必要的资源
	除高级管理层和少数干部之外，其他员工并不享有与战略达成相关的激励，使战略执行失去坚实的员工基础
	缺乏持续的、动态的、自上而下和自下而上的、针对战略执行过程中各种问题与机会的讨论和沟通
	销售活动的战略举措没得到有效贯彻和实施
	客户服务的战略举措没得到有效贯彻和实施
	内部运营的战略举措没得到有效贯彻和实施
	财务管理的战略举措没得到有效贯彻和实施
	人才管理的战略举措没得到有效贯彻和实施
人员准备	内部审计或评价人员的战略管理、经营实践、战略审计或战略评价能力不满足要求
信息系统	战略执行和控制缺乏相关的信息系统支持与数据库支撑
信息数据	战略分析需要有足够多的外部宏观经济数据和内部经营管理数据，而现有条件下无法获取充足、准确的数据

5.4 战略风险管理的重点工作

相比信用风险管理、市场风险管理、操作风险管理等，当前学术界和工业界对战略风险管理的研究较少，国内监管机构也未对战略风险管理发布统一的专项政策指引。

当前风险管理的一个重要趋势是越来越重视风险管理与战略、绩效的整合。2017年COSO发布的《企业风险管理：与战略和绩效的整合》十分注重风险管理对于企业战略目标、愿景、使命、价值观的支持。2009年国际标准委员会发布的《ISO 31000风险管理》标准也强调风险管理需要支持实现组织战略目标、创造和维护价值。

在这样的思想指导下，结合当前的社会经济发展形势，战略风险管理的重点工作主要有：战略风险管理的监管政策完善、数字化战略风险管理、营销战略风险管理、人才战略风险管理、科技战略风险管理、金融创新和科技创新战略风险管理、战略风险的定性和非定性评估、战略风险监测和战略风险的评价指标体系建设等。

5.5 战略风险管理数字化转型

基于风险管理数字化转型的总方法论框架，根据行业中的理论研究和实践，可知战略风险管理及其数字化转型的方法论多种多样，并没有唯一的标准和方法论来推导出一个通用的结论。企业在参考相关理论和借鉴相关方法时，需做好内部调研分析，选择恰当的、适合自己的方法论。本节提出了一个战略风险管理数字化转型的框架，作为该项工作的核心方法论指导。

5.5.1 战略风险管理数字化转型总框架

战略风险是影响经营目标实现的企业内外部环境变化、外部竞争加剧和内部能力不足所带来的负面影响与正面机遇。战略风险可以从目标、环境、竞争和能力四个维度进行管理，而管理的基本方法即战略分析和战略规划。如此一来，战略风险管理的数字化转型可以基于战略分析和战略规划的过程与结果，从顶层设计、战略分析基础、战略分析主要措施、战略分析关键领域、风险管理流程和底层支持6个方面展开，然后针对上述四个维度开展风险监控预警，最后通过业务、科技和数据三大工作来支持和反馈风险管理工作。具体的转型框架如图5-1所示。

1）顶层设计方面：一是明确企业的使命，分析企业为什么存在；二是明确企业的愿景，即企业想要成为什么样，数字化转型的目的是什么；三是设定企业经营和管理的目标。

2）战略分析基础方面，需要设定三个子目标，分别是理解行业和产品背景，理解宏观环境和市场趋势，理解整体价值链、竞争和成功要素。

3）战略分析主要措施方面：一是进行价值和竞争分析，包括分析企业的优势和劣势、确定核心价值、开展多维竞争分析；二是进行业务分析，包括所处行业、客群、产品、地域和渠道五个关键要素；三是明确核心价值的实现步骤，包括确定价值链的定位以及企业如何实现核心价值；四是确定战略实施的阶段，例如何时介入、何时扩张、何时调整及何时退出某个市场；五是确定经营财务目标，如营业收入、营业成本、利润、资本收益、现金流等。

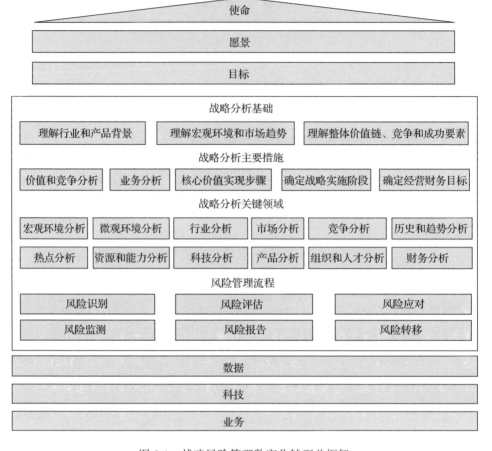

图 5-1　战略风险管理数字化转型总框架

4）战略分析关键领域，包括但不限于宏观环境分析、微观环境分析、行业分析、市场分析、竞争分析、历史和趋势分析、热点分析、资源和能力分析、科技分析、产品分析、组织和人才分析以及财务分析。

5）风险管理流程方面，一般沿用标准的风险识别、评估、应对、监测、报告和转移流程。数字化转型的成果一般包括推行敏捷或灵活的流程管理机制，因此可以对上述流程根据具体情形进行整合，如识别和评估的整合、监测和报告的整合等。

6）底层支持方面，业务、科技和数据三大核心，是企业经营管理和数字化活动的基石，也是数字化转型的目标。业务在战略管理中占据着最高的权重，科技是技术时代战略管理的热点，数据是数字经济蓬勃发展的前提。

5.5.2 明确战略分析的三个基础

战略分析一般是指通过收集各种内外部信息来进行环境分析和组织诊断,进而明确企业的愿景、使命和目标,并提出实现目标可采取的措施。因此,理解行业和产品的背景、历史,理解行业的宏微观环境和市场发展趋势,理解整体价值链、竞争、成功要素和核心能力是战略分析的三个基础,如图 5-2 所示。

理解行业及产品的背景、历史	理解行业的宏观/微观环境和市场发展趋势	理解整体价值链、竞争、成功要素和核心能力
·全面了解产品/服务的具体种类及用途	·影响行业的宏观环境的发展趋势	·切分价值链,各环节大致收入、成本和利润情况,参与者有哪些形态,覆盖哪些对象
·产品/服务所覆盖的市场,总体及细分市场规模,市场份额状况	·消费方/需求方的发展趋势及其需求变化	·价值链未来的变化趋势
·产品/服务的基本技术/原理知识,技术及应用的发展方向	·产品/服务现在所处的发展阶段,未来的发展方向与空间	·价值链的战略控制点,主要环节的成功要素初步分析
·了解行业的发展历程及变化	·替代产品的发展状况	·价值链各环节包括哪些主要参与者,成功参与者的主要成功模式
·大致了解行业的研发、生产、营销、销售和服务的运作方法	·微观环境中的同业实践	·价值链的战略控制点,主要环节的成功要素初步分析
·了解行业主要参与者的运作实例	·微观环境中的企业内部情况	·基于价值、竞争和成功要素的核心能力初步识别

图 5-2 战略分析的三个基础

5.5.3 开展全面的战略分析

战略澄清可以借鉴战略分析的方法进行,具体方法有外部的宏观环境分析、行业分析、市场分析、竞争分析、历史和趋势分析、热点分析,以及内部的微观环境分析、资源和能力分析、科技分析、产品分析、组织和人才分析、财务分析等。

以财务分析为例。企业的最终目标是实现公司、股东、员工甚至社会的价值,对这些价值的衡量很大程度上依赖于财务数据。实践中,财务分析是战略制定和选择的最重要的方法,在战略的制定过程中必须进行全面、严谨的财务分析和财务预测。理论上,企业经营管理的任何一个动作都会最终影响到财务报表,财务报表记录了企业的经营管理行为,反映了企业未来的经营趋势和潜在的风险。在制定战略时，需要针对设定的目标制定各项运营措施，例如组织与人才、渠道、信息科技等，每一项运营措施的底层都有资产、负债、权益、现金流、利润的变化。经过严格财务分析和预测的战略才符合科学管理的要求。财务分析是降低战略风险的一个有效方法。

在全面的战略分析之外，还可以对细分领域的战略进行专项分析。企业的发展战略既有总体层面的，也有依据总体战略制定实施的相关子战略，如公司与机构业务战略、零售业务战略、渠道战略、国际化战略、数据战略、人才战略、信息科技战略等，它们共同构成完整的战略体系。子战略是对总体战略进行分解、细化得到的，与之相对应，战略风险管理工作也可以在总体框架下按照无缝闭环原则细分，包括细分管理目标、管理内容和责任主体等，从而让相关任务更加具体、到位，为在特定领域达到预期的子战略风险管理成效以及在加总后达到预期的总体战略风险管理成效打下扎实的基础。

5.5.4　战略风险管理的程序

风险管理的基本流程是风险识别、风险评估、风险应对、风险监测和风险报告。这个流程也适合战略风险管理，只是需要在具体的阶段针对战略风险管理开发一些个性化的方法。

（1）风险识别

传统的信用风险、操作风险识别方法也适合战略风险识别，还可以针对战略所特有的战略制定、战略执行或战略环境、战略能力，或者以平衡计分卡的四个维度来开展风险识别。问卷调查、专家讨论、案例分析、数据分析、标准比对等均可用来识别战略风险。

（2）风险评估

战略风险评估仍然采用的是定性、定量和综合性的评估方法。其实战略制定和实施的过程中积累了丰富的经济数据、行业数据、业务数据、财务数据和内部管理数据，这些数据完全可以用来开展定量分析。传统的风险评估矩阵、层次分析法、模糊评价法、回归分析法、时间序列分析法都是很好的手段。

（3）风险应对

对于战略风险，可以采取控制、回避、转移或接受的方式应对，其中内部控制设计和评价是进行战略风险控制的好方法。

（4）风险监测

关键风险指标是应用最广泛的战略风险监测方法，企业可以制定战略风险预警监测指标，搭建预警监测体系。

（5）风险报告

企业风险管理部门可以出具独立的战略风险管理报告并汇总到全面风险管理报告中，然后提交董事会和高级管理层审议。企业的每个部门均可以对本部门范围内的战略风险进行分析和报告。

5.5.5 战略风险指标体系建设

BSC（Balanced Score Card，平衡计分卡）是一种常见的基于战略目标管理的绩效考核方式，它从财务、客户、内部运营、学习与成长四个维度将组织的战略落实为可操作的衡量指标和目标值。通过 BSC 开发一套衡量影响战略目标实现的定量指标并对其开展风险监测，能在一定程度上实现战略风险的监测预警。指标示例如表 5-2 所示。

表 5-2 基于 BSC 的战略风险相关度量指标

维度	关键目标	示例指标
财务	提高盈利水平	净资产收益率、总资产收益率、净利润增长率、净利润计划完成率、经济增加值、风险调整收益率、净利润、人均利润、净利息收益率、风险加权资产收益率
	提高收入能力	主营业务收入、营业收入增长率、投入产出比、人均创收
	降低成本费用	主营业务成本、成本收入比、成本费用收益率、营业费用率、人均成本
	提高资产质量	资产负债比率、不良贷款率、不良贷款余额、交易账户风险价值
客户	增加客户数量	客户总数、客户使用量、客户留存率、客户转化率
	扩大产品的市场份额	某产品的市场份额、销售增加率、新产品的销售额占比、新产品从研发到产生效益的周期
	改善客户体验，提高客户满意度	客户投诉率、客户满意度、客户挽留率

(续)

维度	关键目标	示例指标
内部运营	提高内部运营效率	员工生产率（净营业收入/员工人数）、平均运营效率（总营业费用/总营业收入）
	改善全面风险管理	杠杆率、资本充足率、经济资本、拨备覆盖率、贷款准备金充足率、流动性比例、净稳定融资比率、现金流缺口、重大操作风险事件数量、操作风险损失金额、合规处罚次数、合规处罚金额、信息安全事件数量、利率风险缺口、利率风险敏感度、内部控制缺陷、被诉讼次数
	提高IT水平	IT需求变更率、信息系统投产运行缺陷、信息系统按期投产比例、系统开发平均生产率、系统运维事件及时处理率、IT资源使用效率
学习与成长	提高创新能力	创新项目投入金额、创新产品数量
	内部员工管理	员工流失率、关键员工流失率、员工满意度

5.5.6 战略风险的度量

实践中不同企业对于战略风险度量的态度并不相同：有的企业认为战略风险无须单独度量，信用风险、市场风险和操作风险的管理情况已经体现了战略风险管理的内涵；而有的企业则认为需要对战略风险进行单独度量。战略风险的度量方法包括定性方法和定量方法，其中定性方法以打分卡法较为常见，定量方法包括资本资产定价法、投资评价法、状态定义法、期望值法等。

1. 打分卡法

借用风险管理领域经常使用的打分卡方法构建定性和定量打分卡。定性打分卡的开发方法是通过对战略风险因素进行分析，识别一级和多级风险因子，为风险因子赋予权重，制定打分标准，最后由专家根据实际情况进行打分并加权汇总。定量打分卡的开发方法是通过对战略风险因素进行分析，识别一级和多级风险因子，再采集数据构建因子数据集，利用特定的机器学习算法对因子进行训练，计算权重，最后得到打分卡。为了减小定性打分卡的误差，可以采用模糊评价法、层次分析法等对指标进行权重计算，以减少主观因素对打分卡精准度的干扰。

2. 资本资产定价法

资本资产定价模型（Capital Asset Pricing Model，CAPM）是由美国学者威廉·夏普、林特尔、特里诺和莫辛等人于1964年在资产组合理论和资本市场理论的基础上发展起来的，主要研究证券市场中资产的预期收益率与风险资产之间的关系，以及均衡价格是如何形成的,是现代金融市场价格理论的支柱,广泛应用于投资决策和公司理财领域。实践中,企业也可以使用 CAPM 模型来度量战略风险。

3. 投资评价法

投资评价法有净现值(NPV)法、内部收益率(IRR)法、增量内部收益率法、盈利指数(PI)法、回收期法和约当年均成本(EAC)法等。判别规则如下。

1)净现值法:当 NPV>0 时接受项目。

2)内部收益率法:决策规则如表 5-3 所示。

表 5-3　内部收益率法的投资决策规则

现金流情况	IRR 存在的个数	投资决策规则
第一期为负,其余为正	1	IRR>贴现率,接受项目
第一期为正,其余为负	1	IRR<贴现率,接受项目
有正有负	可能多个	IRR 无效

3)增量内部收益率法:两个项目互斥,可计算增量 IRR,如果增量 IRR>贴现率,则接受规模更大的项目。该方法相对来说更适用于投资项目,而不适用于融资项目。

4)盈利指数法:对于独立项目,PI>1,接受项目;对于互斥项目,增量 PI>1,接受规模更大的项目。

5)回收期法:接受回收期最短的那个项目。

6)约当年均成本法:适用于比较两个周期不同的互斥项目,一般来说,接受 EAC 最低的项目。

4. 状态定义法

这是战略风险度量的常用方法之一。所谓状态定义法,就是通过描述特定变量的状态变化特征对企业战略风险进行估计的方法。常用的变量有资产收益率、股本回报率等。其核心是收益的变化与战略风险呈现一定的比例关系,即将特定变量的历史数据均值作为收益指标,将数据整体方差作为风险指标,以产业、企业、事业部为单位估计风险同收益的关系。

5. 期望值法

与计算风险的概率、在线价值、方差、标准差、期望损失、非期望损失等类似,期望值法通过计算不同战略的最大收益期望值和最小损失期望值来评价战略风险的大小。最大收益期望值法以风险最小化前提下获取最大的收益为目标进行规划、分析和计算,得出最佳战略。与之相对,最小损失期望值法以损失最小化为目标进行规划、分析和计算,得出最佳战略。

5.5.7 战略风险的评价和审计

1. 战略风险评价

在战略风险评价方面,企业风险管理部门可以建立一套流程来进行规划,例如可以采用下面这套流程。

(1) 数据和信息采集

企业应广泛收集国内外企业战略风险失控导致企业蒙受损失的案例,并至少收集与该企业相关的以下重要信息:

1) 国内外宏观经济政策以及经济运行情况、本行业状况、国家产业政策;

2) 科技进步、技术创新的有关内容;

3) 市场对该企业产品或服务的需求;

4) 与企业战略合作伙伴的关系,未来寻求战略合作伙伴的可能性;

5) 该企业主要客户、供应商及竞争对手的有关情况;

6) 与主要竞争对手相比,该企业的实力水平;

7) 本企业发展战略和规划、投融资计划、年度经营目标、经营战略,以及编制这些战略、规划、计划、目标的依据;

8) 该企业对外投融资流程中曾发生或易发生错误的业务流程或环节。

(2) 风险分析

风险分析主要可以分为:战略本身的科学性、合理性风险,偏重战略规划本身具体内容的分析;战略制定过程中的风险,偏重流程的操作风险分析;战略执行的风险,影响各种战略措施落地效果的风险因素分析。

(3) 评价指标开发

评价指标开发包括开发日常战略风险的监测指标和评价工作指标。

(4) 评价执行

可以由风险管理部、内控合规部、内部审计部、监事会办公室等机构来执行。战略风险评价也可以与战略风险审计结合起来进行。

2. 战略风险审计

(1) 战略风险审计的类型

战略风险审计可以按照以下 3 种方式进行分类。

1）按照机构单元分类。
- 集团战略审计：审计集团战略的内外部环境是否与国家政策、社会经济规划、当前社会前沿方向匹配等。
- 业务单元战略审计：如按照事业部、分/子公司、业务条线等开展。
- 中后台部门职能战略审计：如财务、人力资本与人才管理、风险管理。

2）按照流程阶段分类。
- 战略的制定和设计：审计战略制定的过程、选用的方法论、数据的收集与分析过程、战略设计与选择。
- 战略的运营和执行：审计战略制定后，各项战略举措的运营和执行情况，分析运营和执行过程中的风险，识别内部控制缺陷。
- 战略的绩效和达成：审计战略目标的达成情况，核实执行结果与战略目标之间的差距，找到影响目标达成的风险因素，提出补救措施。

3）按照适当匹配原则分类。
- 战略适当性审计：包括组织整体战略和各单元战略的适当性，即战略是否合理、有效、科学等。
- 战略适配性审计：各业务单元和机构的经营管理活动与实现组织战略目标和价值创造的匹配程度，如预算管理、销售管理、运营流程、信息科技、人力人才等适配战略的程度。

战略的制定和执行过程中存在重要风险，很多审计师能够认识到这一点，但是实践中由于缺乏战略审计的思维、方法和工具，内部审计师往往不会开展战略审计，特别是在许多中小型公司中。

（2）战略风险审计的思路

在进行战略风险审计时，应该站在公司整体层面或局部层面，分析和评价公司各项经营管理活动对整体战略或局部战略目标实现的影响。战略风险审计应该定位为一种以独立客观的视角来审视战略管理有效性的措施，目的是及时发现潜在的风险并促进企业价值提升。

战略风险审计可以覆盖公司级的大型战略，也可以针对局部的小型战略。战略风险审计的范围为战略规划的内容，企业战略制定、执行、调整、评价的全过程，战略的实施效果等。

战略风险审计的执行方式有两种情形：一是仅基于战略开展审计，二是在运营、风险、绩效的基础上开展审计。实践中后者更具有科学性和说服力。

（3）战略风险审计的标准

战略风险的审计标准包括但不限于国家和地区的政策规范、企业内外部环境、公司的愿景和使命、公司的战略规划。其中企业内外部环境有国家和地区的经济发展规划、当前经济发展形势、企业股东和董事会的期望等。审计师需要根据当期战略审计的对象、范围和内容选择恰当的审计标准，并对此进行详细、准确的分析。

（4）战略风险审计的内容

战略风险审计的内容可以覆盖战略管理的全过程、各级战略及与战略相关的组织架构、企业能力和企业文化等。具体来说，内部审计师应该充分以风险和价值导向为基础，确定审计内容。

1）战略的科学合规审计：具体是指审计战略具体内容的科学性合规性，包括但不限于愿景、使命、目标、战略规划、具体措施等。这种审计的实施难度很大，因为对于科学性审计当前缺乏统一的评价标准。因此内部审计师应该事先确定一套科学性评价标准，例如通过与领先实践对标、与行业当前热点对比、与行业发展趋势对比、与竞争对手对比、与行业现状对比等方式来确定。合规性审计一般通过分析战略与国家政策、法规、监管意见的差异来进行。

2）战略的管理流程审计：评价调研、分析、设计和确定战略的操作流程是否规范。战略的分析和制定过程有一套严格的、标准的方法论和工具，可以审查其制定过程的科学性。常见的战略管理流程有内外部和宏微观环境分析、战略制定的程序、战略目标的合理性、战略的宣导、战略的风险分析、战略的执行、战略的调整、战略的后评价。

3）战略的执行过程审计：这项工作可以作为审计师的重点关注对象。审记师应优先寻找那些影响战略执行的风险因素，提出改进措施以促进战略落地。实际上许多企业的战略最终失败的主要原因在于战略未能有效执行。一些企业会成立由非内部审计师组成的战略执行跟踪团队，以便监督、促进、跟踪、评价战略的实施进度和效果，但是在实操中这种方式往往流于形式，而且缺乏科学的方法论。如果由内部审计师来执行该项工作，则十分契合内部审计师独立客观的精神，而且内部审计师具有一整套较为科学和标准的评价工具与方法。

4）战略的实施效果审计：战略一旦确定，一般会随之设计用于达成战略的各种运营、绩效或评价指标，或称为核心能力指标。内部审计师可以此为基础，对实施效果与目标设计存在的差距进行分析，评价各项企业能力的水平。但是这样远远不够，内部审计师还应该从更具创新性和洞察力的角度来审视战略的实施效果。

（5）战略风险审计或评价的方法

战略风险审计可以选择的方法如下。

1）可以使用 SWOT 分析、PEST 分析、3E 模型、迈克波特五力模型、价值链分析、波士顿矩阵、企业风险管理与内部控制的框架等工具进行战略分析。

2）可以采用目标管理法、关键绩效指标（KPI）法、平衡计分卡法、经济增加值法、市场附加值法、现金增加值法等进行审计评价，其中平衡计分卡法是一种应用较广的方法。

（6）编制战略风险审计的方案

简洁的项目方案框架可以包含项目名称、审计标准、审计小组、审计范围（包含期限、机构、对象、内容、重点等）、审计目标、项目时间、审计程序和方法、质量控制、相关案例经验。

总体来说，企业内部审计部门可以考虑从如下方面着手开展战略审计。

1）调查企业内外部经营环境，从微观、宏观、内部、外部分析国家、社会和企业的需求与发展态势。

2）根据已制定的战略规划，厘清各阶段的战略目标，分析战略目标的实现情况，评估战略规划的执行情况。

3）分析战略执行过程中各项资源投入的经济性。

4）分析投入产出比。效率性审查主要是对某一具体项目方案、措施的资源投入和产出进行比较，以评价经营管理对资源的利用效率。

5）分析经营的最终效果。结果层面的效果性评价即评价规划和政策实施后产生的结果与战略目标是否一致。效果性评价涉及产出结果的经济效益、人员效益，甚至社会效益。

6）分析战略的后续落实情况，预测未来企业的发展变化。

5.5.8 利用情景分析管控战略风险

情景分析是一种经典的风险管理方法，在信用风险、市场风险、操作风险、流动性风险等领域均有成熟的应用案例。它先假设一些可能出现的情景（现象、趋势），再通过定性定量的方法来模拟这些情景对分析对象可能带来的影响。例如，在进行流动性风险压力测试时通常会先设定一些压力情景，再计算压力情景对现金流的影响。

采用情景分析来管控战略风险，可以实施如下步骤：

1）确定具体要分析的战略风险对象；

2）确定风险评价指标，一般通过专家经验和统计学方法来确定，也可以参考监管或其他风险管理领域的情景；

3）设计情景，例如监管政策的重大变化、经济危机的突然发生、重大财务损失；

4）设计情景传导模型，一般采用量化模型，以便于数据的采集和计算，例如时间序列模型；

5）开始情景模拟，分析不同情景下风险评价指标的变化；

6）得到情景分析的结果。

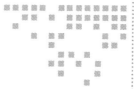

第 6 章

信用风险管理及其数字化转型

信用风险可以说是所有风险中最知名,方法论和实践最丰富与成熟的风险,这很大程度上是因为:作为人类社会和商品社会的伴生物,信用风险广泛存在,且风险因素多种多样。这种在社会生活中普遍存在的风险自然在电子化、信息化和数字化时代都占据了主流地位,其数字化的进程在各风险领域中也是领先的。古往今来,人们在信用风险的识别、评估、计量、监测和报告上投入了很多的资源与精力,其中信用风险的计量模型和监测指标的开发与投产取得了很好的成果,为信用风险的数字化转型奠定了坚实的基础。未来的信用风险数字化转型将应用更多的新兴金融科技,获取更大规模、更多维度的数据,运用更智能的算法和模型,打造更智能的信用风险管理平台。

6.1 信用风险的基本概念

一般认为信用风险包括三种子风险,即违约风险、评级风险和结算风险。其中违约风险是指因交易对手不能或者不愿意履行合同约定的条款而导致损失的风险,评级风险是指因债务人信用评级降低致使债务的价格下跌而导致损失的风险,结算风险是指由于不可预测的客观原因导致债务人短期内无法进行交割和资金结算的风险。

理论和实践中也有其他的信用风险定义和分类,例如梁世栋在《商业银行风险计量理论与实务》一书中指出,信用风险是指由合约另一方不履行的可能性带来的风险，这个可能性不区分主观性和客观性。信用风险可以进一步细分为违约风险和信用利差风险。其中违约风险是指因合约方违约而给对方造成直接损失的风险，信用利差风险是指合约方违约概率的变化带来的风险。对于商业银行而言，具有信用利差风险的业务一般有贷款、可违约债券、脆弱债权（本身具有违约可能性但是标的资产无违约风险的衍生金融产品）。

信贷风险和信用风险具有一定的差异，狭义上的信贷风险是指债务人无法按照信贷合同约定履行还本付息义务的违约风险，广义上的信贷风险在此基础上还包括与贷款的发放和回收相关的操作风险、法律合规风险、信息科技风险等。

信贷业务是以商业银行为代表的金融机构的主要信用风险来源，除此之外，银行账户、交易账户、表内表外业务均存在信用风险，例如贷款、承兑、贴现、同业投资和交易、贸易融资、外汇交易、贵金属交易、金融期货、债券、股权、期权、远期、掉期、承诺、担保和交易的结算业务。

总体来看，信用风险是指债务人或交易对手未能履行合同所规定的义务或者信用质量发生变化影响金融工具的价值，从而给债权人或金融工具持有人带来损失的风险，它的影响是通过交易对手违约时重置现金流的成本来衡量的。本书认为信用风险可以表现为违约风险、交易对手风险、信用迁移风险、信用事件风险、与信用风险相关的结算风险等。

6.2　信用风险管理的发展

信用风险管理是一个涵盖范围非常广的概念，包含许多具体的细项工程。讨论信用风险管理的简要发展历程时，我们主要从信用风险评估、评价或评级方法的产生和演变入手，具体包括如下内容。

1. 专家判断法

20世纪50年代，企业主要使用专家判断法进行信用风险分析，这是信用风险评判的初级阶段。具体来说，由于缺乏相关的历史数据，企业主要依赖信贷和投资管理专家、风险管理专家的经验对借款人或交易对手的信用风险进行主观判断。该方法使用上较为灵活，但是具体评价依赖不同专家的经验，标准不统一，对风险的分析可能不够全面。

2. 专家打分模板法

20世纪60年代~70年代，部分企业开始采用5C法和5W法对专家经验进行标准化，建立专家经验的打分卡。如1968年，纽约大学的爱德华·奥尔特曼教授运用多元判别分析方法，采用 22 个财务比率经过数理统计筛选，建立了著名的 5 变量 Z-score 破产预测模型。该模型是公司信用风险量化评级模型的先驱。

3. 统计评分卡法

20 世纪 80 年代～90 年代，企业开始引入数理统计的方法构建信用风险评价模型，其中尤以加入了统计分析的量化评分卡最为突出。

4. 统计模型法

20 世纪 90 年代末期，将专家经验和数理统计相结合的方法开始登上历史舞台，并逐步成为信用评分和评级领域的主流方法。至今，绝大部分企业仍在使用该方法进行信用风险的判别、计量和评价。

5. 深度学习法

21 世纪以来，随着大数据和云计算时代的到来，基于各种复杂算法的模型陆续出现，其中又以深度学习模型最受关注。

除了上述方法之外，还有 1974 年出现的基于公司价值的信用风险模型 Merton 模型，以及 KMV 公司基于 Merton 模型的原理构建的期望违约概率（EDF）模型。1997 年，业界发布了多个基于损失分布的 VaR 模型，比如瑞士信贷的 Credit Risk+、摩根大通的 Credit Metrics 和麦肯锡的 Credit Portfolio View 等。2004 年，巴塞尔委员会认可了先进银行在信用风险计量技术上的探索和努力，当年开始实施的巴塞尔协议 II 允许银行采用自行开发的模型计算监管资本。

除信用风险计量方法和模型外，还有一些知名的信用风险管理理论，如资金估值理论、投资组合理论、委托代理理论、套期保值理论、期权定价理论和统计预测理论等。

总体来说，信用风险管理及其计量的发展演变呈现出五大特点：一是信用风险管理的方式由静态思维向动态思维转变，二是由专家定性判断向大数据定量模型分析转变，三是基于资产定价和风险价值的方法取得良好应用，四是利用对冲的方法来进行风险管理，五是由局部风险管理向整体风险管理转变。

6.3　信用风险管理的常见问题和风险点

信用风险常常与信贷和投资业务相伴相生。本节介绍的常见问题是从数字化管理的角度总结四个问题，而介绍的常见风险点则是从信贷业务全生命周期流程的交付提炼出的不同流程环节中存在的细化风险。通过追本溯源，穿透分析，我们能够清楚地认识到信用风险管理的数字化转型存在的关键问题：在宏观领域，属于政策、思维、文化和人才方面的问题；在微观领域，则更多表现为程序、方法、工具和技术上的问题。

6.3.1 信用风险管理的常见问题

1. 部分中小型金融机构的数字化转型进程较慢

首先，虽然金融机构均已意识到数字化转型的重要性，但是部分中小型金融机构的数字化转型进程缓慢，原因在于：数字化思维还不够深入人心，一些管理人员仍处于观望状态；其次，基于传统的经营模式开展信用业务已经能够获得预期的收益和回报，部分机构中的一些中层干部和普通员工缺乏转型和变革的动力，甚至担心转型和变革会带来风险；最后，中小型金融机构缺少科学的、详细的信用风险和信贷管理数字化方案，以及对转型方案落实的资源投入不足。

2. 数字化转型的基础建设还有待加强

数据方面，一些机构的数据治理机制不完善，数据质量较低，数据仓库、数据集市、数据湖建设存在缺陷，许多数据存在孤岛现象，大数据利用率较低；信息系统方面，一些机构的核心业务系统、信贷管理系统、客户管理系统、风险管理系统还没有形成统一的平台机制，不利于进行集成大数据、信息共享、智能决策等工作。

3. 非零售信贷和投资业务数字化进程较慢

信贷和投资业务整体上属于数字化程度较高的领域，但是相对于零售信贷和投资业务数字化建设的进程和取得的成就，非零售信贷和投资业务的数字化转型推进较慢。

4. 大数据风控人才不足

实践中许多信贷人员和科技人员只拥有单方面的知识技能，企业缺乏能够融合业务、风险、数据及计算机技术与能力的复合型人才。例如在由信贷业务专家主导的信用风险管理背景下，通常企业都擅长使用业务逻辑来研发风控规则和模型，而缺乏研发数据驱动的风控规则的技能。

6.3.2 信用风险管理的常见风险点

对于企业来说，信用风险本质上是一种外部风险，无法直接控制，但可以通过内部方法和工具进行识别、评估、控制、监测和报告，从而达到降低自身面临的信用风险暴露水平的目的。如此一来，信用风险管理就由被动转为主动，而通过作用于信用风险的操作风险和声誉风险等手段，可以丰富信用风险的维度。

此外，在金融企业，特别是银行和类银行机构中，信贷业务或债项融资业务实际上就是信用风险业务，与其结合的信贷管理也是信用风险管理，因此，信用风险管理也涉及信贷业务操作和信贷管理的风险。信用风险管理的常见风险点如表 6-1 所示。

表 6-1 信用风险管理的常见风险点

关注领域	常见风险点
授信政策与合规性	产品类型、行业、区域、企业规模等维度的分布情况与监管导向的契合度低
	产品类型、行业、区域、企业规模等维度的分布情况与公司信贷政策不匹配
	产品类型、行业、区域、企业规模等维度与各事业部自身定位及考核指标的契合度低
	产品类型、行业、区域、企业规模等维度对公司的风险收益的影响
	信用贷款不符合公司内部的信贷政策
授信调查	证照、章程等基本资料不齐全；未追溯至实质控制人并调查其背景
	未取得征信查询授权书；有重大不良信用记录；征信报告反映的信贷金额与授信调查报告、财务报表反映的不一致；对外提供担保情况超出客户的承受能力（超过净资产）并且未在调查报告中披露
	未能如实披露司法、税务、行政等方面的负面信息，如受到监管处罚等
	未达到公司内部信用评级的最低等级要求
	是"两高一剩"等禁入行业、禁入地区
	不具备行业所需资质证书；项目贷款没有获得政府批文
	未进行借款人行业、产品、上下游的调查分析；项目贷款缺少项目合规性、可行性、效益性分析
	不能保证财务报表（最近三年的审计报告及最近一个月的报表）真实完整，审计报告存在保留意见
	未调查借款人的偿债能力、营运能力、盈利能力、现金流量等；有明显不符合逻辑或数据有明显差错的情况
	流动资金贷款被借款人用于投机活动
	流动资金贷款用于固定资产项目或其他长期投资项目短贷长投
	流动资金贷款未提供真实完整的贸易背景资料，包括但不限于购销合同、银行流水、发票、入库单和发货单
	固定资产贷款或项目贷款所投项目不合规，如将贷款用作项目资本金，或用于支付土地款
	置换贷款未能追溯原用途进行审核
	固定资产贷款未能提供施工合同、装修合同、发票等用途资料
	固定资产贷款未设定合规的还款计划并严格执行
	未分析第一还款来源或分析不到位
	未建立资产评估公司白名单，或评估公司估值明显偏离市场价格
	未按规定履行双人调查
	未按规定程序进行授信调查或对授信重要信息的调查或评估失实；按照他人授意提交虚假调查报告
	授信调查报告存在虚假记载、误导性陈述，或者对明显存在的问题、风险隐患漏报或隐瞒不报，导致审查审批失误

(续)

关注领域	常见风险点
授信方案设计	流动资金需求测算不准确，不能覆盖借款人的融资金额以便防范客户过度融资，未合理控制授信额度
	固定资产贷款、项目贷款缺少现金流预测，不能覆盖贷款本息
	贷款规模和期限不合理，与借款人实际经营需求和还款能力不匹配；贷款利率未能经过有权人审批；增信措施不到位
	未设计贷后管理条件，其要求和措施不合理，且非针对客户风险，各项举措不具有实操性
	未能设计合法、有效的抵质押措施或未经过恰当准入的融资性担保公司担保
	信贷常规基本资料不齐全，如缺少证照、章程、股东会决议、财务报表、资质证书或工商查册资料
审查审批	未按照信贷政策、管理制度、操作流程等进行尽职审查并出具客观的书面意见
	未对审批人进行合理的书面授权，未拟定审批权限表；审批人不在授权范围内审批，超权限业务未向上一级有权限的审批人报批
	贷审会组织构成、工作程序不合规，缺少完整的书面审批记录
	忽视调查、审查程序中存在的明显问题或缺陷批准授信
	保证人为不具备保证资格的国家机关、学校、幼儿园、医院
	法人担保未获得内部有权限的机构审批，或法人担保未经法人书面授权的企业法人分支机构和职能部门
	自然人担保，但其不具有中华人民共和国国籍，不具有完全民事行为能力
放款审核	未严格落实贷审会或审批人提出的放款条件
	放款前放款审核部门未对贷款先决条件逐条审核并落实情况，以保证贷款用途、金额、期限、利率、担保符合批复要求
	放款前未再次依照合规要求核查借款人征信、司法信息
	合同模板要素不齐全，条款设定不合理；已签署的合同填写不正确、不完整，或未执行双人面签
	重要合同、文件缺乏双人面签，操作人员未核对原件并在复印件上双人签署与原件核对相符的意见
	未严格落实抵押手续并妥善保管相关权证；未落实必要的抵押物保险手续
资金支付	未严格执行受托支付，未严防贷款资金挪用，如未严格禁止贷款被划转至证券、信托、期货经纪公司账户或被挪用于股权投资等，未严格控制贷款资金其他银行同户名划转，未跟踪已划转至其他银行同户名的资金的使用情况
	缺乏贷款借据，贷款资金没有全额及时转入贷款合同约定的账户
	放款前审查失误或严重疏忽，导致授信合同文件无效或存在重大瑕疵
	贷款用途证明材料不完整，时间、金额、付款方式存在矛盾

(续)

关注领域	常见风险点
贷后检查	未根据不同客户和贷款用途确定借款人的资金使用监控方案,并在贷后管理过程中跟进
	信贷资金违规流入房地产市场、股票市场、"两高一剩"或地方政府融资平台
	未及时补足贷款发放后才提供的用途凭证,如发票等
	未监控贷款资金的回流情况或者监控流于形式,导致未及时发现贷款资金回流的情况
	未严格落实贷款方案中设定的贷后管理条件
	未定期及不定期走访客户,收集财务报表等资料,并查询征信报告信息
	对发现的重大问题、风险隐患隐瞒不报,或对存在的风险预警信号未及时揭示并上报。风险预警信号有涉及诉讼、经营异常或结算量下降、法人失联等
	未按规定进行贷款用途监控,明知或有明显迹象显示知晓授信用途违法违规,仍然批准或配合、默许、放任用信,或不报告、不落实处理措施
	未按封闭管理要求对账户实行管控,导致账户资金被挪用
	未严格执行资产分类制度,或调整风险分类以掩盖业务真实情况

6.4 信用风险管理的重点工作

信用风险管理是一项十分依赖数据的工作,依托于少量数据我们可以构建普通评分模型,而依托于大数据我们则可以构建智能风控模型。无论从大的方面看大数据风控、数字化信用风险管理,还是从小的方面看具体的风险评级模型,都可以得知数据对于信用风险管理的重要性。因此本书认为在数字化转型中信用风险管理的重点工作是以数据为基础的智能风控,而构建 AI 模型则是实现智能风控的有效途径。

1. 大数据风控

大数据风控是持续多年的热点,大中型金融机构已经普遍建立了基于大数据理念和技术、贯穿于信贷业务全流程的风控体系,在贷前调查、贷中审查、贷后检查三大阶段及其附属的客户画像和分类、大数据调查、信用评级、审批决策、贷后监控、风险预警、智能催收等方面都有丰富的应用案例,特别是近些年来客户画像和风险预警俨然成为热点中的热点。

不同于传统风控以企业内部数据应用为主,大数据风控充分整合了内外部数据,使得其具有海量的数据基础,进而可以全方面、多角度地对风险对象进行观察和预测。一些大型国有商业银行和领先城市商业银行还在规则判断引擎的基础上利用大数据挖掘算法建立了智能模型。

2. 数字化信用管理

数字化信用管理是指利用数字化理念、数字化经济和数字化风控的思维与方法来对信用管理进行变革和再造，这种变革是通过互联网、大数据、智能科技、开放银行和流程再造等方式进行的。

国际和国内领先银行在数字化信用管理领域已取得优秀实践。例如：中国农业银行在 2019 年出台了有关信用管理数字化转型的实施方案，全面提升信用管理智能化水平和风险防控能力，全力推进信用管理数字化转型；招商银行在 2017 年提出打造"金融科技银行"的目标，把信用管理数字化转型作为变革的关键目标，先期通过大数据、人工智能等技术对传统零售信贷流程和风控进行改造，取得显著成效，且该行持续进行着更深层次的数字化。

3. 信用风险内部评级

内部评级法是针对客户的信用评级方法之一，而客户信用评价方法历经了多次迭代和发展：20 世纪 50 年代，以人工主观判断为主；20 世纪 60 年代，则多基于专家经验的判断法，如 5C 法、5W 法；1968 年，纽约大学荣誉金融学教授爱德华·奥尔特曼率先将判别分析法应用于财务分析、公司破产及信用风险的分析；20 世纪 80 年代～90 年代，流行打分卡；21 世纪初，统计数据模型得到推广和应用；21 世纪 10 年代～20 年代，大数据挖掘和机器学习技术兴起，更多智能的算法和模型被开发与应用。

《新资本协议》，又称为《巴塞尔协议Ⅱ》，于 1999 年 6 月由巴塞尔委员会在《巴塞尔协议Ⅰ》的基础上提出，2004 年巴塞尔委员会重新修正资本充足性框架，并于 2006 年正式实施。《巴塞尔协议Ⅱ》提出了针对信用风险的内部评级法（IRB 法）。

在商业银行首次使用时，原则上 IRB 法和关键参数的估计均须得到监管机构的批准。与之前使用的标准法相比，IRB 法通过更精确的风险计量，能够降低对监管资本的要求，因而对于商业银行来说更具有吸引力。

IRB 法的核心是如何评估违约概率（PD）、违约损失率（LGD）和违约风险暴露（EAD）这三个参数，其中违约概率最为重要，它既是 IRB 法的基础，也是后续采用 IRB 法计算风险加权资产（RWA）的前提。

4. 监管文件中关于 IRB 的关键描述

中国银保监会《商业银行资本管理办法（试行）》第四章第三节关于 IRB 有如下规定。

1）商业银行应对银行账户信用风险暴露进行分类，并至少分为以下 6 类。

①主权风险暴露。

②金融机构风险暴露，包括银行类金融机构风险暴露和非银行类金融机构风险暴露。

③公司风险暴露，包括中小企业风险暴露、专业贷款和一般公司风险暴露。

④零售风险暴露，包括个人住房抵押贷款、合格循环零售风险暴露和其他零售风险暴露。

⑤股权风险暴露。

⑥其他风险暴露，包括购入应收款及资产证券化风险暴露。

主权风险暴露、金融机构风险暴露和公司风险暴露统称为非零售风险暴露。

2）商业银行应当按照以下方法确定违约概率。

①主权风险暴露的违约概率为商业银行内部估计的 1 年期违约概率。

②公司、金融机构和零售风险暴露的违约概率为商业银行内部估计的 1 年期违约概率与 0.03% 中的较大值。

③对于提供合格保证或信用衍生工具的风险暴露，商业银行可以使用保证人的违约概率替代债务人的违约概率。

3）商业银行应当按照以下方法确定违约损失率。

①商业银行采用初级内部评级法，非零售风险暴露中没有合格抵质押品的高级债权和次级债权的违约损失率分别为 45% 和 75%。对于提供合格抵质押品的高级债权和从属于净额结算主协议的回购交易，商业银行可以根据风险缓释效应调整违约损失率。

②商业银行采用高级内部评级法，应使用内部估计的单笔非零售风险暴露的违约损失率。

③商业银行应使用内部估计的零售资产池的违约损失率。

4）商业银行应当按照以下方法确定违约风险暴露。

违约风险暴露应不考虑专项准备和部分核销的影响。表内资产的违约风险暴露应不小于以下两项之和：违约风险暴露被完全核销后，银行监管资本下降的数量；各项专项准备金和部分核销的数量。如果商业银行估计的违约风险暴露超出以上两项之和，超出部分可视为折扣。风险加权资产的计量不受该折扣的影响，但比较预期损失和合格准备金时，可将该折扣计入准备金。

①商业银行采用初级内部评级法，应当按风险暴露名义金额计量表内资产的违约风险暴露，但可以考虑合格净额结算的风险缓释效应。

②商业银行采用初级内部评级法，贷款承诺、票据发行便利、循环认购便利等表外项目的信用转换系数为 75%；可随时无条件撤销的贷款承诺信用转换系数为 0%；

其他各类表外项目的信用转换系数按照本办法第七十一条的规定。

③商业银行采用高级内部评级法，应当使用内部估计的非零售违约风险暴露。对于按照本办法第七十一条规定信用转换系数为 100% 的表外项目，应使用 100% 的信用转换系数估计违约风险暴露。

④商业银行应当使用内部估计的零售违约风险暴露。对于表外零售风险暴露，商业银行应按照内部估计的信用转换系数计量违约风险暴露。

5）商业银行应当按照以下方法确定有效期限。

①商业银行采用初级内部评级法，非零售风险暴露的有效期限为 2.5 年。回购类交易的有效期限为 0.5 年。

②商业银行采用高级内部评级法，有效期限为 1 年和内部估计的有效期限两者之间的较大值，但最长不超过 5 年。中小企业风险暴露的有效期限可以采用 2.5 年。

③对于下列短期风险暴露，有效期限为内部估计的有效期限与 1 天中的较大值：

❑ 原始期限 1 年以内全额抵押的场外衍生品交易、保证金贷款、回购交易和证券借贷交易。交易文件中必须包括按日重新估值并调整保证金，且在交易对手违约或未能补足保证金时可以及时平仓或处置抵押品的条款。

❑ 原始期限 1 年以内自我清偿性的贸易融资，包括开立的和保兑的信用证。

❑ 原始期限 3 个月以内的其他短期风险暴露，包括：场外衍生品交易、保证金贷款、回购交易、证券借贷、短期贷款和存款、证券和外汇清算而产生的风险暴露，以电汇方式进行现金清算产生的风险暴露等。

6.5 信用风险管理数字化转型

信用风险管理的数字化转型方法论框架也是基于风险管理总体方法论框架进行具体问题具体分析而开发的。鉴于信用风险管理的重要性，本节在介绍数字化转型相关方案和领域建设模块时，都强调要有一个较为完整的管理体系，尽量提出更为全面的转型域，例如 6 个关键目标、14 项核心领域及核心能力、6 个风险管理流程、6 个授信管理流程等。本节还重点介绍了信用风险评级模型的开发，这在实践中是非常受欢迎的一个知识领域，也是信用风险数字化转型中具备良好基础和广阔发展潜力的领域。总而言之，无论对于以信贷和投资业务为主的商业银行，以投资交易业务为主的资产管理公司，还是产业界中存在资金投资和商品交易的企业，信用风险管理及其数字化转型都是需要重点考虑的风险对象，企业应该在此领域投入足够多的资源，培育足够强的能力。

6.5.1 信用风险管理数字化转型总框架

相比其他风险领域的管理，信用风险管理的数字化转型具有更好的基础。首先，信贷与投资业务的电子化和信息化建设一直是企业的重点工作之一，至今电子化和信息化建设成果显著；其次，通过数据挖掘，利用逻辑回归和决策树算法等构建信用评估模型已经取得很好的实践效果；再次，信贷和投资业务的事前风险分析、事中行为监测和事后贷后投后预警也在快速进行数字化再造；最后，信用风险数据治理和数据集市建设也取得了长足进步。信用风险管理数字化转型总框架如图 6-1 所示。

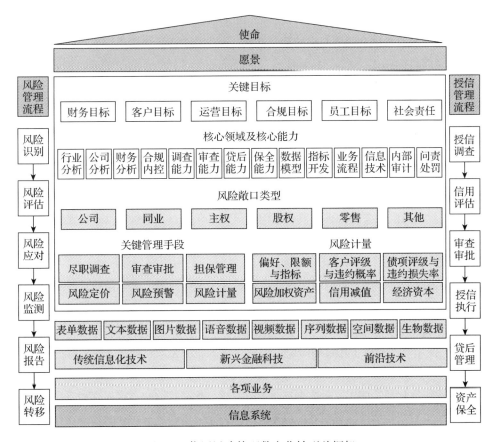

图 6-1 信用风险管理数字化转型总框架

信用风险的管理方法包括但不限于客户评级、债项评级、资产风险分类、资产减值准备、风险限额管理、信用风险审计等。基于风险管理数字化转型基本框架设计的信用风险数字化转型框架展示了信用风险数字化转型的范围、对象和方法，可以从如下几方面理解这个框架。

1）根据公司的使命和愿景，我们得到 6 个关键目标，分别是财务目标、客户目标、运营目标、合规目标、员工目标和社会责任，且此处的财务目标更多是指财务绩效的创造和提升。该目标在 COSO 框架确定的财务目标、运营目标和合规目标的基础上增加了客户目标、员工目标和社会责任。数字化时代的客户经营和客户服务是企业保持长久竞争力的根本，客户目标应被纳入企业经营管理的目标之一。员工管理和员工体验的改善已经成为领先企业所关注的一个优化方向，新时代的风险管理工作也必须考虑员工的诉求和需要。社会责任目标是对过往企业以单纯盈利和以股东价值为核心追求的经营理念的改进，在新发展理念、ESG 和绿色金融等指引下，企业应该投入一定的资源来改善社会问题和推动社会发展，减少社会责任风险也应成为信用风险数字化转型的目标。

2）为了实现上述目标，信用风险数字化建设应打造行业分析、公司分析、财务分析、合规内控、调查能力、审查能力、贷后能力、保全能力、数据模型、指标开发、业务流程、信息技术、内部审计和问责处罚 14 项核心领域及核心能力。

3）信用风险按照性质一般可以分为违约风险和结算风险，而按照信用主体则可以分为公司风险暴露、同业风险暴露、主权风险暴露、股权风险暴露、零售风险暴露和其他风险暴露。数字化转型可以选择其中的一种或多种进行分步改造。

4）信用风险的关键管理手段包括但不限于尽职调查、审查审批、担保管理、风险定价、风险预警和风险计量。这 6 个手段已经具备很好的信息化和数据化基础，是很适合进行数字化转型和升级的领域。

5）风险计量方面，可以通过构建风险偏好、风险限额、风险监控预警指标、客户评级、债项评级、风险加权资产计算、信用减值准备和经济资本等开展。这些也是非常适合进行数字化改造的领域。

6）信用风险的数字化转型需要依据企业自身的情况，开展深入的数据治理，从传统的表单数据拓展到文本、图片、语音、视频、序列，甚至是空间和生物数据的治理，构建或优化新的信用风险数据集市、数据湖，提高数据的丰富程度和质量。在多维度多类型的数据治理取得较好的成果后，我们就可以利用这些新的数据进行挖掘分析，并构建新的风险模型。

7）无论电子化、信息化还是数字化，都需要信息技术的支持。信用风险数字化转型需要使用的技术有传统信息化技术、新兴金融科技和前沿技术。

8）信用风险产生于各项信贷和投资业务，基于业务来进行信用风险管理是根本方法。企业需要针对不同风险特质的业务及其背后的信用主体，采用差异化的风险管理策略和方法，并设计与之相匹配的数字化转型策略和方法。

9）一般企业都已经投产并运行了一套信贷和投资业务的信息系统，并且还在不断迭代和更新，许多信息系统的功能已经非常完善。数字化转型则更加专注在传统应用系统的基础上，运用大数据、云计算、物联网、区块链、AI 等技术打造一个更加智能的信贷平台。

10）转型框架中的左侧是风险管理流程，右侧是授信管理流程。数字化转型工作就是将各种目标、能力、方法、计量、数据、业务和信息系统融入流程的每一个环节中，对流程进行变革与再造。

6.5.2　信用风险数据治理和管理

信用风险数据治理与其他领域的数据治理遵循统一的标准方法，主要包括四个方面。

1. 数据治理架构

信用风险数据治理的架构在不同的方法论中具有一定差异，适合不同企业的方法也不一样。从企业层面来看，数据治理的架构是一套用于确保实现数据目标的完整体系，包含策略、组织和人员、制度和流程、方法、信息系统和审计监督等；从具体运行角度来看，数据治理的架构包括数据的识别和评估、数据分类、数据全景和数据条目管理、数据质量控制、数据安全和保护、数据合规和风险、数据考核和数据审计等内容。

2. 开展数据管理

信用风险数据管理是包括对数据的采集、接收、筛选、存储、传输、共享、处理、保管、备份、恢复和安全保护的过程。数据管理的目的是实现数据完整准确、数据安全、数据应用、数据资产增值、风险管理、隐私保护，最终提高数据的可信度和增加数据资产的价值。数据管理可以从如下几步入手：一，对企业现有的数据和未来预期可得的数据进行梳理，识别数据资产；二，对数据治埋和管理相关的政策制度、管理层偏好和期望、公司整体业务战略和局部数据战略、信息系统概况进行分析后识别数据问题，制定完善的计划和提出有效的措施；三，数据 IT 基础设施建设，包括但不限于元数据管理、基础数据库建设、数据集市升级、大数据平台建设等；四，数据关联图谱建设，打造统一视图和数据资产知识图谱；五，数据资产管理，建立数据资源目录和资产清单。

3. 数据质量控制

数据质量控制的方法非常多，企业应该基于自身所处的环境、具备的能力和享有的资源来选择合适的方法。一般来说，较为通用的方法包括但不限于：一，数据标准的建设，建立和维护一套科学合理的数据质量标准；二，实施数据质量改进措施，如数据分类分级管理；三，历史数据的质量分析和改进，从完整性、准确性、一致性和价值维度评估数据的质量（本书认为广义的质量包括数据的价值）；四，设计一套数据的采集和清洗方法并严格落实；五，建立数据质量问题问责处罚机制，对于未能尽职落实各项控制措施的人员进行责任追究。

4. 数据价值管理

为实现数据价值，需要先用数据治理架构、数据管理和数据质量控制三大措施打好基础，然后可以采取如下措施：一，建立信用风险数据统一视图和专项视图；二，打破数据孤岛，建立集中的数据集市、数据湖或数据海洋；三，建立安全可控的数据安全管理体系，开展大数据安全控制；四，建立一个先进的信用风险大数据管理和操作平台，作为实现数据价值的载体；五，开展数据资产管理，将信用风险数据视为企业的重要资产并建立一套数据资产管理体系；六，建立数据价值管理体系，至少包括数据价值的定义、识别、评估、分类、计算、应用、反馈、报告和披露等内容。

综上，为加强信用风险数据治理，需要做到以下几点：基于合规、高效的原则来打通、整合和利用企业内部及外部跨业务、跨组织、跨渠道、跨产品、跨系统的数据信息；持续推进和优化数据标准化建设，打造新形式下的数据集市、数据池、数据湖甚至数据海洋；完善现有数据质量控制体系，落实数据质量和信息安全的责任追究机制；培育和引进大数据风控人才。

6.5.3 信用风险评级模型开发

1. 信用风险评级模型开发概述

一般来说，评级模型可以分为主观模型、统计模型、非统计模型，在这三类模型的基础上还可综合运用其中两种以上模型开发混合模型。统计模型作为最经典和常见的评级模型，又可以分为参数统计模型/算法和非参数统计模型/算法。具体的模型分类如图6-2所示。

- 主观模型基于历史实践和操作经验，通过一定的分析对借款人的信用资质进行评价。最常用的主观模型是专家判断法。

❑ 统计模型分为参数统计模型和非参数统计模型,其中参数统计模型主要有线性回归、Fisher 线性判别、逻辑回归和 Probit 回归,非参数统计模型主要有决策树、神经网络、支持向量机、朴素贝叶斯、随机森林、XGBoost、K 近邻算法等。

❑ 非统计模型主要有结构模型、现金流模型、期权模型。结构模型的典型特点是将公司的违约过程理解为公司价值的降低过程,基于公司价值的变化建立公司价值的函数来估计违约概率,适用于对上市公司的违约预测。结构模型的代表有默顿(Merton)模型、KMV 模型,其中 KMV 模型是来源于默顿的期权定价模型。

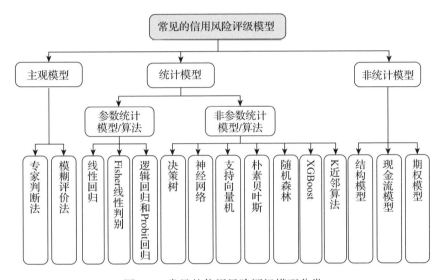

图 6-2 常见的信用风险评级模型分类

在当前实践中,统计模型中的逻辑回归是应用最广的方法,其他应用较多的应用有 Probit 回归、决策树、随机森林、神经网络等。下面来介绍几种常见的信用评级模型。

1)专家判断法:代表是 5C 法,它是一种早期的专家判断法。所谓 5C 指的是品质(Character)、能力(Capacity)、资本(Capital)、抵押(Collateral)、条件(Condition)。

品质指顾客或客户努力履行其偿债义务的可能性,是评估顾客信用品质的首要指标,是应收账款的回收速度和回收数额的决定因素。能力指顾客或客户的偿债能力,即其流动资产的数量和质量以及与流动负债的比例。资本指顾客或客户的财务实力和财务状况,表明顾客可能偿还债务的背景,如负债比率、流动比率、速动比率、有形资产净值等财务指标等。抵押指顾客或客户拒付款项或无力支付款项时能用作抵押的资产。一旦收不到这些顾客或客户的款项，便以抵押品抵补，这对于首次交易或信用状况有争议的顾客或客户尤为重要。条件指可能影响顾客或客户付款能力的经济环境，如经济周期、顾客或客户在困难时期的付款历史、顾客或客户在经济不景气情况下的付款可能。

2）模糊评价法：模糊评价法是借助模糊数学的一些概念，应用模糊关系合成的原理，将一些边界不清、不易量化的因素定量化，从多个因素对被评估事物隶属等级状况进行综合评估的一种方法。使用模糊评价法，或者将模糊评价法和层次分析法相结合，可以进行信用评级模型的构建。

3）逻辑回归，又称逻辑回归分析，是一种广义的线性回归分析模型，常用于数据挖掘、信用评估、疾病自动诊断、经济预测等领域，对于二分类问题具有较好的效果。

4）决策树（Decision Tree）是一种常见的数据分类算法。它是一种树形结构，通过计算有关指标由分支来对该类型的对象依靠属性进行分类。

5）随机森林（Random Forest）是一种利用多棵树对样本进行训练并预测的分类器，可以近似理解为多个决策树的综合。

6）神经网络（Neural Network）是一种模拟人的大脑神经思维的数据分析方法，也是目前最重要的机器学习方式之一。神经网络项下可以分出多个子类神经网络。

7）结构模型多运用公司股票的市场价值来评价公司的资产价值，并据此计算公司的信用风险，代表有默顿模型、KMV 模型。

8）现金流模型适用于专项贷款的违约概率预测，原因是专项贷款的一个典型特点是具有未来现金流，贷款的偿还能力取决于这笔现金流。据此进行的评级属于债项评级。

2. 信用风险大数据统计模型的构建

（1）风险模型构建的工具和方法

评级模型的种类在前文中已经介绍了，这里我们以当前应用最广泛的逻辑回归算法为例，介绍借款人信用评级的 PD 模型构建过程。不同公司在采用逻辑回归建模时的基本思路是一致的，但在许多细节处理上却有不同之处。

建模工具的选择上，商业银行和风险咨询公司选择 SAS 的较多，原因是企业一般都集中采购并部署了 SAS，并且 SAS 相对安全，功能足以应对一般企业的数据量。实际上也有团队使用 Python、R 等工具。常见的工具总结如图 6-3 所示。

方法上，主流的参数统计模型一般使用逻辑回归方法来建模，它们使用的其他方法有决策树、随机森林、XGBoost、神经网络、层次分析等，具体如图 6-4 所示。

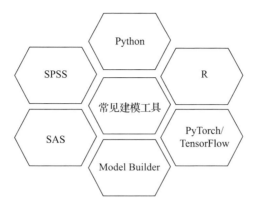

图 6-3　常见的信用风险模型构建工具

图 6-4　常见的信用风险模型训练方法

（2）评级部门和敞口的划分

根据《商业银行资本管理办法》的规定，商业银行应对银行账户信用风险暴露进行分类，并至少分为以下六类：主权风险暴露、金融机构风险暴露、公司风险暴露、零售风险暴露、股权风险暴露、其他风险暴露。

在实践中，不同类型与性质的商业银行所经营的业务和面临的风险类型各不相同，如何划分内部评级的部门是需要先行考虑的问题。根据《商业银行资本管理办法》附件 4，我们可以得到评级部门划分的一个示例，具体如表 6-2 所示。

表 6-2 信用风险暴露类型和评级部门划分示例

风险暴露类型	评级部门细分类型		评级部门
主权风险暴露	中央政府		政府与公共部门
	中央银行、公共部门实体,以及多边开发银行、国际清算银行和国际货币基金组织		
金融机构风险暴露	银行类金融机构	商业银行、农村合作银行、农村信用社	金融机构
	非银行类金融机构	证券公司、保险公司、信托公司、财务公司、金融租赁公司、汽车金融公司、货币经纪公司、资产管理公司、基金公司以及其他	
公司风险暴露	一般公司		公司客户
	中小企业		
	小微企业		
	专业贷款	项目融资、物品融资、商品融资和产生收入的房地产贷款	
零售风险暴露	个人住房抵押贷款		零售客户
	合格循环零售风险暴露		
	其他零售风险暴露		
股权风险暴露	与商业银行一级资本具有同样结构的工具、属于发行方债务但符合特定条件之一的金融工具		股权
其他风险暴露	购入应收账款	合格购入公司应收账款、合格购入零售应收账款	其他
	资产证券化风险暴露	—	

（3）风险模型的构建流程

每个企业或团队所采用的建模流程总体上大同小异，常见的建模流程如下。

第一种建模流程：目标设定→数据准备→特征分析→选择算法→参数设定→模型训练→模型评估→输出模型。

第二种建模流程：原始数据提取，生成风险因子或变量清单→客户选择及好坏界定，违约样本建立→资料抽样、补录和收集处理→风险因子或变量转换→单因子分析→多因子分析→模型训练开发→模型验证及选择。

第三种建模流程：数据收集、清洗与违约标识→定量数据整合→定性数据转化→单因素分析→多因素分析→得到定性和定量的初步模型→模型合并→模型校准→设计和映射主标尺。

第四种建模流程：数据分析→业务定义和样本选择→模型分组→变量构造→变量分析→模型校准→模型验证→设计主标尺。

第五种建模流程：数据准备和处理→指标设定→单变量分析→全变量建模→WOE处理→模型构建→模型校准→模型验证。

第六种建模流程：模型设计→业务定义→数据采集和清洗→设计变量池→单变量分析→变量转换→多变量分析→模型选择→模型校准→模型检验→主标尺开发→模型投产、变更和跟踪→模型应用。

上述建模流程中，笔者更加推荐第一种和第六种。以下是对第一种建模流程的简要介绍。

1）目标设定：基于商业分析和研究分析等目的，针对建模过程和结果设置一个分析目标，再以目标为导向进行后续的工作流程。任何模型的构建都需要基于一个特定的目标，设定明确的分析目标是开展建模的首要动作。

2）数据准备：包括数据的收集、整合、清洗以及样本的选取。数据收集是指通过科学和合规的方式采集不同数据源的数据。数据整合是指将不同来源的数据按照统一的规范和标准进行整合后形成原始数据集。数据清洗一般是指对原始数据集中的数据进行重复值处理、缺失值处理、异常值处理和标准化处理等。样本的选取是指选取符合分析目标且数据的完整性和准确性有保障的样本。

3）特征分析：在机器学习中，变量、指标或特征可以近似理解为一个属性，在进行训练之前一般需要对原始变量进行分析，具体来说，是对经过预处理后的数据进行单变量和多变量分析。其中单变量分析是指对单个变量进行分析，目的是从全量变量中筛选出典型、有决策能力、有识别能力的变量，方法一般有统计直方图分析、回归分析和相关性分析等。反之，多变量分析即同时选择多个变量进行描述性统计分析、相关性分析和其他分析。

4）选择算法：根据数据分析的类型、分析对象的性质等因素选择合适的机器学习算法。机器学习算法一般是指从数据中自动完成分析并获得规律，再利用该规律对未知数据进行预测的计算方法，如分类分析算法、聚类分析算法。

5）参数设定：针对同一数据集和可调 n 个参数的算法，选择一组合适的参数使得算法在训练集完成学习后获得最优的模型表现。

6）模型训练：模型的构建，具体来说，即机器学习模型中各参数的学习及迭代，或者可称为模型参数训练、学习及调优的过程。

7）模型评估：在模型投产上线前，使用特定的指标对模型的效果或性能进行评估，进而分析模型的好坏。

8）输出模型。

（4）统计模型构建过程和方法

下面采用第六种建模流程来进一步阐述建模流程。

1）模型设计。模型的设计主要是指应该设计哪些类型的模型，选择哪一种结构的模型，选用哪一种训练方式建模，选用什么样的工具进行开发，如何进行评级敞口划分。

模型的类型，应考虑客户性质，一般包括与银行新建客户关系的模型、一般客户模型、新注册成立的客户模型。其中新注册成立的客户模型是指成立时间少于1年的、无完整财务数据和信贷历史数据的客户。

如前文所述，模型的类型有专家模型、统计模型、非统计模型及混合模型。一般情况下，如果满足条件，会选择混合模型。混合模型是指专家模型与统计模型的结合。实践中第一种是由定量模型部分+定性模型部分组成，部分企业还会增加地区模型、行业模型等组成；第二种是财务定量模型+非财务定量模型+定性模型组成；第三种是财务子模型+非财务子模型+地区子模型+行业子模型组成。模型结构的选择应结合企业风险管理专家、信贷管理专家、外部咨询专家的意见来确定。

训练方法或建模方法的选择有层次分析法、逻辑回归、决策树、随机森林、神经网络等。实践中一般选择逻辑回归较多。逻辑回归的优点是能够反映概率与自变量的非线性关系，具有良好的可解释性原理，结果可以直接转化为概率，对二分类问题具有良好的预测效果；缺点是 logit 与自变量并不是线性关系，需要考虑非线性变换。

敞口划分是根据待评级客户的差异化风险因素和特征对其进行分组的过程，以便对该组客户构建同一个模型。该分组是建立客户评级模型与债项评级模型的最小划分单位，可以提高模型的风险敏感性和预测精确性。简单来说，敞口划分就是对客户分组建模。

不同公司采用的敞口划分方法会有一定的差异，但总体上说就是对现有的信贷业务进行数据分析。数据分析的维度有客户的数量、客户的规模、关联的产品、贷款金额、违约情况、所处行业、所处地区等，最终使得同一组内客户的数据标准一致、风险特征一致、建模数据充分、分组数量合理。

具体来说，敞口划分应重点考虑表 6-3 中给出的因素。

表 6-3 信用风险敞口划分的重点考虑因素

序号	关注点	考虑因素
1	数据标准一致	模型构建的基石是数据数量和质量，如果用于敞口划分的数据标准不一致，得到的结果将极有可能是错误的，最终影响模型的预测能力
2	风险特征一致	不同客户的风险特征是敞口划分的重要依据，一是符合同一分组风险特征类似的要求，二是后期有助于筛选出同一组类客户的共同风险因子
3	建模数据充分	具备充足的训练数据才能开发出预测能力较好的模型，模型初步构建完还需利用充足的样本进行验证。如果同一组客户的违约和非违约样本较少，则无法完成科学的模型构建。一般来说，训练样本中至少需要有 100 个违约样本
4	分组数量恰当	虽然敞口划分越细，越能得到对特定客户特定业务的精确管理，越有利于实施差别化的信贷政策，但是得到的模型也越多，进而带来模型的开发、测试、校准和后续维护等的成本增加，并且过于精细化的管理未必能得到预期的效果

评级敞口的划分，可以通俗理解为确定需要建多少个什么类型的模型。一般来说，应该根据风险特征的不同，对客户进行分组并对同一组客户使用同一评级模型。模型的个数要适中，太多或太少都不可取。实际上《巴塞尔协议》和《商业银行资本管理办法》已经给出了初步的分类。第一，考虑企业的性质，例如是金融机构还是一般企业；第二，考虑客户所属的行业，如制造业、批发零售业、房地产业、科技业（具体参考国民经济行业分类）；第三，考虑客户的地区，我国不同省份的客户风险特征、文化风俗等具有差异，在信用风险上也体现出一些个性化特征；第四，考虑客户的规模，如大型企业、中小型企业、小微企业等；第五，考虑信贷产品的类型，如项目融资、专项贷款需单独建模。敞口划分的示例如图6-5所示。

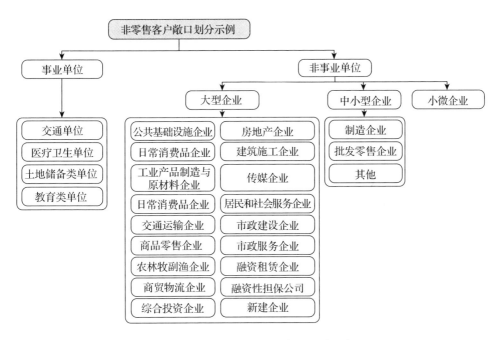

图6-5　信用风险评级模型敞口划分示例

2）业务定义。首先是违约，可以采用《巴塞尔协议》中建议的违约标准、原银监会的标准，或者公司自己的定义作为判定标准，前提是满足合规性要求和风险管理的要求。例如，根据《商业银行资本管理办法（试行）》附件5《信用风险内部评级体系监管要求》的十个违约事件认定违约标准，具体如表6-4所示。

表 6-4　信用风险违约的判定标准示例

序号	违约标准
1	任何债务（包括本金、利息、垫款、费用）逾期 90 天以上（2019 年，监管部门将不良贷款的判定标准由逾期 90 天修改为逾期 60 天）
2	任何一笔贷款停止计息或应计利息纳入表外核算
3	核销贷款或已计提一定比例的贷款损失准备
4	信贷资产中被分类为不良贷款（五级分类中的后三类，次级、可疑和损失）
5	由于债务人财务状况恶化，银行同意进行消极重组，对借款合同条款做出非商业性调整，包括但不限于以下情况：一是合同条款变更导致债务规模下降；二是因债务人无力偿还而借新还旧；三是债务人无力偿还而导致的展期
6	银行将债务人列为破产企业或类似状态
7	债务人申请破产，或者已经破产，或者处于类似保护状态，将出现不履行或延期履行偿付商业银行债务的情形
8	银行认定的其他可能导致债务人无法全额偿还债务的状况
9	银行将贷款出售并承担一定比例的账面损失
10	对于为借款人提供保证的担保人（含担保公司），如果借款人到期未履行偿付义务，自借款人未履行偿付义务之日起，担保人无法代偿超过 90 天的，应将担保人亦认定为违约客户

其次，《商业银行信用风险内部评级体系监管指引》和《信用风险内部评级体系监管要求》中对违约的定义为：债务人出现以下任何一种情况应被视为违约。

- ❑ 债务人对商业银行的实质性信贷债务逾期 90 天以上。若债务人违反了规定的透支限额或者重新核定的透支限额小于目前的余额，各项透支将被视为逾期。
- ❑ 商业银行认定，除非采取变现抵质押品等追索措施，债务人可能无法全额偿还对商业银行的债务。出现以下任何一种情况，商业银行应将债务人认定为"可能无法全额偿还对商业银行的债务"：
  - ☐ 商业银行对债务人任何一笔贷款停止计息或应计利息纳入表外核算；
  - ☐ 发生信贷关系后，由于债务人财务状况恶化，商业银行核销了贷款或已计提一定比例的贷款损失准备；
  - ☐ 商业银行将贷款出售并承担一定比例的账面损失；
  - ☐ 由于债务人财务状况恶化，商业银行同意进行消极重组，对借款合同条款做出非商业性调整。具体包括但不限于以下情况：一是合同条款变更导致债务规模下降；二是因债务人无力偿还而借新还旧；三是债务人无力偿还而导致的展期；
  - ☐ 商业银行将债务人列为破产企业或类似状态；

□ 债务人申请破产，或者已经破产，或者处于类似保护状态，由此将不履行或延期履行偿付商业银行债务；

□ 商业银行认定的其他可能导致债务人不能全额偿还债务的情况。

总的来说，客户在评级的当前状态满足违约标准中的任意一条则认为该客户处于违约状态。如果客户在一段时间（如1年、半年）内曾处于违约状态，则认定该客户为违约客户，否则为正常客户。

逻辑回归模型函数的自变量 X 是在观察期内的取值情况，函数的因变量 Y 是借款人在表现期（如1年、半年）内的违约或正常客户结果。通俗理解就是，在观察期内确定 X 的取值，在表现期内确定 Y 的取值。

3）数据采集和清洗。数据的准备包括数据的收集、整合、清洗以及样本的选取。对于数据或大数据统计模型而言，数据的数量和质量，特别是质量，是模型构建的关键。数据的准备和清洗是模型构建的核心工作，也是占据约70%工作量的关键阶段。

首先，明确需要采集的数据类型。数据的采集主要涉及构造模型函数自变量 X 的各种风险因子数据，以及构造模型函数因变量 Y 的违约或正常标识的数据。构造自变量 X 的数据最复杂最丰富，常见的有借款人的基本信息、历史贷款数据、财务报表数据、宏观经济数据、征信数据、行业信息、地区信息等。

其次，明确上述各项数据的情况和来源。例如，借款人基本信息一般来自信贷管理系统、客户管理系统，历史贷款数据一般来自信贷管理系统，财务数据一般来自信贷管理系统，宏观经济数据一般来自外部数据库。

再次，设计数据采集的职责分工、操作流程，制作数据采集的工具，并开始采集数据。

最后，对采集到的数据进行整理和清洗。实践中许多初次采集的数据质量不高，需要多次反复采集、核对、补充和修改。清洗时最好对违约样本数据和正常样本数据分开操作，对于缺失值的数据字段，若不方便删除，应制定填充规则进行数据补足。

无论如何，数据清洗的目的是提高数据质量，为后续稳健精确的模型训练奠定基础。完成数据的清洗工作后，需要划分数据，即将数据划分为训练数据集和测试数据集。一般采用简单随机或分层抽样的方式进行数据划分，确保训练集和测试集均保留有适当的违约样本、正常样本。

4）设计变量池。由于并不知道哪些变量对是否违约具有显著影响，因此初期要尽可能多地设计和构造变量（一些方法论将变量称作指标）。变量与因变量 Y 确实是存在一定的相关性的，同时也要考虑到变量数据的可获取性和获取成本。

变量的类型有定量和定性两种。例如，公司的基本信息、所处行业、所处地区、宏观经济因素属于定性变量，财务数据、客户行为表现数据、宏观经济数据属于定量变量。部分类型的数据同时具有定性和定量特点。变量的主要类型如表 6-5 所示。

表 6-5 非零售信用风险评估模型的变量示例

序号	一级指标	二级指标	三级指标
1	财务指标	规模	总资产、净资产、销售收入、营业利润
		盈利能力	主营业务利润率、营业利润率、主营业务成本比率、营业费用比率、管理费用比率、财务费用比率、总资产收益率、净资产收益率
		偿债能力	或有负债率、流动比率、速动比率、现金比率
		运营能力	总资产周转率、净资产周转率、应收账款周转率、存货周转率、现金周期
		成长性	总资产增长率、销售收入增长率、净资产增长率、利润增长率、主营业务收入增长率、主营业务利润增长率、净利润增长率、净资产收益增长率、总资产收益增长率、三年利润平均增长率
		现金流	盈利现金比率、收入现金比率、到期债务本息偿付比率、现金偿债比率
		杠杆	资产负债率、产权比率、资本化比率
2	非财务指标	管理特征	高级管理层领导风格、教育背景、从业经验、核心经营者道德素质
		经营情况	公司治理、风险管理、内控水平、资产实力、水电或工资或纳税额增长率、生产经营情况、员工稳定性、舆情评价、对外担保
		竞争能力	市场地位、发展前景、科学研究、技术实力、营销能力、品牌价值
		政府	政府政策、法律合规
		行业	—
		地区	地区经营环境、地区信用环境
		征信	征信数据解读和分析
		其他指标	如财务报告审计的会计师事务所类型

5）单变量分析。单变量分析是指对单个风险指标进行统计分析，以从全量风险指标中筛选出典型的、有决策能力的、有识别能力的指标。单变量分析的常见方法有相关性分析、趋势检验、统计功效检验、多重共线性检验等。

- 相关性分析：对两个或多个具备相关性的变量进行分析，从而衡量这两个变量的相关程度。由于某个风险指标与其他风险指标呈现高度相关性会导致共线性，进而影响模型的效果，因此建模之前需要先检验变量之间的相关性。
- 趋势检验：风险指标的趋势是根据指标对违约与否的影响来判断的，一般分为正向趋势和负向趋势。对于正向趋势指标，指标取值越大时信用风险越高，发生违约的概率也越高；反之，对于负向趋势指标，指标取值越小时信用风险越高，发生违约的概率越高。
- 统计功效（Power Statistic）检验：对于每一个风险指标，在最理想的状况下应该是坏客户都拿到低分，而好客户都拿到高分。统计功效越高，表示拥有的正确识别能力越强。
- 多重共线性检验：多重共线性是指自变量之间存在线性相关关系，即一个自变量是其他一个或几个自变量的线性组合。多重共线性会对逻辑回归产生严重的负面影响。VIF（Variance Inflation Factor，方差膨胀系数）值可以用来检验多重共线性的程度，其值越小，多重共线性越轻，反之越重。通常以 10 作为判断边界。当 VIF < 10 时，不存在多重共线性；当 10≤VIF<100 时，存在较重的多重共线性；当 VIF≥100 时，存在严重的多重共线性。采用逻辑回归时需要考虑多重共线性问题。

6) 变量转换。如果直接拿原始数据进行模型训练，由于限量的原始数据中的风险指标之间定义不一致、量化标准不一致、相关性不同，可能会降低模型的预测能力。不过理论上如果原始数据足够充分，不进行变量转换而直接利用原始数据进行训练也可以得到预期的效果。

变量转换的主要方法有 logit 转换、WOE（Weight Of Evidence，证据权重）转换、均值-方差标准化、平均值处理、平滑处理等。实践中前三者应用得更多一些。经过转换后的风险指标一般会具有更高的风险敏感度，能降低异常值的影响，能使变量之间有着清晰的可比较效果。

logit 转换的介绍如下。

- logit 转换将各指标值转换到 0~1 之间，使之具有更好的可比性。它有两个系数需要确定：斜率和平均值。转换后的因子，分数低的区间对应高的平均违约概率，分数高的区间对应低的平均违约概率。
- logit 的转换公式为：

$$X^t = \frac{1}{1+\exp(-x)}$$

WOE 转换的介绍如下。

- 对于 Y 变量，假设将 1 标记为违约用户，将 0 标记为正常用户，则 WOE 其实就是自变量 X 取某个值对违约比例的影响。
- WOE 转换并不一定能显著提高模型质量，建立评分卡也可以不采用 WOE，但是这需要逻辑回归处理更大数量的自变量。尽管这样会增加建模的复杂性，但最终得到的评分卡都是一样的。
- WOE 转换的好处是：WOE 值反映自变量的贡献情况；WOE 编码之后自变量具备了某种标准化的性质；WOE 对异常值不敏感；提高数据的可理解性。
- WOE 转换的公式是，WOE=ln（好客户占比／坏客户占比）× 100%= 优势比，即

$$\text{WOE}_i = \ln\left(\frac{\text{好客户占比}}{\text{坏客户占比}}\right) = \ln\left(\frac{\text{坏客户}_i / \text{坏客户}_T}{\text{好客户}_i / \text{好客户}_T}\right)$$

我们以年龄作为自变量来举例说明。由于年龄是连续型自变量，需要对其进行离散化处理。假设离散化分为 5 组。#bad 和 #good 表示在这五组中违约用户和正常用户的数量分布，最后一列是 WOE 值的计算。通过转换公式可以看出，WOE 反映的是在自变量每个分组下违约用户对正常用户占比和总体中违约用户对正常用户占比之间的差异，进而可以认为 WOE 蕴含了自变量取值对于因变量（违约概率）的影响。

再加上 WOE 计算形式与逻辑回归中目标变量的逻辑转换（logit_p=ln(p/1−p)）十分相似，因而可以用自变量 WOE 值替代原先的自变量值。例如，年收入指标的 WOE 转换示例如表 6-6 所示。

表 6-6　WOE 转换示例

年收入	坏客户的数量	好客户的数量	WOE 值计算
5 万～12 万元	45	200	=ln((45/100)/(200/1000))=ln((45/200)/(100/1000))
12 万～18 万元	20	200	=ln((20/100)/(200/1000))=ln((20/200)/(100/1000))
18 万～25 万元	10	200	=ln((10/100)/(200/1000))=ln((10/200)/(100/1000))
25 万～50 万元	15	200	=ln((15/100)/(200/1000))=ln((15/200)/(100/1000))
50 万元以上	10	200	=ln((10/100)/(200/1000))=ln((10/200)/(100/1000))
求和	100	1000	N/A

7）多变量分析。多变量分析的主要过程是，首先准备经上述转换后的数据，然后选取合适的方法进行逻辑回归训练，最后得到初步的模型。而逻辑回归的训练方式有前向进入法、后向进入法和综合进入法。

线性回归一般使用普通最小二乘法进行参数估计，而逻辑回归则使用极大似然估计法来估计函数的参数（或者称为自变量 X 的系数）。得到初步模型后，删除参数小于 0.05 的因子。例如，有 4 个指标的参数分别为 0.03、0.15、0.2、0.12、0.16、0.18、0.08、0.09。第一个因子权重为 0.03/(0.03+0.15+0.2+0.12+0.16+0.18+0.08+0.09)=0.03，表示在这个模型中，它对 Y 的影响不显著，因而可以删除。

对于二分类逻辑回归模型，一般使用 Sigmoid 函数将变量的线性加权结果转化为 0 至 1 之间的一个数值，进而实现对概率的求解。Sigmoid 函数的具体公式如下：

$$G(z) = \frac{1}{1+\exp(-z)}, \ z = \alpha + \beta_1 X_1 + \beta_2 X_2 + \cdots + \beta_n X_n$$

假设在二分类逻辑回归模型中给定一个数据样本，设 P_i 为 $Y_i = 1$ 的条件概率，则 $1 - P_i$ 为 $Y_i = 0$ 的条件概率，最大似然函数为

$$L(i) = \prod \{P_i^{Y_i} \times (1-P_i)^{1-Y_i}\}$$

该公式中，Y_i 是关于 i 的二分类因变量的取值，P_i 是通过逻辑回归模型计算的关于 i 的概率取值，$\prod$ 是连加符号的乘法形式。

逻辑回归模型函数中有 $\alpha, \beta_1, \beta_2, \beta_3, \cdots, \beta_n$ 共计 $n+1$ 个参数需要估计。以向量 β 代表这组待估计的参数，则逻辑回归的似然函数 $L(\beta)$ 为

$$L(\beta) = \prod_{i=1}^{n} P_{预测值i}^{P_{观测值i}} \cdot (1-P_{预测值i})^{(1-P_{观测值i})}$$

其中：$P_{预测值i} = \dfrac{1}{1+e^{x\beta}}$。

根据对数函数的计算原理可知：

$$\ln(XY) = \ln X + \ln Y, \ \ln(X^a) = a \ln X$$

为避免概率的乘法运算，可以将似然函数变成一个取对数的似然函数，将乘法变成加法，从而简化运算，得到：

$$L(\beta) = \ln(L(\beta)) \sum_{i=1}^{n} (P_{观测值i} \times \ln P_{预测值i} + (1-P_{观测值i}) \times \ln(1-P_{预测值i}))$$

如果似然函数在 [0,1] 之间变化，则对数似然函数的取值为 $(-\infty, 0]$。似然值越接近于 1，对数似然函数越接近于 0，系数就越有可能得到所观察的结果，反之越不可能得到所观察的结果。

极大似然是指对于一组已知的因子值 X，找出 $\hat{\beta}$ 使得似然函数或者对数似然函数的值最大。由于 $\ell(\beta)$ 对每个 β 二阶微分小于零，因此只要令 $\ell(\beta)$ 对每一个 β_j 的微分为 0 并解联立方程式即可：

$$\frac{\partial \ell(\beta)}{\partial \beta_0} = 0, \frac{\partial \ell(\beta)}{\partial \beta_1} = 0, \cdots, \frac{\partial \ell(\beta)}{\partial \beta_n} = 0$$

若模型中有 k 个自变量，则利用 $k+1$ 个联立方程估计 α 和 β 的值。对于 Logit 模型，方程是关于 α 和 β 的非线性关系的函数，求解难度很大，通常没有解析解，因此一般通过迭代完成计算。求解得到的 $\hat{\beta} = (\hat{\beta}_0, \hat{\beta}_1, \cdots, \hat{\beta}_n)$ 是回归式的参数估计值。模型函数可以进而表示为

$$\text{Logit}(\hat{p}) = X\hat{\beta} = \hat{\beta}_0 + \hat{\beta}_1 x_1 + \cdots + \hat{\beta}_n x_n$$

其中，迭代是一种不断用变量的旧值推断新值的过程，可以分为精确迭代和近似迭代，比如二分法和牛顿法就属于近似迭代。迭代很难靠人工完成，一般通过统计软件或计算软件完成。

8）模型选择。通过模型的统计学指标、模型的经济学解释、风险指标的全面性和合理性、模型的区分预测能力来确定最终模型。

9）模型校准。评级模型一旦投入使用，对业务审批的影响会非常大，如果模型不够准确，就会增大模型误判风险，因此得到初步模型后，还需对其进行校准。对于 PD 模型的校准，可以根据建模的处理差异使用调整逻辑法、切等法等。一些方法论也使用样本校准和集中趋势校准。

10）模型检验。模型初步构建完成后需要对其进行有效性评估，该工作主要是评价模型预测结果与真实结果的差异。常见的方法有数据切割法、模型性能度量法。原银监会《商业银行资本计量高级方法验证指引》（银监发〔2009〕104号）中对于模型检验的主要要求如下。

- 模型区分能力方面，应采用不少于两种方法进行检验，包括监测累积准确曲线及其主要指数准确性比率、ROC 曲线及 AUC 系数、Somers'D 和 KS 检验结果等。
- 模型准确性方面，应采用不少于两种方法分析实际违约频率与违约概率估值的吻合程度，包括二项检验、卡方检验、正态检验、红绿灯方法、赫芬达尔指数和条件信息熵等方法。
- 模型稳定性方面，应根据实际业务数据对债务人评级模型的稳定性进行验证，检验违约概率估值在时间和客户群变动情景下是否具有稳定性。

信用风险评级模型是一种分类模型，可以使用以下指标或方法对模型的有效性进行评估：混淆矩阵、准确率、精确率、召回率、F1、KS 检验、ROC 检验、二项检验、卡方检验和 P 值、PSI 系数、基尼系数、条件信息熵、信用等级转移矩阵、PRC、LIFT。下面选取部分指标或方法进行说明。

①混淆矩阵。混淆矩阵（Confusion Matrix）也称误差矩阵，是表示精度评价的一种标准格式，用 n 行 n 列的矩阵形式来表示。

关于两类分类问题，原始类为 positive、negative，分类后的类别为 p'、n'。排列组合后得到 4 种结果（混淆矩阵），如图 6-6 所示。ROC 空间将假阳性率（FPR）作为 X 轴，将真阳性率（TPR）作为 Y 轴。

		真实值		总数
		P	N	
预测输出	p'	真阳性（TP）	假阳性（FP）	P'
	n'	假阴性（FN）	真阴性（TN）	N'
总数		P	N	

图 6-6　混淆矩阵

混淆矩阵中：TP（True Positive）是指将正类预测为正类数，真实为 0，预测也为 0；FN（False Negative）是指将正类预测为负类数，真实为 0，预测为 1；FP（False Positive）是指将负类预测为正类数，真实为 1，预测为 0；TN（True Negative）是指将负类预测为负类数，真实为 1，预测也为 1。具体说明如表 6-7 所示。

表 6-7　混淆矩阵中 TP、FN、FP、TN 的说明

名　称	释　义	真实情况	预测结果
TP（真阳性）	将正类预测为正类数	真	真
FN（假阴性）	将正类预测为负类数	真	假
FP（假阳性）	将负类预测为正类数	假	真
TN（真阴性）	将负类预测为负类数	假	假

为了方便计算，也可以用图 6-7 所示的形式表示混淆矩阵。

	预测分类		
	$C(i\|j)$	分类=Yes	分类=No
实际分类	分类=Yes	a(Yes|Yes)	b(No|Yes)
	分类=No	c(Yes|No)	d(No|No)

图 6-7　混淆矩阵的另一种表达形式

由此，我们可以得到评价模型的 4 个指标，分别是准确度（Accuracy）、精确度（Precision）、召回率（Recall）、F1，计算公式分别是：

$$准确度 = \frac{TP + TN}{TP + FN + FP + TN} = \frac{a + d}{a + b + c + d}$$

$$精确度 = \frac{TP}{TP + FP} = \frac{a}{a + c}$$

$$召回率 = \frac{TP}{TP+FN} = \frac{a}{a+b}$$

$$F1 = \frac{2 \times 召回率 \times 精确度}{召回率 + 精确度}$$

其中，

- TPR：在所有实际为阳性的样本中，被正确地判断为阳性之比率，TPR = TP/(TP+FN)。
- FPR：在所有实际为阴性的样本中，被错误地判断为阳性之比率，FPR = FP/(FP+TN)。

② KS检验。KS检验主要验证模型对违约对象的区分能力，可以用来评价两个样本是否服从相同概率分布。通常在模型预测全体样本的信用评分后，将全体样本按违约与非违约分为两部分，然后用KS统计量来检验这两组样本信用评分的分布是否有显著差异。统计软件给出的KS检验结果如图6-8所示，图中以0，0.2，0.4，0.6，0.8，1.0为横坐标，以TPR、FPR的值为纵坐标，分别画图得到两条曲线，即K-S曲线，两条曲线的最大差值为KS。

KS的取值范围是[0, 1]。通常来说，KS越大，表明正负样本区分的程度越好。但并非所有情况下都是KS越大越好，一般认为KS>0.75时属于过高，须审慎对待。

在模型构建初期KS基本要保持在0.3以上。后续模型监测期间，如

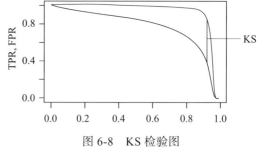

图6-8 KS检验图

果KS持续下降，就要考虑是因为市场发生了变化，客群发生了偏移，评分卡模型不够稳定，还是因为评分卡内的某个特征变量发生重大变化。

③ ROC检验。ROC曲线及AUC系数主要用来检验模型对客户进行正确排序的能力。ROC曲线描述了在一定累计阴性样本比例下的累计阳性样本的比例。模型的分辨能力越强，ROC曲线越往左上角靠近。AUC系数表示ROC曲线下方的面积。AUC系数越高，模型的区分能力越强。根据相关的研究：

- 若曲线下的面积小于0.6，则代表模型基于不具备区别能力；
- 若曲线下面积为0.7~0.8，代表模型的区别能力是可接受的；
- 若曲线下面积为0.8~0.9，代表模型有很好的区别能力；
- 若面积在0.9以上，则代表模型有相当优越的区别能力。

如图 6-9 所示，某模型的 AUC 值为 0.83，说明该模型的预测效果较好。

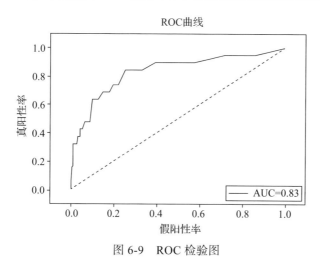

图 6-9　ROC 检验图

④二项检验。二项检验是验证内部评级体系各级别违约概率估计值的一种有效方法，其前提是每个级别下违约事件是相互独立的，在应用时应注意每次只能应用于一个评级级别。另外，在样本数很大时，二项分布会趋于正态分布，这种情况下，则可以用正态分布代替二项分布，所以也可以在正态分布的假设下决定临界值。如果实际违约个数超过临界值，则表示该评级的违约概率估计值不合理。

⑤卡方检验和 P 值。卡方检验验证模型不同风险级别 PD 值与主标尺的匹配程度，可以同时对多个级别进行检验，但样本需要满足独立性（违约事件在风险级别之内和风险级别之间相互独立）及呈正态分布的假设。卡方检验的 P 值可以用来估计违约概率的准确性，P 值越接近 0，准确性越差。

⑥PSI 系数。PSI（Population Stability Index，群体稳定性系数）可以定量验证客户各个级别中，客户是否随时间变化发生较大的变动。

⑦基尼系数。基尼系数是指国际上通用的、衡量一个国家或地区居民收入差距的常用指标。基尼系数介于 0~1 之间，基尼系数越大，表示模型的效果越差。

⑧条件信息熵（CIER）。CIER 值越高，代表评级模型的预测能力越好。CIER 越接近 1，表示评级模型所得结果中，相同等级的样本的性质越相似，不同等级的样本差异越大，即等级内的样本同构性越高，等级与等级之间异质性越大。一般来说，CIER 值在 0.1 以上表示模型可接受。

⑨信用等级转移矩阵。信用等级转移矩阵是指通过构建一个矩阵来分析某个客户的信用等级在不同时期的变化趋势及其概率，一般来说以 1 年为 1 个观察期限。风险

管理人员可以通过计算转移矩阵的SVD（Singular Value Decomposition值，奇异值分解）来评估评级的稳定性。奇异值分解是线性代数中的一种矩阵分解，SVD值越小，说明评级结果越稳定。

11）主标尺开发。《巴塞尔协议》和原银监会发布的《商业银行资本管理办法（试行）》中，有关主标尺的要求主要包括下面两个部分。

其一，商业银行债务人评级应最少具备7个非违约级别、1个违约级别，并保证较高级别的风险小于较低级别的风险。根据资产组合的特点和风险管理需要，商业银行可以设定多于本办法规定的债务人级别，但应保持风险级别间排序的一致性和稳定性。

其二，若单个债务人级别风险暴露超过所有级别风险暴露总量的30%，商业银行应有经验数据向银监会证明该级别违约概率区间合理并且较窄。

评级主标尺是衡量客户违约风险大小的统一标准，反映了客户信用等级与违约概率的对应关系。信用等级划分使客户风险计量更加精确，为细分客户、科学定价、制定差异化的信贷政策奠定了基础。信用等级划分的层级可以借鉴领先金融机构或者国际著名评级机构（如标准普尔、穆迪或惠誉）的实践。例如，标准普尔公司的信用等级标准从高到低可划分为AAA级、AA级、A级、BBB级、BB级、B级、CCC级、CC级、C级和D级，如表6-8所示。

表6-8 标准普尔公司的信用等级划分示例

投资等级	信用等级	评级说明
投资级别	AAA	偿还债务能力极强
	AA	偿还债务能力很强
	A	偿还债务能力较强，但相对于较高评级的主体，其偿债能力较易受外在环境及经济状况变动的不利因素的影响
	BBB	目前有适当的偿债能力，但偿债能力可能因为不利的经济环境和状况而减弱，其中BBB-为市场投资者认为的最低投资级别
投机级别	BB	相比其他投机级别的评级，违约风险更低，但持续的重大不稳定情况或恶劣的商业、金融、经济条件可能令发债人没有足够的能力偿还债务，其中BB+为市场投资者认为的最好投机级别
	B	违约可能性较BB级高，发债人目前仍有能力偿还债务，但恶劣的商业、金融或经济情况可能削弱被评级主体偿还债务的能力和意愿
	CCC	目前有可能违约，被评级主体须倚赖良好的商业、金融或经济条件才有能力偿还债务。如果商业、金融、经济条件恶化，发债人可能会违约
	CC	违约的可能性高，但违约尚未发生，预计会发生
	C	目前违约的可能性高，且最终违约追偿比率会低于其他评级更高的债务
	D	未能按期偿还债务，或违反了承诺。在企业破产申请已被提交或采取类似行动时也可以使用
	NP	未获得评级

主标尺的等级一般初期较少，如 10 个，后期成熟后逐步增加和细化，可达 20 个。主标尺设计的一种形式如表 6-9 所示。

表 6-9 主标尺的设计示例

信用等级	PD 下界	PD 上界	PD
AAA+	0%	0.05%	0.03%
AAA	0.05%	0.20%	0.12%
…	…	…	…
C	30%	100%	40%
D	100%	100%	100%

杨军在《风险管理与巴塞尔协议十八讲》一书中指出，有两种确定主标尺的基本方法：第一种是在校准的过程中同时确定主标尺；第二种是先校准得到每个客户的违约概率，再根据一定规则确定每一个等级的违约概率区间。

主标尺开发完毕后还须进行验证。根据《商业银行资本管理办法（试行）》附件16，资本计量高级方法验证要求中有关主标尺的验证要求如下。

- ❏ 审查主标尺定义，其中评级级别和标准是否合理、直观，且能够有效区分风险，描述是否详细、可操作。不同业务条线、部门和地区的评级级别标准是否保持一致。
- ❏ 对债务人评级模型和主标尺，结果验证包括长期平均违约趋势的合理性分析，模型输出结果与人工干预最终结果的关系，以及等级与违约概率对应的合理性等。

12）模型投产、变更和跟踪。金融机构应设计模型投产、变更和跟踪评价的组织体系与内控体系。同信息系统的投产一样，模型的投产需进行恰当的授权、测试和审批，确保模型投产的内部控制有效。主管部门应充分识别、分析、评估重要模型投产及变更风险，包括模型潜在缺陷和风险、系统功能缺陷、客户信息泄露或其他因素可能造成的操作风险、法律风险和声誉风险，并形成风险评估报告。

在正式投产运行后，应对模型进行监控跟踪和评价。实践中，可以通过模型运行整体分析等级分布和迁移矩阵、评级认定和推翻分析、模型运行指标分析、信贷业务表现分析等方式进行。

13）模型应用。内部评级的结果可应用于风险战略和风险管理偏好设定、信贷政策制定和优化、客户准入、信贷审批、风险加权资产计量、经济资本计量、风险监控和贷后管理、风险限额管理、损失准备计提、贷款风险定价、绩效考核评价、风险报告、风险管理文化建设等。

（5）非统计模型构建过程和方法

非统计模型中，层次分析法（Analytic Hierarchy Process，AHP）是一种典型方法。它虽然相对简单，但很适合用来做决策分析，对数学和数据的要求很低（主要涉及一些线性代数知识），对定性数据也可以分析，适合一些模糊评价的对象。AHP 是运筹学中的一种经典分析法。

AHP 的基本原理是，根据问题的性质和要达到的总目标将问题分解为不同的指标，并根据指标间的相互关联影响及隶属关系将指标按不同层次进行聚集、组合，形成一个多层次的分析结构模型，从而最终将问题归结为最低层相对于最高层的相对优劣次序的排序。核心思想是将决策问题层层分解成目标层、准则层、方案层，从而把复杂、模糊的问题分解为简单、直观对象之间的比较。

首先，确定决策目标，进行数据搜集。

然后，指标选取。指标可划分为财务指标、非财务指标、行业指标、地区指标等。财务指标可以继续分解为规模指标、流动性指标、盈利能力指标、营运能力指标等，非财务指标可以继续分解为客户基本信息、客户行为信息、征信信息等。

最后，划分层次结构。建立层次结构，划分出决策目标层（选择确定客户信用评级）、决策因素层（如各种决策指标，可分为多层）、决策方案层（如违约/非违约、好客户/坏客户等），其中决策目标层又称为最高层，决策因素层又称为中间层，决策方案层又称为最底层，具体如图 6-10 所示。

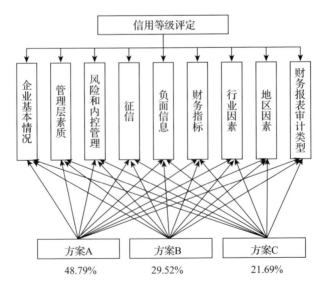

图 6-10 层次分析的结构示例

1）构造成对比较矩阵。采用1-9标度法对每个层次的指标构建成对比较矩阵。成对比较矩阵 A_{ij} 在 1~9 及其倒数之间取值，具体取值可参考表6-10。

表6-10 1-9标度法的因素重要性判定

A_{ij} 的取值	因素 i 与因素 j 的比较说明
1	表示两个因素具有同等重要性
3	表示两个因素中，一个因素比另一个因素稍微重要（或略重要）
5	表示两个因素中，一个因素比另一个因素明显重要（或重要）
7	表示两个因素中，一个因素比另一个因素强烈重要（或重要很多）
9	表示两个因素中，一个因素比另一个因素极端重要（或极其重要）
2, 4, 6, 8	上述两相邻判断的中值
倒数	若因素 i 与 j 的重要性之比为 a_{ij}，则因素 j 与 i 的重要性之比为 $1/a_{ij}$

2）相对优劣权重排序。

首先，计算成对比较矩阵的特征根；然后，计算最大特征根对应的特征向量，根据 $(\lambda_{\max} \times I - A) \times W = 0$，求出特征向量 W；最后，根据 $W_1 + W_2 + W_3 = 1$ 将特征向量标准化。

3）比较矩阵一致性检验。主要通过计算CI（一致性指标）、RI（随机一致性指标）、CR（一致性比率）值来检验。

矩阵偏离 $CI = \dfrac{\lambda - n}{n - 1}$，当 CI = 0 时，有完全的一致性；当 CI 接近于 0 时，有满意的一致性；CI 越大，越不一致。

$$RI = \dfrac{CI_1 + CI_2 + CI_3 + \cdots + CI_n}{n}$$

$CR = \dfrac{CI}{RI}$，CR<0.1 时，通过一致性检验，否则需要调整成对比较矩阵。

4）指标权重排序及筛选。先将指标按权重大小进行排序，再依据权重配置指标个数，例如可以选取权重为5%（含）的指标，删除权重在5%以下的指标，具体指标及权重如表6-11所示。

（6）逻辑变换的原理

1）逻辑函数的形式和图形。逻辑

表6-11 层次分析法指标的权重示例

变量	变量权重
变量1	32%
变量2	24%
变量3	18%
变量4	12%
变量5	7%
变量6	3%
变量7	2%
变量8	1%
变量9	1%

函数的形式非常简单，是一个多元一次函数，而它的图形是一条 S 形曲线，如图 6-11 所示。

$$\text{logit PD} \triangleq \ln\left(\frac{PD}{1-PD}\right) = \alpha + \beta_1 x_1 + \beta_2 x_2 + \cdots + \beta_n x_n$$

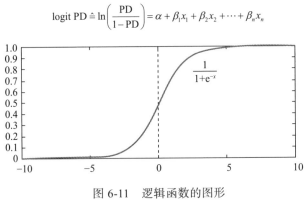

图 6-11　逻辑函数的图形

2）logit 转换。将逻辑函数两边取指数，得到：

$$\frac{P}{1-P} = e^{\alpha + \beta_1 X_1 + \beta_2 X_2 + \cdots + \beta_n X_n}$$

为了简化公式，设 $S = \alpha + \beta_1 X_1 + \beta_2 X_2 + \cdots + \beta_n X_n$，求解得到概率 P 的求解公式：

$$P = \frac{e^s}{1+e^s} = \frac{1}{1+e^{-s}}$$

当参数 β 为正数时，逻辑函数值随 x 值的增加而单调增加；$\dfrac{-\alpha}{\beta}$ 为曲线的中心；β 的绝对值越大，曲线在中段上升或下降的速度越快。

6.5.4　信用风险高级计量方法

实践中，信用风险计量的高级模型在不断地被开发和应用，目前主要分为 VaR 模型和期限结构模型，具体类型如图 6-12 所示。

KMV 模型与 CreditMetrics 模型是目前国际金融界最流行的两个信用风险管理模型，但是我国的商业银行特别是中小金融机构使用并不多。KMV 模型对企业信用风险的衡量指标 EDF 主要来自对该企业股票市场价格变化的有关数据的分析，而 CreditMetrics 模型对企业信用风险的衡量来自对该企业信用评级变化及其概率的历史数据的分析。

1. KMV 模型

KMV 模型是 KMV 公司于 1997 年建立的用来估计借款企业违约概率的方法，是运用公司金融和现代期权定价理论建立起来的违约预测模型。该模型认为，贷款的信用风险是在给定负债的情况下由债务人的资产市场价值决定的。这种方法依赖 KMV 公司自己收集、统计、分析和研究得出的期望违约概率（Expected Default Frequency，EDF），EDF 是关于公司资本结构、资本收益和资产价值的函数。KMV 模型的一个被人熟知的显著特点是具有一个违约距离。

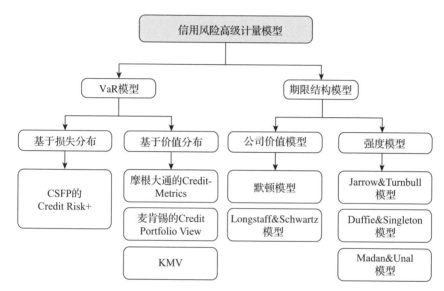

图 6-12　信用风险的高级计量模型分类

2. CreditMetrics

CreditMetrics 模型（信用矩阵计量模型）是摩根大通在 1997 年推出的用于量化信用风险的风险管理模型。它的基本思想是：企业的信用状况由其被评定的信用等级来表示，假定在同一信用等级中的债务人具有完全相同的转移矩阵和违约概率，实际违约率等于历史平均违约率，风险事件对违约概率的影响都能恰当地通过信用等级的变化来体现；采用盯市方法来计算信用风险价值，贷款和债券的市场价值取决于其发行企业的信用等级；将单一产品放入资产组合中来衡量其对整个组合的风险状况的影响，通过资产组合而不是单一产品来评估信用风险。它的一个显著特点是具有信用评级转移矩阵。

3. Credit Portfolio View

Credit Portfolio View（信用组合观点模型）是麦肯锡公司于 1997 年利用计量经

济学和蒙特卡洛模拟方法研发的多因素风险计量模型，它的基本思想是违约概率和变动概率与经济环境、经济状况相关联，经济环境恶化时违约风险和信用等级下降风险增加，反之降低。因此它将违约概率与宏观经济因素进行建模，并通过不断加入宏观经济要素来模拟违约概率的变化。这个模型与宏观经济因素，如GDP的变化、失业率、利率水平、汇率变化、财政支出、国民储蓄等关联。模型认为违约率取决于宏观变量的历史记录、对整个经济体系产生影响的冲击或改革和仅影响单个宏观变量的冲击或改革。它可以理解为对CreditMetrics模型的补充，主要用于信贷组合分析。

4. Credit Risk+

Credit Risk+是瑞士信贷金融产品公司（Credit Suisse Financial Products）于1997年发布的，它借鉴保险精算的方法来推导债券、贷款组合的损失分布，仅考虑违约风险且违约风险与资本结构无关，不考虑信用等级降低带来的风险，是一个违约风险统计模型。它假定违约过程服从泊松分布，利用保险精算技术刻画信用风险，给出贷款违约数量和组合的损失分布。

6.5.5 风险中台建设

对于风险中台，不同的企业有不同的设计理念和实施方式，有的侧重全面风险管理，有的侧重大数据智能风控，还有的侧重信用风险管理。即便在同一个领域，企业所落地的风险中台也各不相同。

例如在信用风险管理领域，与中台转型密切相关的一个模式是信用风险中台。信用风险中台有广义信用风险中台和狭义信用风险中台两种分法。广义信用风险中台是包括传统的风险管理、信用审批、法律合规和资产保全四大核心职能在内的集中模块化作业的模式；狭义信用风险中台是以审批决策为基础的中台，包括模型审批中心和人工审批中心，有些类似于部分企业的集中审批作业中心模式。企业可以根据自己的实际需求建设信用风险中台，并通过闭环管理方法对其进行持续调整、优化和控制。

又如在大数据风控领域，有一种侧重全面风险管理的中台——风控中台。风控中台对信用风险、市场风险、操作风险、流动性风险、战略风险等八大风险进行核心风控能力沉淀，聚合风险管理共性服务，打造以大数据和人工智能技术为基座的风险中台。

图6-13所示为一种常见的风险中台架构。

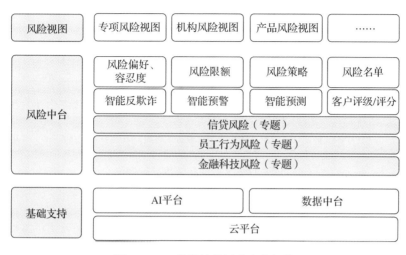

图 6-13　一种常见的风险中台架构

6.5.6　大数据信贷管理平台建设

大数据信贷管理平台是一种基于开放银行思维和封闭银行实践的新一代综合型信贷管理系统。在这种平台上，我们可以充分引入第三方的营销资源、风控资源、服务资源等，赋能客户管理、流程管理、风险管理、合规与审计管理等传统工作领域。这种平台充分使用互联网、大数据、云计算、人工智能、物联网和信息安全等技术来提高信贷系统的数字化水平。

1. 大数据客户管理

（1）标签体系

随着大数据分析和挖掘技术的发展，利用数据打造各种标签在传统信贷管理模式、信贷中台模式或者数据中台模式中都成为一个十分受欢迎的方向，有的甚至成为标准配置。根据属性、分类、加工逻辑、应用逻辑、具体的内容来对标签的类型进行归纳，可以得到标签体系。"人以群分，物以类聚"，对客户、产品、系统等进行标签化本质上就是对其进行精准定义和群分的过程。标签打造有两种基本方式，第一种是采集数据→清洗数据→挖掘并设计标签→验证标签，第二种是设计标签或指标→采集数据→清洗数据→验证和筛选标签。这两种方式的核心差异是前者以数据为基础识别，先挖掘数据再设计标签，后者先设计标签再采集数据进行验证。一种大数据标签体系的示例如图 6-14 所示。

图 6-14 大数据标签体系示例

(2) 客户画像

利用上述标签体系的工作，采集适量的数据，运用数理统计方法对标签数据进行进一步挖掘，其中常见的数理统计方法是聚类分析，分析完成后根据分析结果确定客户的画像。客户画像可以将客户的属性、分类、行为以及期望的结果进行关联，形成用户画像池，为大数据营销、风控及客服提供先验基础。

(3) 客户关系知识图谱

知识图谱是信用风险管理和信贷管理领域应用新技术的重要场景之一。金融机构可以在大数据信贷管理平台中基于客户关系网络使用图数据、图计算、机器学习等技术来构建包括借款人及其股东、受益所有人、担保人及其股东、受益所有人等相关方在内的客户关系知识图谱。

(4) 客户分类

客户分类可以说是客户画像的一个子领域，将其剥离出来是因为在风险管理领域对客户进行分类是一个非常常见的操作。风险管理中，基于用户的各种类型数据（例如个人客户中的性别、年龄、地区、职业、收入水平、教育背景、征信记录、社交情况等）对客户风险进行高中低判断，形成一个客户分类。在信用评级领域最终形成的AAA、BBB、CCC 等信用等级也是一种客户分类的形式。这种客户分类的方式与上述使用聚类算法进行数据挖掘不同，此处更多使用分类算法进行数据挖掘。

(5) 客户服务

数字化时代企业经营管理的核心目的之一是为客户提供优质的服务。世界上没有两片完全相同的叶子，每个人的特征和需求也都不一样，可谓千人千面。在这样的情况下，若想提高客户服务的精细化和专项化水平，就需要事先对客户进行大数据管理。总体来说，上述的标签、画像和分类技术可以帮助企业实现该目的。例如，针对医美客群可以提供转型的医美融资服务、医美健康服务或医美社交服务等。

2. 大数据流程

标准信贷流程依据贷前、贷中和贷后划分为申请、调查、审批、放款、贷后和回收六大阶段。信息化阶段的信贷业务系统已经实现了六大阶段工作的线上化处理并表现出两大特点：一是将纸质信息进行电子化，将线下流程尽可能线上化；二是并没有将所有流程环节的工作都实现线上化，例如现场尽职调查、线下审查审批、担保手续办理等工作就没有线上化。

基于大数据的智能信贷管理平台应在传统信贷业务系统或信贷管理系统的基础上进行流程再造，具体可以采取以下四种措施：其一，信贷业务全流程100%线上化操作，比较适合零售类贷款，其中部分架构的抵押类零售贷款或小微贷款已经可以实现担保手续的线上化操作；其二，信贷业务全流程尽可能线上化操作，仅将极其难以实现线上化流程的现场尽职调查、担保手续办理、贷后现场检查等保留部分线下化流程；其三，对线上化流程和非线上化流程进行数字化改造，这主要是指自动采集数据、自动数据分析、自动决策操作的过程，例如调查阶段通过信贷平台自动化采集客户信息和申请信息，自动判别是否符合业务办理条件，根据信息资料进行客户授信风险分析和判断等；其四，利用大数据技术对传统信贷业务流程和管理流程进行敏捷化重构，可以包括简化的流程和整合的流程，例如针对公司业务审批流程的差异化精简，针对零售业务的贷后检查、风险预警和五级分类的整合等。

3. 大数据风控

大数据风控是信贷风险管理系统或信贷业务系统中较为成熟的领域，它虽在审批决策方向上已经积累了丰富的实践经验，但是本身还存在较大的提升空间。从信贷政策制定、客户营销、客户准入、贷前调查、信用评估、审批决策、授信、用信、贷后检查、贷后预警、风险分类、智能催收、资产保全、不良资产履职调查、信贷专项审计到贷款核销，均可以进行大数据风控转型。下面选取几个经典应用方向进行说明。

1）客户准入方向。可以制定信贷政策、风控策略和风险名单，并将其自动嵌入准入流程，利用系统基于采集的数据进行智能判断。

2）贷前调查方向。可以进行客户风险画像、调查策略自动化部署、非现场尽职调查模型建立、数据交叉核对、智能财务报表检查。

3）审批决策方向。可以基于零售和非零售业务的差异，研发适用更多场景、更多客群的更加深入和精准的审批决策模型。一般情况下，企业既可以使用传统的统计评分技术，也可以使用深度学习模型来建设和优化模型。虽然金融机构使用的内部评级模型需要取得监管机构的同意，但评级模型和业务审批决策模型具有一定的差异性，因此金融机构应事先与监管机构取得沟通，获取其监管意见并在合规性前提下使用高级模型。

4）贷后预警方向。当前越来越多的机构开始发力以指标、规则和预测模型为抓手的智能贷后预警，企业可以充分借鉴公司财务分析、信贷预警、债券预警、知识图谱和机器学习等技术来打造信贷平台中的贷后预警模块，使之呈现出越来越智能、自动、全面、精准、动态和可视化的特点。

5）风险分类方向。使用机器进行自动风险分类已在多年前实现，当前可以做的是利用更可靠更先进的信息化技术，获取更丰富的风险数据，设计分类规则并自动化采集数据实现机器分类，来提高风险分类的智能化、精准化和及时化水平。

6）智能催收方向。传统催收以人工操作为主，系统和工具较为落后，催收效率低下，不合规催收和非正常催收亦是存在多年的问题。传统催收在一定程度上落后于行业数字化转型快速发展的需求。为此，企业可以借助金融科技手段开发智能催收系统工具（如催收机器人、大数据催收模型），以互联网思维改造催收流程，从而提高催收效率，最终实现高效催收和合规催收。

4.大数据合规和审计

（1）大数据合规

信贷管理平台中的大数据合规管理可以从两方面展开：其一，在平台中将主要和关键的合规性要求以数字的形式植入系统流程中，其中包括合规性要求与流程环节的捆绑映射（如将某流程环节的合规点嵌入系统界面，这种方式主要便于各岗位在相关环节进行合规查询以及起到合规警示作用），将合规点进行数字化，以及在不同的流程环节进行自动化控制（所谓的数据埋点）；其二，在平台中对信贷业务的合规性进行监控，这种监控包括贷前及贷中流程的合规性（客户合规性分析、业务流程操作合规性）、贷后流程的合规性（如资金流向、异常借贷交易）。

（2）大数据审计

过去，大数据审计均被部署在审计管理系统中，与信贷管理平台关系并不大。在审计检查项目中，实际上普遍需要使用信贷管理系统进行业务核查、数据核查，但系统往往不能够按照审计方法很好地覆盖审计检查的范围和要点。这个时候在信贷管理平台中增加审计功能，能够大大方便内外部审计、合规检查、内控评价、风险检查和监管检查相关项目的开展。初步来看，可以从三方面着手在信贷管理平台中实现大数据审计：一是完善统计查询功能，使审计或检查人员能够快速按照规则查询和筛选各项数据；二是完善信贷电子化档案功能，包括上传并存储完整清晰的电子档案以及对电子档案进行智能分析；三是对信贷业务流程部署审计点，与审计管理系统的非现场检查功能进行数据交互，协助审计或检查人员监控流程中的风险和价值点。

6.5.7 新兴金融科技的应用

1. 深度学习和人工智能

当前金融机构主要基于逻辑回归来建设客户信用评估模型，这种模型具有较好的可解释性、稳定性和准确性。我们知道机器学习的方法多种多样，一些机构通过其他更复杂的方法（如随机森林、神经网络）研发了一些评估决策模型，但是真正投入应用的极少。随着企业数据治理工作的推进、数据质量和数量的提高以及监管政策的创新，未来将会有更多新方法来研发和优化风险模型。为此，金融机构应该领先一步，提前做好准备，初期可以采用多模型平行作业模式。

不只是数据挖掘和机器学习，自然语言处理、OCR、自动语音识别、遥感和定位等技术也可以被应用到信贷管理和信用风险控制领域。

2. 云计算的信贷业务平台

当前，越来越多的金融机构不再局限于私有云，而开始广泛地接纳并应用混合云和公有云。研究、规划和实施基于云计算的信贷业务平台，能够迎合海量零售业务数据的处理对计算机系统性能和金融业务创新的要求。云计算可以大幅度提高信贷业务的数据处理能力、创新内部运营模式、优化业务操作流程、再造信贷业务的风控方法。

3. 区块链与金融信贷

区块链所具备的不可篡改性、全程留痕、可以追溯、公开透明和集体维护等特性一定程度上可以缓解中小微企业的信息不对称问题，使得区块链与供应链金融、区块链与贸易金融具有天然的契合点。区块链技术奠定了贷款人和借款人之间的信任基础，为他们创造了可靠的合作机制。为此，金融机构可以利用区块链技术再造供应链金融产品和贸易金融产品，打造区块链金融业务平台，提高风控水平，降低操作风险和融资成本。

Chapter 7 第 7 章

操作风险管理及其数字化转型

操作风险是一个十分广义的风险概念,在主流风险划分中,与人员、流程、系统和企业外部因素相关的风险都可被归为操作风险。操作风险可以划分出许多子类风险,如法律风险、合规风险、信息科技风险、洗钱风险、消费者权益侵害风险和数字化风险等。不同种类的操作风险在识别、评估、监测、计量和报告上均有差异,因此对操作风险管理进行数字化转型:一是需要坚持在统一的操作风险管理框架下进行数字化转型的设计和实施;二是针对单项风险,如信息科技风险、洗钱风险等进行转型;三是促进操作风险与其他风险的协同管理,防止操作风险转移到其他风险领域。

操作风险的特点决定了其较难通过自动化的方式进行识别、评估、监测和计量,传统的操作风险管理均以定性方法和人工审核、人工检查为主,投入的资源较大但效率较低,已经不符合数字化时代和智慧型社会建设的要求。企业应该审时度势,根据自身所处的内外部环境,着手制定和实施操作风险管理的数字化转型规划与方案。

7.1 操作风险的基本概念

根据《商业银行操作风险管理指引》(银监发〔2007〕42 号)的规定:操作风险是指由不完善或有问题的内部程序、员工和信息科技系统,以及外部事件所造成损失的风险。本定义所指操作风险包括法律风险,但不包括策略风险和声誉风险。

法律风险包括但不限于下列风险:商业银行签订的合同因违反法律或行政法规可

能被依法撤销或者确认无效的；商业银行因违约、侵权或者其他事由被提起诉讼或者申请仲裁，依法可能承担赔偿责任的；商业银行的业务活动违反法律或行政法规，依法可能承担行政责任或者刑事责任的。

根据上述定义，操作风险主要来源于内部程序、员工、信息科技系统、外部事件这四个因素，具体如图7-1所示。

图 7-1 操作风险的四大来源

根据原银监会发布的《商业银行合规风险管理指引》（原银监发〔2006〕76号）定义，合规风险是指商业银行因没有遵循法律、规则和准则可能遭受法律制裁、监管处罚、重大财务损失和声誉损失的风险。

根据原银监会发布的《商业银行信息科技风险管理指引》（原银监发〔2009〕19号）的定义，信息科技风险是指信息科技在商业银行运用过程中，由于自然因素、人为因素、技术漏洞和管理缺陷产生的操作、法律和声誉等风险。

随着信息科技在企业经营管理中扮演着愈发重要的角色，一些理论或实践已将信息科技风险从操作风险中独立出来进行管理。

操作风险事件是指由不完善或有问题的内部程序、员工和信息科技系统，以及外部因素所造成财务损失或影响银行声誉、客户和员工的操作事件，具体事件包括：内部欺诈，外部欺诈，就业制度和工作场所安全，客户、产品和业务活动，实物资产的损坏，营业中断和信息技术系统瘫痪，执行、交割和流程管理7种类型（详细信息可参阅《统一资本计量和资本标准的国际协议：修订框架》，即巴塞尔新资本协议的"附录7：损失事件分类详表"）。

操作风险管理的工具是自我风险评估、关键风险指标，具体用于识别、评估操作风险的常用工具。

自我风险评估是指商业银行识别和评估潜在操作风险以及自身业务活动的控制措施、适当程度及有效性的操作风险管理工具。

关键风险指标是指代表某一风险领域变化情况并可定期监控的统计指标。关键风险指标可用于监测可能造成损失事件的各项风险及控制措施，并作为反映风险变化情况的早期预警指标（高级管理层可据此迅速采取措施），具体指标有：每亿元资产损失率、每万人案件发生率、百万元以上案件发生比率、超过一定期限尚未确认的交易数量、失败交易占总交易数量的比例、员工流动率、关键员工流失率、客户投诉次数、信息系统缺陷率、流程错误和控制遗漏的频率及严重程度等。

此外，《商业银行操作风险管理指引》（原银监发〔2007〕42号）还提及，业务复杂及规模较大的商业银行应采用更加先进的风险管理方法，如使用量化方法对各部门的操作风险进行评估，收集操作风险损失数据，并根据各业务线操作风险的特点有针对性地进行管理。

风险自我评估（RCSA）、关键风险指标（KRI）、损失数据收集（LDC）构成了我们常说的操作风险管理三大工具。

操作风险的损失分布如图7-2所示，具有强烈的厚尾特征。厚尾特征的通俗解释是，极大的损失伴随极小的发生概率。

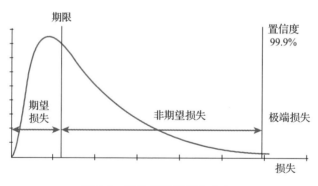

图 7-2 操作风险的损失分布

7.2 操作风险管理的发展

操作风险管理的发展可以从概念、政策、方法论等角度来分析。本节包括两大内容：一是基于操作风险相关的政策与制度演变，特别是巴塞尔委员会、原银监会、COSO的相关指引文件来介绍其发展历程，介绍全面风险管理理论项下操作风险管理的一些要求并提出了操作风险管理的框架；二是简要介绍与操作风险紧密相关的内部控制的发展历程；三是简要介绍操作风险项下的子类风险——合规风险的风险管理发展情况。

1. 操作风险的演变

（1）主要操作风险监管政策

随着《中国银行业实施新资本协议指导意见》《中国银行业实施新监管标准指导意见》《商业银行资本管理办法（试行）》《商业银行信息科技风险管理指引》《商业银行业务连续性监管指引》《银行业金融机构全面风险管理指引》等监管文件的出台，监管机构对商业银行的操作风险管理水平提出了更高的要求。主要的操作风险监管政策如图 7-3 所示。

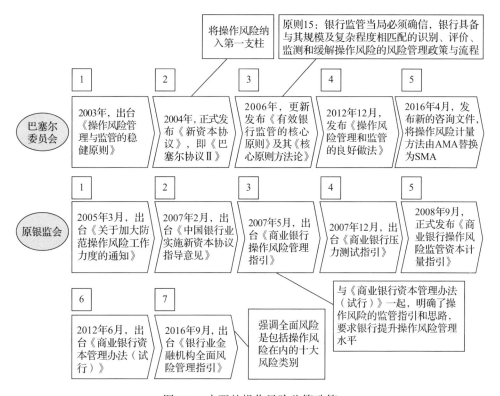

图 7-3　主要的操作风险监管政策

（2）《巴塞尔协议》与操作风险

2004 年发布的《巴塞尔协议Ⅱ》增加了对操作风险的管理要求，2017 年 12 月发布的《巴塞尔协议Ⅲ：最终方案》，将操作风险资本计量方法由 3 个减少到 1 个，取消了之前的标准法（AMA）和高级计量法，未来所有银行都需采用新标准法（SMA）计量操作风险资本要求（ORC）。《巴塞尔协议》对操作风险管理的核心要求的变化如图 7-4 所示。

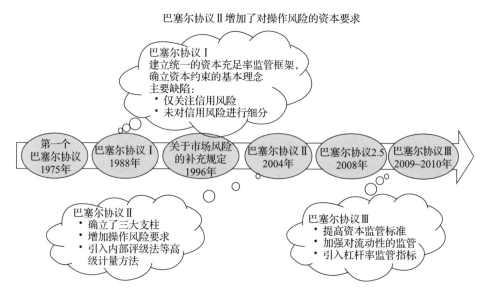

图 7-4 《巴塞尔协议》对操作风险管理的核心要求的变化

（3）巴塞尔协议对操作风险的管理要求

1）营造合理的风险管理环境。

操作风险管理体系方面，董事会应当明确操作风险的主要方面并将其作为一个独立的风险类别加以管理，而且应当审批并定期评估银行的操作风险管理框架。此框架应当提供全公司范围的操作风险定义并指出识别、评估、监督及控制/减轻操作风险的准则。

执行的职责方面，高层管理者有责任贯彻由董事会批准的操作风险管理体系。高层管理者还应当负责建立政策、流程和程序以对银行所有的具体产品、活动、流程和系统中的操作风险加以管理。

内部审计方面，董事会应当确保由独立运作、受过适当培训并且能够胜任审计工作的人员对银行的操作风险管理体系进行有效和全面的内部审计。该内部审计职能不应当对操作风险管理直接负责。

2）风险管理活动。

识别与评估操作风险方面，银行应当对所有的具体产品、活动、流程和系统中的操作风险进行识别和评估。银行还应当确保在新的产品、活动、流程和系统得到推广或实施前，有关的操作风险已经经过适当的程序评估。

监控操作风险方面，银行应当实施流程以定期监控操作风险轮廓和重大的损失可能，而且应当向高层管理者和董事会定期报告与支持操作风险的前置管理相关的信息。

控制与缓释操作风险方面，银行应当建立政策、流程和程序来控制或减轻重大的操作风险。银行应当定期检查评估自身的风险限制和控制战略，并就此根据银行的整体风险偏好和轮廓应用适当的战略来调整银行的操作风险轮廓。

应急与连续性计划方面，银行应当建立突发事件和持续经营计划，以确保在经营遭遇严重的中断事件时能够继续运营和控制损失。

风险计量方面，采用标准法或者高级计量法进行操作风险的度量，并计提监管资本。

3）营造合理的风险监督环境。

监管审查方面，无论银行的规模如何，银行监管机构应当要求所有银行建立起有效的框架，作为银行整体风险管理方法的一部分来识别、评估、监控和控制/减轻重大的操作风险。

独立评估方面，监管机构应当就银行与操作风险有关的政策、程序和具体实施情况直接或间接地进行定期和独立的评估。监管机构应当确保有适当的机制来得到关于银行动态的通知。

信息披露方面，银行应当进行足够充分的公众信息披露，从而使市场参与者得以评估其操作风险管理的方法。

（4）原银监会的政策指引与操作风险管理

《商业银行操作风险管理指引》的发布，为企业操作风险管理提出了明确的管理思路和清晰的管理方法。通过对该文件进行分析与解读，可以得到商业银行操作风险管理至少应包括如下关键内容。需要说明的是，这些内容也适合其他行业参考和借鉴。

一是操作风险管理顶层治理层面需要强化董事会的监督控制和高级管理层的职责。商业银行董事会应将操作风险作为商业银行面对的一项主要风险，并承担监控操作风险管理有效性的最终责任。商业银行的高级管理层负责执行董事会批准的操作风险管理战略、总体政策及体系。

二是操作风险管理的有效落地需要建立适当的组织架构，建立适当的全行组织架构和三道防线机制。明确董事会、高级管理层、操作风险主管部门、法律、合规、信息科技、安全保卫、人力资源等部门，内部审计部门在操作风险管理中的职责权限和责任。

三是需要建立操作风险管理政策、方法和程序，具体涉及如下方面。

- 商业银行应当制定适用于全行的操作风险管理政策。操作风险管理政策应当与银行的业务性质、规模、复杂程度和风险特征相适应。
- 商业银行操作风险管理方法包括评估操作风险和内部控制、损失事件的报告和数据收集、关键风险指标的监测、新产品和新业务的风险评估、内部控制的测试和审查以及操作风险的报告。
- 商业银行应当制定有效的程序，定期监测并报告操作风险状况和重大损失情况。

四是需进行风险计量并计提操作风险所需资本。商业银行应当按照银监会关于商业银行资本充足率管理的要求，为所承担的操作风险提取充足的资本。

（5）COSO与操作风险管理

COSO企业风险管理框架（2004）定义了企业风险管理的基本核心要素，提出了共同语言，并提供了明确的方向和指导，要求企业识别和评估在企业经营中所面临的风险，包括操作风险，如图7-5所示。在COSO企业风险管理框架（2004）下：

一是企业目标可以分为四个类别，即战略目标、经营目标、合规目标、财务报告目标。

二是企业风险管理将企业各个层面的活动都纳入了考虑范围，具体包括总部层面、分部层面、职能部门、业务部门。

三是企业风险管理要求企业用风险组合的方式看待风险，即考虑单个风险之间的联系和各层面的风险组合。

四是风险管理要素由8个互相关联的部分组成，分别是内部环境、目标设定、事件识别、风险评估、风险应对、控制活动、信息和沟通、监督检查。

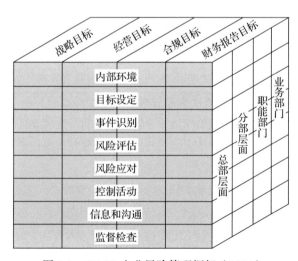

图7-5　COSO企业风险管理框架（2004）

（6）全面风险管理下的新一代操作风险管理体系框架

在全面风险管理理念下，基于《巴塞尔协议Ⅱ》的商业银行资本管理办法中，与信用风险、市场风险一样，提出了对操作风险管理的三大支柱要求。同时，新型操作风险的管理框架也得到了改进。

《巴塞尔协议Ⅱ》中的操作风险是全面风险管理的一个重要分类，其操作风险的管理方法为企业提供了可借鉴的方法和技术。操作风险管理是基于银行的内部控制制度进行的。透过操作风险管理体系的强化，损失数据搜集、风险与控制自评以及关键风险指标等管理工具的设计与应用，在操作风险管理的领域内达到内部控制制度的目标。符合《巴塞尔协议Ⅱ》的操作风险管理工具，可以协助银行在既定的内部控制环境之下，达到内部控制制度对风险识别与评估、信息交流与反馈、监督评价与纠正的要求。

全面风险管理下的新一代操作风险管理体系框架如图 7-6 所示。

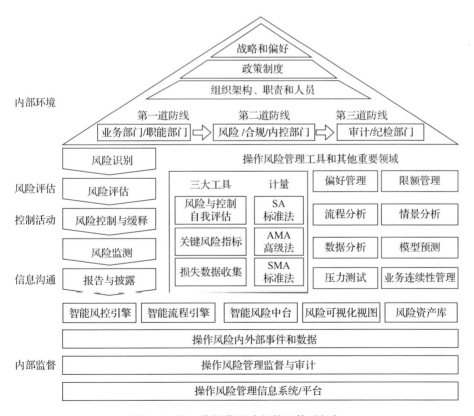

图 7-6　新一代操作风险的管理体系框架

2. 内部控制的演变

（1）全球内部控制的演变

20 世纪 40 年代以前，内部牵制阶段：主要特点是以任何个人或部门不能单独控制任何一项或一部分业务权力的方式进行组织上的交叉检查或交叉控制。

20 世纪 40 至 70 年代，内部控制制度阶段：内部控制制度是指企业为保护资产完整、保证会计数据的正确和可靠、提高经营效率、贯彻管理部门既定决策而制定的政策、程序、方法和措施。

20 世纪 80 年代，内部控制结构阶段：企业的内部控制结构包括为取得企业特定目标的合理保证而建立的各种政策和程序，包括内控环境、会计制度、控制程序。

20 世纪 90 年代至 21 世纪初，内部控制整体框架阶段：首次把内部控制从原来的平面结构发展为立体框架模式，搭建了控制环境、风险评估、控制活动、信息沟通和检查监督五大要素。

2004 年以来，风险管理整体框架阶段：着眼于风险管理的内部控制，从风险管理出发进行内部控制，对两者进行整合管理。

2015 年后，随着数字化转型、大数据挖掘、人工智能等新兴技术的迅猛发展，内部控制进入新的发展阶段。

（2）巴塞尔委员会对内部控制的有关规定

1997 年 9 月，巴塞尔委员会首次发布《有效银行监管的核心原则》，对银行内部控制提出以下要求。

1）银行监管者必须确定银行是否具备与其业务性质及规模相适应的完善的内部控制制度，应包括：对授权和职责分离的明确安排；将银行承诺、付款和资产与负债账务处理方面的职能分离；对上述程序的交叉核对；资产保护；完善、独立的内部或外部审计，以及检查上述控制措施和有关法律规章遵守情况的职能。

2）银行内部控制包括四个主要内容：组织结构（职责的界定、贷款审批的权限分离和决策程序）、会计规则（对账、控制单、定期试算等）、双人原则（不同职责的分离、交叉核对、资产双重控制和双人签字等）、对资产和投资的实际控制。

1998 年 9 月，巴塞尔委员会发布《银行组织内部控制体系框架》，规定了银行内部控制制度的评估原则。

1）由董事会、高级管理人员以及其他人员实施的一个过程，组织中的所有各级人员都必须参加内控过程，并会对内控产生影响。

2）认为内部控制由以下五个相关联的要素组成：管理监督和控制文化、风险识别和评估、控制活动和职责划分、信息与交流、监管活动和错误纠正。

3）强调银行监管的系统性，这是商业银行内部控制研究上的历史性突破。

2004年6月巴塞尔委员会发布《新资本协议》，提出了三大支柱要求，覆盖三大风险，总体上要求银行建立风险管理体系，强调银行应建立内部风险模型并对其内部风险模型与系统进行经常性的检验、更新和后续评估。

1）第一支柱为资本充足率，考虑了全面风险管理，并对三大风险进行计量。

2）第二支柱为监督检查，应考虑风险、市场性质和收益的有效性，银行需要建立内部评估体系。

3）第三支柱为信息披露，强调银行须通过严格的信息披露来支持市场纪律。

（3）我国内部控制的演变

从1996年至今，我国发布的主要内部控制政策文件如图7-7所示。

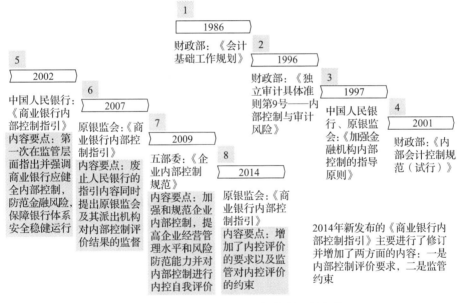

图7-7　我国发布的主要内部控制政策文件

中国人民银行和原银监会先后发布了内部控制的规范性文件。以2014年原银监会发布的《商业银行内部控制指引》（银监发〔2014〕40号）为例，它主要强调以下内容。

1）内部控制职责方面，商业银行应当建立由董事会、监事会、高级管理层、内控管理职能部门、内部审计部门、业务部门组成的，分工合理、职责明确、报告关系清晰的内部控制治理和组织架构。

2）内部控制措施方面，商业银行应当建立健全内部控制制度体系，合理确定各项业务活动和管理活动的风险控制点，建立健全信息系统控制，合理确定岗位的职责及权限，形成相互制约的岗位安排，制定规范员工行为的相关制度，建立相应的授权体系，严格执行会计准则与制度，建立健全客户投诉处理机制。

3）内部控制保障方面，商业银行应当建立贯穿各级机构、覆盖所有业务和全部流程的管理信息系统和业务操作系统，加强信息安全控制和保密管理，建立有效的信息沟通机制，建立与其战略目标一致的业务连续性管理体系，建立科学的绩效考评体系，合理设定内部控制考评标准。

4）内部控制评价方面，由董事会指定的部门组织实施，至少每年开展一次，建立内部控制评价质量控制机制，强化内部控制评价结果运用。

5）内部控制监督方面，商业银行应当构建覆盖各级机构、各个产品、各个业务流程的监督检查体系，建立内部控制监督的报告和信息反馈制度，建立内部控制问题整改机制，建立内部控制管理责任制，银行业监督管理机构通过非现场监管和现场检查等方式实施对商业银行内部控制的持续监管。

3. 合规管理的演变

COSO 在其 1992 年发布的《内部控制：整合框架》中，将合规作为内部控制的三大目标之一，2004 年再次在其更新发布的《企业风险管理：整合框架》中，将合规作为企业风险管理的四个目标之一。

巴塞尔委员会 1997 年在《有效银行监管的核心原则》中明确提出了合规性要求，1998 年在《银行机构内部控制体系框架》中将合规作为内部控制的目标之一，2005 年又发布了商业银行合规管理的标志性文件《合规与银行内部合规部门》。

原银监会在 2004 年发布的《商业银行内部控制评价试行办法》要求将合规性作为内部控制评价的一个方面，2006 年发布的《商业银行合规风险管理指引》要求商业银行建立与其经营管理、组织结构和业务规模相适应的合规风险管理体系。

根据《商业银行合规风险管理指引》的规定，合规风险是指商业银行因没有遵循法律、规则和准则可能遭受法律制裁、监管处罚、重大财务损失和声誉损失的风险。合规管理是商业银行一项核心的风险管理活动。商业银行应综合考虑合规风险与信用风险、市场风险、操作风险和其他风险之间的关联性，通过建立健全合规风险管理框架，实现对合规风险的有效识别和管理，促进全面风险管理体系建设，确保依法合规经营。

合规风险管理体系应包括的基本要素有合规管理政策制度、合规组织架构和资源、合规风险计划、合规风险识别和管理、合规教育及培训，如图 7-8 所示。

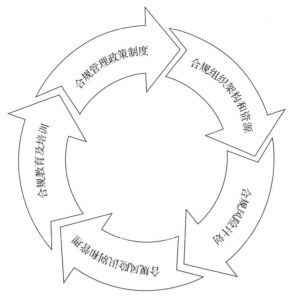

图 7-8 合规风险管理的体系

7.3 操作风险管理的常见问题和风险点

操作风险包罗万象，在企业经营管理中无处不在。由于操作风险子领域众多，因此它存在的问题和风险点呈现出多样化的特点，例如宏观政策的突变、投资业务中的系统控制风险、采购和供应商管理中的舞弊风险、人力资源管理中的劳动关系风险、信息安全中的数据泄露风险、内部审计项目中的审计风险、外部自然灾害等。

在企业风险管理中，企业会将操作风险中的一些特定领域单独剥离出来进行专项管理，例如洗钱风险、法律诉讼风险、合规风险、内部控制失败等。所以如何处理操作风险与合规、内部控制的关系并将三者恰当地融合或独立管理是企业一直以来面临的重要问题之一。

操作风险会带来难以预测的事件和难以度量的损失，使得操作风险计量一直以来难以获得突破性的进步。

信息系统领域，企业在操作风险管理系统上投入的资金与人才远比不上信用风险和市场风险。操作风险管理系统本身的数字化与智能化建设也由于数据量不足和数据质量较低等原因而进展缓慢。

7.3.1 操作风险管理的常见问题

1. GRC 的关系处理

GRC 是指操作风险、合规和内部控制,是当前主流的一种操作风险管理模式。根据监管机构的定义,操作风险一般包括合规风险和法律风险。合规风险和法律风险具有特殊性和专业性,而企业往往又将它们当作独立风险进行管理,这导致很多人认识不到两者的共性和差异,更无从对其进行高效的整合管理或分散管理。

很多企业的操作风险管理人员没有意识到企业的内部控制很难直接作用于信用风险、市场风险等外部风险,而要直接作用于操作风险,通过操作风险与信用风险、市场风险的交叉关联关系来产生间接管控。

2. 操作风险的计量一直是难点

巴塞尔委员会给出了操作风险计量的基本指标法、标准法和高级计量法,其中高级计量法以损失分布法最受欢迎。2017 年,巴塞尔委员会因认为损失分布法存在一定的缺陷而将其废除,推荐使用改进的标准法。虽然当前我国金融机构的操作风险计量实践处于国际领先水平,但是我们认为标准法和高级计量法都不是最好的计量方法,理由主要是当前的计量方法并不是很精确,且计量的结果在应用绩效上并不显著。

所幸学术界和企业界一直没有停止对操作风险计量的研究,也提出了一些新的计量思路和方法,如极值理论模型、贝叶斯神经网络模型,虽然这些新方法极少投入到应用层面。

3. 缺乏新兴的操作风险管理系统

无论传统的单个操作风险管理系统还是和其他风险整合的 GRC(操作风险、内部控制和合规整合)系统,功能都主要集中在政策制度、操作风险三大工具、操作风险报告和风险事件事项管理流程方面。总体上可以说,这种系统虽然满足了操作风险的日常管理需要,但是缺乏创新和创造,如未能深化对操作风险的理解,未能拓宽操作风险的管控范围,未能提出新兴的操作风险管理方法和工具,数字化和智能化程度较低等。

据了解,由于功能设计、数据采集、人员习惯等方面的原因,这类系统在实践中的应用效果并不好,在一些机构中的使用率不高。

我们理解新兴的操作风险管理系统应该以合规要求为基础,以企业内部管理为核心,以数据化、场景化和智能化为突破方向。数据化是指对业务和管理流程上的操作活动、操作风险管理进行数字化改造；场景化是在常规的操作风险点（而不是笼统的、宏观的操作风险点）基础上对关键场景的操作风险点进行深入识别和监控；智能化是指系统的一些常规操作能以智能化的方式实现，例如自动预警监控、操作风险自动评价、操作风险知识工程等。

7.3.2 操作风险管理的常见风险点

根据定义可知，操作风险是指由不完善或有问题的内部程序、员工和信息科技系统，以及外部事件所造成损失的风险。因为操作风险是一种非常广泛的风险类型，可以说包罗万象，所以本节不会列出所有的操作风险点，而是从监管机构比较关注的消费者权益保护和关联交易管理两方面来列举相关的常见风险点。

1. 消费者权益保护

消费者权益保护最近成为一个新的监管热点，监管机构陆续出台了多份法律法规，领先企业已经开始着手进行消费者权益保护工作的升级和数字化转型。金融消费者是指购买、使用金融机构提供的金融产品和服务的自然人。金融消费者权益保护，是指金融机构通过适当的程序和措施，推动实现消费者在与金融机构发生业务往来的各个阶段始终得到公平、公正和诚信的对待。

消费者权益保护方面，企业可以依赖和需遵循的主要法律法规如下：

- 《中华人民共和国消费者权益保护法》，1994年施行，2014年第二次修正施行；
- 《中华人民共和国网络安全法》，2017年；
- 《银行保险机构消费者权益保护监管评价办法》，中国银保监会，2021年；
- 《中国人民银行金融消费者权益保护实施办法》，中国人民银行，2020年；
- 《国务院办公厅关于加强金融消费者权益保护工作的指导意见》，国务院办公厅，2015年；
- 《银行业消费者权益保护工作指引的通知》，原银监会，2013年；
- 《中国人民银行关于银行业金融机构做好个人金融信息保护工作的通知》，中国人民银行，2011年；
- 《个人金融信息保护技术规范》(JR/T 0171—2020)，中国人民银行，2020年；
- 《金融科技（FinTech）发展规划（2019—2021年）》，中国人民银行，2019年。

消费者权益保护的常见风险点见表7-1。

表 7-1 消费者权益保护的常见风险点

关注领域	常见风险点
消费者权益保护管理架构	未就董事会在消费者权益保护方面的工作职责及议事决策规程做出明确规定，或者做出的规定边界不够明确，内容不够详细，不符合监管部门相关要求
	未履行消费者权益保护工作职责，包括但不限于将消费者权益保护工作列入董事会议事日程、定期审议消费者权益保护工作开展情况专题报告等
	未明确高管人员牵头协调银行业金融机构整体消费者权益保护工作，消费者权益保护工作制度中没有相关条款明确规定高级管理层在消费者权益保护方面的工作职责，或者虽然有，但内容不够详细，边界不够明确，不符合监管部门相关要求
	高管人员未结合实际工作情况或者考核评价结果，对消费者权益保护工作进行系统有效指导
	未设立专门的消费者权益保护委员会并制定相应的议事规则和工作程序，没有工作计划、会议纪要、日常决策相关文档
	消费者权益保护委员会未制定年度工作计划并定期召开会议研究消费者权益保护工作，向董事会提供专业意见或根据董事会授权就专业事项进行决策，并定期向董事会提交有关报告
	未建立金融消费者权益保护工作专职部门或指定牵头部门，银行机构未按要求配备金融消费者权益保护工作人员，支付机构未确定金融消费者权益保护工作联系人，明确部门及人员职责，确保其独立开展工作
	消费者权益保护专职部门主要工作职责未实现专人专岗，且工作人员具备一定的专业能力
	未将消费者权益保护纳入企业文化建设和经营发展战略之中
	不能为消费者权益保护工作安排合理的经费预算，以保障工作积极、有序开展
	1）有关消费者权益保护工作的应急体系不完备，包括应急预案是否符合消费者权益保护工作的特征，应对措施是否可行，报告路线是否清晰 2）未落实重大突发事件报告制度
	未及时向监管机构报送消费者权益保护半年度、年度报告和自评报告等
消费者权益保护制度	未建立消费者权益保护相关的内控制度，覆盖 1）个人金融信息保护机制 2）金融产品和服务信息披露机制 3）金融产品和服务信息查询机制 4）金融消费者风险等级评估机制 5）金融消费者投诉受理、处理机制 6）金融知识普及和金融消费者教育机制 7）金融消费者权益保护工作考核评价机制 8）金融消费者权益保护工作内部监督和责任追究机制 9）金融消费纠纷重大事件应急机制
	消费者权益保护工作制度中未明确本机构消费者权益保护工作组织架构，各部门分工和职责描述不清晰

(续)

关注领域	常见风险点
消费者权益保护工作培训	未开展关于金融消费者权益保护的员工教育和培训，以提高员工的金融消费者权益保护意识和能力
	培训受众未覆盖与零售业务相关的各个部门，包括但不限于产品和服务设计、文本制定、推广销售等部门的工作人员，培训内容没有有效体现消费者权益保护理念和要求。不能保证每年至少开展一次金融消费者权益保护专题教育和培训，培训对象全面覆盖中高级管理人员及基层业务人员
	未建立培训的考核考试机制以确保各层级工作人员了解并掌握相关理念和要求
工作考核	1）未定期开展有关消费者权益保护工作的内部考评 2）考评指标设置不够全面、完整，未覆盖全部消费者权益保护工作相关业务条线及分支机构 3）内部考评结果未纳入整体综合绩效考评体系
产品开发准入	1）自主开发设计的面向个人提供的产品和服务，未就可能影响银行业消费者的政策、制度、业务规则或收费定价进行评估 2）未征得消费者权益保护职能部门/岗位的同意，或按照其意见予以修改 3）没有为合作机构和产品建立尽职调查、风险评估、准入和退出机制
	未建立产品信息查询平台，收录全部在售及存续期内金融产品的基本信息，对存续期内金融产品的风险信息变动情况进行及时提示，并区分自有产品和代销产品
产品营销	未根据金融产品和服务的特性评估其对金融消费者的适合度，合理划分金融产品和服务风险等级以及金融消费者风险承受等级，将合适的金融产品和服务提供给适当的金融消费者。向低风险承受等级的金融消费者推荐高风险金融产品
	未做好消费者风险测评：针对理财、代销类业务，开展消费者风险偏好、风险认知和风险承受能力测试；针对信用卡、贷款类业务，做好对消费者资信状况评估
	未制定机构内部相对标准的宣传销售规范话术，且话术真实披露产品和服务的特点、主要风险、各个服务环节是否收费以及计费标准（包括减免优惠政策）和收费金额
	未保障金融消费者在购买、使用金融产品和服务时的财产安全，非法挪用、占用金融消费者资金及其他金融资产；不尊重金融消费者购买金融产品和服务的真实意愿，擅自代理金融消费者办理业务，擅自修改金融消费者的业务指令
	未经金融消费者同意或对方已明确表示拒绝，仍向其发送营销性的金融产品信息
	存在《中国人民银行金融消费者权益保护实施办法》第十九条描述的营销禁止行为触犯记录
	在提供金融产品和服务的过程中，通过附加限制性条件的方式要求金融消费者购买协议中未作明确要求的产品和服务
	金融机构委托第三方追讨债务的，未在书面协议中明确禁止受托人使用前款中的追讨方式，并对受托人的催收行为进行监督
信息披露	对金融产品和服务进行信息披露时，未使用有利于金融消费者接收、理解的方式。对涉及利率、费用、收益及风险等与金融消费者切身利益相关的重要信息，未根据金融产品和服务的复杂程度及风险等级，对其中关键的专业术语进行解释说明，并以适当方式供金融消费者确认其已接收完整信息

(续)

关注领域	常见风险点
信息披露	未通过产品说明书、合同条款、广告、网站等向消费者提供准确的产品信息，产品信息说明的文字大小、字体、位置、颜色不符合规定，未对晦涩难懂的专业术语有专门解释
	在网点专门区域销售自有理财产品与代销产品，销售专区没有明显标识，没有在显著位置以醒目字体提示风险，并提醒消费者通过网站、查询平台或其他媒介了解产品相关信息，同时公示咨询举报电话，以便于消费者确认产品属性及相关信息，举报违规销售、私售产品等行为
	未完成销售专区内电子监控系统的安装和配备工作，实现自有理财产品与代销产品销售过程全程同步录音录像，或者录音录像内容、质量、保存期限等不符合监管要求，录音录像资料不能随时精准检索和调阅
	录音录像的录制和保存受到人为干预或操纵，录制过程中未保护消费者隐私，不注重消费者体验，没有严格防控录音录像信息泄露风险
	未按照相关监管规定披露与金融消费者权益保护相关的经营信息、金融产品和服务信息以及其他信息，例如能够通过年报、网站等方式披露本机构消费者权益保护工作相关信息，如本机构消费者权益保护工作战略、工作报告等
	推出金融科技创新产品时，未准确告知金融消费者金融产品的特点和风险；未合理划分金融产品和服务的风险等级，未将合适的金融产品和服务提供给适当的金融消费者；未采取有效方式提示金融消费者不得利用金融产品和服务从事违法活动
	未依据金融产品和服务的特性，向金融消费者披露下列重要内容 1）金融消费者对该金融产品和服务的权利和义务，订立、变更、中止和解除合同的方式及限制 2）金融机构对该金融产品和服务的权利、义务及法律责任 3）金融消费者应当负担的费用及违约金，包括金额的确定、支付时点和方式 4）金融产品和服务是否受存款保险或者其他相关保障机制的保障 5）因金融产品和服务发生纠纷的处理及投诉途径 6）其他法律法规和监管规定就各类金融产品和服务所要求的应当定期或者不定期披露或报告的事项及其他应当说明的事项
	向金融消费者说明重要内容和披露风险时，未依照相关法律法规、监管要求留存相关资料，留存时间少于三年，法律、行政法规、规章另有规定的，未从其规定 留存的资料包括但不限于：1）金融消费者签字确认的产品和服务协议书；2）金融消费者签字确认的风险提示书；3）记录向金融消费者说明重要内容的录音、录像资料等
	格式合同条款及服务协议文本，存在误导、欺诈等侵犯金融消费者合法权益的内容；含有减轻、免除己方责任，加重金融消费者责任，限制或者排除金融消费者合法权利的格式条款，及借助技术手段强制交易等不合理条款
金融知识普及和教育	未制定年度金融知识普及与金融消费者教育工作计划，结合自身特点开展日常金融知识普及与金融消费者教育活动。以营销个别金融产品和服务替代金融知识普及与金融消费者教育
信息系统运行	金融消费权益保护信息管理系统不能保证正常运行

(续)

关注领域	常见风险点
个人金融信息保护	未落实国家网络安全和信息技术安全有关规定，未采取有效措施确保个人金融信息安全，不能保证至少每半年排查一次个人金融信息安全隐患
	收集个人金融信息，未遵循合法、合理、必要原则，通过格式条款取得个人金融信息书面授权或同意的，条款中未明确提供该信息的范围和情形，并提示可能的后果
	向第三方机构或个人提供消费者的姓名、证件类型及证件号码、电话号码、通信地址及其他敏感信息前，未取得消费者明确授权
	未建立个人金融信息数据库分级授权管理机制，根据个人金融信息的重要性、敏感度及业务开展需要，在不影响其履行反洗钱等法定义务的前提下，合理确定本机构员工调取信息的范围、权限及程序
	未建立个人金融信息使用管理制度。因监管、审计、数据分析等原因需要使用个人金融信息数据的，未严格按照内部授权审批程序，采取有效技术措施，确保信息在内部使用及对外提供等流转环节的安全，防范信息泄露风险
	未规范消费者个人信息收集，收集的信息超出其所办业务的需要，未采取必要的措施确保消费者信息存储的安全性，防止信息被违规查阅、复制、篡改或删除
	未充分审查、评估外包服务供应商保护个人金融信息的能力，未在相关协议中明确外包服务供应商保护个人金融信息的职责和保密义务，并采取必要措施保证外包服务供应商履行上述职责和义务
投诉受理和处理	发生侵犯金融消费者合法权益的，可能引发区域性、系统性风险的重大事件，未及时处理和报告
	未在经营场所或网点醒目位置对外公布专用投诉电话、投诉联系地址等，并保证投诉电话畅通，投诉受理场所不具备录音录像"双录"设备；未设立金融消费者意见簿等
	未建立金融消费者投诉台账，完整、清晰记录金融消费者投诉；未积极受理、处理金融消费者的投诉，及时告知投诉人办理结果，按要求向所在地中国人民银行报送投诉情况统计表和恶意投诉情况

2. 关联交易管理常见风险

根据《商业银行与内部人和股东关联交易管理办法》（2004），商业银行的关联交易是指商业银行与关联方之间发生的转移资源或义务的下列事项：授信、资产转移、提供服务以及监管机构规定的其他关联交易。关联方包括关联自然人、法人或其他组织。

1）授信是指商业银行向客户直接提供资金支持，或者对客户在有关经济活动中可能产生的赔偿、支付责任做出保证，包括贷款、贷款承诺、承兑、贴现、证券回购、贸易融资、保理、信用证、保函、透支、拆借、担保等表内外业务。

2）资产转移是指商业银行的自用动产与不动产的买卖、信贷资产的买卖以及抵债资产的接收和处置等。

3）提供服务是指向商业银行提供信用评估、资产评估、审计、法律等服务。

关联交易是监管机构和证券交易所重点关注与披露的信息对象，出现关联交易违法违规行为的合规代价是巨大的。经过梳理，关联交易管理常见的风险点如表 7-2 所示。

表 7-2 关联交易管理常见的风险点

关注领域	常见风险点
政策制度	未建立关联交易管理相关的制度，包括董事会或者经营决策机构对关联交易的监督管理，关联交易控制委员会的职责和人员组成，关联方的信息收集与管理，关联方的报告与承诺、识别与确认制度，关联交易的种类和定价政策、审批程序和标准，回避制度，内部审计监督，信息披露，处罚办法等内容
组织与职责	未建立关联交易管理相关的组织架构并明确职责，未设置关联交易控制委员会
关联方管理	未通过有效的信息收集机制收集关联方和关联交易信息，未建立关联方清单并定期及时向企业相关工作人员公布其所确认的关联方
	关联方清单未覆盖关联自然人、法人或其他组织
	未按照合规要求穿透至底层，确保关联方名单完整、准确
关联交易识别和认定	未设计自上而下和自下而上覆盖各种类型关联交易的识别机制、职责、流程和工具，关联交易的识别信息沟通不顺畅
	未准确、及时地识别关联交易，例如对于非授信类关联交易未能准确、完整地识别
	未明确关联交易的认定机构，未对于各条线初步识别并上报的交易是否真正构成关联交易进行合规认定
关联交易日常管理	未区分重大关联交易和一般关联交易，并为其设计不同的管理流程
	计算一个关联方的交易余额时，未将关联自然人的近亲属合并计算，未将关联法人或其他组织的集团客户合并计算
	商业银行对关联方的授信余额超过监管规定
	直接或通过借道同业、理财、表外等业务，突破比例限制或违反规定向关联方提供资金
	签订重要合同及其他法律合约的程序中，未覆盖关联交易管理的部分
关联交易审批	关联交易价格不公允，交易条件不优于其他交易，通过直接或间接融资方式对关联方进行利益输送
	关联交易审批程序不合规，授信风险调查、审查、授信审批过程中未进行关联交易风险评价
	独立董事未对重大关联交易的公允性及内部审批程序履行情况发表书面意见
	一般关联交易未向关联交易控制委员会报备
	向关联方提供授信后，未加强跟踪管理，监测和控制风险
	违规向关系人发放信用贷款，是否向关联方发放无担保贷款
关联交易的报送	未及时准确向监管机构报送关联交易各项数据

7.4 操作风险管理的重点工作

对于操作风险管理的变革升级,可以从运用战略性操作风险管理思维和针对新兴领域开展操作风险管理两方面着手,在夯实基础的前提下,将战略植入日常管理活动之中,并对过去未被有效关注的有价值领域予以关注。

1. 运用战略性操作风险管理思维

虽然很多理论强调风险的正面和负面这两种性质,也认可恰当的经营风险可以带来超额绩效,但是能够把这些思想深刻领悟、融会贯通并投入实践的案例并不多。2017 年,COSO 发布的《企业风险管理:与战略和绩效的整合》非常强调风险管理过程中的战略和绩效因素,认为在坚持审慎经营的前提下,风险管理不能再局限于查错纠弊和杜绝防范。

坚持战略导向的风险管理,创造更多的绩效和价值,是当前更受重视的操作风险管理主题。企业应该思考如何从广泛的业务和管理活动中发掘关键的操作风险,运用战略思维来分析风险管理的性质,运用绩效思维来评价风险管理的效果。

2. 针对新兴领域开展操作风险管理

操作风险管理的重点管控对象是人、流程、系统和外部事件,可以进一步分出内外部欺诈,就业制度和工作场所安全事件,客户、产品和业务活动事件,实物资产的损坏,信息科技与信息系统事件,执行、交割和流程管理事件等。观察市场上对操作风险事件进一步分解的实例,可以发现进一步的操作风险事件仍然是比较传统的。例如信息科技与信息系统事件可以再分为硬件问题、软件问题、网络与通信线路问题、动力输送中断、系统开发失败等。很明显这些操作风险事件存在两个问题:一是非常宏观和模糊,二是没有涵盖新兴领域。

操作风险管理的新兴领域除了基本的风险管理,还应该包括金融科技战略、研发和应用带来的新风险、数字化转型和数字化建设带来的新风险、第三方关系处理、实质的合规遵循、隐私保护、组织变革和人才管理风险、新产品管理、新媒体运营、企业人文塑造、金融创新和科技创新等。

7.5 操作风险管理数字化转型

如前文所述,操作风险的子领域众多,许多子领域可以单独剥离出来进行专项的数字化转型方法论设计,例如组织和人才管控风险、洗钱风险、信息科技风险。本节将介绍总体性的操作风险管理数字化转型的方法论框架,并在这个框架下详细介绍操作风险项下的三道防线、数据挖掘分析、三大管理工具、计量、报告、审计和信息系统。

7.5.1 操作风险管理数字化转型总框架

操作风险管理的框架由操作风险战略、操作风险治理、操作风险管理流程和方法、操作风险管理信息系统四大模块组成。操作风险战略部分负责确定细化的战略和风险偏好，作为体系设计的总指导；操作风险治理由组织架构、岗位及其职责、政策制度、三道防线机制组成，是确保操作风险体系有效运行的前提；操作风险管理流程和方法包括标准的五个阶段，管理工具和方法主要是指操作风险管理三大工具和风险计量的方法等；最后是操作风险管理信息系统。数字化时代，对操作风险进行数字化再造其实就是对上述所有领域的数字化再造。例如将传统的操作风险管理信息系统升级为操作风险管理平台，以支持大数据采集和分析、操作流程自动化、风险监测智能化、风险计量自动化、风险报告可视化等。具体如图 7-9 所示。

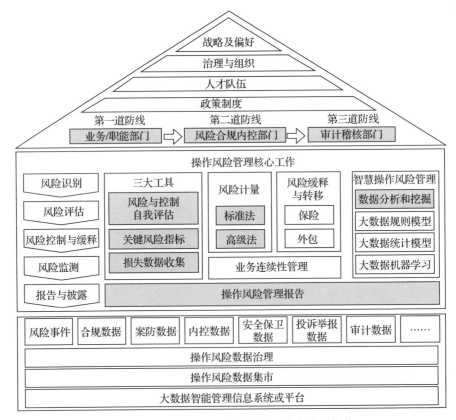

图 7-9　操作风险管理数字化转型的方法论框架

1. 顶层设计

对于操作风险管理的数字化转型，在顶层设计方面，需要确定公司对操作风险管理的整体策略，确立公司层面的操作风险容忍度，建立适应公司的操作风险管理的数字化组织架构且明确操作风险管理的角色与责任，培养操作风险管理及其数字化转型的专业人才队伍，制定操作风险管理的政策制度，设计和维护操作风险管理的三道防线协同机制。

2. 核心工作

一是建立数字化的操作风险管理新流程，至少包括风险识别、风险评估、风险控制与缓释、风险监测、报告与披露五大核心环节；二是对经典的操作风险管理三大工具进行数字化改造，提高其自动化和智能化水平；三是开展标准和高级的风险计量，适当引入更高阶的大数据统计模型；四是启动对特定领域的保险和外包措施；五是以数据分析和挖掘为基础，开发大数据规则模型、大数据统计模型和大数据机器学习模型，用于操作风险的预测或度量；六是对企业进行整体业务连续性和信息科技领域业务连续性的专项管理；七是操作风险管理报告的数字化再造。

3. 数字化基础

数字化基础包括开展操作风险数据治理、建立操作风险数据集市和打造操作风险大数据智能管理信息系统或平台三部分，充分利用相关的数字化技术与工具对操作风险进行识别、评估、管理。

基于此框架进行操作风险数字化转型时需要注意的问题有很多，例如：如何对操作风险战略进行数字化，治理、组织和人才体系如何支撑数字化，政策制度如何指导数字化，三道防线如何共享数字化资源和能力，如何实现五大关键流程的数字化，RCSA如何实现自动化改造，如何开发更加科学的计量方法，操作风险报告如何自动化，整体操作风险管理运行情况如何可视化，等等。这是一个庞大的工程，需要十分有经验的专业人士进行宏观把控和微观设计，必要时企业可以借助外部力量进行合理的资源重组和再分配。

在上述众多领域中，我们选择数据分析和挖掘来进行重点分析。操作风险的数据分析和挖掘是实现其数字化转型的关键之一，也是打造智慧操作风险管理的首要方法。

数据分析和挖掘是操作风险管理的高阶方法，也是实现操作风险管理数字化转型的必然选择。这是因为操作风险管理的全过程就是采集数据、分析数据在挖掘数据中的风险因素和风险价值的过程。过去由于操作风险涉及的子领域众多，损失和事件数据积累较为薄弱，导致其数字化进展缓慢。未来，企业数字化建设的成果将使操作风险能够采集到更广泛更大量的数据来进行分析。操作风险数据分析和挖掘主要有以下常见的模式。

1）通过收入模型、损失分布模型、极值理论、截尾模型等来计量操作风险的大小。

2）通过算法，如逻辑回归、随机森林、遗传算法来对特定场景的操作风险进行预测分析。例如，通过逻辑回归构建一个模型并基于销售人员的行为表现来进行风险分类，通过随机森林模型构建客户投诉预警管理模型来优化投诉管理，通过神经网络模型来识别客户的欺诈风险等。

3）通过文本分析等方法来对操作风险相关的文件进行主题分析、分类分析等。例如，通过隐含狄利克雷分布（Latent Dirichlet Allocation, LDA）模型进行授信调查报告的主题挖掘。

4）借用内部审计中非现场监测模型的思路，构建一些操作风险相关的规则模型，再通过系统取数进行风险预警。

5）深化各业务流程和管理流程中的操作风险管理，根据操作环节的风险点来部署数据采集点，再进行风险分析。

7.5.2 操作风险管理三道防线机制的数字化

虽然本书提出了风险管理新"六道防线"理论，但是各企业在实践中主要还是沿用"三道防线"理论作为风险管理治理和管理的重要抓手。事实上同对信用风险一样，对操作风险建立恰当的三道防线机制也是十分必要且有效的。此处要重点说明的是，真正有效的操作风险防线是第一道防线，因为它是各项业务的直接操作机构，是操作风险产生的源头和根本，第二道防线和第三道防线的核心工作是促进第一道防线更好地防止和控制风险，咨询、检查、计量、报表、审计等手段是改进这项核心工作的方法，但有效的方法绝对不止这些。数字化时代，如何利用金融科技和数字技术来促进三道防线高效协作与互相进步是企业在操作风险数字化转型中需要思考的问题。操作风险管理三道防线机制设计的方法如图7-10所示。

操作风险管理三道防线的数字化转型可以从如下三个方面进行突破。

首先，需要对操作风险管理三道防线的数字化转型策略进行统一的规划布局，从风险管理变革的角度设计一套科学的方案，明确各防线的子策略，配备相应的组织架构和人才队伍，建立合适的考核激励机制。

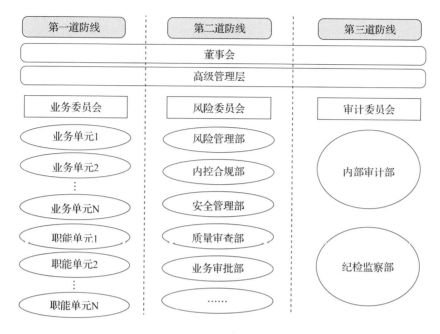

图 7-10 操作风险管理三道防线

其次,通过认知管理来宣传和强化三道防线的合作共赢文化。对自我的认知和对企业的认知是了解、认识和接受企业数字化转型精神的核心过程。在操作风险三道防线数字化转型的过程中,必须加强认知的培训和宣贯,让各部门、各机构的人员深刻领会风险、防线和数字文化的重要性,从根本上助力转型成功。

最后,加强三道防线间的数字化资源和能力的共享。企业实践中,三道防线间往往存在着理念差异、利益冲突、协同阻力、资源陷阱、能力缺陷和沟通障碍等不利因素。这些不利因素阻碍了三道防线间价值的发挥,导致 1+1+1<3 的结果。为了解决这个问题,我们必须加强三道防线间的数字化资源和能力的共享,打造三道防线合作的新生态。例如在信息系统方面,操作风险第二道防线建立的风险监测系统可以共享给第三道防线的审计系统,或者三道防线可以协作打造一个集成化的操作风险管理平台。

7.5.3 流程风险管理及操作与风险控制自我评估

1. 流程风险管理

基于流程来开展操作风险管理是一种非常普遍和有效的方法,它的应用原理是,无论对人员还是信息系统的管理，均基于一个特定的流程来进行，在业务或管理活动中，流程和操作形成了非常多的组合，这些组合对应于不同的风险。对于企业来说，这种风险主要集中在操作风险领域，于是"流程—操作"组合转变为"流程—操作—风险"组合。

以这种"流程—操作—风险"的组合进行操作风险管理的总体思路如图 7-11 所示，具体说明如下。

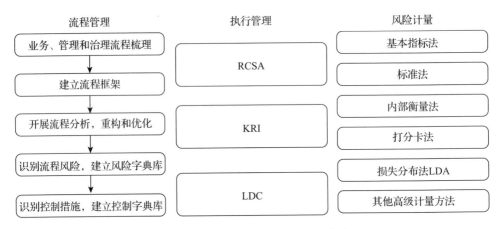

图 7-11 流程管理下的操作风险及其计量

1）流程管理。首先，梳理业务活动、管理活动、数据、信息系统等关键领域，充分了解现状，建立初步的流程体系框架；其次，进行流程分析（可以使用定性树模型法、目标管理法等）；再次，建立初步的风险字典库；最后，建立初步的控制字典库。

2）执行管理。此部分一般通过风险与控制自我评估（Risk and Control Self-Assessment，RCSA）、关键风险指标（Key Risk Indicator，KRI）、损失数据收集（Loss Data Collection，LDC）三大工具来进行。三大工具是我国监管机构和巴塞尔委员会所推荐的方法，代表了操作风险管理领域经典的方法。不过 RCSA 的实施成本非常高，效果在不同的环境和条件下差异较大，因此需要注意避免 RCSA 流于形式和增加过多的成本。

3）风险计量。风险计量是很多风险管理人员所推崇的风险管理最高境界，代表了风险管理领域的核心能力。实践中，企业在进行风险计量时一般使用监管机构所推荐的方法，但是学术界、领先企业已经探索出了很多先进的方法。随着数字化建设的推进，越来越多高质量的数据将会被采集，相信未来操作风险计量领域将出现更多优秀的方法。

此外，关于流程风险管理的数字化，第 12 章将会详细介绍。

2. 操作与风险控制自我评估

根据《商业银行操作风险管理指引》，自我风险评估是指商业银行识别和评估潜在操作风险以及自身业务活动的控制措施、适当程度及有效的操作风险管理工具。其中提到的自我风险评估即操作与风险控制自我评估（RCSA）。实践中，RCSA 按照业务和流程梳理、风险识别和评估、控制识别和评估、结果分析、管理风险和缺陷、成果利用、后续监督和优化这些子项活动来进行操作。在一些企业中，RCSA 和内控评价在工作程序和操作方法上具有高度相似性，甚至可以整合为一项工作。RCSA 的主要过程如图 7-12 所示。

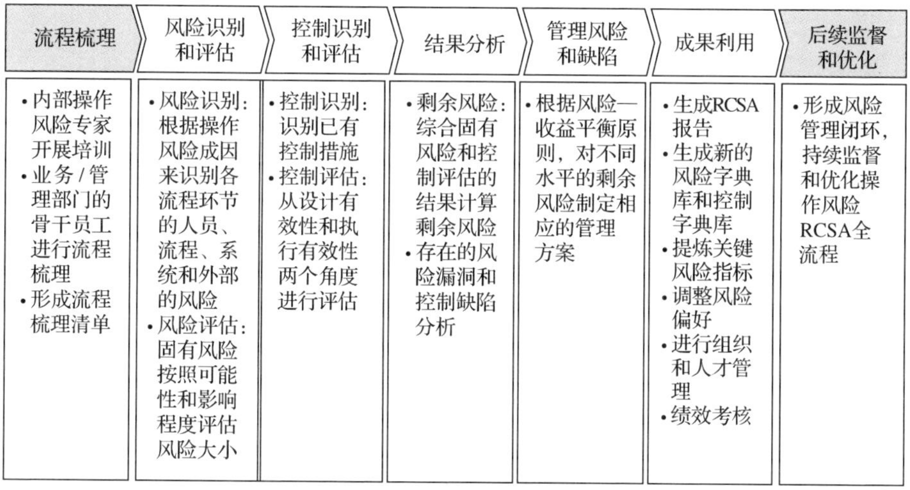

流程梳理	风险识别和评估	控制识别和评估	结果分析	管理风险和缺陷	成果利用	后续监督和优化
• 内部操作风险专家开展培训 • 业务/管理部门的骨干员工进行流程梳理 • 形成流程梳理清单	• 风险识别：根据操作风险成因来识别各流程环节的人员、流程、系统和外部的风险 • 风险评估：固有风险按照可能性和影响程度评估风险大小	• 控制识别：识别已有控制措施 • 控制评估：从设计有效性和执行有效性两个角度进行评估	• 剩余风险：综合固有风险和控制评估的结果计算剩余风险 • 存在的风险漏洞和控制缺陷分析	• 根据风险—收益平衡原则，对不同水平的剩余风险制定相应的管理方案	• 生成RCSA报告 • 生成新的风险字典库和控制字典库 • 提炼关键风险指标 • 调整风险偏好 • 进行组织和人才管理 • 绩效考核	• 形成风险管理闭环，持续监督和优化操作RCSA全流程

图 7-12 操作风险 RCSA 的过程

我们可以设计如表 7-3 所示的表格来进行 RCSA 工作，每家企业可以根据自身实际情况和管理要求增加或减少表格字段。如果侧重于操作风险管理，可以将固有风险部分的字段增加"风险成因分析"和"关联的风险监测指标"；如果侧重于操作风险控制，可以再增加"控制的有效性"等；如果侧重于企业经营管理，可以增加"与公司战略的关联程度"和"关联的绩效考核指标"等；如果侧重于数字化和金融科技，可以增加数据和信息技术相关的字段。

表 7-3　RCSA 工作底稿示例

流程梳理底稿

序号	流程属主部门	一级流程	二级操作阶段	三级操作环节
1	风险管理部	评级模型管理流程	模型运行	参数维护

风险识别底稿

操作风险分析						事件类型		原因类型	
风险编号	风险名称	风险来源	影响范围	是否合规风险	内部或外部合规	一级事件	二级事件	一级	二级
1.1	员工篡改模型参数	人员风险	资产安全	是	内部合规	内部欺诈	未经授权的行为	流程	未遵守内部政策和程序

风险与控制评估底稿

损失类型		固有风险评估			现有控制措施		剩余风险评估			风险趋势评估	是否关键控制	现有控制评价
直接	间接	可能性	影响程度	风险等级	流程内控制措施	流程外控制措施	可能性	影响程度	风险等级			
不合格的贷款发放引发信贷损失	监管行动、系统失败	D：不太可能	5：极大	H：高风险	在系统中设置单人无法完成参数维护，一人提交维护申请后，在系统中备注修改原因和潜在影响，经过恰当审核审批后才能生效	合规培训和宣导	D：不太可能	3：中等	M：中等风险	平稳	否	控制充分

在 RCSA 过程中，控制有效性的评估方法一般有穿行测试和执行测试。

穿行测试指针对控制活动进行的从开始、授权、记录、处理直至产生财务报告的完整穿行过程（非财务相关流程不涉及财务报告控制活动），简单表述，它是指在每一类交易循环中选择一笔业务进行测试，对其业务流程的内部控制执行检查，以验证工作底稿上描述的内部控制信息的客观性和真实性。

穿行测试的步骤如下：
1）获取一个符合条件的业务活动或管理活动；
2）跟踪交易全过程，获取控制存在证明性文档（原始交易凭证、审批文件等）；
3）列示证明性文档及对应的控制点，按照风险控制矩阵中的测试步骤进行测试；
4）在测试过程中需特别关注与授权或职责分离相关的控制（发现设计缺陷）；
5）将测试目录及相关文档归档。

由于资源和技术手段有限，无法对全部样本进行检查，因此需要设计一套规则来进行抽样检查，这就是执行测试。执行测试一般针对关键环节的关键风险抽取更多的样本进行控制评估。

传统的 RCSA 需要投入大量的人力和时间进行抽样检查活动，自评估的平均生产率是较低的。近些年来有机构开始关注 RCSA 的自动化改造，它本质上就是利用信息化和数字化思维对 RCSA 进行再设计。企业可以优先挑选部分信息化、数字化程度较高的业务流程或管理流程开始 RCSA 自动化评估试点，可以借鉴的技术包括但不限于 RPA、规则判别和机器学习。RCSA 的自动化极有可能形成一个新的热门方向，领先企业可以开始研究和布局这一领域。

7.5.4 操作风险关键监测预警指标

1. KRI

KRI（关键风险指标）是针对影响公司目标和价值实现的关键风险，挖掘出的可以用来监测预警这种风险的定性或定量指标，其中以定量指标为主。各种类型的风险都可以设置 KRI，在信贷风险管理、流动性风险管理、操作风险管理等领域，KRI 被作为一种常用的风险管理工具。

风险包括风险成因、风险事件和风险结果三个部分，KRI 可以来源于这三个部分，但是从防范风险的角度来看应该以风险成因为主。一项风险事件的发生可能有多种成因，但关键成因往往只有几种。KRI 管理是对引起风险事件的 KRI 进行管理的方法。具体操作步骤如下。

1）分析风险成因，从中找出关键成因。风险成因的分析方法有鱼骨图分析法、

BowTie 分析法等。

2）KRI 主要是定量指标，因此需要将关键成因量化，确定其度量，分析并确定风险事件发生或极有可能发生时该成因的具体数值。

3）以该具体数值为基础，以发出风险预警信息为目的，确定 KRI 的单级或多级预警阈值。

4）建立分级预警管理体系，开发风险预警系统，即当关键成因数值达到 KRI 时，发出风险预警信息。

5）制定出现风险预警信息时应采取的风险控制措施，制定出现重大风险时的应急处置流程和应急预案。

6）跟踪并监测关键成因数值的变化，一旦出现预警即实施风险控制措施或者启动风险应急预案。

该方法既可以管理单项风险的多个 KRI，也可以管理影响企业主要目标的多个主要风险。使用该方法，要求风险关键成因分析准确，且易量化、易统计、易跟踪和监测。

根据巴塞尔委员会的分类，KRI 选取应覆盖四大风险成因、七大损失类型和八大业务条线。三维模型中的每一个组合（产品服务、风险分类、业务功能单位）决定一个操作风险点，每一个风险点对应一个 KRI。

2. KPI

KPI（关键绩效指标）是企业绩效管理和绩效考核的重要工具之一，这是一种强调目标和结果的量化的指标体系。KPI 将公司的战略目标分解为部门和员工的绩效结果，一般包括垂直考核指标和平行考核指标、财务指标和非财务指标。有一种常见的绩效考核指标类型是基于战略平衡计分卡的四个维度（财务、客户、运营和学习成长）开发的。

此外还有 KCI（关键控制指标），它侧重于对普通员工工作过程中的绩效表现进行考核评价。KPI 重点关注的是结果，有利于提高管理效率；KCI 重点关注的是过程，有利于保证控制效果。

3. KRI 的类型

对于企业操作风险 KRI 的类型在监管上并无明确要求，实践中不同企业的分类方法并不一样。一般可以按照组织、层级、时间、对象、科技等维度进行指标的大类划分，具体如表 7-4 所示。

表 7-4 操作风险 KRI 的主要类型

一级维度	二级维度	指标定义
组织	公司级指标	具备全局性和重要性特征、需管理层重点关注的指标
	业务条线级指标	具备业务领域专业性特征、需业务部门（如金融投资部、公司金融部、投资银行部）重点关注的指标
	管理条线级指标	具备管理领域专业性特征、需管理部门（如风险管理部、计划财务部、内控合规部、资产管理部）重点关注的指标
层级	偏好指标	反映企业的风险偏好、用来衡量企业的风险承受能力的指标
	监控指标	根据偏好指标按照目标、业务、机构等维度进行分拆得到的细化指标
时间	先行指标	用来监测经营环境、对日常流程和操作有关键的基础作用的指标，如员工满意度、技术变化率
	同步指标	用来描述流程和操作过程的质量、表现为正在发生的事情的指标，比如差错率、审批合格率
	滞后指标	已经发生损失的指标，如监管罚没、诉讼成本、资产损失、赔偿、追索失败、减值
对象	战略绩效指标	体现战略、绩效、企业成长表现的指标
	合规监管指标	根据国家、行业法律法规要求设置的指标
	财务指标	财务数据出现变化的指标
	系统指标	信息系统成本指标、质量指标、效果指标、风险指标、项目管理指标、项目风险指标
	人员指标	内部员工和客服人员要求的指标
	业务指标	业务和产品经营中的风险指标
科技	传统科技指标	用来监测信息科技治理、系统开发、系统运行维护、业务连续性的指标
	金融科技指标	用来描述人工智能、大数据、云计算、区块链、物联网、5G 通信的指标
	安全指标	用来度量信息安全、网络安全、数据安全、隐私保护相关的指标
	数字化指标	以数字经济和数据产业为基础，监控数字化转型和数字化建设风险的指标

4. KRI 的来源

根据行业实践，每家公司在开发 KRI 时采用的方法不同，在选取风险指标来源时的偏好也会不一样。总体来看，主要来源如下：

1）监管的要求，特别是一些法规指引中本身就存在定量的指标；

2）监管处罚事件，这是需要重点挖掘的来源；

3）内部和外部历史损失事件和损失数据，对损失事件进行分析，挖掘指标；

4）内部政策制度要求及个性化的管理要求；

5）公司战略和绩效指标，特别是 KPI，经过分析后一些 KPI 能够直接转化为 KRI；

6）利益相关者的需求，特别是股东、高级管理层、评级机构、股票分析师、业务伙伴和供应商、客户的需求；

7）数字化时代，要特别注意挖掘数字化转型、数据治理、大数据安全和隐私保护、金融科技研发和应用的相关操作风险。

5. KRI 的基本开发流程

一般来说：首先，进行业务和流程的全面梳理，收集信息，分析并识别潜在的风险；其次，分析潜在的风险并建立操作风险指标库，再次，由指标库中筛选出 KRI；最后，定义 KRI、阈值、监测方式、数据来源、计算公式。指标初步设定完毕后需要进行初始验证。这些步骤可以进一步概括为图 7-13。

高风险领域的识别	风险因素分析	指标识别与分解	指标评估和筛选	指标细化	确定阈值
・自上而下：根据公司管理层操作风险偏好、容忍度、限额指标明确关注焦点，并识别相应的高风险领域 ・自下而上：采用矩阵分割，根据RCSA的评估结果，识别各部门的风险点，并筛选其中风险较高的领域	・人员因素 ・流程因素 ・系统因素 ・外部事件因素	・识别并分解对风险诱因的变化具备较强的敏感性，能及时反映风险变化趋势的指标 ・平衡计分卡指标接入 ・利益需求者的关注接入 ・战略接入	・有效性（包括预警性和相关性） ・可行性（包括可度量性和可获取性） ・可以通过定性和定量的方法筛选	・KRI清晰完备的定义 ・确定分子和分母来源和计算方式 ・指标编号、指标名称、针对的风险编号、对应的巴塞尔业务条线、损失事件类型等	通过历史损失数据分析、指标特性分析、专家经验分析确定指标阈值

图 7-13　操作风险 KRI 的开发流程

下面以巴林银行交易员事件为例说明如何通过鱼骨图分析得到风险，再进一步得到 KRI，如图 7-14 所示。

1）风险分析，主要包括：识别风险诱因，即金融市场波动剧烈，投资交易损失惨重；找出风险事件，即交易员为隐藏交易违规做了更大规模的同向交易；预测风险结果，即导致更大的损失。

2）控制分析，针对上述风险，提出交易限额控制、交易确认控制、止损控制、系统记录控制等措施。

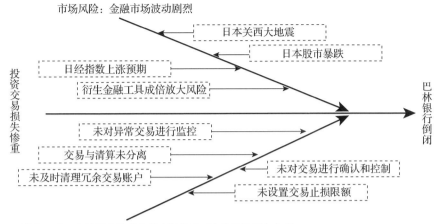

图 7-14 巴林银行交易员事件的风险鱼骨图分析

3）建立操作风险指标库。
- 由风险诱因，得到核心风险指标：金融市场波动率。
- 由控制分析，得到如下风险指标：超过限额的交易数量、交易确认不符的笔数、交易录入的时间、超过一定时间未核对的交易笔数。
- 由结果分析，得到风险指标：交易损失率。

4）指标分类。
- 先行指标：金融市场波动率、超过限额的交易数量。
- 同步指标：交易确认不符的笔数、交易录入的时间、超过一定时间未核对的交易笔数。
- 滞后指标：交易损失率。

5）筛选 KRI，从上述第 3 步和第 4 步得到的初步指标中筛选出最终的 KRI。

6. 阈值设定

针对每一个指标设定预警值和最大容忍值。阈值设定的基本方法是，采用某指标所监控的对象发生风险事件前，指标未能发出正确预警的概率等于发出错误预警的概率时，该指标的取值。设定方法一般有如下几种。

- 战略目标分解法：一般企业战略、运营和绩效管理都会设置基于战略目标的各种指标且设置有监测值，可以据此对这些指标进行风险分析，进而设置阈值。

- 风险偏好传导法：企业一般会根据风险偏好指标分解再设定监测指标等，其中定量偏好本身一般设有预警值，可以直接根据定性风险偏好设定风险指标的阈值。
- 等分法：通过计算多个时间段的风险指标监测值的大小，等分划定风险等级。
- 风险事件确定法：根据风险指标所关联的风险事件，直接将发生风险事件时的临界值作为阈值。
- 历史数据分布法：根据收集整理的指标的实际监测数据，对其进行模拟分析，预测其波动情况等。在均值和标准差的配合下，我们可以选择考察期内该指标的最大值、最小值，将阈值定位在 (min, max) 区间的 3/4 或 1/4 处。
- 监管经验参考法：采用国务院国资委、中国人民银行、银保监会、证监会发布的绩效考核或风险监控指标的分位点值，例如选择良好值、平均值或较差值作为指标的阈值。这种方法适合企业总部或分支机构指标的监测。对于监管机构已经给出预警阈值的，可以直接参考采用。
- 关联分析法：通过对指标之间的相关性进行分析，找出其中的因果关系，利用两个指标或多个指标之间的关系设置阈值。例如：银保监会严格监管一些指标，如贷存比、流动性比率等，这些指标有着明确的监管限额，这些限额可视为这些指标的阈值；而对于企业内关注的其他指标，可以通过关联性推导出需要的参考阈值。
- 同业经验参考法：根据行业基准，对于相同或相近环境、性质、类型、规模、风险的指标，可以参考同业领先公司的阈值。
- 中位数法：这种方法利用中数原则来确定单个风险指标的阈值，比较适合于企业分支机构的风险监测。它假定所有待预警的机构中，有 50% 是没有发生预警的，因此有预警和无预警的分界线是所有待预警机构指标取值的中位数。
- 平均数法：这种方法利用均数原则来确定单个风险指标的阈值，也比较适合于企业分支机构风险监测。有预警和无预警的分界线是所有待预警机构指标取值的平均数。
- 专家判断法：这种方法不是指专家主观的简单判断，而是基于多个专家的意见，进行科学的规划分析得出合理的阈值，从而降低个别专家和少数专家的失误风险。例如，一种方法是由多个专家对指标进行阈值设定，利用层次分析法进行分析和决策，确定最终阈值。
- 最优分割法：由费舍尔在 1958 年最先提出，这种方法将数据集划分为多个具有不同特征的类，使得同一类中的数据最大化不同或最小化相似，不用破坏有序样本即使得分割后的级内离差平方和最小、级间的离差平方和最大。该方法适合对有序数据或可以转化为有序数据的风险指标值进行分类分级。
- 敏感性分析法：设置敏感性指标，对其中某些指标的参数作出小幅度变化，分析其对决策目标的影响程度；若影响程度达到预期标准，则将变化点作为阈值。这种分析方法的缺点是每次只允许一个因素发生变化而假定其他因素不变，这与实际情况可能不符。
- 压力测试法：对某一风险指标设定压力情景，并利用数据进行压力测试，找到一些临界值并将其作为阈值。
- 统计分析法：对指标的监测值进行统计分析。例如找到监测数据的概率分布函数和图形，假设某组数据符合正态分布，那么位于距均值三倍标准差范围外的观测值被视为异常值；又如画出箱形图，直接观察异常值的分布，找到其规律并设定阈值。

根据中位数法和平均数法的思想，也可以将 2/3 分位数、3/4 分位数设置为预警值。无论使用哪一种方法，在初次设定后都必须对指标阈值进行持续监控和调整。

7. KRI 的调整和报告

与企业管理的其他事项一样，KRI 也不是一成不变的，需要在后续的运行中根据企业内外部环境、资源和能力以及所处的风险环境进行持续调整和优化。主要涉及如下工作。

1）指标的检查：KRI 的检查包括定期检查和不定期检查。企业可以设置以半年为一个周期对指标进行定期检查，检查的重点是指标数据采集的全面性和准确性、指标阈值设置的合理性、指标预警的有效性、与业务相关的指导作用等。

2）指标的分析：企业应该就指标的内外部环境匹配性、风险敏感度、关键领域覆盖、数据质量、预测效果、阈值等进行定性和定量分析，这种分析可以和上述的检查同步进行。

3）指标的调整：调整包括重大调整与一般调整，重大调整包括变更指标类型、增加指标、删减指标、调整阈值，一般调整包括变更指标维护人员、修改数据采集方式等。对于重大调整和一般调整可根据企业的需求而设定，例如中小型企业基于合理的内部控制环境，可以不区分重大调整和一般调整，以增加工作的灵活性，减少不必要的流程。

8. KRI 示例

不同企业 KRI 的类型和数量均有很大的差别，少则十多个，多则几百个，常见的是在 40～80 个之间。KRI 的分类和说明示例如表 7-5 所示。

表 7-5 操作风险 KRI 大类划分和说明

序号	指标分类	指标开发说明
1	外部监管类	根据外部监管机构的法律法规及指引来开发 KRI，包括现有的监管指标以及根据法规指引重新开发的指标
2	内部合规类	以内部合规管理为出发点开发，例如针对员工行为管理、内部制度合规开发专项 KRI
3	战略绩效类	根据企业内部的战略绩效及其考核需求来开发，一般以经营指标或财务指标为主
4	组织管理类	观察和分析组织的设计和运行，查找存在的风险和问题，例如员工流失率
5	业务管理类	观察和分析企业的各种业务，筛选出重点业务并设计业务运营管理的监测指标，主要涉及产品管理、业务运营、流程管理等
6	数字化转型类	研究国家和监管机构的数字化转型政策，分析公司的数字化转型战略，以政策和战略为基本指导，结合公司的内部策略方针，评估数字化转型的成果，然后从宏观、中观和微观三个层次识别数字化转型的潜在风险
7	数据治理类	以数据治理、数据开发、数据运维、数据安全等为出发点开发
8	信息系统类	主要是信息系统开发和运维、业务连续性相关的监测指标

9. 操作风险监测预警体系的数字化

风险监测预警的数字化、可视化和智能化是当今风险管理领域数字化转型的热点。以《巴塞尔协议》和《商业银行资本管理办法（试行）》为基础的信用风险内部评级法、市场风险内部模型法在国内经过 10 多年的发展目前均已经比较稳定和成熟。大数据时代，随着智慧风控概念的兴起，风险管理领域由风险统计建模转变为智能风险监测预警。许多领先公司开始了智能信贷预警监测、智能员工行为风险预警、智能反洗钱风控监测等工程项目，操作风险也随之迎来了智慧化监测预警时代，并且已经由 KRI 升级到大数据挖掘分析，数字化、可视化和智能化水平显著提升。操作风险监测预警的流程和方法如图 7-15 所示。

风险监测预警体系的建设具有三大核心抓手：一是设计出一套科学、完整、有效的风险监测指标；二是采集结构化和非结构化的数据进行计算、分析和预警；三是构建一个智能的信息系统，以可视化的方式持续、动态和自动地进行风险监控。

7.5.5 操作风险损失数据收集

1. 操作风险事件

操作风险事件可分为操作风险损失事件和操作风险非损失事件。

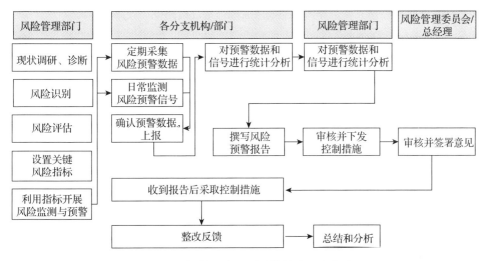

图 7-15 操作风险监测预警的流程和方法

操作风险损失事件是指由于不完善或有问题的内部程序、员工、信息科技系统以及外部因素等带来的风险未被有效控制,因而造成财务损失或非财务损失的事件,包括法律风险事件,但不包括策略风险和声誉风险事件。

操作风险非损失事件是指因操作风险未被有效控制,虽未对公司造成直接经济损失,但对公司造成了声誉、客户、监管等非财务负面影响的操作风险事件。

2. 损失数据收集

损失数据收集(LDC)是指金融机构按照一定的标准化流程,对损失数据的完整信息进行有条理的收集、分析,建立完整的操作风险损失数据库,并据此识别、评估和管理操作风险的管理流程。

损失数据是指公司收集、记录并分析的与操作风险损失事件有关的信息,包括但不局限于事件发生时间、事件发生原因、损失金额、损失回收金额等。损失数据包括内部损失数据和外部损失数据。

LDC 是操作风险管理三大工具之一,也是操作风险管理及资本计量不可或缺的一部分,还是开发可靠操作风险资本计量系统并使其有效运行的重要因素。

3. 操作风险损失事件统计原则

1)抓住关键问题和主要矛盾,在统计操作风险损失事件时,要对损失金额较大和发生频率较高的操作风险损失事件进行重点关注和确认。

2)应及时确认、完整和准确记录、统计操作风险损失事件所导致的直接财务损失,估算潜在财务损失,避免因提前或延后统计造成当期统计数据不准确。

3)对操作风险损失事件和损失类型进行准确分类,明确损失事件和损失类型的标准、范围、程序和方法,以确保统计结果客观、准确及可比。

4)对操作风险损失进行确认时,要保持必要的严谨和审慎,应进行客观、公允统计并准确计算损失金额,不得出现多计或少计操作风险损失的情况。

5)很多时候操作风险损失金额很难估计,因此需要前期设计损失估算的标准化方法和工具,避免出现不符合实际情况的主观判断。

4. 操作风险损失事件类型

按照《商业银行资本管理办法(试行)》对操作风险管理的要求,结合企业实践,我们可以将操作风险按损失类型划分为以下几类。

1)内部欺诈。指故意骗取、盗用财产或违反监管规章、法律或公司政策导致的损失事件,此类事件至少涉及内部一方,但不包括歧视及差别待遇事件。

2)外部欺诈。指第三方故意骗取、盗用、抢劫财产、伪造要件、攻击商业银行信息科技系统或逃避法律监管导致的损失事件。

3)就业制度和工作场所安全事件。指违反就业、健康或安全方面的法律或协议,个人工伤赔付或者因歧视及差别待遇导致的损失事件。

4)客户、产品和业务活动事件。指因未按有关规定造成未对特定客户履行份内义务(如信托责任和适当性要求)或产品性质或设计缺陷导致的损失事件。

5)实物资产的损坏。指因自然灾害或其他事件导致实物资产丢失或毁坏的损失事件。

6)信息科技系统事件。指因信息科技系统生产运行、应用开发、安全管理以及由于软件产品、硬件设备、服务提供商等第三方因素,造成系统无法正常办理业务或系统速度异常所导致的损失事件。

7)执行、交割和流程管理事件。指因交易处理或流程管理失败,以及与交易对手方、外部供应商及销售商发生纠纷导致的损失事件。

根据《商业银行资本管理办法(试行)》的规定,操作风险损失事件类型主要按照内部欺诈、外部欺诈、就业制度和工作场所安全事件等类型进行分解。表7-6给出了一个具体的分解示例。

5. 操作风险损失形态

按照《ISO 31000风险管理标准》的定义,风险带来的影响可以是正面的或负面的,因此操作风险损失数据收集应包括收益。但操作风险主要关注的是损失,损失形态分类如图7-16所示,主要包括如下类型。

表 7-6 操作风险事件类型及示例

序号	事件类型	一级事件示例	二级事件示例
1	内部欺诈	操作未经授权、盗窃或私吞财产、舞弊或伪造	超权限越权限交易、故意隐瞒关键信息、故意错误估价、恶意篡改数据、泄露商业秘密
2	外部欺诈	盗窃、客户欺诈、系统安全性	业务欺诈、身份造假、资料伪造、盗窃/勒索/挪用公款/抢劫、恶意损坏固定资产、盗用资金、挪用贷款、违规纳税/故意逃税、贿赂/回扣、内幕交易、非法网络攻击、系统入侵、窃取数据
3	就业制度和工作场所安全	罢工、员工关系、工作场所安全、文化多样性和歧视	薪酬福利制度不完善、劳动关系合规、员工健康及安全、劳资纠纷、劳动诉讼、歧视
4	客户、产品和业务活动	产品不适用或泄密、不正当商业或市场惯例、产品缺陷、咨询活动风险	违反法律、违反制度、消费者权益侵犯、客户适当性、隐私保护风险、信息泄露、产品瑕疵、产品失败、垄断、操作市场、内幕交易、洗钱、模型风险、咨询业务纠纷
5	实物资产的损坏	自然灾害、恐怖事件、其他事故	自然灾害损失、故意破坏资产
6	信息科技系统事件	业务中断、系统故障	硬件问题、软件缺陷、网络中断、系统宕机、电力供应不足、安防、业务连续性
7	执行、交割和流程管理	交易失败、交易达成维护、交易执行和维护风险、监测与报告风险、客户与账户管理、经销商和供应商的管理、与合作伙伴的商业和法律纠纷、有缺陷的法律文件	信息传递错误、信息不对称、数据录入错误、数据维护失败、模型错误、账务处理失败、错误的交易、担保执行失败、资产保全失败、错误的报告、信息披露错误、合同缺陷、未取得相关资质、账户盗用、交易对手投诉、客户不满意、员工体验差、与供应商的争议
8	其他	其他风险	公司治理机制缺陷、战略规划失败、战略执行不到位、数字化转型路径不合理、组织结构设计不科学、人才流失、审计风险

1)法律成本。因商业银行发生操作风险事件引发法律诉讼或仲裁,在诉讼或仲裁过程中依法支出的诉讼费用、仲裁费用及其他法律成本,如违反知识产权保护规定等导致的诉讼费、外聘律师代理费、评估费、鉴定费等。

2)监管罚没。因操作风险事件所遭受的监管部门或有权机关罚款及其他处罚。如违反产业政策、监管法规等所遭受的罚款、吊销执照等。

3)资产损失。由于疏忽、事故或自然灾害等事件造成实物资产的直接毁坏和价值的减少。如火灾、洪水、地震等自然灾害所导致的账面价值减少等。

4)对外赔偿。由于内部操作风险事件,导致商业银行未能履行应承担的责任造成对外的赔偿。如因银行自身业务中断、交割延误、内部案件造成客户资金或资产等损失的赔偿金额。

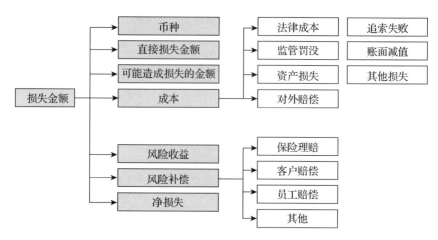

图 7-16 操作风险损失的类型

5）追索失败。由于工作失误、失职或内部事件，使原本能够追偿但最终无法追偿所导致的损失，或因有关方不履行相应义务导致追索失败所造成的损失。如资金划转错误、相关文件要素缺失、跟踪监测不及时所带来的损失等。

6）账面减值。由于偷盗、欺诈、未经授权活动等操作风险事件所导致的资产账面价值直接减少。如内部欺诈导致的销账、外部欺诈和偷盗导致的账面资产或收入损失，以及未经授权或超授权交易导致的账面损失等。

7）其他损失。操作风险事件引起的其他损失。

6. 操作风险损失事件认定标准

不同的企业对于一般损失事件认定标准是有差异的，而《商业银行操作风险管理指引》（银监发〔2007〕42号）第二十四条对重大损失事件给出了监管标准。下面给出一个参考性的认定标准。

境内操作风险损失事件统计起点为损失金额在 1 万元人民币以上或折合 1 万元人民币以上的等值外币。另外，境外操作风险损失事件统计可根据境外企业的实际情况确定。

此外，要合理区分操作风险损失、信用风险损失和市场风险损失，准确界定相关风险的经济资本计提范围。对于跨区域、跨业务种类的操作风险损失事件，商业银行要合理确定损失统计原则，避免重复统计。

7. 职责分工及报告路径

根据监管要求，商业银行的操作风险损失事件统计内容应至少包含：损失事件发生的时间、发现的时间及损失确认时间、业务条线名称、损失事件类型、涉及金额、损失金额、缓释金额、非财务影响、与信用风险和市场风险的交叉关系等。

商业银行总部的专职操作风险管理部门一般是法律合规部或者风险管理部，具体负责组织、协调和管理操作风险损失事件统计工作，汇总全公司操作风险损失数据统计报表，恰当地收集同行业外部损失数据。商业银行分支机构的风险经理或者合规经理负责本机构内损失事件和损失数据的记录、采集、汇总、整理、积累、分析和上报。操作风险损失事件报告可以包括的字段信息如表 7-7 所示。

表 7-7 操作风险损失事件报告的字段组成

序号	项目	字段要求
1	事件基本信息	事件编号、事件名称、发现日期、报告日期、发生日期、发生部门、发生部门机构号、发现部门和途径、对应的负责部门、事件描述、录入人员
2	风险分析信息	风险成因、所属公司内业务条线、所属巴塞尔业务条线、事件类型、业务流程、关联的风险点、失效的控制、风险程度
3	事件损失信息	是否为损失事件、币种、涉及金额、潜在损失金额、实际发生损失金额、回收日期、回收金额、最终确认损失总额、损失类型、会计科目、非财务影响
4	整改信息	整改措施、整改负责人、问责情况、整改情况、整改日期、预计整改完成日期、实际整改完成日期
5	其他信息	与其他风险的关系、是否为诉讼事件、是否可能为待合并事件、待合并事件编号、事件状态

7.5.6 操作风险的计量

操作风险的损失数据具有高度离散、高度不对称和高度右偏的特点，损失分布具有显著的厚尾分布特征。关于厚尾分布，其尾部源于指数分布。一般来说，服从厚尾分布的随机变量 X 具有较大甚至无穷大的方差，当 $a \leqslant 1$ 时，X 的均值也是无穷大的，随机变量 X 会以不可忽略的概率取到非常大的数值，这就意味着有大量的小抽样取值和少量的大抽样取值并存。许多情况下，右边尾部受到更多重视，但是左边尾部较厚或者左右两边尾部均厚的情况也属于厚尾分布。

操作风险计量常涉及的概率分布有二项分布、几何分布、泊松分布、负二项分布等。操作风险计量常涉及的损失分布有对数正态分布、指数分布、韦伯分布、伽马分布、帕累托分布、β 分布、Burr 分布等。

操作风险计量的模型主要有自上而下模型和自下而上模型，如图 7-17 所示。

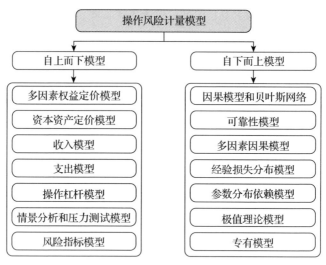

图 7-17 操作风险计量模型

根据巴塞尔协议和《商业银行资本管理办法(试行)》的要求,商业银行可采用基本指标法、标准法或高级计量法计量操作风险资本要求。其中操作风险常用的三种高级计量法分别是损失分布法(LDA)、内部计量法(IMA)、计分卡法(SCA),它们的简要介绍和过程如图 7-18 所示。

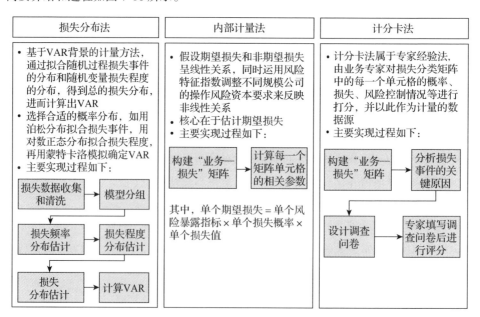

图 7-18 监管机构提出的三种操作风险高级计量法

1. 基本指标法

基本指标法（Basic Indicator Approach，BIA）是一种简单的计算方法，适合银行风险管理的初级阶段或者中小型银行。它以总收入为基础计量操作风险资本要求，总收入的水平代表了操作风险的水平，可以将它理解为一个收入模型。总收入的确定标准如表 7-8 所示。

表 7-8　操作风险基本指标法下总收入的确定

编号	收入类型	来源或计算方式
1	利息收入	金融机构往来利息收入、贷款和投资利息收入、其他利息收入
2	利息支出	金融机构往来利息支出、客户存款利息支出、其他借入资金利息支出等
3	净利息收入	第 1 项减去第 2 项
4	手续费和佣金净收入	手续费及佣金收入 − 手续费及佣金支出
5	净交易损益	汇兑与汇率产品损益、贵金属与其他商品交易损益、利率产品交易损益、权益衍生产品交易损益等
6	证券投资净损益	证券投资净损益等，但不包括银行账户"拥有至到期日"和"可供出售"两类证券出售实现的损益
7	其他营业收入	股利收入、投资物业公允价值变动等
8	净非利息收入	第 4、5、6、7 项之和
9	总收入	第 3 项与第 8 项之和

基本指标法的计算公式为

$$K_{\mathrm{BIA}} = \frac{\sum_{i=1}^{n}(\mathrm{GI}_i \times \alpha)}{n}$$

其中：

- K_{BIA} 为按基本指标法计量的操作风险资本要求；
- GI 为过去三年中每年正的总收入；
- n 为过去三年中总收入为正的年数；
- α 为 15%。

2. 标准法

标准法（TSA）以各业务条线的总收入为基础计量操作风险资本要求。总收入的计算公式为：

$$总收入 = 净利息收入 + 净非利息收入$$

$$总收入 = (利息收入 - 利息支出) + (手续费和佣金收入 - 手续费和佣金支出) + 净交易损益 + 证券投资净收益 + 其他营业收入$$

金融机构采用标准法时应当将全部业务划分为公司金融、交易和销售、零售银行、商业银行、支付和清算、代理服务、资产管理、零售经纪和其他业务9个业务条线。业务条线归类目录如表7-9所示。

表7-9 操作风险计量下业务条线的分类目录

1级目录	2级目录	业务种类示例
公司金融	公司和机构融资	并购重组服务、包销、承销、上市服务、退市服务、证券化、研究和信息服务、债务融资、股权融资、银团贷款安排服务、公开发行新股服务、配股及定向增发服务、咨询见证、债务重组服务、财务顾问与咨询、其他公司金融服务等
	政府融资	
	投资银行	
	咨询服务	
交易和销售	销售	交易账户人民币理财产品、外币理财产品、在银行间债券市场做市、自营贵金属买卖业务、自营衍生金融工具买卖业务、外汇买卖业务、存放同业、证券回购、资金拆借、外资金融机构客户融资、贵金属租赁业务、资产支持证券、远期利率合约、货币利率掉期、利率期权、远期汇率合约、利率掉期、掉期期权、外汇期权、远期结售汇、债券投资、现金及银行存款、中央银行往来、系统内往来、其他资金管理等
	做市商交易	
	自营业务	
	资金管理	
零售银行	零售业务	零售贷款、零售存款、个人收入证明、个人结售汇、旅行支票、其他零售服务
	私人银行业务	高端贷款、高端客户存款收费、高端客户理财、投资咨询、其他私人银行服务
	银行卡业务	信用卡、借记卡、准贷记卡、收单、其他银行卡服务
商业银行	商业银行业务	公司贷款、公司存款、项目融资、贴现、信贷资产买断卖断、担保、保函、承兑、委托贷款、进出口贸易融资、不动产服务、保理、租赁、单位存款证明、转贷款服务、担保/承诺类、信用证、银行信贷证明、债券投资(银行账户)、其他商业银行业务
支付和清算	客户	债券结算代理、代理外资金融机构外汇清算、代理政策性银行贷款资金结算、银证转账、代理其他商业银行办理银行汇票、代理外资金融机构人民币清算、支票、企业电子银行、商业汇票、结售汇、证券资金清算、彩票资金结算、黄金交易资金清算、期货交易资金清算、个人电子汇款、银行汇票、本票、汇兑、托收承付、托收交易、其他支付结算业务

(续)

1级目录	2级目录	业务种类示例
代理服务	托管	证券投资基金托管、QFII 托管、QDII 托管、企业年金托管、其他各项资产托管、交易资金第三方账户托管、代保管、保管箱业务、其他相关业务
	公司代理服务	代收代扣业务、代理政策性银行贷款、代理财政授权支付、对公理财业务、代客外汇买卖、代客衍生金融工具业务、代理证券业务、代理买卖贵金属业务、代理保险业务、代收税款、代发工资、代理企业年金业务、其他对公代理业务
	公司受托业务	企业年金受托人业务、其他受托代理业务
资产管理	全权委托的资金管理	投资基金管理、委托资产管理、私募股权基金、其他全权委托的资金管理
	非全权委托的资金管理	投资基金管理、委托资产管理、企业年金管理、其他非全权委托的资金管理
零售经纪	零售经纪业务	执行指令服务、代销基金、代理保险、个人理财、代理投资、代理储蓄国债、代理个人黄金业务、代理外汇买卖、其他零售经纪业务
其他业务	其他业务	无法归入以上 8 个业务条线的业务种类

注：为银行自身业务提供支付和清算服务时产生的操作风险损失，归入行内接受支付和清算服务的业务条线。

标准法的计算公式为

$$K_{\text{TSA}} = \left\{ \sum_{i=1}^{3} \text{Max} \left[\sum_{i=1}^{9} (\text{GI}_i \times \beta_i), 0 \right] \right\} / 3$$

其中：

- K_{TSA} 为按标准法计量的操作风险资本要求。
- GI_i 为各业务条线总收入。
- β_i 为各业务条线的操作风险资本系数。各业务条线的操作风险资本系数如下。
  - 零售银行、资产管理和零售经纪业务条线的操作风险资本系数为 12%。
  - 商业银行和代理服务业务条线的操作风险资本系数为 15%。
  - 公司金融、支付和清算、交易和销售以及其他业务条线的操作风险资本系数为 18%。

3. 损失分布法

常见的操作风险高级计量法有损失分布法、内部计量法和计分卡法，其中以损失分布法最为常见，因此这里对该方法进行进一步阐述说明。在实践中，操作风险数据的缺失往往会导致风险样本明显不足，此时可以借助蒙特卡洛法来执行损失分布法。

蒙特卡洛法是一种随机模拟数学方法，用来分析和评估风险发生的可能性、风险的成因、风险造成的损失或带来的机会等变量在未来变化的概率分布。利用蒙特卡洛法实现损失分布法是常见的做法。损失分布法要求金融机构收集至少5年的历史损失数据，经过统计分析得到的一般规律如下。

（1）寻找概率分布模型

通过对历史数据的分析，寻找能描述操作风险变量在未来变化的概率模型。损失频率能较好地服从泊松分布，泊松分布的概率函数为：

$$P(X=k)=\frac{e^{-\lambda}\lambda^k}{k!}$$

损失金额能较好地服从对数正态分布，对数正态分布的概率函数为：

$$f(x,\mu,\sigma^2)=\frac{1}{\sqrt{2\pi}x\sigma}\exp\left[-\frac{(\ln x-\mu)^2}{2\sigma^2}\right]$$

（2）执行损失分布法

1）根据历史损失数据算出泊松分布函数的均值 X，计算出对数正态分布函数的均值 Y 和标准差 Z。

2）运用蒙特卡洛法，产生一个均值为 X 的随机数分布。

3）在每一个随机数分布中产生一个服从对数正态分布的均值为 Y、标准差为 Z 的损失金额分布，计算损失金额并求和，得到年度总损失金额。

4）重复上面的步骤1000次，得到1000个总损失金额。

5）分析1000个总损失金额的统计性质，得到模拟状态下的最大值、最小值、均值。

6）一般给定置信水平99.9%，计算在该置信水平上损失金额的分位值。

7）操作风险所需资本金 = 分位值 – 均值。

7.5.7 操作风险报告的数字化

综合报告包括月度定期报告、半年定期报告、年度定期报告。专项报告为即时报告，一般为重大突发事件的报告。

操作风险报告应重点关注重大监管处罚和提示、与数字化和金融科技相关的风险、内外部违法违规案件、重大信息系统故障、业务连续性应急事件等。

操作风险报告的流程路径和报告类型如图7-19所示。

操作风险报告数字化的核心是实现报告的自动化。实现该目标的方法是：第一，根据报告性质和特点设计出标准化的报告模板，并通过信息系统开发出来；第二，由于报告需要采集很多定性和定量的信息，因此要做报告的数据治理，具体来说，对于定性信息事先设定格式和内容要求，对于定量信息可以按照常规数据治理方法进行优化；第三，借鉴监管科技所使用的报告自动化技术，在恰当的时点形成各种所需的最终报告。

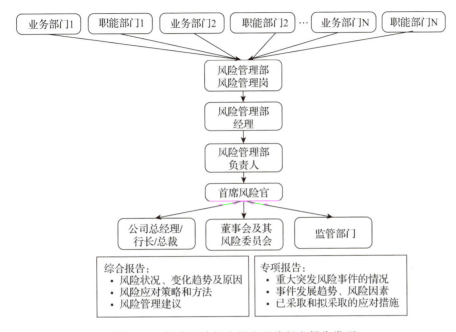

图 7-19　操作风险报告的流程路径和报告类型

7.5.8　操作风险审计

由于操作风险覆盖了人员、内部流程、信息系统和外部事件因素引发的风险，因此它的细分领域相比其他风险类型更为丰富，例如信贷业务、系统开发、关联交易、消费者权益保护的操作风险各不相同。如果直接对整个操作风险进行审计，很容易造成漫无目的、迷失方向的情况，因此在实践中很少有单独的操作风险管理审计项目，而是针对其细分领域开展专项审计。常见的审计项目类型如下。

1）操作风险管理体系建设审计。主要根据《商业银行操作风险管理指引》的要求，对操作风险的治理、管理、组织和职责、流程、计量、监控、操作风险管理系统进行审计，不涉及具体的业务或职能。

2）业务流程中的操作风险审计。例如针对信贷业务、投资业务、投行业务、理财业务进行操作风险管理审计，重点关注这些业务流程中的内外部欺诈、流程设计不合理、流程控制不到位、系统功能不完善等风险。

3）职能流程中的操作风险审计。例如针对财务费用申请和报销、关联交易、消费者权益保护、反洗钱管理、数字化转型进行操作风险管理审计。

4)信息科技领域的操作风险审计。从广义上来说,信息科技风险属于操作风险的一种,但是在数字时代和科技浪潮中,越来越多的公司将信息科技风险从操作风险中剥离出来进行单独的管控。信息科技风险主要包括全面审计和专项审计,除了传统的科技风险领域外,数字化风险、金融科技风险应该成为新的审计热点。

7.5.9 操作风险、合规风险和内部控制的整合管理

操作风险和合规风险是全面风险管理的重要组成部分,而内部控制是进行操作风险和合规风险管理的基础手段。风险管理、内部控制管理与合规管理共享企业既有的管理机制和信息,其风险、控制、业务及相关信息存在高度的一致性,并且三者在管理方法、工具、流程和系统等方面存在相互交叉、互相承接的内在联系。

对于操作风险、合规风险和内部控制的整合,21世纪初期就已经有企业开始进行探索和实践。在2007年原银监会提出全国性流程银行变革和建设后,这种整合达到了高峰,陆续有包括四大会计师事务所、本土咨询公司、内外资IT公司在内的许多机构和团队进入该领域。后在甲方、乙方公司的共同努力下,2015年左右许多企业已经完成该项整合管理工作。数字化转型浪潮下,相关企业将在传统整合管理基础上,持续以信息技术为基础,以组织和流程变革为手段,以数据和模型为驱动,进一步提高操作风险、合规和内部控制管理的智能化水平,促进业务价值的提升。

1. 操作风险、合规风险和内部控制的共性与差异

(1) 操作风险、合规风险和内部控制的共性

从我国监管政策和环境的影响来看,监管机构发布的不同法规基本都在正面或侧面将操作风险、合规风险和内部控制进行关联。例如:监管政策将合规风险归到操作风险项下,作为操作风险下的子类风险;企业需要根据监管要求开展内部控制建设和评价工作,识别风险管理的薄弱环节并进行控制;内部控制体系中涉及操作的相关风险点和控制活动是操作风险管理需关注的内容;内部控制体系中涉及合规的相关风险点和控制活动是合规管理需关注的内容;内部控制评价活动主要针对操作风险及合规风险开展测试评价;操作风险检查、合规检查和内部控制评价在检查标准、方法论、检查要点上存在众多共性。操作风险(含合规风险)和内部控制的核心政策与思想如图7-20所示。

国际上,从COSO发布的ERM(企业风险管理)框架(见图7-21)来看,新版ERM整合框架的发布标志着风险管理(包含操作风险和合规风险管理)和内部控制的全面融合,可以说ERM的全面风险管理和内部控制在方法论框架上已经趋于协同。新版框架中ERM不再是主体的一个额外的或单独的活动,而是融入主体的战略和运

营中的有机部分；风险管理被视为战略制定的重要组成以及识别机遇、创造和保留价值的必要部分，内部控制是风险管理的基础组成部分之一。

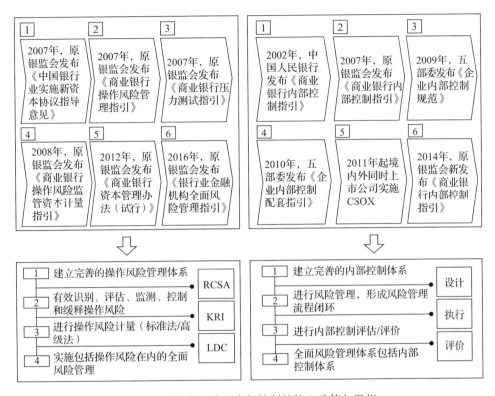

图 7-20　操作风险和内部控制的核心政策与思想

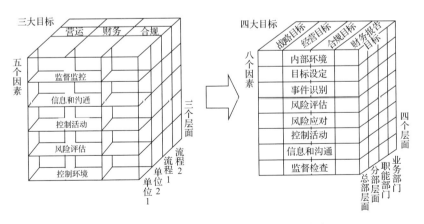

图 7-21　COSO 风险管理框架与内部控制框架

COSO表明风险管理和内部控制这两个体系并不能相互代替，它们的侧重点各不相同，起到相互补充的作用。同时它也强调了内部控制作为一种经历时间考验的企业控制体系，是企业风险管理工作的基础和组成部分。不过需要说明的是，2017年版COSO风险管理重新界定了风险管理和内部控制是两套不同的体系。

从全面风险来看，以原银监会2016年发布的《银行业金融机构全面风险管理指引》为例来说明新政策下内部控制、合规管理与操作风险管理的要求。首先，银行业金融机构全面风险管理体系应当包括但不限于：风险治理架构、风险管理策略、风险偏好和风险限额，风险管理政策和程序，管理信息系统和数据质量控制机制，内部控制和审计体系。全面风险管理的对象包括信用风险、市场风险、流动性风险、操作风险（包含合规风险）、国别风险、银行账户利率风险、声誉风险、战略风险、信息科技风险以及其他风险。其次，银行业金融机构应当建立全面风险管理体系，采取定性和定量相结合的方法，识别、计量、评估、监测、报告、控制或缓释自己所承担的各类风险。最后，银行业金融机构全面风险管理体系包括内部控制和内部审计体系。银行业金融机构应当合理确定各项业务活动和管理活动的风险控制点，采取适当的控制措施，执行标准、统一的业务流程和管理流程，确保规范运作。

数字化转型实践中，操作风险、合规风险和内部控制都强调采集大数据进行数据挖掘和分析，建立自动化风险管理流程，实施智能风险预警，建立新的度量模型和打造新一代信息系统。

（2）操作风险、合规风险和内部控制的差异

操作风险、合规风险和内部控制毕竟是三种不同的观察对象，各有各的特点，对此我们应该认识到三者之间是存在差异的。具体差异可以从如下4个方面进行分析。

1）定义方面。三者的定义有一定差异，从如下标准定义可以看出三者在概念上的不同之处。例如从风险因素来看，操作风险因素来源于内部程序、员工、信息科技系统和外部事件，合规风险因素来自违反法律、规则和准则的行为，内部控制则是一种控制风险的手段。

操作风险是指由不完善或有问题的内部程序、员工和信息科技系统，以及外部事件所造成损失的风险。本定义所指操作风险包括法律风险，但不包括战略风险和声誉风险。

合规风险是指因没有遵循法律、规则和准则可能遭受法律制裁、监管处罚、重大财务损失和声誉损失的风险。

内部控制是指由企业董事会、监事会、经理层和全体员工实施的、旨在实现控制目标的过程。目标是合理保证企业经营管理合法合规、资产安全、财务报告及相关信

息真实完整，提高经营效率和效果，促进企业实现发展战略。

2）风险管理的方法和工具方面。操作风险有 RCSA、KRI、LDC 等系统化标准化工具，而合规风险在使用 RCSA、KRI、LDC 方面都进行了明显的简化；内部控制则在设计层面更加强调内部控制体系的建设，使用独立检查、行为控制、实物控制、审批与授权、验证与核实、职责分离等措施，并使用穿行测试、抽样测试、观察、数据分析等方法。

3）风险成因与后果方面。根据图 7-22 所示的 BowTie 分析法，对风险成因、风险事件和风险后果进行展开分析后发现，操作风险和合规风险事件的成因、后果是不一样的，此外操作风险事件具备监管给出的标准分类，而合规风险事件不具备标准的分类。

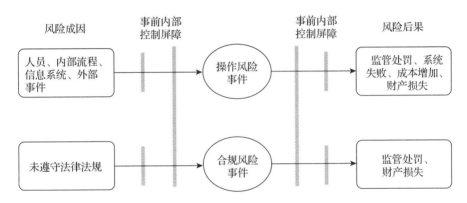

图 7-22　BowTie 分析法下的操作风险和合规风险过程分析

4）风险计量方面。《巴塞尔协议》及原银监会发布的《商业银行操作风险监管资本计量指引》都明确规定了操作风险监管资本计算的要求，实践中也诞生了一批操作风险计量的方法，而对于合规风险则没有明确要求。对于内部控制，由于它本身并不是一种风险类型，因此也无专项的内部控制计量模型。过去有相关机构和人员对内部控制的度量设计了方法并进行了实证分析，只是在应用层面还未能落地和推广。

除了上述 4 个差异之外，三者还有其他差异，此处不一一描述。

2. 数字化转型中操作风险、合规风险和内部控制的整合意义

数字化转型的六大目标分别是财务、客户、运营、合规、员工和社会目标，操作风险、合规风险和内部控制在顶层设计与细节操作上都是以这些目标为驱动的。目标的一致性使得在基于目标识别问题、分析问题、解决问题的过程中，许多工作存在相似性。对具有相似性的工作进行整合可以有效促进资源优化配置、减少成本投入和提

高管理效率。

数字化转型的基础工作是对业务活动与管理活动进行数字标记、提取、存储、分析和应用，打通操作风险、合规风险和内部控制的各项流程，共建共享三位一体的数据库，从而整合数据资源，缩小数据鸿沟，加速数字化进程。

从用户体验来看，传统的操作风险检查、合规风险检查和内部控制评价活动，在被检查对象、使用的检查方法、检查执行人、检查发现的问题等方面具有较大的同质性，而且投入的人力和时间资源较多，但在部分企业执行检查的人员和被检查人员均表现出不高的用户体验满意度。数字化转型的一大驱动力就是满足用户差异化的需求和提升用户的满意度，而通过数字化的整合管理可以减少多头作业、降低信息壁垒和改进用户体验，提升用户满意度。

从方法工具来看，随着新技术、新理论的出现，传统的操作风险、内部控制与合规管理方法和工具面临一定的挑战，提升风险管理效率和绩效、引入新型的方法和工具成为趋势。通过数字理念、数字方法和数字技术实现三者的整合管理是符合行业发展趋势的。

操作风险、合规风险和内部控制的整合可以通过以下方式进行：以完善内部控制为起点，建立数字化标准流程体系；以风险管理为抓手，提升各层级员工的风险意识；以合规管理为底线，树立各级机构人员的合规底线；以数字化技术为手段，提高风控、合规和内部控制的效率。

3. 操作风险、合规风险和内部控制整合后的数字化转型方法论框架

操作风险、合规风险和内部控制整合由战略而来，落实到绩效，最终又返回到战略。具体来说：管理架构方面，需要覆盖公司治理、企业管理和业务操作；体系设计方面，需要覆盖战略规划、风险偏好、组织架构、职责分工、人力资源、政策制度、操作流程、企业文化、信息系统；风险管理流程方面，需要覆盖风险识别、风险评估、风险监测、风险应对和风险报告；管理工具方面，需要覆盖 RCSA、KRI 和 LDC；风险计量方面，需要覆盖指标法、精算法、压力测试。

在操作风险、合规风险和内部控制整合中，应重视和加强董事会的监督控制，明确高级管理层的职责，设计合适的组织架构，推出整合工作的管理政策、方法和程序，设计实用的绩效激励机制。操作风险、合规风险和内部控制整合管理框架如图 7-23 所示。

操作风险、合规风险和内部控制整合的数字化转型核心是在以往的 GRC 系统之上打造一个更高阶的 E-GRC 系统，具体是利用大数据、人工智能、物联网等技术将

E-GRC 系统打造为一个高度自动化和合理智能化的新系统平台，作为落实合规中台、内控中台和风险中台的有力工具。

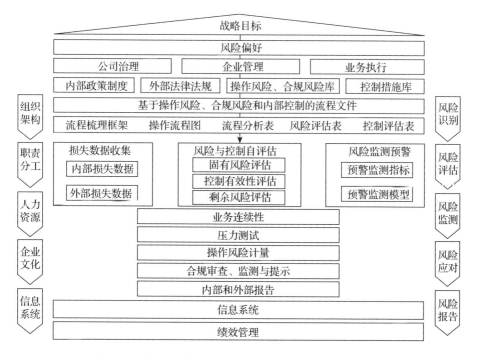

图 7-23 操作风险、合规风险和内部控制整合管理框架

4. 操作风险、合规风险和内部控制整合的数字化实施方案

（1）策略和机制的整合

基于企业总体的风险管理战略和策略，将操作风险、合规风险和内部控制的分项策略与管理机制进行数字化整合。该部分内容至少需要涵盖目标、偏好、容忍度、关键指标、治理、组织架构、授权、职责分工、制度、绩效评价、文化这些维度的整合。

（2）流程和操作的整合

企业的操作流程包括企业层面操作流程、职能层面操作流程、业务层面操作流程。操作流程的整合有很大一部分工作与第 12 章的内容相同，本章不赘述。由于一家企业会有 100~500 个甚至更多个流程，因此抓住核心流程、关键流程和重点流程来进行优先整合是本模块工作的前提。一般来说，在整合的初期阶段，应该优先选取核心业务流程及具备数字化基础的流程进行数字化整合。

（3）方法和工具的整合

操作风险、合规风险和内部控制的管理方法包括定性和定量的方法、宏观和微观的方法，如宏观方法可以是风险文化的塑造，微观方法可以是风险尽职审查。操作风险的三大管理工具分别是风险与控制识别评估、关键风险指标和损失数据收集，合规管理的主要工具包括但不限于合规政策分析和解读、合规审核、合规检查和合规报告，内部控制的核心管理工具是内控体系设计、流程管理、核心控制措施、信息沟通、内控评价和监督检查。

综上，三者的方法和工具在设计、执行上均有很多共性，基本上各类方法可以通用。因此，三者在方法和工具上的数字化整合可以聚焦于定性方法的标准设计，定量方法的数据共享，宏观方法的强调管理体系设计，微观方法的侧重风险识别、评估、监测、检查和报告的具体操作。在管理工具上，应以风险研究、风险识别、风险审核审查、风险监控预警、报告自动化为抓手，植入数据基因，提高数字化水平。

（4）数据和系统的整合

数据方面：从体系建设来看，建立一个包含监管政策、制度流程、业务产品、信息系统、风险资产等在内的集成数据库；从具体数据类型来看，打造一个涵盖操作风险损失数据、操作风险损失事件、合规问题数据库、内控缺陷、合规处罚的共享数据库。无论建立哪一种数据库，建议均覆盖企业内部和外部的数据。

系统方面，可以考虑整合操作风险管理系统、合规管理系统、内部控制管理和评价系统、流程管理系统、风险预警系统、审计系统的部分功能、统一风险管理和监控平台的部分功能。

（5）检查和评价的整合

企业可以通过设计一个三位一体的整合工作文档，来实现操作风险自评估、合规检查与内部控制评估的整合。一个较为完整的工作文档可以包括如下内容。

1）流程梳理模块：流程编号、流程属主部门、一级流程名称、二级流程阶段、三级流程环节。

2）风险识别和评估模块：风险编号、风险名称、风险描述、风险来源、风险影响范围、可能性评估、影响程度评估、固有风险评级、是否属于合规风险、内部合规或者外部合规、一级操作风险事件分类、二级操作风险事件分类、一级风险成因、二级风险成因、直接损失类型、间接损失类型、是否适用计量。

3）控制识别与评估模块：控制的目标、控制的名称、现有流程内控制措施、现有流程外控制措施、合规风险专项控制措施、控制的责任部门、控制的责任岗位、控制的类型、是否关键控制、是否信息系统自动控制。

4）剩余风险识别和评估模块：剩余风险可能性评估、剩余影响程度评估、剩余风险评级。

5）KRI 和 LDC 模块：关联的 KRI、KRI 的取值、KRI 的监测部门、是否进行 LDC、LDC 的取值、LDC 的收集部门。

6）风险绩效模块：风险的发展趋势评估、控制的有效性评估、对 KPI 的影响。

7）控制测试模块：穿行测试的程序、穿行测试的结果、穿行测试的证明材料、执行测试的程序、执行测试的结果、控制缺陷的名称及描述、补充控制措施。

实践中，选取上面的全部内容会大大增加工作的复杂度和工作量，因此不同企业根据自身的实际情况从上述字段中选取部分即可。数字化转型中，企业可以根据 E-GRC 的方法进行以下工作：一是对操作风险、合规风险和内部控制的整合检查与评价实施数字化改造，选取关键业务中的关键流程，通过大数据分析、RPA 等技术实现检查或评价活动的自动化操作；二是建立一套覆盖三者关键流程的风险点识别、预测和预警的数据管理机制，实现风险的自动化控制；三是建立一套可视化的风险监控和评价定量指标，并通过看板工具实现全景视图。

5. 操作风险、合规风险和内部控制整合的注意事项

操作风险、合规风险和内部控制整合的目的是提高企业风险管理的水平，促进实现企业的战略目标。在实践中往往会存在如下问题，导致该项整合工作偏离了最初设定的预期。

1）缺少逐步推进的整合规划。许多企业在开展该项整合工作时会聘请外部机构并与其合作。这种项目一般历时 2~6 个月，通常不会有一个逐步推进的规划。企业会组织外部顾问和内部业务骨干进行流程梳理、设计和优化，并编制覆盖操作风险、合规风险和内部控制的体系文件来标准化业务流程与操作规范。

2）过于急切地完成所有流程的整合。在整合工作中，部分企业的团队在不具备优秀人才、充足物力和丰富时间投入的情况下，为了迅速完成整合工作，采用了急功近利的做法：大量参考同业机构的实践而未对内部自身情况进行充分的具体分析；尽管部分员工的专业水平和尽职程度不高，但企业并未对其进行到位的培训、示例及复核工作；没有抓住主要矛盾，寄希望用几个月时间完成所有的流程整合和标准化工作。这些因素共同导致最终的整合文件内容粗糙、质量低下，最终因无法使用而被闲置。

3）信息系统的功能设计过于复杂、冗余。许多外部开发商和内部需求分析人员倾向于从理想化的角度来设计信息系统功能，导致系统内的操作流程十分复杂，而在功能测试时又往往选取少数用户进行小范围的、试探性的测试，未能及时发现一些使用上的问题。系统正式投产后，极有可能会被用户反馈"使用信息系统反而增加了日常工作的复杂程度"，造成系统的使用率低。随着时间的推移，极有可能出现信息系统的部分功能甚至整个系统闲置。

7.5.10 操作风险数字化管理平台

在功能设计方面，当前市面上的操作风险管理系统总体上还在使用传统的信息化技术开发传统的功能，核心是操作风险管理的流程事项处理、三大工具的功能实现、基于监管要求的风险计量。新的操作风险数字化管理平台在实现这些基础功能之外，还可以增加操作风险管理研究、智能操作风险检查评估、大数据可视化监控、全流程业务跟踪、高阶风险计量机器学习、合规风险专项、案防专项、消费者权益保护专项、数据风险专项和科技风险专项等。

在集成形式方面，本书认为操作风险数字化管理平台至少有三种构建方式，分别是构建独立的系统、构建 GRC 整合的系统和构建三道防线共享共用的系统。最后一种系统符合开放、合作和协同的经营管理理念，也符合风险管理的成本效益原则，值得重点推荐。实践中，已经有领先机构构建了类似的集成化、一体化的大数据统一监控平台和统一检查工作平台等。

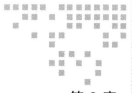

第 8 章　Chapter 8

流动性风险管理及其数字化转型

资金流动性是关乎企业存亡的核心影响因素之一，资金流或现金流出现问题容易引发破产风险和声誉危机，因此对流动性风险进行管理是企业风险管理的一个重要模块。流动性风险很容易被认为是只有金融企业才具有的专项风险，其实不然，任何企业或个人都有可能发生流动性风险，毕竟资金和现金是企业经营与个人生活的基本保障。

从字面上看，流动性风险的概念相对其他风险来说更加模糊，实际上把它的概念比作买入和卖出活动相关资金的充裕程度更好理解。虽然概念理解起来并不难，但是流动性风险的识别、评估、监测、计量和控制却十分复杂，资产负债管理、资金管理、现金流缺口计算、融资管理、压力测试等都是非常专业的领域。本书认为，越复杂的领域越需要通过数字化转型来提高其自动化和智能化水平，这样才能降低手工管理的投入，提高工作效率的同时控制风险。

8.1　流动性风险的基本概念

《商业银行流动性风险管理办法》指出，流动性风险是指商业银行无法以合理成本及时获得充足资金，用于偿付到期债务、履行其他支付义务和满足正常业务开展的其他资金需求的风险。

流动性风险管理的主要内容涉及：流动性风险的治理体系和管理架构建设，流动性风险的政策制度和流程管理，流动性风险识别、计量和监测（包括现金流测算和分析），流动性风险限额管理，融资管理，日间流动性风险管理，压力测试，应急计划，优质流动性资产管理，跨机构、跨境以及重要币种的流动性风险管理，对影响流动性风险的潜在因素以及其他类别风险对流动性风险的影响进行持续监测和分析。流动性风险管理的框架如图8-1所示。

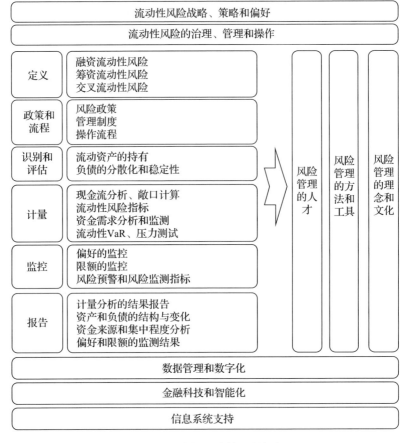

图8-1 流动性风险管理的框架

实践中，许多商业银行会区分正常状态和压力状态下的流动性风险管理。流动性风险管理又可以分为日间流动性管理、结构性流动性管理、应急管理和信息系统管理，如表8-1所示。

表 8-1 正常状态和压力状态下的流动性风险管理

管理维度	正常状态				压力状态
日间流动性管理	资金头寸管理				非预期冲击
	每日计算各个设定时间段的现金流入、流出及缺口				
	日间融资管理				
结构性流动性管理	指标计量与管理		流动性缺口管理		压力测试
	短期流动性指标，如流动性覆盖率、流动性比例	中长期流动性指标，如净稳定资金比例	静态流动性缺口	动态流动性缺口	
应急管理	制定应急计划				应急预警体系，准备更有效的应急计划
	测试和评估应急计划				
	应急演练				
信息系统	建立完备的管理信息系统，准确、及时、全面计量、监测和报告流动性风险状况				

8.2 流动性风险管理的发展

对于流动性风险管理的发展可从管理理论和监管政策两方面展开讲解。首先，按照出现的先后次序，流动性风险管理理论主要有资产管理理论、负债管理理论、资产负债管理理论及资产负债表外管理理论。其次，在监管政策方面，本节主要介绍我国监管机构发布的一些关键的办法、指引。

8.2.1 流动性风险管理理论

1. 资产管理理论

资产管理理论（Asset Management Theory）是指通过对商业银行资产负债表上资产的各个项目进行组合，即对现金、证券和贷款等资产进行最佳结构搭配，来增加资产的流动性、安全性和盈利性的理论。该理论主要包括商业贷款理论、资产可转移理论和预期收入理论。商业贷款理论认为银行的贷款资金主要来源于活期存款，为了满足活期存款提现的需要而发放更多的短期贷款，期限一般为 3 个月以内。资产可转移理论最早由美国学者莫尔顿于 1918 年在其发表在《政治经济学杂志》上的文章《商业银行及资本形成》中提出。该理论认为，流动性是商业银行特别强调的原则，银行资产流动性的高低是由资产的可转让程度决定的，因此商业银行将资产用来购买可变现转移资产，通过持有可转移资产在需要资金时可以将资产变现。预期收入理论由美国金融学家普鲁克诺于 1949 年在《定期放款与银行流动性理论》一书中提出。该理论认为，银行的流动性应着眼于贷款的按期偿还或资产的顺利变现，银行可以通过借款人的预期收入来预期贷款偿还的可能性，进而设计合理的贷款期限。

2. 负债管理理论

20 世纪 60 年代出现的负债管理理论（Liability Management Theory）强调通过负债来增加流动性，因此银行需要丰富筹资途径。负债管理理论包括购买理论和金融产品销售理论，其中：购买理论认为，银行不仅可以通过加强资产管理来获得流动性，还可以通过主动购买外部资金的方式来获得流动性；销售理论认为，银行可以通过销售相关的金融产品来获得资金，从而支持流动性。

3. 资产负债管理理论

20 世纪 80 年代出现的资产负债管理理论（Asset and Liability Management Theory）将资产和负债两者结合进行综合性管理，根据银行的特点和业务的特点来选择最优的流动性管理方式，既要从资产和负债两个方面去分析银行流动性的未来需求，也要从这两个方面来寻找满足资金需求的途径。该理论也关注资产负债期限结构错配下的利率价差。

4. 资产负债表外管理理论

随着业务拓展到资产负债表外，商业银行通过提供多样化的表外金融服务，一方面可以赚取金融服务费，另一方面可以获得融资，从而改善资产负债表的状况，提高流动性。

8.2.2 流动性风险管理监管政策

2004 年，原银监会将流动性状况和资本充足性水平以及盈利水平纳入商业银行风险控制体系进行监管。

2005 年，原银监会发布《商业银行风险监管核心指标（试行）》，提出使用流动性比例、核心负债比例和流动性缺口率三项指标来衡量商业银行流动性风险情况。

2008 年，巴塞尔委员会发布《流动性风险：管理和监管挑战》和《流动性风险管理和监管稳健原则》。2010 年，它又发布《巴塞尔协议Ⅲ》，其中包含一份《流动性风险计量、标准和监控的国际框架》，强调流动性监管的重要性，并提出两个流动性风险监管标准，即流动性覆盖率和净稳定资金比率。2013 年，巴塞尔委员会对流动性比例指标进行了修改和完善。

1. 流动性覆盖率

流动性覆盖率（Liquidity Coverage Ratio，LCR）是用来确定在监管部门设定的短期严重压力情景下，一个机构所持有的无变现障碍的、优质的流动性资产的数量能够覆盖未来30日内的资金净流出量的水平，以便应对此种情景下的资金净流出。流动性覆盖率 = 优质流动性资产储备 / 未来30日内的资金净流出量。

2. 净稳定资金比例

净稳定资金比例（Net Stable Funding Ratio，NSFR）是用来衡量一家机构根据资产的流动性状况和其表外承诺及负债导致的流动性或有需求状况，所使用的长期、稳定资金的数量的充分程度。净稳定资金比例 = 可用的稳定资金量 / 业务所需要的稳定资金量。

2019年9月，原银监会发布《商业银行流动性风险管理指引》，后银保监会于2018年5月发布《商业银行流动性风险管理办法》，要求商业银行建立健全流动性风险管理体系，对法人和集团层面、各附属机构、各分支机构、各业务条线的流动性风险进行有效识别、计量、监测和控制，确保其流动性需求能够及时以合理成本得到满足。

8.3 流动性风险管理的常见问题和风险点

流动性风险管理的常见问题从风险偏好、管理手段、数字化转型、融资管理、抵质押品管理、人才管理和信息系统7个维度展开，常见风险点则按照全面流动性管理思维归到治理架构和组织职能、策略、政策和程序、方法和工具、信息系统和数据等方面。

8.3.1 流动性风险管理的常见问题

宏观经济形势不断变化，在经济下行周期内，金融机构特别是中小型金融机构将面临很大的流动性风险。近年来，监管机构加强了对负债业务的管控，许多创新型负债业务的盲目扩张得到遏制，这也使依赖这些业务获得现金流的机构不得不另寻其他更加稳定的资金渠道。个别企业利用资产负债业务（如金融同业业务）进行短期投机，没有认识到并遵循同业业务的本源，这加重了金融机构的潜在流动性危机。除此之外,还存在如下问题。

1)风险偏好方面,流动性风险偏好的制定过程不科学,未能明确机构在正常和压力情景下愿意并能够承受的流动性风险水平,流动性风险管理策略、政策和程序未能考虑流动性风险偏好的指导与传递作用。

2)管理手段方面,未能充分运用流动性风险计量、优质流动性资产管理、融资抵质押品管理、或有负债管理、应急管理等方式来提高风险管理水平的精细度,不重视内外部信息沟通。

3)数字化转型方面,流动性风险管理数字化建设进程较慢,未建立有效的流动性风险数据集市,流动性风险数据质量较低,流动性风险管理的智能化、自动化水平不高等。

4)融资管理方面,一些机构的批发型融资比例偏高而零售型融资比例偏低,资金来源集中度风险较高,稳定融资来源占比偏低。

5)抵质押品方面,存在部分抵质押品的流动性较差,不支持随时交易以偿还贷款,其市场价值不够稳定,进而可能给资产安全状况带来不良影响。

6)人才管理方面,专业资产负债管理、战略性流动性风险管理、投资组合管理、金融市场管理、数据分析、压力测试人才缺失,特别是利用统计分析技术和金融工程方法来进行流动性风险管理的人才较少。

7)信息系统方面,未能建立完整有效的管理信息系统,因而不能准确、及时、全面地计量、监测和报告流动性风险状况,部分机构还存在流动性风险管理的功能分散在不同的业务系统中的问题,未能以稳健风险管理和操作便捷的需求进行整合管理。

最后,中小型金融机构,特别是民营金融机构,面临着更大的流动性风险,获取长期和稳定资金的压力较大。一些经营理念不合规、业务结构不合理、严重依赖同业负债融资、喜欢综合化经营和跨区经营的中小银行与金融机构容易出现短期流动性危机。

8.3.2 流动性风险管理的常见风险点

流动性风险管理主要从治理架构和组织职能,策略、政策和程序,方法和工具,指标和限额,现金流分析,压力测试,应急管理,报告与信息披露,信息系统和数据共计9个模块展开。经过梳理和分析,流动性风险管理的常见风险点如表8-2所示。

表 8-2　流动性风险管理的常见风险点

关注领域	常见风险点
治理架构和组织职能	现有制度体系中未能明确董事会（专门委员会）、监事会、高级管理层、负责流动性风险管理的部门和内审部门的职责与报告路线，未建立适当的考核和问责机制 　　董事会和高级管理层对流动性风险管理的重视程度不足以及资源投入不足（包括近三年投入的系统建设、相关培训、人员配置的充足性等） 　　董事会未参与审核批准流动性风险偏好、流动性风险管理策略、重要的政策和程序，流动性风险偏好未能执行至少每年审议一次 　　高管层未定期评估流动性风险水平及管理状况，未能及时了解流动性风险的重大变化并向董事会定期报告 　　流动性风险管理部门未定期提交独立的流动性风险报告（或者提交的报告粗糙简单，内容不全面）并及时向高级管理层和董事会报告流动性风险水平、管理状况及其重大变化 　　监事会（监事）未能对董事会和高级管理层在流动性风险管理中的履职情况进行监督评价并至少每年向股东大会（股东）报告一次
策略、政策和程序	流动性风险管理部门未拟定流动性风险管理策略、政策和程序，高级管理层和董事会未参与这些政策制度的审核批准，或者审核流于形式 　　流动性风险偏好方面，未明确机构在正常和压力情景下愿意并能够承受的流动性风险水平 　　在开发新产品、拓展新业务和设立新机构之前，可行性研究中未充分评估可能对流动性风险产生的影响，完善相应的风险管理政策和程序，并经负责流动性风险管理的部门审核同意，未先期识别、评估新产品、新业务和新机构中所包含的流动性风险即上线新产品 　　未能综合考虑业务发展、技术更新及市场变化等因素，至少每年对流动性风险偏好以及流动性风险管理策略、政策和程序进行一次评估，必要时进行修订 　　存在企业内部利益冲突，增强了短期经营行为，过于追求短期绩效
方法和工具	在正常和压力情景下，未对不同时间段的资产负债期限错配、融资来源多元化和稳定程度、优质流动性资产、重要币种流动性风险及市场流动性等进行分析和监测 　　未建立并完善融资策略以便提高融资来源的多元化和稳定程度。未分析正常和压力情景下未来不同时间段的融资需求和来源 　　未开展有效的融资抵质押品管理，以确保其能够满足正常与压力情景下日间和不同期限融资交易的抵质押品需求，并能够及时履行向相关交易对手返售抵质押品的义务 　　日间流动性风险管理不到位，无法确保具有充足的日间流动性头寸和相关融资安排，及时满足正常和压力情景下的日间支付需求 　　同业业务流动性风险管理存在管理漏洞，无法确保提高同业负债的多元化和稳定程度，并优化同业资产结构和配置 　　对于越发复杂的金融衍生品业务下的流动性风险管理能力不足
指标和限额	流动性风险监测未涵盖可能引发流动性风险的特定情景或事件，未设计和采用适当的预警指标，流动性监测的相关指标未持续达到或在某一时期未达到监管要求，指标包括流动性比例、核心负债依存度、流动性缺口率、优质流动性资产充足率、流动性匹配率等 　　没有建立限额设定和调整的授权制度、审批流程和超限额审批程序，限额管理混乱，特别一些中小机构流动性风险管理人员缺乏，一人多职导致内部控制缺失 　　流动性风险限额管理缺乏有效性，风险容忍度设置过高，没有按照监管要求每年对流动性风险限额进行一次评估

(续)

关注领域	常见风险点
现金流分析	现金流分析没有使用合理的假设条件，未定期对各项假设条件进行评估和在必要时进行修正并保留书面记录 现金流测算和分析的范围不合适，只采用静态法和动态法中的一种或者未采用动态法进行现金流预测分析，未对重要币种的现金流进行单独测算和分析
压力测试	没有建立流动性风险压力测试制度，并分析承受短期和中长期压力情景的流动性风险控制能力 压力测试使用的假设条件不合理、不实际，且未定期对各项假设条件进行评估和在必要时进行修正并保留书面记录 流动性压力测试的基本假设不合理，压力情景设置不审慎，测试范围没有涵盖来自银行间市场的同业批发，融资来源急剧减少，各类存款资金（零售存款、对公存款）大幅流失，优质流动性资产（如国债、政策性金融债等）价格下跌或融资折扣率上升，到期贷款未按期偿还比率上升，以及非标资产违约（如资管计划等）等 压力测试没有考虑信用风险、市场风险、操作风险和声誉风险等其他类别风险对流动性风险的影响
应急管理	没有制定有效的流动性风险应急计划并至少每年对应急计划进行一次测试和评估，未在必要时进行修订 未定期举行流动性风险应急演练，或仅开展形式上的演练且缺乏详细的演练方案，演练各方的职责不明确，各有关部门人员不能正确履行职责，触发演练的情景不明确，宣布启动应急预案的有权人不明确，演练中汇报流程不顺畅、不合理，存在以支付清算系统应急演练代替流动性风险应急演练的情况等
报告与信息披露	流动性风险报告不准确、不及时、不全面 没有根据企业实际情况来明确需第一时间上报的具体流动性风险信息和风险事件的重要情形，即使明确了但是重要情形不能够量化区分，报告路径不清晰等 流动性风险管理部门没有事先拟定流动性风险信息披露内容，并提交高级管理层和董事会审批
信息系统和数据	流动性风险管理信息系统无法充分地识别、计量、监测和控制流动性风险，功能不能满足监管法规的最低要求 信息系统无法实现对信贷业务、同业业务的资金额度使用情况的管理 信息系统无法实现对买卖债券投资进行相应的流动性管理，缺乏相应的定制化功能 信息系统无法实现对每日各个时间段现金流入、流出及缺口情况的实时监测 流动性风险数据标准不统一、数据质量低

8.4 流动性风险管理的重点工作

各家企业面临的内外部环境、董事会和高级管理层的偏好、战略目标等均不完全相同，因此它们的流动性风险管理重点工作也有差异，并且在不断变化。本节基于当今一些实践进行趋势研判，认为应将资产负债管理、司库管理、流动性风险管理审计作为重点工作。在监管机构的强流动性风险监管下，流动性风险管理审计可以助力企业以监管、审计和咨询视角发现问题并提出解决方案。

1. 资产负债管理

资产负债管理是指金融机构采取科学的方法和工具对资产负债表内外的资产与负债进行决策、计划、组织、领导、控制，以期高效地达到既定组织目标的过程。资产负债管理是金融经营管理的核心内容之一，特别是2008年金融危机之后，商业银行的资产负债管理形势发生了很大变化，资产负债管理的主要内容有资产负债的治理设计和执行、资产负债计划、流动性风险管理、银行账户利率风险管理、汇率风险管理、定价管理、资产负债组合管理、资产证券化和资本管理等。

资产负债管理的主要工具包括但不限于风险指标、流动性缺口管理、收益率曲线、内部资金转移定价、金融衍生工具、经济资本、风险价值、久期管理、敏感性分析、情景分析和压力测试。

2. 司库管理

资产负债与流动性风险管理主要有集中和分散两种模式。集中模式就是把整个企业总部和分支机构的资金与流动性管理集中到总部司库中心；分散模式是相对集中模式而言的，即给予分支机构充足的资金和流动性管理权限。

金融机构的司库一般充当企业的资金池，通过内部资金转移定价来对资金进行调度，并对流动性风险、银行账户利率风险进行管理。

国内大多数金融机构通过设置资产负债管理部、计划财务部或资金管理部来进行流动性管理，部分银行的金融市场部也具有部分资产负债管理职能。而领先的国内银行和国际银行则设置司库，由司库来统一进行资产负债管理和流动性风险管理。

当前，中小型银行是否成立司库、成立什么样的司库已经成为行业热点。

3. 流动性风险管理审计

流动性风险管理审计是监管机构明确要求的审计事项之一，但是很多中小型金融机构，一是缺乏资产负债管理和流动性风险管理人才，二是已开展的一些流动性风险审计项目质量不高。根据《商业银行流动性风险管理办法》（银保监会令2018年第3号）的规定：商业银行应当将流动性风险管理纳入内部审计范畴，定期审查和评价流动性风险管理的充分性与有效性。

内部审计应当涵盖流动性风险管理的所有环节，包括但不限于：

1）流动性风险管理治理结构、策略、政策和程序能否确保有效识别、计量、监测与控制流动性风险；

2）流动性风险管理政策和程序是否得到有效执行；

3）现金流分析和压力测试的各项假设条件是否合理；

4）流动性风险限额管理是否有效；

5）流动性风险管理信息系统是否完备；

6）流动性风险报告是否准确、及时、全面。

如何有效开展流动性风险管理审计是企业内审部门的一个研究和规划热点。当前，流动性风险管理审计工作可以按照三种模式开展：一是基于监管机构的流动性风险管理政策开展合规审计，二是从数字化、智能化的角度对流动性风险管理的数字化、智能化程度开展精益审计，三是对流动性风险管理系统和工具进行IT审计。

8.5 流动性风险管理数字化转型

通过手工的方式管控流动性风险成本很高且效率很低，从结果来看，领先企业的流动性风险管理是具有较高的数字化基础的，而非领先企业的相关工作则还有一定的提升空间。无论如何，流动性风险管理的数字化转型或者数字化升级是企业资产负债管理与风险管理需要关注的事项。本节基于风险管理数字化转型总方法论框架，结合流动性风险管理的核心领域，并融合监管政策要求，提出流动性风险管理的数字化转型总框架以及核心领域的管理方案。

8.5.1 流动性风险管理数字化转型总框架

流动性风险管理的数字化转型总框架包括治理、管理和操作、关键支撑三大模块。首先是治理层面，从董事会和高级管理层开始，强化董事会和高级管理层在流动性风险管理数字化转型中的领导与促进作用。在高级管理层下设置资产负债管理委员会，作为流动性风险管理的高层领导管理机构。其次是管理和操作层面，这包括流动性风险管理的主要方法和措施，如计量、监测、压力测试。最后是关键支撑层面，包括政策制度和操作流程、数据治理和数据集市、信息系统和人才四个维度。流动性风险管理也需要建立风险管理的三道防线机制，对不同的客户、业务和地区进行精准化的管理。具体的转型框架如图8-2所示。

实践中，流动性风险管理数字化转型面临三大难题，分别是流动性风险的计量水平低、流动性风险管理和数字化人才缺乏、流动性风险管理系统的自动化、智能化水平不高。

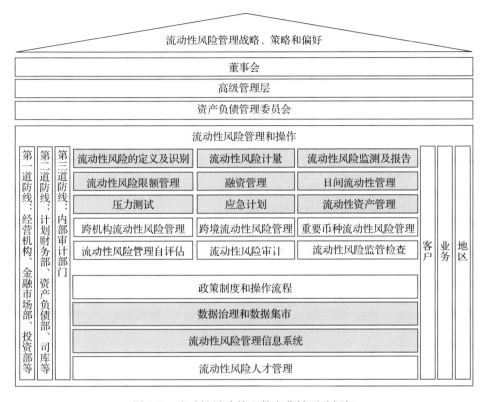

图 8-2　流动性风险管理数字化转型总框架

1）流动性风险计量：许多企业缺乏流动性风险管理能力、数据和工具，这进一步限制了流动性风险计量的全面性与准确性。企业需要采用业务分析、数据治理和人工智能等技术提高流动性风险计量能力。一般来说，流动性风险计量的方法主要有指标法（静态和动态指标）、缺口管理、风险价值法、线性规划、主成分分析法、期限阶梯法等。静态方法仍然是国内银行用于流动性风险计量的重要工具，并且通常会结合动态方法及风险限额使用。

2）流动性风险人才管理：掌握流动性风险管理及其数字化转型的专业人才十分紧缺，特别是对于一些中小型的企业来说，引进和培育流动性风险管理人才是一大难点。流动性风险管理人才需要掌握的核心技能有：宏观经济形势和金融市场投融资情况调查与分析；制定和审核流动性管理所涉及的策略、制度与流程，对核心业务和产品的流动性风险进行识别、评估并提出控制措施；进行资金管理，执行资金头寸匡算、监控与预测以及备付金管理；建立风险预警体系，采集和整理流动性风险预警信息，编制流动性监管报表，撰写流动性分析报告；对流动性风险控制指标进行日常监控、预警并形成风险监测报表；组织和执行流动性压力测试，编写流动性压力测试报告；负责流动性应急演练材料的准备及应急演练的组织；流动性风险管理系统日常管理及维护；对分支机构开展业务过程中的流动性风险管理进行指导和监督；等等。

3）流动性风险管理信息系统：部分企业还未建立流动性风险管理专用信息系统，或者已建立的系统存在架构设计不合理、业务功能不健全、底层数据不准确、自动化、智能化水平不高等问题。除了满足监管机构对流动性风险管理信息系统建设提出的要求外，企业还应利用新兴金融科技打造新一代智能流动性风险管理系统，提高流动性风险管理关键措施的数字化和智能化水平。

8.5.2 流动性风险管理的治理体系

根据监管要求及同业实践，企业应当建立流动性风险管理的治理体系。该体系一般至少包括 6 方面，结构如图 8-3 所示。

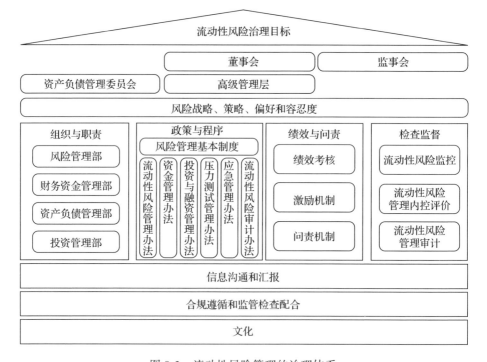

图 8-3　流动性风险管理的治理体系

1）建立流动性风险管理的治理架构。在这个架构中需要明确董事会及其专门委员会、监事会（监事）、高级管理层及相关部门在流动性风险管理中的职责和报告路线，建立适当的考核和问责机制。

2）明确董事会对流动性风险管理承担最终责任，对董事会需要具体承担的职责进行详细描述，例如审核与批准流动性风险偏好、流动性风险管理策略、重要的政策和程序等；明确高级管理层在流动性风险管理中的职责，如制定、定期评估并监督执行流动性风险偏好、流动性风险管理策略、政策和程序。

3）设置一个流动性风险管理的专职部门，负责具体执行流动性风险偏好、政策制度、程序、风险识别评估和计量、信息系统建设和信息披露等工作。

4）明确监事会、法律合规部门、内部审计部门在流动性风险管理中的职责，定期对流动性风险管理工作进行履职监督、内控评价和内部审计。

5）建立或塑造恰当的绩效考核、激励机制和风险文化，确保流动性风险管理工作不偏离方向，防止因过度追求业务扩张和短期利润而放松流动性风险管理。

6）建立和维护与监管机构的信息沟通、事项汇报和检查配合的管理机制，充分听取与落实监管机构对流动性风险管理提出的意见和建议。

此外，流动性风险管理的策略、政策和程序是风险管理政策制度体系的重要组成部分，是开展治理活动的有效保障，是企业开展各项具体工作的方针和指引。企业可以按照政策制度三级体系建立和维护相关的文件。

首先是风险偏好。按照监管要求，可以根据经营战略、业务特点、财务实力、融资能力、总体风险偏好及市场影响力等因素确定流动性风险偏好。风险偏好包括定性偏好和定量偏好，其中定量偏好由若干个核心的量化指标（如流动性比例、净稳定资本比例）组成。在风险偏好确定后，还需明确流动性风险的容忍度和限额。

其次是政策制度。具体内容应涵盖流动性风险管理的组织架构，职责分工，风险识别、计量和监测，包括现金流测算和分析，风险限额管理，融资管理，日间流动性风险管理，压力测试，应急计划，优质流动性资产管理，跨机构、跨境以及重要币种的流动性风险管理，风险持续监测和分析。除此之外，还可以将新业务新产品新机构管理、内部审计的要求、新技术管理、信息系统建设、绩效和激励等内容增加到相关政策制度中。

最后是操作程序。作为流动性风险管理具体活动的细则规定，操作程序是指导风险管理人员执行具体工作任务的流程和规范。根据流动性风险管理的特点，可以优先考虑编制现金流分析、压力测试、应急演练的操作程序。

8.5.3 流动性风险识别、计量、监测和控制

市场上和企业内部往往有很多会导致流动性风险的风险因素。例如：宏观政策

环境突然变化，资产快速增长而负债波动性显著上升，资产或负债集中度上升，负债平均期限下降，批发或零售存款大量流失，批发或零售融资成本上升，难以继续获得长期或短期融资，期限与货币错配程度加剧，多次接近内部限额或监管标准，表外业务、复杂产品和交易对流动性的需求增加，银行资产质量、盈利水平和总体财务状况恶化，交易对手要求追加额外抵质押品或拒绝进行新交易，代理行降低或取消授信额度，信用评级下调，股票价格下跌，出现重大声誉风险事件或舆情危机，发生重大资产损失等。

因此，企业应积极主动地识别、计量、监测和控制流动性风险。识别方面，可以采用多种方法，如风险管理部门的主动识别方法（如现金流分析、资产负债分析、融资分析等）或者内部审计的专项审计（但有一定的滞后性）；计量方面，可以采用现金流测算、流动性缺口计算、核心风险指标计算和压力测试等方法；监测方面，可以设计和运行流动性风险指标；控制方面，可以采用拓宽融资渠道、日间流动性风险管理、加强融资抵质押品管理、制定应急计划和演练以及信息系统自动控制等手段。

1. 现金流分析

根据监管要求，商业银行应当建立现金流测算和分析框架，有效计量、监测和控制正常和压力情景下未来不同时间段的现金流缺口。现金流测算和分析应当涵盖资产和负债的未来现金流以及或有资产和或有负债的潜在现金流，并充分考虑支付结算、代理和托管等业务对现金流的影响，还需对重要币种的现金流进行单独测算和分析。

金融机构可以将资金头寸划分为基础头寸（如超额准备金）、可控头寸（如具有确定到期日的债券）和不可控头寸（如各种存款、贷款、理财资金），再针对不同头寸的现金流入和流出情况进行预测分析。

现金流分析方面，行业实践中一般从正常状态、压力状态、静态计量、动态计量四个维度对现金流进行计量。例如在正常情景下，静态法从资产负债项目传统指标、静态现金流缺口、传统指标与静态现金流缺口结合的指标方面进行现金流分析，动态法则更多基于资金头寸、客户行为调整、资产负债传统指标和经客户行为调整后的现金流指标进行现金流分析。

目前在我国较常使用的现金流预测分析方法有：基于合同现金流计算未来现金流，基于预测现金流估计未来现金流，在合同现金流基础上基于一定的预测和判断调整出未来现金流。因此，无论如何都需要使用假设模型对合同现金流进行动态调整，其中最常使用的是客户行为模型和业务增量模型。

在客户行为模型方面，使用较多的是活期存款沉淀率模型、定期存款提前支取模型、定期存款滚存模型、贷款提前偿还模型、保证金调整模型、无到期期限金融产品现金流分布分析等。行为调整方法主要有专家假设调整法、历史模拟法、统计模型法。

例如实践中，活期存款沉淀率模型使用较多的是最低余额法（按时间窗口滚动计算无明确到期日负债产品的最低余额占比并形成历史最低余额占比分布矩阵，再测算稳定比例）、趋势分析法（通过线性趋势方程将活期存款分解为趋势部分和波动部分，再进行回归分析）、组合复制法（模拟活期存款的投资过程，用不同期限的投资金融工具去匹配活期存款余额的变动情况）。

业务增量模型往往基于对未来某个时间段内各时点的资产负债规模的增长假设或者目标值假设，且主要涉及完全新增的业务假设。该操作的处理过程主要是在客户行为调整模型基础上，进一步对现金流进行业务增量调整。

金融机构可以逐步建立全口径的动态现金流计量模型，将计量范围覆盖表内表外业务、总部和局部机构、本币和外币以及个性化的创新业务。

2. 流动性风险限额管理

根据监管要求，商业银行应当对流动性风险实施限额管理，根据自身业务规模、性质、复杂程度、流动性风险偏好和外部市场发展变化情况，设定流动性风险限额。流动性风险限额包括但不限于现金流缺口限额、负债集中度限额、集团内部交易和融资限额。

风险偏好是指企业在追求其业务目标的过程中能够并愿意接受的风险水平，包括定性和定量偏好。风险限额是指将风险偏好向业务条线、风险类别及特定业务活动等层级进行分解后设定的定量指标。

一些企业将流动性风险限额区分为董事会层级限额、资产负债委员会层级限额和流动性风险管理部门层级限额。一般由风险管理部门牵头，协调各条线部门和其他专业风险管理部门，将风险限额进一步细分。

例如某股份制商业银行将流动性风险限额指标分为四类：银保监会要求指标、流动性投资组合指标、备付指标、质押指标。另一股份制商业银行将流动性风险限额指标分为银保监会要求指标、内部指标（含现金流缺口指标、流动性三级备付指标、资产组合管理指标、其他指标）。某城市商业银行将流动性风险限额指标分为银保监会要求指标、期限匹配指标、融资管理指标、日间管理指标、同业业务指标、理财业务指标等。

中小型金融机构可以结合风险偏好等因素明确流动性风险限额。根据《商业银行流动性风险管理办法》第二十四条：限额包括但不限于现金流缺口限额、负债集中度限额、集团内部交易限额和融资限额；建立限额设定、调整和授权审批、超限额审批程序；至少每年对限额进行一次评估并保留评估记录；对限额进行监控。

3. 流动性风险压力测试

流动性风险压力测试的方法主要有敏感性分析、情景分析、极值分析、最大损失分析。根据监管要求，商业银行应当建立流动性风险压力测试制度，分析承受短期和中长期压力情景的流动性风险控制能力。根据监管意见，流动性风险压力测试应当符合以下要求：

1）合理审慎设定并定期审核压力情景，充分考虑影响商业银行自身的特定冲击、影响整个市场的系统性冲击和两者相结合的情景，以及轻度、中度、严重等不同压力程度；

2）合理审慎设定在压力情景下商业银行满足流动性需求并可持续经营的最短期限，在影响整个市场的系统性冲击情景下该期限应当不少于30天；

3）充分考虑各类风险与流动性风险的内在关联性和市场流动性对商业银行流动性风险的影响；

4）定期在法人和集团层面实施压力测试，当存在流动性转移限制等情况时，应当对有关分支机构或附属机构单独实施压力测试；

5）压力测试频率应当与商业银行的规模、风险水平及市场影响力相适应，常规压力测试应当至少每季度进行一次，出现市场剧烈波动等情况时应当提高压力测试频率；

6）在可能情况下，应当参考以往出现的影响银行或市场的流动性冲击，对压力测试结果实施事后检验，压力测试结果和事后检验应当有书面记录；

7）在确定流动性风险偏好、流动性风险管理策略、政策和程序，以及制定业务发展和财务计划时，应当充分考虑压力测试结果，必要时应当根据压力测试结果对上述内容进行调整。

董事会和高级管理层应当对压力测试的情景设定、程序和结果进行审核，不断完善流动性风险压力测试，充分发挥其在流动性风险管理中的作用。

压力测试情景设置方面，主要有中国人民银行金融稳定局的FSAP标准，银保监会情景（少数情景与FSAP类似）和金融机构内部管理情景三个维度的压力情景体系。

行业实践方面，在不同的企业发展阶段，许多银行使用3~6个甚至更多的情景开展压力测试，也有银行使用2个情景开展压力测试。

多数银行采用预设的基于专家判断的压力情景，也有部分银行基于历史压力情况预设情景或者采用动态的基于专家判断的压力情景。除监管机构给定的压力情景外，银行内部一般会通过自上而下法和自下而上法开发压力情景。实际操作中，银行多将压力情况分为资产类情景、负债类情景、表外类情景和优质流动性资产缓释类情景。

多数银行在压力情景设置中区分市场压力和银行压力，并将中央银行的融资渠道作为压力情景下重要的融资来源。

中小型金融机构可以逐步完善压力测试情景体系，优化现有情景的设定，并增加新的情景，综合考虑 FSAP、银保监会和银行内部三个维度。由于银保监会的情景只列示了情景类型，未指明具体参数，因此在使用银保监会情景时还需对参数进行测算。一般使用的方法是基于银行内部历史数据和宏观市场历史数据进行计算。

压力测试方面，领先银行建立了独立的流动性风险压力测试制度，对压力测试流程进行详细描述，规定压力测试报告内容包括但不限于：压力测试目的、压力测试执行过程（情景定义和选择、压力情景参数审核和定义、压力测试数据输入、压力测试计算逻辑架构、压力测试结果、流动性缺口弥补情况、流动性损失评估情况）、压力测试主要结论和发现、对测试结论的分析和相关策略建议。

压力测试的基本程序是：审视公司战略和经营计划→进行内外部流动性风险环境分析→进行流动性分析因素识别和分析→设计压力测试风险因子或承压指标→选择压力测试方法和确定压力测试程序→构造压力情景→实施压力测试→获取测试结果→进行风险诊断和结果分析→编制压力测试报告→应用压力测试结果。

4. 流动性风险监测指标体系

企业应当根据业务规模、性质、复杂程度及风险状况，监测可能引发流动性风险的特定情景或事件，采用适当的预警指标，前瞻性地分析其对流动性风险的影响。

根据监管要求，流动性风险监管指标包括流动性覆盖率、净稳定资金比例、流动性比例、流动性匹配率和优质流动性资产充足率，监测指标一般包括资产负债期限错配、融资来源的多元化和稳定程度、无变现障碍资产、重要币种流动性风险状况及市场流动性。商业银行应当设定流动性风险监测指标并将其纳入内部流动性风险管理框架，及时监测指标变化并定期向银行业监督管理机构报告。

流动性风险监测指标方面，由于任何单一指标在反映商业银行流动性风险方面都存在局限性，因此国内外监管机构常综合运用多种方法和工具对流动性风险进行分析与监测。例如银保监会《商业银行流动性风险管理办法》第四十四条参考《巴塞尔协议Ⅲ》中的流动性风险监测框架，从资产负债合同期限错配、融资来源多元化和稳定程度、无变现障碍资产、重要币种流动性风险以及市场流动性和银行内部相关指标等方面，构建了多维度的流动性风险监测体系。

实践中，随着流动性风险计量的改进，国内银行流动性计量指标体系也逐渐从监管指标为主,向包含缺口率在内的多种计量指标体系发展,建立了覆盖董事会层级、高级管理层级和总行管理部门层级的较为丰富的流动性风险计量指标体系。一些领先企业,除监管要求的指标外,还开发了内部管理指标,涉及资产负债规模结构、融资来源管理、优质流动性资产和其他类型指标。

中小型金融机构可以考虑在银保监会要求指标的基础上,根据自身业务特点和风险情况,建立董事会、资产负债委员会、计划财务部三级指标体系,明确指标属性、释义、监控频次等,并对重要指标设置限额。

流动性风险管理的部分重点指标如图 8-4 所示。

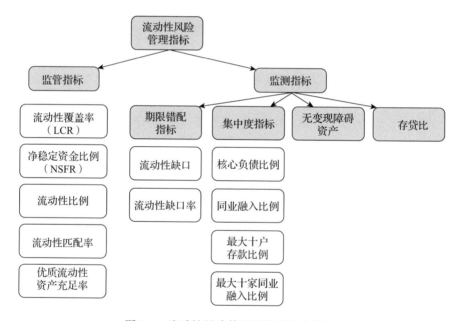

图 8-4 流动性风险管理的部分重点指标

(1)监管指标

流动性风险监管指标主要包括流动性覆盖率、净稳定资金比例、流动性比例、流动性匹配率和优质流动性资产充足率。巴塞尔委员会提出了两个流动性风险核心监管指标:流动性覆盖率和净稳定资金比例。流动性覆盖率关注银行抵御短期流动性风险的能力,净稳定资金比例关注银行应对长期流动性风险的能力。

1)流动性覆盖率监管指标旨在确保商业银行具有充足的合格优质流动性资产,能够在规定的流动性压力情景下,通过变现这些资产满足未来至少 30 天的流动性需求。计算公式为:

$$流动性覆盖率 = \frac{合格优质流动性资产}{未来30天现金净流出量} \times 100\%$$

2）净稳定资金比例用于度量银行较长期限内可使用的稳定资金来源对其表内外资产业务发展的支持能力。计算公式为：

$$净稳定资金比例 = \frac{可用的稳定资金}{所需的稳定资金} \times 100\%$$

3）流动性比例是指流动性资产与各项流动性负债的比例，是用来衡量银行财务安全状况资产迅速变现能力的指标，反映了银行资产的流动性和短期偿债能力。计算公式为：

$$流动性比例 = \frac{流动性资产余额}{流动性负债余额} \times 100\%$$

4）流动性匹配率用于衡量商业银行主要资产与负债的期限配置结构，旨在引导商业银行合理配置长期稳定负债、高流动性或短期资产，避免过度依赖短期资金支持长期业务发展，提高流动性风险抵御能力。计算公式为：

$$流动性匹配率 = \frac{加权资金来源}{加权资金运用} \times 100\%$$

5）优质流动性资产充足率旨在确保商业银行保持充足的、无变现障碍的优质流动性资产，在压力情况下，银行可通过变现这些资产来满足未来30天内的流动性需求。计算公式为：

$$优质流动性资产充足率 = \frac{优质流动性资产}{短期现金净流出} \times 100\%$$

（2）监测指标

流动性风险的监测指标主要包括期限错配监测指标、集中度监测指标、无变现障碍资产指标和存贷比指标。

1）期限错配。银保监会建议的分析表内外项目在不同时间段的合同期限错配情况的指标包括流动性缺口和流动性缺口率，合同期限错配情况的分析和监测涵盖多个时间段。

- ❏ 流动性缺口：以合同到期日为基础，按特定方法测算未来各个时间段到期的表内外资产和负债，并将到期资产与到期负债相减获得的净额。这个净额为正数，表明到期资产可以覆盖到期负债的偿还需求，流动性较好。
- ❏ 流动性缺口率：未来各个时间段的流动性缺口与相应时间段到期的表内外资产的比例。

2）集中度。集中度监测指标主要包括核心负债比例、同业融入比例、最大十户存款比例和最大十家同业融入比例。

- ❏ 核心负债比例：中长期较为稳定的负债占总负债的比例。核心负债包括距离到期日三个月以上（含）的定期存款和发行债券，以及活期存款中的稳定部分。（活期存款中的稳定部分按规定方法进行审慎估算。）
- ❏ 同业融入比例：商业银行从同业机构交易对手获得的资金（包括同业拆借、同业存放、卖出回购款项、同业存单等）占总负债的比例。
- ❏ 最大十户存款比例：前十大存款客户存款合计占各项存款的比例。
- ❏ 最大十家同业融入比例：商业银行通过同业拆借、同业存放和卖出回购款项等业务从最大十家同业机构交易对手获得的资金占总负债的比例。

3）无变现障碍资产。无变现障碍资产的种类、金额和所在地，超额备付金率，优质流动性资产以及向中央银行或市场融资时可以用作抵（质）押品的其他资产。

- ❏ 优质流动性资产应当为无变现障碍资产，可以包括在压力情景下能够通过出售或抵（质）押方式获取资金的流动性资产。
- ❏ 无变现障碍资产是指未在任何交易中用作抵（质）押品、信用增级或者被指定用于支付运营费用，在清算、出售、转移、转让时不存在法律、监管、合同或操作障碍的资产。
- ❏ 超额备付金率是指商业银行的超额备付金与各项存款的比值。

4）存贷比。存贷比是指商业银行贷款余额与存款余额的比例。存贷比越低，表示银行相对稳定资金来源的非流动性资产越少，银行中长期的流动性结构越好。计算公式为：

$$存货比 = \frac{贷款余额}{存款余额} \times 100\%$$

8.5.4 融资管理和融资抵（质）押品管理

按照监管要求，商业银行应当建立并完善融资策略，提高融资来源的多元化和稳定程度，商业银行的融资管理应当符合以下要求：

1）分析正常和压力情景下未来不同时间段的融资需求和来源；

2）加强负债品种、期限、交易对手、币种、融资抵（质）押品和融资市场等的集中度管理，适当设置集中度限额；

3）加强融资渠道管理，积极维护与主要融资交易对手的关系，保持在市场上的适当活跃程度，并定期评估市场融资和资产变现能力；

4）密切监测主要金融市场的交易量和价格等变动情况，评估市场流动性对商业银行融资能力的影响。

不同类型的企业经营、产品和业务，及其背后所代表的流动性风险因素和措施具有差异，所以流动性风险管理的策略和措施也具有差异。例如，证券公司可以采取如下措施来丰富融资渠道和加强融资管理：获取发行公司债、次级债、短期融资券的资格与有关发行额度，以保证在需要资金时能够提前或尽早启动发行；与商业银行进行合作以获得商业银行的授信额度，提高在资金短缺时临时同业拆入的可能性；购买商业银行的"日间透支"服务，通过支付一定成本，获得临时性借入资金的保障。

8.5.5　流动性风险管理应急演练

根据监管要求，商业银行应当根据其业务规模、性质、复杂程度、风险水平、组织架构及市场影响力，充分考虑压力测试结果，制定有效的流动性风险应急计划，确保其可以应对紧急情况下的流动性需求。

应急演练方面，部分银行建立了应急预警体系和应急响应程序。应急预警是启动流动性风险事件应急响应程序的判定基础，也是流动性风险事件分级管理的主要依据。

应急预警通过流动性风险限额指标、突发性流动性风险事件来触发。流动性风险管理部门事先已对限额和突发性事件进行参数设定，不同的参数对应的预警等级可分为黄色、橙色和红色，建立了限额、突发事件与各级预警之间的映射关系。这样一来，在实际应急演练时，能够区分不同情景的轻度、中度和重度流动性风险事件等级，演练效果更加精确。

部分银行在制度中对应急情景的设定非常细致，直接明确了哪些限额指标和突发事件可以纳入应急演练。

中小型金融机构应对适用的应急情景进行有规划的演练，并且每年至少开展一次。当自身出现重大声誉风险、流动性限额出现重大预警、市场大幅震荡、同业金融机构出现兼并破产情况时，应重点开展应急演练。

8.5.6　流动性风险管理审计

根据监管要求，商业银行应当将流动性风险管理纳入内部审计范畴，定期审查和评价流动性风险管理的充分性与有效性。内部审计应当涵盖流动性风险管理的所有环节，包括但不限于：

1）流动性风险管理治理结构、策略、政策和程序能否确保有效识别、计量、监测和控制流动性风险；

2）流动性风险管理政策和程序是否得到有效执行；

3）现金流分析和压力测试的各项假设条件是否合理；

4）流动性风险限额管理是否有效；

5）流动性风险管理信息系统是否完备；

6）流动性风险报告是否准确、及时、全面。

此外，流动性风险管理的内部审计报告应当提交董事会和监事会。董事会应当针对内部审计发现的问题，督促高级管理层及时采取整改措施。内部审计部门应当跟踪检查整改措施的实施情况，并及时向董事会提交有关报告。

实际上，企业在开展流动性风险管理审计时会遇到诸多困难，如：企业本身的流动性风险管理基础较差，审计无从下手；流动性风险管理对专业能力的要求很高而内部审计部门缺少相关专业人才，特别是风险计量相关的专业能力很难从企业内部和外部获取；流动性风险管理审计执行侧重风险治理和操作流程，实质上很难发现亮点问题。对此，可以考虑从如下三方面进行改进。

❑ 从企业内部获取资源。在符合独立性要求的前提下，招募具备流动性风险管理专业技能的人才组建敏捷审计团队，试点一次审计项目，并在项目结束后进行知识总结，编制一套科学的、清晰的审计指引，在底稿里详细记录审计过程。

❑ 从企业外部获取资源。一是可以招聘 1 名具有风险计量基础的专业人才，在条件满足的情况下可以直接招聘流动性风险管理专业人才；二是聘请第三方审计公司开展流动性风险管理审计项目，审计部门派出骨干员工与外部审计师联合组建审计团队，共同开展项目并沉淀相关知识技能。

❑ 首次设计从流动性风险治理、策略、政策制度、程序、限额和系统建设开始，这些领域涉及财务、计量知识较少，是先行试点的最优选择；积累一定经验后再拓展到财务、资金或计量领域。

8.5.7 流动性风险管理信息系统

根据监管要求，商业银行应当建立完备的管理信息系统，准确、及时、全面计量、监测和报告流动性风险状况。管理信息系统应当至少实现以下功能：

❑ 每日计算各个设定时间段的现金流入、流出及缺口；

❑ 及时计算流动性风险监管和监测指标，并在必要时提高监测频率；

❑ 支持流动性风险限额的监测和控制；

❑ 支持对大额资金流动的实时监控；

- ❑ 支持对优质流动性资产及其他无变现障碍资产种类、数量、币种、所处地域和机构、托管账户等信息的监测；
- ❑ 支持对融资抵（质）押品种类、数量、币种、所处地域和机构、托管账户等信息的监测；
- ❑ 支持在不同假设情景下实施压力测试。

目前国内只有极少数拥有庞大科技团队的大型国有银行和股份制银行有能力进行流动性风险管理系统的自主开发，一般的股份制银行、城商行与农商行都会选择购买国际上成熟的流动性风险管理系统。许多IT公司已经开发出可将流动性风险、利率风险、头寸管理、资金转移定价都集中在同一个系统内管理的集成平台，也有部分IT公司从全面风险管理的体系出发提供全方位的系统解决方案。

部分银行已建立流动性风险管理的数据治理机制，明确了流动性风险的数据治理架构、数据规范，并采取措施提高数据的完整性和数据质量，这些都将推进现金流计算、资产监测等功能的完善。

第 9 章

洗钱风险管理及其数字化转型

近些年来监管机构对反洗钱工作十分关注，金融机构亦在洗钱风险管理上进行了组织、人才、数据和信息系统方面的改进，使过去长期存在的反洗钱数据质量较低的问题得到了一定程度的改善，这些都为洗钱风险管理的数字化转型添砖加瓦，加快了洗钱风险管理工作的数字化进程。

洗钱风险属于操作风险管理的范畴，并且带有浓厚的合规风险色彩，但绝对不局限于合规领域。洗钱风险管理的数字化转型需要从全面风险管理的视角进行布局，以合规为基准，以操作为中枢，以科技为动力，提高洗钱风险管理的智慧化水平，并且还要注意资源投入和绩效之间的关系。

9.1 洗钱和洗钱风险的相关概念

洗钱是指通过各种方式掩饰或隐瞒毒品犯罪、黑社会性质的组织犯罪、恐怖活动犯罪、走私犯罪、贪污贿赂犯罪、破坏金融管理秩序犯罪、金融诈骗犯罪等犯罪所得及其收益的来源和性质的活动。

洗钱的方式主要有利用走私货币洗钱、利用投资办企业洗钱、利用现金密集型行业洗钱、利用资产交易洗钱、利用金融机构洗钱、利用进出口贸易洗钱、利用金融衍生品交易洗钱、利用空壳公司洗钱、利用地下金融洗钱、利用互联网交易洗钱、利用互联网支付洗钱、利用跨境支付洗钱等。

从法律上的界定来看，洗钱罪是一种下游犯罪，它的上游犯罪是指产生用于洗钱活动的犯罪收益的犯罪行为。

根据《中华人民共和国反洗钱法》的规定，反洗钱是指为了预防通过各种方式掩饰、隐瞒毒品犯罪、黑社会性质的组织犯罪、恐怖活动犯罪、走私犯罪、贪污贿赂犯罪、破坏金融管理秩序犯罪、金融诈骗犯罪等犯罪所得及其收益的来源和性质的洗钱活动，按照相关法律法规和监管政策采取相关措施的行为。

洗钱风险管理是反洗钱工作的核心内容，体现了"以风险为本"的反洗钱思维和方法。洗钱风险管理是指企业采取科学有效的方法和工具，对各类涉及洗钱的行为进行识别、评估、控制、监控和报告的过程。洗钱风险管理的关键能力包括客户身份识别、客户资料和信息保管、大额和可疑交易行为管理、洗钱风险数据分析、智能反洗钱技术等。

9.2 反洗钱监管政策的发展

最近几年来，国内反洗钱监管日趋严格，从 2016 年 12 月到 2021 年 1 月，中国人民银行、国家外汇管理局、中国银保监会、中国证监会先后单独或联合发布了多部反洗钱的政策法规，对客户身份识别、大额交易和可疑交易报告、洗钱和恐怖融资风险自评估、跨境业务反洗钱提出了新的管理和操作要求，同时明确了对互联网金融从业机构、网络小额贷款从业机构的洗钱风险管理规定。

2012 年 2 月，反洗钱金融行动特别工作组（Financial Action Task Force on Money Laundering，FATF）通过《打击洗钱、恐怖融资、大规模杀伤性武器扩散融资》的新 40 条建议，明确提出实施"风险为本"的方法，允许各国及反洗钱义务机构根据风险评估的结果采取与之相适应的管控措施。

2013 年，FATF 发布新的互评估标准《反洗钱和反恐怖融资技术合规性与有效性评估方法》。该评估标准不仅加强了技术合规性的要求，而且更加注重工作有效性的评估。

2019 年 2 月，FATF 通过了我国第四轮反洗钱和反恐怖融资互评估报告，预示着未来我国反洗钱标准将逐步接入国际标准。

1. 反洗钱监管的演变

随着国内外洗钱风险环境的变化、洗钱管理理念的发展和信息技术的进步，我国的反洗钱法律法规及监管政策也在持续完善和更新，先后发布了多项涉及反洗钱的法规或指引。1998年，为改善现金管理，促进商品生产和流通，加强对社会经济活动的监督，我国发布《现金管理暂行条例》；2006年和2007年，先后发布《反洗钱法》《金融机构反洗钱规定》《金融机构汇报大额可疑交易的监管措施》《金融机构报告涉嫌恐怖融资的可疑交易管理办法》《金融机构大额交易和可疑交易报告管理办法》《金融机构客户身份识别和客户身份资料及交易记录保存管理办法》；2017年以来，先后发布《金融机构大额交易和可疑交易报告管理办法》《法人金融机构反洗钱分类评级管理办法（试行）》《互联网金融从业机构反洗钱和反恐怖融资管理办法（试行）》《银行业金融机构反洗钱和反恐怖融资管理办法》《法人金融机构洗钱和恐怖融资风险自评估指引》《银行跨境业务反洗钱和反恐怖融资工作指引（试行）》等。这些法律法规及监管政策强化了反洗钱的必要性和重要性，丰富了反洗钱工作的内涵，提高了反洗钱工作的规范性，也为企业洗钱风险管理提供了标准。

2. 中小金融机构反洗钱工作的演变

1）早期迫于监管压力：早期金融机构的风险管理和内控管理措施不像今天这么严格，金融机构的反洗钱理念较为薄弱，主要基于监管的要求开展洗钱风险管理，大额和可疑交易的规则也基本源于监管的指引，反洗钱信息系统功能尚不健全，金融机构内部各个条线的反洗钱工作没有整合。

2）逐步重视洗钱风险管控：金融机构的管理层和员工逐渐发现反洗钱工作的重要性，通过反洗钱工作可以识别可能由洗钱诱发的业务风险、操作风险、合规风险和声誉风险，从而推动信息系统的流程操作和规则引擎更加全面化、多样化。

3）整合机构资源进行反洗钱管理：为了提高洗钱风险管理的效率，减少信息沟通成本，金融机构开始从公司层面整合反洗钱工作，设立一级或二级反洗钱管理部门。

4）设立反洗钱集中作业中心：借鉴组织架构设计中的事业部模式、集中运营中心模式等，许多领先金融机构在公司层面设立统一的反洗钱集中运营中心或集中作业中心，一些领先欧美银行在这方面有着丰富的实践。在这种模式下，客户风险评级、大额和可疑监测更加全面和智能，客户尽职调查和跟踪更加标准化和流程化。

5）加强大数据与金融科技在反洗钱工作中的运用：随着大数据和金融科技的兴起，反洗钱工作也更加注重利用海量的金融客户和交易数据来进行数字化、智能化改造。

9.3 反洗钱工作的常见问题和风险点

反洗钱工作的常见问题从政策制度及流程、组织架构和人员、客户洗钱风险评级、可疑交易监控、数据质量、信息系统建设6个维度展开。常见风险点则根据监管政策中对洗钱风险管理工作的要求，结合部分企业在实操中出现的真实问题展开。

9.3.1 反洗钱工作的常见问题

1）政策制度及流程方面。尽管在银行层面已经建立了反洗钱风险治理和管理组织架构，但治理层并未对反洗钱工作给予充分的重视；需进一步加强银行反洗钱合规文化建设，提升一线员工对反洗钱工作重要性的理解；反洗钱合规管理制度落地困难；在具体业务领域，缺乏具体的反洗钱工作指引。

2）组织架构和人员方面。反洗钱合规管理专业人才缺乏，尤其是一级分行、业务条线管理部门缺乏拥有专业技能的反洗钱人员；针对反洗钱的内部审计程序流于形式，缺乏相关专业人员。

3）客户洗钱风险评级方面。部分企业对"了解我的客户"程序执行不到位，客户信息的收集不完整、不准确；尚未建立起结构化的客户信息主数据，无法有效支撑后续的客户风险评级的数据需求；客户风险评级仍停留在手工分析及报告阶段，评级的准确性依赖分支机构反洗钱人员的专业性；对于某些已经建立了客户风险评级系统的机构，系统模型无法适应快速发展的产品及数据变化。

4）可疑交易监控方面。很多机构的可疑交易监控仍旧依赖分支机构的手工分析及报告，准确性和完整性存在较大问题；缺乏整合的可疑交易监控管理系统，管理系统和交易系统脱节；对可疑交易的事后监督、跟踪机制不到位；未建立起可疑交易对客户风险评级的反馈机制；缺乏专业的反洗钱外部数据支持；基于规则模型和人工甄别的可疑交易监控效率较低；大数据和人工智能技术在反洗钱工作中的应用不足。

5）数据质量方面。反洗钱信息数据的质量是近些年各家金融机构重点关注的问题。以往由于各机构数据思维和理念不强、数据治理不完善、数据标准化建设不合格、信息系统存在缺陷等，与洗钱风险管理相关的数据质量不高，上报监管机构的大额和可疑数据差错较多。

6）信息系统建设方面。反洗钱信息系统与反洗钱的发展历程一样，经过了多次的迭代和更新。虽然较老一代系统已经在系统功能、流程设计、大额和可疑交易监测规则、数据的采集和上报、名单监测和预警等方面有了很大的改进，但是并未像其他领域的信息化建设那样取得显著的成绩。一些中小型金融机构的反洗钱信息系统功能仍不完善，智能化、自动化水平仍需提高。

9.3.2 反洗钱工作的常见风险点

反洗钱工作的常见风险点主要体现在内控制度，机构、岗位和职责，客户身份识别，客户身份资料和交易记录管理，风险评估，尽职调查，大额和可疑交易，信息系统，培训和宣传，信息报送和监管配合10个维度，详见表9-1。

表 9-1 反洗钱工作存在的常见风险点

关注领域	常见风险点
内控制度建设情况	未按照监管要求建立健全反洗钱内控制度
	反洗钱内控制度职责、管理规定、工作程序等内容不完善
	反洗钱工作未纳入相关部门和人员的绩效考核范畴
机构、岗位的设置及职责分工	未设立反洗钱专门机构、岗位或者指定内设机构、岗位负责反洗钱工作
	未明确治理层、高级管理层在反洗钱工作中的职责
	未制定反洗钱年度工作计划
	未建立反洗钱三道防线工作机制
	未建立洗钱风险评估体系并定期开展洗钱风险自评估
客户身份识别	未建立自然人和非自然人的客户身份识别机制，客户身份信息采集和登记不完整
	对于客户尽职调查没有合理的流程安排，并缺乏实际受益人识别标准
	未及时更新客户信息并按规定持续识别客户身份，例如证件到期客户是否及时更新客户信息
	未重新识别客户信息，例如未对被司法机关查询等高风险因素客户重新识别身份
	特定的开户方式（如机器自动开户、上门开户、异地开户、批量开户）下，客户身份识别、资料收集、信息系统登记不到位
	与客户建立业务关系或办理一次性金融业务，未按规定识别客户身份和登记客户信息
	受益所有人识别信息填写不完整、未按规定进行穿透识别、证明材料不完整、未将受益所有人信息完整、准确地登入信息系统
客户身份资料和交易记录管理	保存的客户身份资料和交易记录范围、期限、方式不恰当
	客户身份资料和交易记录缺失、损毁或泄露
	反洗钱系统或数据库权限管控不到位，不利于保护客户信息，出现信息泄露事件
客户洗钱风险评估	客户风险等级划分标准和流程不符合要求
	未按规定开展客户风险等级划分工作，例如新建业务关系后10个工作日内未进行客户风险等级评定
	未执行客户洗钱风险等级划分工作
	未建立和执行业务/产品洗钱风险评估、识别和控制机制，例如未建立产品清单，未在产品上线前进行洗钱风险评估、制定针对性的风险控制措施
	未根据客户交易情况及时重新分析或调整客户洗钱风险等级
	未按照合规要求及时进行洗钱风险的初次评估、重新评估

(续)

关注领域	常见风险点
持续和加强尽职调查	未对高风险客户身份持续识别和重新识别
	未对高风险客户或业务、较高风险客户或业务、复杂客户或业务等建立管理策略并有效执行
	高风险客户的强化尽职调查和低风险客户的简化尽职调查不符合监管要求
	未充分利用客户洗钱风险评级结果进行反洗钱风险控制
大额与可疑交易的监控和报送	未明确大额交易识别、监测、分析和报送程序
	未按监管要求建立健全本机构的大额监测指标或规则
	未及时、准确地进行大额交易报送,大额交易报送信息不全面、不完整
	未对大额现金交易进行监控,或者监测范围不完整
	未明确可疑交易识别、监测、分析和报送程序
	未建立适合本机构的异常可疑交易监测指标或模型,异常交易指标或模型存在明显缺陷,或无法确认监测规则是否有效运行
	未定期评估可疑交易监测标准的合理性、适用性并保存评估记录
	未及时、准确地进行可疑交易报送,报送数据质量不高,存在未报、错报、漏报等情况
	异常或可疑交易数据未经过必要的筛查和分析,或筛查分析流于形式,或筛查分析理由简单、记录不完整
	未对可疑交易报告所涉客户、账户(或资金)和金融业务等及时采取适当的后续控制措施
	异常大额或可疑交易的覆盖范围不完整,存在被遗漏的地区、客户、业务、系统等
	未及时、准确地收集和维护内外部黑名单
	未及时、全面地收集和维护系统内的黑名单和高危地区名单,并将名单嵌入信息系统,同时信息系统具备监测功能
IT信息系统建设情况	客户身份识别资料和交易记录的采集、管理和保存缺少必要的技术支持,例如出现交易标识不准确、交易对手信息不完整、交易要素信息不准确等
	反洗钱信息系统功能不完整,无法查询、筛选、提取与报送大额和可疑交易数据
	未对反洗钱系统的所有用户及其权限清单设置控制措施,系统内存在不合理的用户或权限
	信息系统的大数据和人工智能能力较弱,新兴数字化技术和自动控制技术应用不足
培训与宣传	未制定年度反洗钱培训和宣传工作计划
	对内部员工反洗钱培训不足,如未要求新员工开展反洗钱培训和测验
	各业务条线和管理部门未开展内部的反洗钱培训
	各业务条线和管理部门未开展内部的反洗钱内部检查
	未开展反洗钱合规宣传活动
信息报送和监管配合	未及时向中国人民银行报送监管数据、报告或其他资料和信息
	反洗钱监管配合的内部职责分工和程序不明确

9.4 反洗钱领域的重点工作

洗钱风险管理领域的热点主要集中在三个方面：一是国内监管政策的完善和出台；二是反洗钱的国际监管和合作；三是洗钱风险管理智能化。近些年，无论是国际还是国内的监管机构均明显提高了对反洗钱工作的政策要求。在数字化时代，大数据的采集、加工和运用，使得以模型和系统为支撑的智能反洗钱越来越被社会所了解，并且领先企业已经实践了智能反洗钱的方法，如基于知识图谱的反洗钱管控。

1. 国内强化的反洗钱监管态势

自 2016 年中国人民银行发布《金融机构大额交易和可疑交易报告管理办法》（俗称"反洗钱 3 号令"）以来，中国人民银行、国家外汇管理局、中国银保监会、中国证监会先后单独和联合发布了多部反洗钱的政策法规，对客户身份识别、大额交易和可疑交易报告、洗钱和恐怖融资风险自评估、跨境业务反洗钱提出了新的管理和操作要求，同时明确了对互联网金融从业机构、网络小额贷款从业机构的洗钱风险管理规定。

自 2017 年以来，中国人民银行强化了对各金融机构的反洗钱现场检查、非现场检查及其处罚力度，出具了多个大额罚单和众多中小额罚单。

2. 反洗钱的国际监管与执法合作

国际上，反洗钱一直是各国重点监管的对象之一，这种监管在近些年又得到了强化，主要表现在：FATF 在全球主导了更严格的第四轮反洗钱评估，欧美、日本、中国等地加强了国际反洗钱的合作，强化对受益所有人的穿透管理，根据新技术的演变强化对电子货币、数字货币的管理，执行更加严厉的反洗钱处罚措施，等等。

3. 可疑交易监测的智能化

可疑交易是指交易的主体、性质、账户、金额、频次、资金来源、资金流向及资金用途等具有异常情形或特征的交易行为。它具有复杂、多变、分散、不稳定、隐藏深等特征，对其进行精准和高效识别具有很大的难度。例如，某些交易行为从单个来看、从某个时期来看或从某个金融机构来看不具备可疑特征，但是结合一组交易、延长观察期限、联合多个金融机构数据等来分析则具备了可疑特征。要从宏观和微观、整体和局部、普遍联系和个体特征等维度去识别这些可疑交易难度极大。

从遍布全球的各种金融机构以及数以亿计的各种金融交易中寻找可疑交易是一项非常复杂的工作。正如我们所倡导的交叉融合一样，现代洗钱风险管理中的可疑交易识别已经是一个综合性工程，它涉及经济学、金融学、传播学、心理学、数学、计算机科学、侦查学等多个领域的知识和技术。

人工智能和数据科学中的数据挖掘方法、技术和工具是当前可疑交易识别工作数字化转型的热点方向，也是目前洗钱风险管理中在技术层面操作难度最大的一个领域。

实际上，早在20世纪90年代，应用新型信息技术开展洗钱风险管理工作就被提上日程，许多新方法被陆续提出，国际上已经有相关的实践案例。但是目前我国在利用信息技术和数据科学开展洗钱风险管理方面仍处于起步阶段，国内众多的金融机构、咨询公司和IT公司的有关人员并不了解如何利用人工智能、数据挖掘、区块链等技术来进行可疑交易识别。

9.5 洗钱风险管理数字化转型

洗钱风险管理的数字化转型是基于整体风险管理数字化转型方法论、操作风险管理数字化转型方法论，结合反洗钱监管政策制度及企业实践经验总结得到的。与10年前甚至5年前的反洗钱管理框架不同，新框架增加了洗钱管理战略、强化审查、受益所有人识别、外部咨询、内部审计等新元素，丰富了洗钱风险管理的维度，有利于进一步强化从战略、策略、流程、操作、数据到系统的一整套管控机制的设计和执行。

9.5.1 洗钱风险管理数字化转型总框架

洗钱风险管理一般被列入合规风险的管理范畴，但是由于本身具有的特点和日益凸显的重要性，它常常被单独剥离出来进行专项管理，并且其管理和操作流程中伴随着很强的操作风险。洗钱风险管理的数字化转型总框架如图9-1所示。该框架是在传统洗钱风险管理及本书提出的风险管理数字化转型基本框架的基础上得到的，总体来看包括5个维度，下面来一一介绍。

1. 顶层治理方面

首先，需要根据企业的全面风险管理政策制定洗钱风险管理的战略、策略和偏好。此处的战略不一定是非常复杂的公司战略，可以按照战略规划的方法论对其进行简化。相比战略，洗钱风险管理的策略更具有指导性，可以将它近似理解为在战略的指导下形成的具体战术。其次，要明确董事会和高级管理层在洗钱风险管理及其数字化转型中的领导作用、责任，这是推动转型工作有效落实的重要前提条件，缺乏管理层推动的转型工作很容易陷入失败的尴尬境地。最后，有必要成立一个反洗钱工作委员会或工作领导小组，由其负责落实顶层治理及其具体设计的各项政策和措施，做好管理层与执行层之间的信息沟通。

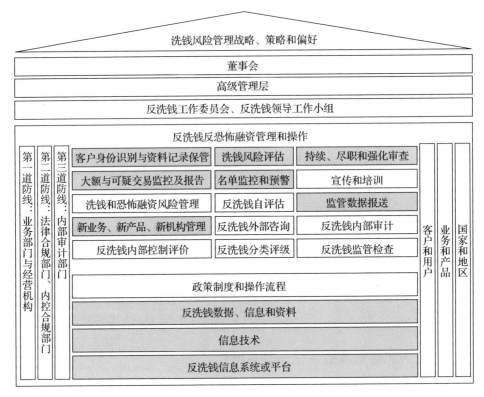

图 9-1　洗钱风险管理数字化转型总框架

2. 关键举措方面

根据反洗钱工作的监管要求和流程操作进行模块化的分解，得到以下关键举措。

1）客户身份识别和资料记录保管，这是数字化转型采集原始数据的基础；洗钱风险评估，可以利用机器学习或专家模型来进行风险等级评定。

2）持续、尽职和强化审查，对可疑的客户及交易进行深入的调查及审查；大额与可疑交易监控及报告，这是反洗钱工作的核心之一，也是数字化转型的关键领域；名单监控和预警，这是一种黑名单管理机制，一般利用信息系统进行自动化监控和风险预警，也是数字化转型的重点关注对象。

3）宣传和培训，这需要基于数字化思维将传统的、简单的或形式化的宣传培训利用数字工具进行再造；洗钱和恐怖融资风险管理，这是以风险管理的方法论和流程来对洗钱进行管控。

4）反洗钱自评估，这是按照监管要求每年定期对企业内部面临的洗钱风险进行自我检视纠错。狭义的反洗钱自评估一般由反洗钱主管部门牵头，实际上通过审计部门或合规部门进行评价也是一种可行的方式。

5）监管数据报送，这是数字化转型的重点目标之一，很多企业的反洗钱数据往往存在数据质量低、数据不完整、数据不准确等问题，这不仅是企业内部数字化转型的障碍，也给监管机构评估整体性的洗钱风险带来困扰。

6）新业务、新产品、新机构管理，这是因为洗钱行为往往会基于特定的业务、产品和机构来进行，为新业务、新产品和新机构赋予更高的风险权重，一定程度上可以从源头上防范洗钱犯罪行为的产生和扩散。

7）反洗钱外部咨询，这是近些年来越来越多的机构选择的一种提升洗钱风险管控能力的方式，包括洗钱管理理论咨询、日常管理和操作咨询、数据治理或信息系统建设咨询等。

8）反洗钱内部审计：一是按照监管要求定期开展专项审计，通过审计来识别、评估洗钱风险并给出管理建议；二是充分调动企业内部的资源，借助审计手段从宏观和微观上把控洗钱风险。反洗钱内部控制评价，一般作为全面年度评价或季度专项评价的一部分，由审计部门或内控管理部门按照监管机构提出的内控评价方法论开展检查评价，此处可以与反洗钱审计进行充分协调和融合。

9）反洗钱分类评级，借助监管评级、风险评级、信息科技评级的理论或方法对企业的洗钱风险管理工作进行专项评级；反洗钱监管检查，一般由人民银行的反洗钱主管部门进行现场和非现场、定期或临时的专项检查。

3. 基础支撑方面

1）政策制度和操作流程，这是数字化转型的内部规范文件，如反洗钱领导小组工作管理办法、洗钱风险评估指引、身份识别和资料收集保管办法、大额和可疑交易管理办法、持续和强化尽职审查指引、反洗钱审计管理办法、新业务新产品管理办法等。

2）反洗钱数据、信息和资料，主要包括客户身份数据、客户行为或交易数据、外部黑名单数据等。建立反洗钱数据集市是进行洗钱风险管理数字化转型的核心基础。

3）信息技术。从过去的通过信息化技术建立反洗钱管理信息系统，到利用新兴金融科技进行洗钱数据挖掘、机器学习和智能判别等，信息技术一直是洗钱风险管理数字化转型的核心支撑。

4）需要打造一个集成、协同、敏捷的反洗钱信息系统或平台，借助大数据、人工智能和云计算手段提升洗钱风险管理工作的自动化、精细化、智能化和可视化水平。

4. 三道防线方面

同其他风险管理领域一样，洗钱风险管理也需要打造三道防线，而且更有必要、更紧迫。这是因为反洗钱工作与前台业务、中台管控和后台审计融合得更加彻底。具体来看，前台的产品营销、业务调查、客户管理是洗钱的直接关系体，中台的审核审查、风险评估、监控预警是洗钱的行为关系体，后台的内部审计是洗钱风险管理工作的监督关系体。

5. 关注维度方面

洗钱风险管理的顶层设计、日常管理、流程操作均需要考虑不同的客户和用户特点、具体的业务产品差异以及国家和地区的风险高低。

9.5.2 反洗钱工作治理和管理

大型金融集团可以考虑设置集中的反洗钱运营中心或反洗钱中台，中小型金融机构可以考虑在法律合规部项下设立反洗钱工作室。

金融机构需要明确董事会、监事会、高级管理层、业务部门、反洗钱管理部门、内部审计部门、人力资源部门、信息科技部门、分支机构和附属机构在洗钱风险管理中的职责分工。

任命或授权一名高级管理人员牵头负责洗钱风险管理工作，且须保证他有权独立开展工作，能够充分获取履职所需的权限和资源，可直接向董事会报告洗钱风险管理情况，由他着手进行反洗钱合规文化建设。

任命专职洗钱风险管理岗位，其职级不得低于其他风险管理岗位，不能简单地将洗钱风险管理岗位设置为操作类岗位或外包。

金融机构在聘用员工、任命或授权高级管理人员、选用洗钱风险管理人员、引入战略投资者或在主要股东和控股股东入股之前，应进行充分的背景调查，评估可能存在的洗钱风险。

境内外分支机构和相关附属机构、各专业公司的业务和产品、可疑交易监测体系等洗钱风险管理，均须保持一致性和有效性。

强化自然人和非自然人客户洗钱风险评级的智能化与精准化，提高风险评级结果的应用性，利用评级结果合理配置反洗钱资源，确保洗钱风险全覆盖。

强化反洗钱独立审计，审计必须确保审计范围和方法科学合理，审计人员具有充分的专业知识和经验，强化审计的深度。

利用数字化思维改进反洗钱数据治理、数据集市建设、数据建模、数据流程，提高反洗钱数据治理和应用成效。

9.5.3 洗钱风险判别规则模型的开发

当今洗钱风险管理领域的模型主要是针对可疑交易和可疑客户来设计的，其建设包括两种思路：第一种是基于一些规则模型进行判别，对规则模型设定触发机制，某客户或某交易一旦命中某一条或多条规则就会被机器识别出来；第二种是机器学习规则，是利用机器学习（如神经网络算法）的自适应和学习能力，基于大数据训练出来的智能模型。大部分机构使用第一种模型，部分领先机构已经在第二种模型上进行了探索和实践。

反洗钱 3 号令取消了 2007 年发布的《金融机构大额交易和可疑交易报告管理办法》中明确的可疑标准，转而由金融机构根据监管的方向性指导意见自行确定可疑标准。具体来说，交易监测标准包括但不限于客户的身份、行为或交易的资金来源、金额、频率、流向、性质等存在异常的情形，并应当参考以下因素：

1）中国人民银行及其分支机构发布的反洗钱与反恐怖融资规定及指引、风险提示、洗钱类型分析报告和风险评估报告；

2）公安机关、司法机关发布的犯罪形势分析、风险提示、犯罪类型报告和工作报告；

3）本机构的资产规模、地域分布、业务特点、客户群体、交易特征，洗钱和恐怖融资风险评估结论；

4）中国人民银行及其分支机构出具的反洗钱监管意见；

5）中国人民银行要求关注的其他因素。

如此一来，金融机构可以根据自己的业务和客户特点，有更大的自主权来设计反洗钱可疑监测模型。根据实践，常见的模型类型有可疑汇兑、可疑结算、疑似传统或网络赌博、疑似腐败、疑似毒品犯罪、疑似诈骗、非法集资、非法套现套利、偷税漏税、疑似恐怖融资、可疑投资行为、非法经营、异常账户操作、高风险地区、高风险人群、高风险业务、反可疑操作等。

金融机构洗钱风险管理可疑监测模型的数字化主要包括五方面的工作：一是要根据自身经营环境和特点挖掘出充分的高质量规则模型；二是要将这些模型通过反洗钱信息系统开发出来，能够准确地抓取各渠道的数据进行分析；三是要对单一规则、群规则进行再设计，可以利用知识图谱、关联分析、聚类分析等方法加强多因素规则分析；四是由于这些规则模型一般数量很多，要对其进行充分测试，确保规则有效运行，并建立规则淘汰机制；五是重视监管数据报送的准确性和及时性，提高报表数据质量。

可疑交易的监测规则设计是洗钱风险管理数字化转型的核心工作之一。在不同类型的金融企业中，可疑交易因各自的经营、业务、产品、客群和地域特点而存在一定的差异。就商业银行领域来看，可疑交易与存款业务、贷款业务、资金划拨、支付结算业务和理财业务等具有十分紧密的关系，依据这些业务特点，我们可以设计的可疑交易规则维度包括但不限于：非正常汇兑、非正常结算、疑似贿赂、疑似腐败、疑似赌博、疑似毒品犯罪、疑似地下钱庄、疑似走私、疑似欺诈、疑似非法集资、疑似套现套利、疑似传销犯罪、疑似偷税、疑似转移资产、疑似非法经营、疑似恐怖融资。在确认这些维度之后，即可进一步进行规则挖掘。例如：非正常汇兑方面，具有分拆和整合资金嫌疑，同一日对私客户资金分散转入、分散转出，对公客户资金频繁转移至私人账户。

可疑交易监测规则设计完毕之后，在运行过程中，可以单一使用，也可以关联使用。关联使用是指利用多个规则模型来联合判断可疑交易的可能性。

基于历史经验的反洗钱规则系统较难识别多重身份或具有复杂交易路径的洗钱行为，因此使用新兴金融科技，如知识图谱、机器学习算法、非结构化数据挖掘等对传统的历史规则模型进行补充和优化是很有必要的。

9.5.4 知识工程和知识图谱在洗钱风险管理中的应用

知识工程（Knowledge Engineering）是一门新兴的计算机与软件工程技术学科。它交叉融合了社会科学、自然科学和工程科学的理论方法与应用技术。知识工程是运用现代科学技术手段高效率、大批量地获得知识、信息的技术，当前主流的知识工程研究集中在智能软件开发和应用领域。知识工程的主要过程是知识获取、知识验证、知识表示和知识使用。

知识图谱（Knowledge Graph）是指应用数学、图形学、信息科学和软件工程等学科的理论与方法，用可视化技术描述知识资源及其载体，挖掘、分析、构建、绘制和显示知识及它们之间的相互联系，将复杂的知识领域通过数据挖掘、信息处理、知识计量和图形绘制等手段显示出来，形成图谱。

知识工程和知识图谱技术在金融行业风险管理、营销管理、客户服务和趋势预测等领域已经有了较好的实践，利用知识图谱可以对可疑交易进行复杂网络分析。部分科技公司开发了基于知识图谱技术的洗钱风险管理解决方案。例如，明略科技的金融行业知识图谱反洗钱解决方案通过搭建反洗钱知识图谱，进行可疑交易账户和客户甄别，形成可疑资金交易网络，进行图谱查证分析。

当前的反洗钱信息管理系统越来越多地使用知识图谱和机器学习技术来进行可疑交易的识别、判断。

9.5.5　AI 建模与可疑交易的识别和监测

传统的可疑交易识别方法是根据监管机构给出的可疑规则和自身研发的可疑规则，在反洗钱信息系统中开发一些规则模型，一旦有交易触发了事先设定的规则，就会被筛选出来供反洗钱人员进行人工核查，并且在这一过程中反洗钱系统会标记出触发的具体规则。这种方法可以称为特征规则判定法。

随着大数据和人工智能时代的到来，更多的新方法被提上应用的日程。当前基于数据挖掘分析的可疑交易识别方法有贝叶斯分类、聚类分析法（离群因素分析法）、小波分析法、关联规则法、链接挖掘法、数据流挖掘法等。

1. 贝叶斯分类

贝叶斯分类是一种基于统计分析的数据挖掘方法，它通过对现有海量交易数据中的洗钱交易和正常交易进行训练，能够得到预测未知交易的分类模型。

朴素贝叶斯分类是贝叶斯分类中一种最简单也最常见的分类方法，通常适用于维度非常多的数据集。

可利用已知的洗钱交易数据进行参数学习得到贝叶斯概率表，计算待判别交易为可疑交易或洗钱的概率，进而判别是否属于可疑交易。

2. 离群因素分析法

在众多数据挖掘方法中，聚类分析是一种应用较广的技术或方式。离群因素分析法是聚类分析中的一种，它是一种探索性分析，通过聚类发现一些与群体特征孤立的交易点，并将其作为高风险数据来做进一步的甄别分析。

其中一种方法是基于 CURE 聚类的离群点分析，它将每个数据看成一个点，然后合并距离最近的类，直到类的个数为所设定的个数为止。这种方法既适合金融数据的挖掘，也适合可疑交易识别。

3. 小波分析法

金融交易具有时间序列的特性，可疑交易在交易序列中一般表现为突变点。小波分析法是一种具有时间频次多分辨功能的调和分析法，是一种适用于检测金融交易序列中可疑成分的方法，它克服了传统时间序列分析法的滞后性和时间尺度单一性的缺点，在信息科学、通信工程等领域应用广泛。这种方法利用小波变化，将数据、函数或算子分割成不同频率的成分，再分解和研究对应尺度下的成分，进而挖掘隐藏在海量数据中的可疑交易。

4. 关联规则法

关联规则法是指从海量数据中找到数据或数据集之间的关联关系或相关关系，常见算法有 Apriori 算法、AIC 算法、SETM 算法、DHP 算法、划分算法等。而对于反洗钱工作来说，可以设定一种基于模糊概念的量化关联规则。对于监管机构，如果能结合金融、公安、财政、税务、工商和司法等部门的数据，还可以使用其他算法。

5. 链接挖掘法

金融交易信息是一种网络拓扑结构，交易行为之间具有相关关系，而链接挖掘以数学中的图论技术为基础，从交易主体之间的相关关系中寻找有价值的信息。链接分析可以从大量不同类型的数据中挖掘出隐含在交易之间的相关关系，并显示出合法活动和非法活动的关系图。

6. 数据流挖掘法

可疑交易动态识别根据可疑交易的一些特征，找出隐藏在庞大金融交易数据流中的可疑交易。与整个金融交易数据流的正常交易相比，可疑交易具有出现概率低、随机性强的特点。可以运用动态数据处理技术，对客户的身份资料、交易背景、行为特点、交易金额、交易流向、交易方式等进行分析，识别和匹配可疑特征，进而发现可疑交易。

9.5.6　反洗钱工作审计和自评估

反洗钱审计是指由独立的内部审计或外部审计机构执行，基于监管政策、领先实践和发展趋势对金融机构当前的反洗钱工作进行独立评价。传统的反洗钱审计侧重于政策制度合规性、组织和职责设计、账户管理、客户调查、风险评级、大额和可疑交易监测操作流程、培训宣导、系统功能。新形势下，反洗钱内部审计应该加强审计的深入性，可以更加关注银行账户的反欺诈、持续和深入的客户调查和受益所有人识别、智能风险评级、大数据可疑金融交易监测模式的设计和运行。审计部门也可以针对某一局部领域而非整个反洗钱工作开展专项审计。

反洗钱工作自评估是指由反洗钱主管部门牵头实施的、金融机构多部门参与的，对自身洗钱风险管理工作的定期评估，包括监管要求的年度评估和企业自身需求的不定期评估。

9.5.7　反洗钱数字化信息系统建设

信息化时代的反洗钱信息系统侧重应用功能的实现，并聚焦于监测分析和数据报送。应用功能以反洗钱工作的几大核心模块进行布局，如客户视图、客户身份识别和受益所有人识别（一般与核心业务系统进行数据交互），客户风险等级评估，客户持续和强化尽职调查，大额交易的监测、分析和报告，可疑交易的监测、分析和报告，名单监控和预警（强调与核心业务系统进行数据交互），回溯性检查等。

反洗钱数字化信息系统建设是基于上述核心功能的一种数字化再造和升级，企业可以开展的工作非常多，在资源和能力满足的前提下，主要包括3个方面。

1. 客户洗钱风险画像

客户画像在营销和风控领域是一种较成熟的管理手段。当前反洗钱监管更加强调风险为本的治理理念，而基于客户的洗钱风险特征为客户画像是落实这一理念的有效方式。具体来说，企业可以通过风险特征识别、标签体系打造、客户数据分析，利用算法为客户画像。

2. 反洗钱知识图谱

利用知识图谱技术深入洞察个人客户和企业客户之间的关联关系，对客户之间的交易进行异构数据挖掘分析，使用图计算开展客户识别和可疑交易监测，将AI与知识图谱相结合，推动智慧反洗钱解决方案落地。

3. 可疑交易监测的智能化

重点是在原规则模型的基础上引入大数据模型，包括利用网络分析、聚类分析等手段建立的新模型。具体来说，先利用大数据进行关联分析，再利用机器学习算法、可视化技术和高性能计算技术发现异常和可疑交易、可疑客户或犯罪团伙。

当前国内许多领先科技公司、互联网公司和传统IT公司均推出了智能反洗钱信息系统解决方案，企业可以进行充分的市场调研，严谨的选型分析，从中挑出适合自己的解决方案并试用，在多方评估和审核后选择一个合适的厂商引入其相关的系统产品或方案。

Chapter 10 第 10 章

组织和人才风险管理及其数字化转型

企业常见的八大风险领域中并没有组织和人才风险,这种风险在全面风险管理领域中一般被划入广义的操作风险范畴。其实在以人为本的法制社会,注重人才管理、员工管理和社会责任的理念已经深入人心。很多企业在强调人才是其核心资产和核心价值的同时却往往会忽略人才本身存在的各种风险。组织是由人才组成的,人才的风险与组织的风险互相作用,是一个对立统一的共同体。对人才进行风险管理的同时也需要对组织进行风险管理。

组织和人才风险管理以人力资源管理为切入点,以组织管理、人力资源六大模块管理和人力资源三支柱管理为核心,以专业风险管理的方法论来识别、评估、监测、控制和报告风险,以人力资源大数据信息系统和云服务来提升数字化水平。组织和人才风险管理的数字化转型是数字经济时代、人才竞争社会和实现人的价值目标的共同要求,是企业实现战略目标、打造核心竞争优势与塑造和谐企业文化的重要方法。

10.1 人力资源管理的基本概念

简单来看,人力资源管理是指在社会环境和组织环境中,将人当作一种劳动力资源并进行管理决策、计划、组织、领导、控制。人才管理将人从劳动力的定位提升到人才的定位，肯定了人所掌握的知识、技能，是一个更具内涵的词。组织管控是指对组织的设计和运营进行管理与控制，以促进实现企业目标。

1. 人力资源六大模块

传统的人力资源六大模块如下。

1）人力资源规划：基于公司整体的战略来确定人力资源的管理规划或工作计划，其中规划的重点是企业人才的需求和供给。

2）人才招聘与配置：基于人力资源规划发布人才空缺职位，组织招聘活动，并将招聘到的人才科学地配置到相应的岗位。

3）员工培训与开发：通过丰富多彩的形式和工具，向员工传输必要的理念、行为、知识和技能，使其成为对企业发展有益的人才。

4）绩效管理：根据企业战略目标为组织和员工设定绩效目标，并且考核其实现目标的过程和结果。

5）激励和薪酬福利管理：以激励、薪酬和福利为载体，引导员工为组织创造价值，并促进员工个人价值的实现。

6）劳动关系管理：对企业所有者、经营管理者、员工以及由三者形成的组织之间的关系、组织和员工的关系、员工之间的关系进行科学管理。

传统的六大模块并不是不可改变的，实践中，企业可以根据自身的经营目标和所面临的内外部环境，将上述六大模块进行拆解、整合、交叉等。例如一些企业的人力资源部门将各项职能进一步分解为：人力资源规划、组织设计和变革、工作分析和设计、人才招聘和培训、薪酬和福利、绩效考核、员工管理、企业文化管理、人力资源信息化和数字化、内部综合管理等。

2. 人力资源三支柱

1）HRBP，即人力资源业务伙伴，负责确保业务导向，贴近业务，促进业务发展，发现业务问题并及时从 HR 的角度提出改进方案，定位为"人力资源+业务"的通才。

2）HRCOE，即人力资源职能专家中心，负责制定人力资源的战略和规划，优化政策和流程，针对重要问题设计解决方案，偏向 HR 咨询，定位为人力资源专才。

3）HRSSC，即人力资源共享服务中心，负责人力资源相关工作的交付执行，将操作和流程标准化、高效化、数字化，负责人力资源具体信息系统的执行，是支持组织和人才管控、业务发展的重要帮手。

10.2 人力资源风险管理的发展

由于主流风险管理政策并未将组织和人才风险作为一项独立风险，因此关于该领域的风险管理并没有形成一个先进且完整的理论体系。本节从人力资源管理的发展及人力资源风险管理的发展的角度来展开。

1. 人力资源管理的四个发展阶段

人力资源管理经历了人事管理、人力资源六大模块管理、战略人力资源管理、数字化人力资源管理四个阶段。

1）人事管理，强调人力资源管理的行政事务性工作。人事管理一般作为企业人事行政综合事务的一种，偏向人员招聘和入职、薪酬计算和发放、考勤、离职手续等日常操作和执行，和企业战略管理几乎不相关，关注短期目标。

2）人力资源六大模块管理，强调六大模块的运作和有机结合。人力资源管理的经典原理是"六大模块"，它为企业的战略制定和执行提供支撑，是战略规划的重点模块内容之一，是促进组织价值实现的重要手段，关注企业的中长期目标。

3）战略人力资源管理，强调人才、文化和领导力都为企业战略服务。战略人力资源管理将员工当作一种战略资源和资产，人是企业战略的设计、执行和评价者，人力资源的目标是与战略紧密结合并促进战略目标的实现，关注企业的长期目标。

戴维·尤里奇于1997年提出人力资源管理从业者的四个新角色：战略伙伴、行政专家、员工后盾和变革推动者。他还指出：人力资源应该像企业那样运营，要有角色分工，有人负责客户管理，有人负责专业技术，有人负责服务交付。该理论几经演化，成为今日流行的"三支柱"模型，使得人力资源管控模式由职能型向解决方案型转变。

美国咨询公司CEB提出人力资源管理从业者的四个角色：业务部门战略合作伙伴、人力资源执行经理、员工关系协调者和紧急事件处理者。

4）数字化人力资源管理。数字化人力资源是在大数据、云计算和人工智能技术的推广应用下逐步诞生的一种新模式，它强调人和数据的共同价值。数据和人一样是企业的资产，利用人力资源数字化技术，可以实现智能、高效的新人力资源管理。

2. 人力资源风险管理的发展

长期以来，在主流风险分类中并没有组织和人才风险这个类型，人力资源风险管理的发展主要依赖于战略风险管理、操作风险管理、内部控制和人力资源管理。

在战略风险管理中，组织和人才作为核心战略要素，是战略分析、战略规划和战略能力建设的重点关注对象。战略规划报告中一般会包含组织和人才模块。在对战略进行设计和执行的过程中，往往会对组织和人才模块设计的有效性、执行的有效性进行分析与评价，这个工作能在一定程度上实现对组织和人才风险的管理。

在操作风险管理中，导致操作风险的四大核心要素分别是人员、流程、系统和外部事件。其中人员、流程与组织和人才的关系更为密切，通过对人员和流程进行管理以降低操作风险，一定程度上也实现了组织和人才风险管理的目的。

在内部控制理论中，《企业内部控制基本规范》（五部委）中的内部环境被定义为：企业实施内部控制的基础，一般包括治理结构、机构设置及权责分配、内部审计、人力资源政策、企业文化等。该规范要求企业应当建立内部控制实施的激励约束机制，将各责任单位和全体员工实施内部控制的情况纳入绩效考评体系，促进内部控制的有效实施。企业应当建立信息与沟通制度，明确内部控制相关信息的收集、处理和传递程序，确保信息及时沟通，促进内部控制有效运行。它还指出，内部控制措施一般包括不相容职务分离控制、授权审批控制、会计系统控制、财产保护控制、预算控制、运营分析控制和绩效考评控制等。这些内部控制规定准确描绘了组织和人才管控的因素，表达了组织和人才管控的相关要求。《企业内部控制应用指引第1号——组织架构》《企业内部控制应用指引第3号——人力资源》《企业内部控制应用指引第5号——企业文化》《企业内部控制应用指引第17号——内部信息传递》也鲜明地提出和明确了组织和人才管控的具体要求和指导意见。由于这些内部控制要求，企业在执行内部控制评价时一般会进行针对人力资源工作的评价。这些评价可视为对组织和人才风险的一种管理方式。

在具体的人力资源工作中，人力资源部门作为组织和人才风险管理的核心部门，承担了第一道防线与第二道防线的相关组织和人才风险管理的职责。人力资源部门也设计了针对六大模块的相关政策制度、操作规程，开展对日常事务性工作的自我检视评估，对人力资源和组织运行情况进行数据分析和问题诊断，采取各种措施提升组织和人才管控的科学性、有效性，提升用户满意度，提高员工归属感和幸福感。

10.3 组织和人才风险管理的常见问题和风险点

企业是一个大型的一级组织，是一个由许多二级和三级组织共同构成的结构化、多层次的完整体系，每种层级的组织又由不同类型的岗位构成，而每一个岗位最终会落实到相应的人才。组织和人才是企业的核心要素，是企业经营管理的量变基础，一且这些要素出现问题，就很容易出现量变引发质变的风险。本节主要介绍在实践中组织和人才风险管理方面的一些常见问题和风险点。

10.3.1 组织和人才风险管理的常见问题

人才和人力是组织构成和运转的基本要素，也是组织创造价值和实现目标的核心抓手。随着内外部经营环境的竞争越发激烈，组织和人才风险管理在企业中的重要性不言而喻。通过各种理论研究、经营实践和社会观察，我们能够看到在组织和人才风险管理过程中企业普遍面临的挑战和存在的问题。

组织和人才风险的主体是"人"这个社会性的动物，人既具有共同的自然属性和社会属性，又具有非常个性化的自然属性和社会属性，是一个非常多样、多元、复杂的研究对象。由人构成的风险也具有这样的特征，并且十分依赖于人的本质和主体。

在企业的组织和人才管理中，信息的沟通交流风险、信息的不对称风险是组织和人才风险的重要来源。组织的内部和外部、组织的自上而下和自下而上、员工和组织、员工和员工、组织的各级构成部分之间的信息沟通和信息不对称风险是很难全面衡量和控制的。

世界是普遍联系和发展的，人力资源领域也不例外。从外部来看，企业的外部经营环境随时在发生变化，我们能够看到有关法律法规的发布和修订，人力资源信息技术和数字科技的发展，国家的整体政治、经济和文化环境变化，例如人口规模、人口结构、劳动力市场的变化等。从内部来看，从人力资源的六大模块到三支柱转型再到数字化智能化转型，都勾勒出组织与人才管理领域的风险来源和变化发展的过程，并且其风险也与这些内外部因素普遍联系在一起。

新时代，随着数字转型、金融科技以及新型模式的创新和推进，这些风险也在发生其特定的演变。

需要说明的是，风险和问题无处不在，因此对于人力资源和组织管控工作来说，在人力资源规划、组织架构设计、授权与权限管理、人才招聘和培训、绩效管理、薪酬福利、劳动关系等大的领域以及这些大领域下的细分领域均存在风险和问题。

从宏观上来说，主要有如下几方面的问题：
- ❏ 人力资源管理理念的挑战；
- ❏ 组织的发展战略、财务状况对人力资源政策的影响；
- ❏ 技术进步对人力资源管理决策环境的影响；
- ❏ 组织结构的变革对人力资源决策的影响，员工对工作、生活质量的新要求带来人力资源管理的挑战。

10.3.2 组织和人才风险管理的常见风险点

从微观上来说，我们选取组织和人才管控部分领域的风险进行阐述。

1. 人力资源战略及规划的风险点

人力资源战略及规划是企业战略规划的重要组成部分，但是一些企业特别是中小企业对人力资源的规划重视不足：有些企业没有编制规划而沿用传统的简单人事管理模式；有些企业编制的规划不够科学、脱离实践，导致在实施人力资源规划时阻力和挑战较大。比较常见的情况如下。

有的企业处于长期不断变化的环境中，但是将人才雇用战略建立在短期思维上，雇用少于组织需要的员工数量，不重视人才培训和开发。

有的企业编制人力资源规划时没有遵循科学的方法，而是直接照搬其他公司的规划，企业管理人员对人力资源规划的认识不到位，使得在复杂多变的竞争环境中，人才管理和组织管理不能协同公司战略。

有的企业未能开展有效的人力资源供给和需求预测，内部缺乏合适的人力资源经理，许多人力资源部员工不具备专业知识和技能，员工职业素质不匹配，无法完成高质量的人力资源供给和需求预测。

有的企业没有针对已经运行的人力资源规划开展风险控制和运营评价，使得内部存在的各种问题无法及时被识别和控制，积累的管理缺陷和风险漏洞反过来又进一步限制了人力资源工作的开展。

2. 组织结构设计和调整的风险点

组织结构设计和调整的前期调查分析、科学评估不充分。目前不管是趋于保守稳定的传统企业还是倾向时刻变革的新兴企业，组织结构的设计和调整都面临着在决策前的调查分析和科学评估不充分的风险。例如，一些学习互联网公司和科技公司的中小型金融机构，每年可发生数次组织架构调整。这些调整存在诸多风险点：选取的时机并不合适，对战略竞争环境的调查和评估不到位，对企业内部的价值链、信息、资源、文化了解不充分，对企业管理的关键职能识别认定不准确等。甚至一些企业的组织变革并没有经过专业的分析，而仅仅是因为领导者的个人管理风格和理念发生转变。这使得调整并不能取得预期的成效，与战略规划不匹配，最终不能助力企业目标的实现。

3. 人才招聘的风险点

人才招聘的风险点如下。

对公司的人才需求分析和测算不准确，缺乏合适的员工、技术、工具、制度等来对人才需求分析进行规范处理。

不同情况、不同人才环境下缺乏恰当的招聘标准，这并不是指要为每一种情况单独制定一个标准，而是对不同类型业务、不同类型岗位，特别是一些特殊的关键人才的招聘缺乏标准。

4. 绩效考核管理的风险点

实践中，绩效考核常见的风险点如下。

1）没有设计适合企业发展环境的绩效考核制度和机制，有些企业甚至照搬其他公司的绩效考核管理办法。

2）没有执行自下而上和自上而下的、平行和垂直的绩效管理机制，仅由员工的直接上级或更高层级上级评价，但上级人员对员工的工作情况并不了解；或者下级对上级不开展评价，同级别员工之间不开展评价。

3）绩效评价的标准不稳定、不清晰，有的人用起来严格，有的人用起来宽松，进而导致不公平，无法助力流程体系的有效宣贯和执行。

4）绩效考核执行时缺乏有效的衡量标准，特别是缺少可量化的指标，导致评价人员只能凭主观印象打分，评价过程和结果容易受到不良因素影响。

5）评价者个人价值观、偏见、非理性思维影响评价标准的执行，或者主管领导为了保持部门内的团结和气，减少内部矛盾，压制表现出色员工的绩效，或者偏袒工作平庸的员工，从而造成劣币驱逐良币。

6）主管领导或主管评价人员以高人一等的姿态来开展日常工作，导致员工对绩效考核体系的接受和认同程度降低。

7）管理人员不重视利用绩效评价信息，很少向员工提供绩效评价信息的反馈甚至不与员工沟通绩效考核信息，不利于员工提高工作绩效，浪费企业的管理资源。

5. 数字化人力资源的风险点

许多企业，特别是中小型企业的人力资源部门将企业数字化的任务放在业务和科技层面，关于组织和人才管控的部分尚未开始酝酿。它们的人力资源部门缺乏相应的数据思维和数据分析技能，人力资源部的领导层未对 HR 数字化提出规划和要求。员工人数不足，导致掌握了数据技能的人员将精力投入到常规的人事工作中。已有的 HR 数据分析集中在人力资源部内部，而没有与业务的运营结合。HR 倾向于使用简单的数据分析，对于统计分析和机器学习算法的认知和应用不足。人力资源信息化建设水平较低，没有整合内外部的人才基本数据、行为数据和其他数据。

10.4 组织和人才风险管理的重点工作

作为企业战略能力的重点领域，组织和人才管控方面有着太多的工作需要管理层和员工去规划、执行和控制。在数字经济和科技时代，企业可以从人力资源数字化转型、三支柱模型变革、AI、人力资源云服务等领域发力，推动人力资源工作转型升级，打造企业组织和人才管控的新格局。

1. 人力资源数字化转型

自 2015 年以来，人力资源数字化和数字化人力资源成为 HR 领域的热门话题，这和整个社会轰轰烈烈的数字化转型和数字化建设进程是密不可分的。大型科技公司和金融企业纷纷在人力资源数字化转型上投入资源并取得了不小的成绩。例如：平安集团的 HR 数字化团队利用知识图谱、人工智能加速智慧 HR 转型，在员工招聘、薪酬评定、人才测评、电子培训等方面进行数字智能化建设；百度推出人力资源大数据共享平台，在人才管理、组织效能分析、企业文化活动分析、舆情风险分析等方面开发投产模型指标，能够实现商务智能、人才画像等。

2. 人力资源三支柱模型

人力资源三支柱模型（HRBP、HRCOE 和 HRSSC）及其转型是当前我国人力资源领域转型变革的热点趋势之一，一些互联网公司、科技公司和注重科技的金融公司已经实施了三支柱转型，如 IBM、华为、腾讯、字节跳动、宝钢、博世、百信银行等。例如，腾讯开展了以下工作：设置人力资源专家中心（COE），负责相关战略规划、组织流程优化、政策标准制定和企业文化建设等；设置人力资源业务伙伴（HRBP），负责政策制度的落地、业务和人力资源需求管理、支持业务发展等；设置人力资源平台部，负责招聘、培训、薪酬、绩效和人员外包的执行。

3. 人力资源与人工智能

数据驱动的人力资源人工智能是许多领先人力资源服务商和大型企业集团的工作重点，例如一些研究项目中利用大数据建立模型来预测员工的离职概率，通过数据分析建立组织和人才风险的筛查模型等。

在招聘环节，利用 AI 技术开发智能招聘系统，可以从海量的人才库中筛选出最佳候选人，可以对应聘者进行性格分析，可以开展人才测评使之匹配最合适的职位；在员工培训领域，利用 AI 技术可以开发智能在线课程，可以分析员工学习时的反应和行为来改进课程内容，可以应用 VR 和 AR 改进课程的氛围，增强培训效果；在绩效考核中，利用 AI 技术可以实施智能自动绩效考评，减少人工主观考评，更有利于增强透明性和公平性，可以合规合理地利用物联网设备跟踪业务人员实地尽职调查的时间、路径、地点甚至行为；在薪酬计算领域，可以利用 AI 技术开发薪酬计算模型，输入员工的特征和表现后，模型可以自动计算出相应的薪资水平，可将其作为调薪的客观依据。

4. 人力资源与 SaaS

SaaS 是 Software as a Service（软件即服务）的缩写。SaaS 平台的供应商将应用软件统一部署在自己的服务器上，客户可以根据实际需求通过互联网向厂商订购应用软件服务，按订购的服务多少和时间长短向厂商支付费用，并通过互联网获得 SaaS 平台供应商提供的服务。

人力资源 SaaS 解决方案是当今 SaaS 领域的热点之一。在数字化时代，HR-SaaS 正在逐步引领新的变革，未来极有可能会在一些领域替代传统的 E-HR 信息系统。近些年来，国内出现了众多人力资源 SaaS 创业公司，这些公司推出了不错的人力资源 SaaS 平台。例如：某人力资源 SaaS 供应商开发的平台能够集成常规人事服务、人才管理、员工服务生态建设，实现企业的人才招聘、入职、管理到离职的全流程数字化管理，提高管理效率，逐步实现智慧决策；北森云计算公司开发的北森一体化人才管理云平台，可以为企业提供覆盖人才测评、招聘管理、绩效管理、组织人事、薪酬、考勤、继任、调查、Onboarding 等业务全流程的一体化 HR SaaS 软件和服务；e 成科技公司将人工智能和大数据应用于数字化人才决策解决方案，建立了人力资本数字化平台，将 AI 技术与人才战略升级场景深度结合，为企业提供数字化招聘、数字化员工服务及数字化人才咨询等产品及服务，涵盖企业人才全生命周期。

10.5　组织和人才风险管理数字化转型

当前主流的数字化转型方法论均把组织转型、人才队伍建设作为转型的关键驱动力之一，这种设计和过往战略规划的设计思路是一致的，也符合数字化转型不是仅围绕 IT 转型而是围绕整个企业全面转型的理论。本节主要介绍组织和人才风险管理的数字化转型总框架及 7 个重点模块。

10.5.1　组织和人才风险管理数字化转型总框架

组织和人才风险管理的数字化转型可以借鉴风险管理的理念，包括但不限于：开展人力资源数据治理，建设专项数据集市和大数据平台；使用统计分析和机器学习来进行大数据描述性分析、关联分析和智能预测建模；开发覆盖人力资源六大模块的人力资源指标监测体系；利用 SaaS 平台来优化人力资源流程，减少事务型和操作型工作，提高 HR 工作效率。具体框架如图 10-1 所示。

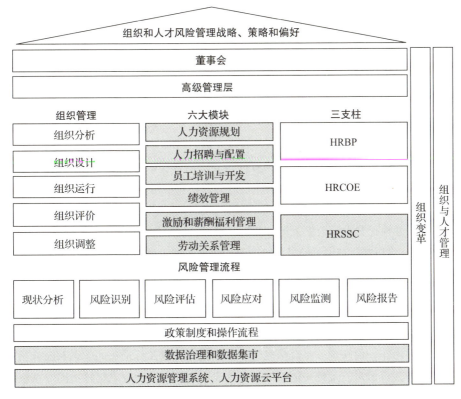

图 10-1　组织和人才风险管理数字化转型总框架

1. 顶层治理方面

首先，需要在全面风险管理体系下确定一个专项的转型战略、策略并明确定性和定量的风险偏好；其次，明确董事会在转型过程中的战略引领、执行推动和文化宣导作用；最后，通过高级管理层强有力的管理活动推动董事会的战略、执行和文化在企业落地。此处的战略、执行和文化应该在传统方法论上强化数字化的精神，更多地引入定量的管理方法和指标。

2. 组织管理方面

组织管理的基本方法是进行组织分析、组织设计、组织运行、组织评价和组织调整。传统的方法一般是运用管理学原理、管理学模型，再结合数据分析对组织进行诊断分析，过程中会参考监管合规要求、同业实践经验和内部调研访谈等。在许多企业中这种分析以定性为主，数字化转型就是要提高定量分析的能力，提高组织管理的成熟度。实现组织管理数字化转型的方法有两种：第一种是针对上述五个流程来设计、部署和采集数据，建立组织运行数据可视化看板，利用信息系统提高自动化和智能化风险识别、评估、监控和报告能力；第二种是开展组织的变革，例如构建敏捷组织、开放组织、协同组织和数据组织，增强组织的灵活性、敏捷度、高效性。

3. 六大模块方面

大多数企业仍以六大模块作为人力资源管理工作的主要抓手。很多人力资源管理理论针对这些模块研发了定性和定量的管理方法，同时一些领先企业自研了有关的新方法论，这些为数字化转型提供了良好的指导。六大模块数字化转型的方法有三种：第一种是数字化流程再造，选择关键流程进行数字化重构，建立六大模型的有机统一体；第二种是内部大数据人力资源信息系统建设，打造一个更加智能和自动化的 H-ER 信息系统，并强化其中的数据采集、分析、学习、展示等功能；第三种是利用人力资源 SaaS 平台将招聘、培训、绩效和员工管理等事务型工作云化。

4. 三支柱方面

三支柱转型的过程往往伴随着数字化转型，特别是其中的 HRSSC 本身就十分依赖信息化和数字化的模块。HRSSC 如果只是在组织职能划分上进行有别于 HRCOE 和 HRBP 的运作，而缺少一整套信息化、数字化流程以及标准化的管理和操作机制，则无法发挥其价值。三支柱中的 HRCOE 应该作为人力资源数字化转型的专家枢纽，为企业输送组织和人才风险管理的内外部洞察，制定转型战略、策略和偏好，研发转型方法论和监控转型过程。HRBP 则可以充分发挥懂业务、懂管理的专业优势，联通企业的前端业务、中端管理和后端支持模块，了解一线部门的现状，采集一线部门的需求，传达管理层的战略，为数字化转型深入企业的每一个角落赋能。

5. 风险管理流程方面

标准流程代表了最常见的一种处理方式，数字化转型其实可以对流程进行敏捷化重构，例如风险的识别和评估的整合，监控、预警和报告的整合等。一切都须按照转型策略来进行设计，没有唯一的标准，不过线上化、自动化的流程更受推崇。

6. 底层支持方面

政策制度和操作流程是企业的内部"法律法规"，是实现有效管理的基本前提，企业可以增强数字化转型的规定；数据治理则是数字化转型的基础要素之一，若缺乏组织和人才管理的数据，则数字化转型无从谈起；管理系统或云平台是数字化转型的载体，运行在其中的组织、岗位、职责、流程、数据、结果构成了数字化转型的完整体系。

行业实践中，中国建设银行在 2017 年即打造"智慧 E-HR"总体规划，推动人才选、育、用、留全流程数字化转型。该行将规划分解为信息、服务、学习、评价和激励五大功能模块，通过实施员工和机构视图、开发一体化员工服务平台、科技赋能建设建行大学网络平台、建立全面的智慧人才评价、探索建立多层级的激励体系、实行员工绩效考核数字化、基于关系图谱开展 360 人才评价等一系列项目，分阶段将规划落地，推动该司人力资源工作的数据化、自动化和智能化，取得了显著的成果。

10.5.2 组织和人才风险管理的流程

运用风险管理的基本流程和框架来加强组织和人才风险管理。风险管理的基本流程是：现状分析→风险识别→风险评估→风险应对→风险监测→风险报告。企业人力资源部门可以设置专职或兼职人才和组织风险管理岗。

1. 现状分析

组织和人才风险管理人员应坚持一切从实际出发，对过去的企业运营和人力资源管理数据、资料等进行查阅、了解，对当前企业经营和人力资源管理现状进行调研、分析，对未来的企业管理和人力资源风险演变进行合理预测。综上，形成覆盖历史、现在和未来的完整、全面和准确的现状分析。

现状分析可以通过多种方式进行，例如查询现有的人力资源数据系统、各类纸质和电子档案，发放调查问卷，开展员工访谈座谈活动，开展员工行为监测，观察员工的日常表现，设置匿名信息沟通渠道等。

2. 风险识别

风险识别是指通过各种有效的方式、方法、工具等对影响企业人才和组织管理目标实现的因素、事件等进行识别、挖掘。

3. 风险评估

组织和人才的风险评估一般通过 4 种形式进行：一是高级管理层发起的组织和人才风险评估项目，一般会聘请外部独立咨询机构协助开展；二是人力资源部门开展的自我诊断和评估活动；三是内控合规部门在开展企业内部控制评价时的人力资源和组织管理评估；四是企业内部审计人员进行人力资源管理专项风险审计时的组织和人才风险评估。

4. 风险应对

虽然应对风险的方式有很多种，但是实践中在该领域应用最多的是风险控制和风险转移。风险控制采取内控手段和措施来控制风险，以降低其发生的概率和损失程度。风险转移主要通过人力资源外包进行。

5. 风险监测

领先企业一般通过内外部大数据及云服务等开展组织和人才风险的监测与预警，常见的实现方式是在风险管理领域最为常见的指标法，即开发人才和组织运行的风险监测指标，利用信息系统采集数据进行监测。有的企业借用第三方数据或者云服务开展风险监测，有的企业将员工行为风险作为重点监测对象，有的企业借用大数据模型进行风险预警。

6. 风险报告

通过年度组织和人才管理的全面报告与不定期专项报告，对人力资源各个领域和模块的工作成效、存在的问题及改进措施进行汇报与披露。

10.5.3　实施人力资源计划模型

第一，收集信息，包括外部环境信息（宏观经济和行业形势、技术、竞争、劳动力市场、人口和社会发展、政府管制）和企业内部信息（战略、业务计划、人力资源现状、辞职率和员工流动性）；第二，开展人力资源需求预测，包括短期预测和长期预测、总量预测和各个岗位的单项需求预测；第三，开展人力资源供给预测，包括内部供给预测、外部供给预测；第四，制定项目计划并实施，包括增加或减少劳动力规模、改变人力资源的技术组合、开展领导职位和管理职位的接续计划、实施员工职业生涯规划；第五，进行人力资源计划过程的控制和反馈，如分析人力资源规划是否精确，评估实施是否达到要求。

利用市场调研的方法来充分了解和掌握企业所面临的外部因素和内部资源的各种信息；利用战略分析的方法来评估企业的人才管理和组织管理面临的竞争环境，建立一支具备组织变革和人才管理的专业团队，或者聘请第三方咨询公司参与公司的组织变革；建立高效顺畅的自下而上和自上而下的信息沟通方式与渠道，破除内部信息沟通障碍，减少信息传达的失真性。

10.5.4 组织优化和敏捷组织转型

1. 组织架构优化的基本框架

对于组织架构的设计和优化，应该先基于如下四个方向做好准备工作，然后再确定优化的原则和重点，得出实施方案，最后落实到人力资源组织体系建设中。基本框架如图 10-2 所示。

1）市场环境与监管要求：满足监管机构对风险管理、人力资源、信息科技等关键能力的要求，并支持为目标市场和客户提供专业化的服务。

2）国内外活跃机构实践：根据国内外活跃互联网金融公司的企业治理和企业管理建设、全面风险管理建设和后台改造等先进经验，提供标杆和参考。

3）企业战略规划：巩固传统金融、创新金融、科技金融、金融科技核心业务，加快传统业务和不合规业务转型，发展符合自身条件的特色业务。

4）高级管理层偏好：高级管理层对于企业经营策略的偏好。

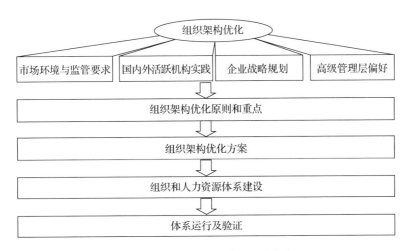

图 10-2 组织架构优化的基本框架

2. 组织优化的基本原则

组织的设计和优化应该以遵循合规经营为第一原则，通过助力战略实现、促进业务发展和转型、提高效率和改进风险管理，最终创造和提升价值，具体如图 10-3 所示。

3. 组织优化的程序和方法：敏捷组织转型

在数字化、科技化的背景下，金融机构可以学习互联网公司、科技公司的实践，利用数字化思维和金融科技手段开展敏捷组织转型工作。可以看到，为了更好地适应内外部竞争环境，一些互联网金融公司和注重科技的中小型金融机构进行了较为频繁的组织转型和变革。

图 10-3　组织优化的基本原则

为适应未来战略发展和业务转型的要求，金融企业必须与时俱进、与势俱进，建立能够灵活适应内外部环境变化的组织体系，从而抓住发展机遇，围绕发展目标，强化发展重点，促进转型战略目标的实现，有效控制风险，提高发展质量和效益。优化工作的具体方法论框架如图 10-4 所示。

4. 组织优化的 10 个重点及其目的

组织优化有治理、管理、销售、产品、渠道、机构、财务、风险、运营和支持 10 个重点，这 10 个重点及其目的如图 10-5 所示。

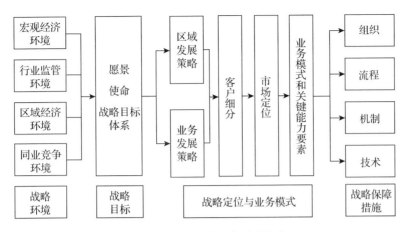

图 10-4 组织优化的方法论框架

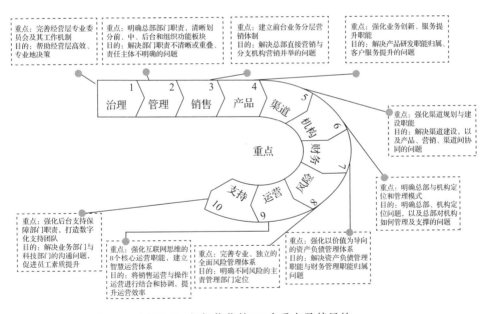

图 10-5 组织优化的 10 个重点及其目的

10.5.5 绩效考核的设计和数字化管理

一般来说，绩效管理的循环过程是：制定绩效计划→绩效实施和监控→执行绩效考核→绩效反馈和面谈。绩效考核体系的设计过程是：首先，成立一个项目组，成员包括组织和人力资源管控领域的内外部专家、绩效考核专业员工、业务条线和职能条线的代表;其次,确定和采集评价信息;再次,设计绩效考核指标、计算公式、数据来源、调整机制;最后,确定考核的组织、流程、评价周期、比较标准。

1. 绩效考核机制的设计方法

可以利用 SMART 法则、PDCA 法则进行绩效考核机制的设计。SMART(Specific、Measurable、Attainable、Relevant、Time-bound)法则是为了利于员工更加明确、高效地工作,更是为了在将来管理者对员工进行绩效考核时提供考核目标和考核标准,使考核更加科学、规范,更能保证考核的公正、公开与公平。它的基本要求是绩效指标必须是具体的(Specific)、可以衡量的(Measurable)、可以达到的(Attainable)、与其他目标具有一定相关性的(Relevant)、具有明确截止期限的(Time-bound)。

PDCA 是计划(Plan)、实施(Do)、检查(Check)、行动(Act)的首字母组合。企业管理工作都需要经过计划、实施计划、检查计划、对计划进行调整和改善这四个阶段。具体来说,P(计划)为从问题的定义到行动计划,D(实施)为实施行动计划,C(检查)为评估结果,A(行动)为标准化和进一步推广。PDCA 一般按照这个顺序进行项目管理、质量管理并循环进行。

2. 绩效考核方法的主要分类

(1)主观评价法

绩效考核中的主观评价法一般包括简单排序法、交错排序法、成对比较法、强制分布法等。

1)简单排序法(Simple Sorting Method,SSM)。这是一种简单的绩效考核方法,一般是指考核人员依据既定的考核标准或分数,按照升序或降序对被考核人员进行排序。

2)交错排序法(Alternative Ranking Method,ARM)。这是一种较为常用的排序考核法。它的原理是在群体中挑选出最好或最差的绩效水平表现者。这种方法相比对所有被考核人员进行绝对绩效考核要简单得多。ARM 的操作方法就是先挑选并排列"最好的"与"最差的",然后挑选并排列"第二好的"与"第二差的",这样依次进行下去,直到将所有被考核人员排列完成为止,最终以优劣排序作为绩效考核的结果。

3)成对比较法(Paired Comparison Method,PCM)。这是一种通过构建比较矩阵来进行更为细致的绩效水平排序的方法。它的特点是对于每一个考核要素都要进行人员间的两两比较和排序,使得在每一个考核要素下,每一个人都和其他所有人进行了比较,所有被考核人员在每一个要素下都获得了充分的排序。由于要进行各评价指标和被考核人员之间的两两比较,因此这种方法适合人数较少的机构。如果人数较多,使用此方法将使考核过程变得十分复杂。

4）强制分布法（Forced Distribution Method，FDM）。该方法认为员工的绩效水平符合正态分布，因此在进行绩效考核之前预先设定绩效水平的分布比例，然后将员工的考核结果按照既定规则分配到各分布结构里去。例如将员工绩效等级划分为A、B、C、D、E五个等级，每个等级人数占比分别为10%、20%、30%、30%、10%。

（2）客观评价法

客观评价法一般包括关键事件法、行为锚定等级考核法、行为观察评价法、行为对照表法、等级鉴定法，这里只介绍前三种方法。

1）关键事件法（Critical Incident Method，CIM）。这是一种通过员工的关键行为和行为结果来对其绩效水平进行绩效考核的方法。一般由主管人员将其下属员工在工作中的非常优秀或者非常糟糕的行为事件记录下来，然后在考核时点上（每季度或者每半年）与该员工进行一次面谈，根据记录共同讨论来对其绩效水平做出考核。

2）行为锚定等级考核法（Behaviorally Anchored Rating Scale，BARS）。该方法又称行为定位法，它首先通过对一个职位进行分析并对该职位上可能发生的各种典型行为进行评分，建立行为等级锚定评分表，然后依据该表对员工进行实际行为测评并确定其等级。总体来看，这是基于对被考核者工作行为的观察和考核来评定其绩效水平的方法。

3）行为观察评价法。这种方法通过设计行为评估指标，将观察到的员工的每一种工作行为同评价标准进行比较并评分，看该行为出现的次数，最后将每一种行为上的得分相加，得出总分结果的比较。

（3）目标管理法

目标管理法（Management By Objectives，MBO）可以作为一种单独的绩效管理办法，也可以包括基于目标管理思想发展而来的KPI、平衡计分卡、OKR等方法。

1954年，管理学大师彼得·德鲁克在其著作《管理的实践》中提出了目标管理的概念和理论以及"目标管理和自我控制"的管理原则，认为管理者应该通过目标对下级进行管理，组织的最高层确定了企业目标后，应当对其进行分解，转化为组织中各部门、机构、员工的目标，并通过目标的完成情况进行考核。这种理念使员工能用自我控制的管理代替由领导或其他人统治的管理。

目标管理法是现代企业采用较多的方法，管理者通常很强调利润、销售额和成本等能带来成果的结果指标。在目标管理法下，每个员工都有若干个具体的指标，这些指标是其工作成功开展的关键目标，它们的完成情况可以作为评价员工的依据。

（4）财务评价法

财务评价法主要基于各自定量的财务数据和财务指标来进行绩效考核，例如杜邦分析方法、经济增加值法、风险调整收益率法等。

3. 几种经典的绩效考核方法

（1）关键绩效指标

关键绩效指标（KPI）是企业管理中绩效考核评价的重要方法之一，它利用了抓住主要矛盾以及二八法则等原理，识别影响企业目标和创造价值的关键因素，并对其设计定性和定量考核指标，其中应以量化指标为主。

KPI 是一种通过对组织内部的管理职能、业务流程输入/输出的关键参数进行设置、取样、计算、分析，衡量绩效的目标式量化管理指标，是把企业的战略目标分解为可运作的远景目标的工具。

KPI 考核的思路是自上而下，即首先确定组织目标，然后将组织目标分解为部门目标、员工目标，最后对部门及员工目标进行量化。有一种常用于开发 KPI 指标的方法是鱼骨图分解法。

KPI 指明各项工作内容所应产生的结果或所应达到的标准，其中量化指标在执行时效果最好。KPI 指标一般可以划分为数量指标、质量指标、成本指标、时间指标，或者业绩指标、任务指标、行为指标、能力指标，又或者效益指标、运营指标、组织指标、创新指标。

（2）平衡计分卡

平衡计分卡（BSC）是哈佛商学院教授罗伯特·S.卡普兰和诺朗诺顿研究所所长大卫·诺顿于 20 世纪 90 年代初针对"未来组织绩效衡量方法"所提出的一种绩效评价体系。在 BSC 之前，杜邦分析法作为一种主要的绩效考核方法被广泛运用于企业实践中。该方法的核心是计算和分析各项财务指标，最大缺点是只能对过去的业绩进行考核评价，而不能指导未来的业务发展。BSC 将整个战略分解为 4 个维度——财务、客户、流程运营和学习成长，达到了企业管理多方面的均衡。

BSC 自出现后不断发展，已经成为一种十分重要的企业战略管理、运营管理和绩效考核方法，许多甲方企业和乙方咨询公司利用它设计了适合自己的战略经营体系。但是关于 BSC 是否适用于制定企业战略目标仍存在争议，一般认为先制定企业战略，再根据企业战略使用 BSC 来设计绩效体系更为科学。

BSC 同 KPI 一样，也采用自上而下的方式，首先确定组织目标，然后将组织目标分解为部门目标、员工目标，最后对部门及员工目标进行量化。应着重强调的是，BSC 的指标体系应紧密结合企业战略。

（3）目标与关键成果法

目标与关键成果法（OKR）可以追溯到彼得·德鲁克的目标管理理论。目标管理理论提倡放弃命令驱动的管理，拥抱目标驱动的管理，后来英特尔公司总裁安迪·格鲁夫基于此理论创新提出 OKR 法。目标管理的相关观点如下。

1）企业的任务必须转化为目标及与其对应的少数几个关键结果，企业管理人员通过这些目标对下级进行领导并以此来保证企业总目标的实现。

2）经理权力被恰当下放，把经理人的工作由控制下属变成与下属一起设定客观标准和目标。

3）让下属靠自己的积极性去完成目标。

4）强调"自我控制"。任何员工都喜欢被看重、被领导，而不是作为一台永不休息的机器，目标管理的主旨在于用"自我控制"的管理代替"压制性"的管理。

5）共同认可的衡量标准和目标能促使员工自我控制和自我管理，即自我评估，而不需要由外人来评估和控制。

6）企业管理人员对下级进行考核和奖惩时也依据这些分目标。

在这种思想的指导下，OKR 通过识别、认定和完成关键成果来实现员工和组织的目标，不仅注重结果，也注重过程。

OKR 的思路也是基于目标管理的理论，但是与 KPI 和 BSC 不同：OKR 是自下而上的，先由员工个人提出目标并对目标进行量化（注重关键结果的达成），然后将大量的员工个人目标进行汇总整合，形成公司的目标，再考核目标的完成情况；而 KPI 和 BSC 方法强调多维度的目标，且 KPI 指标可能多年不变，考核结果与薪酬绩效挂钩，这会增加组织和员工的道德风险、合规风险和潜在利益冲突。OKR 的执行方式可以让工作更加灵活，避免机械呆板，允许更多的不确定性，更有助于员工和组织创新；而 KPI 和 BSC 方法强调确定性和可预测性，不愿意接受较大的风险，结果导致企业的创新创造能力减弱。

OKR 实行的前提是员工具有高度的合规性、主观能动性、创造性，并且具有较高的职业道德素养和突出的专业技术能力。因此，OKR 比较适合高科技公司、互联网公司、创新金融公司等智力密集型企业。而大部分企业的大部分员工并不具备这种主观、自律、高效的素质或能力，因此 OKR 一般并不适合普通企业的普通岗位，普通企业实行 OKR 法可能会增加其面临的合规风险、操作风险和内部冲突。

10.5.6 人力资源三支柱转型和数字化

企业经营管理主要存在三种形式的工作：一是顶层设计和控制，包括与董事会、监事会、高级管理层相关的公司治理、企业管理，以及延伸出来的公司战略、组织设计、运营规划和企业文化等，一般负责此类工作的是资历深厚的企业领导层和行业管理专家；二是推动公司战略实现的最核心手段，即业务的研发、销售和回款，一般负责此类工作的是各种营销机构和业务人员。三是支持公司战略和业务目标实现，一般负责此类工作的是各种操作机构和操作人员，如行政、人事、营运、审查、会计、审计。

整个企业中，以上三种形式分别对应于专家型、业务型和操作型。实际上企业中的局部职能也可以映射到这三种形式。鉴于此，本书认为人力资源三支柱转型不是什么新鲜事物，而是植根于企业经营管理的一个基本现象。

在人力资源管理职能中，通过设置 HRCOE、HRBP、HRSSC，让他们分别承担人力资源专家、人力资源业务伙伴、人力资源运营操作角色，实现与上述三种形式的映射，符合企业职能运作的客观要求和发展规律。

人力资源的三支柱转型是实现人力资源数字化转型的一个有效方法。三支柱中的 HRSSC 负责绝大部分的人力资源事务型工作，与各项内外部数据、操作流程和信息系统紧密关联。通过一个高效的 HRSSC 团队和系统平台可以将大部分工作数字化。

随着数字化转型的推进，HRSSC 需要更多地引领数字化转型在人力资源领域的变革。数字化的 HRSSC 应该直接转向以用户（包括员工、经理、候选人、离职校友、合同工、HR 工作者、外包服务人员等）体验为中心的数字化产品设计，利用大数据和人工智能，全面提供无人化的智能服务。除了无人化外，数字化的 HRSSC 还应向员工提供个性化的、有温度的服务，同时建设解决方案团队，利用企业中台转型和中台服务能力处理特定的案例，解决重大问题。

10.5.7　基于 HR-SaaS 服务的数字化转型

数字化转型过程中，云服务扮演着越来越重要的角色，是推动数字化转型的有力工具。例如，基于阿里巴巴的钉钉云服务实现协同办公数字化，基于阿里巴巴的智能机器客服机器人实现客户咨询和投诉服务的数字化。在人力资源管理领域，打造和引进一体化 HR-SaaS 管理平台是企业快速实现人力资源和人才管理数字化转型的一种方式。

SaaS 的核心特点是通过特定的软件来提供特定的服务，而完成这个软件即服务的过程需要大量的数据基础。实际上，SaaS 的研发过程就是数字化的过程。

通过 SaaS 服务，企业可以整合内外部资源，将精力投入到更有价值的领域。HR-SaaS 服务可以为企业带来人才管理的科学管理体系（如工作分析、人才测评、背景调查），协助完成人力资源招聘管理、薪酬管理、绩效考核、员工服务管理、员工日常管理、入职和离职管理等关键人事活动，基本实现从员工入职到离职全流程的事务处理。

企业使用 HR-SaaS 服务的首次投入成本较低，应用形式较为灵活，服务提供商在提供软件的同时还会提供人力资源专业服务，企业如对服务不满意，可以按照合同取消相关合作服务。不过使用 HR-SaaS 服务需要定期支付一定的费用，还需要内部 IT 人员进行运行维护，因此企业在引进服务前需要仔细评估各项成本和风险。

HR-SaaS 服务一般基于人力资源六大模块的工作来进行相应的应用服务开发，例如：针对人力资源规划模块，可以提供人力资源市场调查、市场研究分析、人力资源规划咨询等服务；针对人才招聘与配置模块，可以提供信息发布、人才推荐、职位管理、简历筛选和员工录用等服务；针对绩效管理模块，可以提供绩效基准、绩效度量、绩效考核和绩效数据分析等服务。在以 SaaS 服务为基础的常规人力资源事务性工作之外，部分公司由于专注于人力资源管理工作，积累了丰富的行业和实践经验，因此还能提供人力资源管理咨询服务。

10.5.8 绩效审计或评价

1. 绩效审计的基本概念

绩效是指组织或个人完成特定任务、遵循特定标准、实现特定目标而取得的成绩、效果和效率。

绩效考核又称为"绩效评估"，是对组织或个人取得的成绩、效果和效率进行分析，评价其是否满足特定的任务、标准和目标的要求的过程。

1977 年，最高审计机关国际组织（INTOSAI）在《利马宣言：审计规则指南》中将绩效审计定义为"对政府当局的绩效、效果、经济性和效益性进行审计"。

1983 年，英国在其公布的《英国国家审计法》中将绩效审计定义为"检查某一组织为履行其职能而使用所掌握资源的经济性、效率性和效果"。

1994 年，美国会计总署在《政府的机构、计划项目、活动和职责的审计准则》中提出：绩效审计就是客观地、系统地检查证据，以实现对政府组织、项目、活动和功能进行独立评价的目标，以便强化公共责任管理。

2014 年，《中国内部审计准则实施，其中的《第 2202 号内部审计具体准则——绩效审计》将绩效审计定义为：内部审计机构和内部审计人员对本组织经营管理活动的经济性、效率性和效果性进行的审查和评价。经济性是指组织经营管理过程中获得一定数量和质量的产品或者服务及其他成果时所耗费的资源最少，效率性是指组织经营管理过程中投入资源与产出成果之间的对比关系，效果性是指组织经营管理目标的实现程度。

2. 绩效审计的思路

基于企业绩效考核和绩效评价体系、指标、数据和文化开展。关于绩效考核的内容详见 10.5.5 节。企业绩效考核方法的主要类型有主观评价法、客观评价法和目标管理法，细分方法有杜邦分析法、目标管理法、行为等级评分法、KPI、360 度评价法、BSC、OKR 以及企业自行开发的方法等。

因此在进行绩效审计时，首先需要了解企业采取何种绩效考核方法，然后再制定相应的审计方案。较为常见的绩效考核方法有 KPI、BSC、OKR。

除了对绩效结果是否达成目标进行审计外，内部审计还可以对绩效管理和绩效考核的设计与执行的有效性进行审计。

3. 绩效审计的标准

绩效审计的标准主要有四类：一是监管政策、审计准则和实务要求中对绩效审计的要求，如《中国内部审计准则（第 2202 号内部审计具体准则——绩效审计）》；二是绩效管理和绩效考核的公开原理与方法论；三是企业已经制定并明确的战略目标、经营指标、绩效指标；四是领先企业的绩效管理实践。

4. 绩效审计的内容

《中国内部审计准则（第 2202 号内部审计具体准则——绩效审计）》规定绩效审计应包括如下内容：

1）有关经营管理活动经济性、效率性和效果性的信息是否真实、可靠；

2）相关经营管理活动的人、财、物、信息、技术等资源取得、配置和使用的合法性、合理性、恰当性和节约性；

3）经营管理活动既定目标的适当性、相关性、可行性和实现程度，以及未能实现既定目标的情况及其原因；

4）研发、财务、采购、生产、销售等主要业务活动的效率；

5）计划、决策、指挥、控制及协调等主要管理活动的效率；

6）经营管理活动预期的经济效益和社会效益等的实现情况；

7）组织为评价、报告和监督特定业务或者项目的经济性、效率性和效果性所建立的内部控制及风险管理体系的健全性及其运行的有效性；

8）其他有关事项。

我们根据这个准则的要求进行创新，可以分解出不同的审计内容，具体有如下方式。

❏ 基于风险管理的思路：经营管理绩效数据信息的完整性、准确性，经营管理活动的合法性、合理性、恰当性和节约性，经营目标设计的合理性，经营目标的实现情况、经营体系的内部控制有效性等。

- 基于平衡计分卡的思路及其拓展：财务维度，客户维度，内部运营维度，学习和成长维度，股东、董事会维度，员工满意度、幸福感维度。
- 基于特定岗位工作的思路：工作业绩维度、工作能力维度、工作态度维度、突出贡献维度。
- 基于人的特点、行为和结果的思路：员工的特征与能力维度、日常行为表现维度、工作成果维度。
- 基于传统和变革的思路：基本工作情况、创新创造情况、科学技术能力、社会公益情况。

上述方法总体上与企业风险管理、绩效考核指标的制定方法是一致的，绩效审计时可以使用其中的一种，也可以多种结合使用。一旦确定相关的维度，则在此基础上进行审计定性及定量指标的分解，确定最终的审计内容及其颗粒度。

5. 绩效审计的方法

绩效审计的常规方法一般包括访谈询问、抽样检查、审计测试、分析性复核、重新计算、合规对标等。《中国内部审计准则（第2202号内部审计具体准则——绩效审计）》规定绩效审计应包括如下内容。

1）数量分析法：对经营管理活动相关数据进行计算和分析，并运用抽样技术对抽样结果进行评价的方法。

2）比较分析法：通过分析和比较数据间的关系、趋势或比率获取审计证据的方法。

3）因素分析法：查找产生影响的因素，并分析各个因素的影响方向和影响程度的方法。

4）量本利分析法：分析一定时期内的业务量、成本和利润三者之间变量关系的方法。

5）专题讨论会：召集组织相关管理人员就经营管理活动的特定项目或者业务的具体问题进行讨论的方法。

6）标杆法：对经营管理活动状况进行观察和检查，与组织内外部相同或者相似经营管理活动的最佳实务进行比较的方法。

7）调查法：凭借一定的手段和方式（如访谈、问卷），对某种或者某几种现象、事实进行考察，通过对搜集到的各种资料进行分析和处理，进而得出结论的方法。

8）成本效益（效果）分析法：通过分析成本和效益（效果）之间的关系，以每单位效益（效果）所消耗的成本来评价项目效益（效果）的方法。

9）数据包络分析法：以相对效率概念为基础，以凸分析和线性规划为工具，应用数学规划模型计算并比较决策单元之间的相对效率，对评价对象做出评价的方法。

10）目标成果法：根据实际产出成果评价被审计单位或者项目的目标是否实现，将产出成果与事先确定的目标和需求进行对比，确定目标实现程度的方法。

11）公众评价法：通过专家评估、公众问卷及抽样调查等方式获取具有重要参考价值的证据信息，评价目标实现程度的方法。

6. 绩效评价

绩效评价的基本过程是：企业内外部环境分析→目标澄清和分析→影响目标的价值和风险分析→价值和风险管理的核心能力与举措分析→绩效领域的识别和确定→绩效指标设计→绩效指标的验证→绩效指标投产和运行→指标结果反馈和优化。其中，绩效评价指标的设计是最为重要的环节。

按照上述方法和流程开发一套绩效评价指标具有很高的专业性，实践中，在能力和资源有限的情况下，企业可以充分借鉴和参考领先实践，将领先实践与上述方法融合，先制定一套指标，再持续不断地校准和优化。

国内外的相关组织、机构或企业开发出多种多样的绩效考核评价指标体系的构建方法，为我们的绩效评价指标设计提供了良好的参考。例如：平衡计分卡（BSC）从财务、客户、内部运营、学习与成长四个角度将组织的战略落实为可操作的衡量指标，是开发绩效考核指标的常用方法之一；项目管理知识体系（PMBOK）将项目管理领域划分为整合管理、范围管理、时间管理、成本管理、质量管理、人力资源管理、沟通管理、风险管理、采购管理、关联人管理，并提出了各模块的标准和规范，为项目管理的绩效评价指标提供了参考。

从企业综合角度来看，根据上述绩效评价过程所提出的方法，基于企业内外部环境分析、目标澄清和分析、价值和风险分析、能力和举措分析，可以识别出绩效领域，如创新、财务、用户、运营、风控和成长，然后在每一个领域逐项分解得出指标。一种企业综合层面的绩效评价指标如表10-1所示。

从企业局部角度来看，以信息科技项目为例，同样根据上述绩效评价过程所提出的方法，并参考外部理论和实践，可以识别出绩效领域，如整合管理、范围管理、进度管理、成本管理、质量管理、人力资源管理、信息沟通、风险管理、采购管理和关联人管理，然后在每一个领域逐项分解得出指标。一种信息科技项目层面的绩效评价指标如表10-2所示。

表 10-1 企业综合层面的绩效评价指标示例

一级维度	二级维度	指标	权重
综合评价	创新维度	业务创新项目数	15%
		管理创新项目数	
		技术创新项目数	
		创新项目资金投入产出比	
	财务维度	预算偏差率	20%
		净资产收益率（ROE）	
		收入增长率	
		成本收入比	
		利润薪酬率	
		收入变动费用率	
	用户维度	客户交易笔数	20%
		用户满意度	
		客户留存率	
		员工满意度	
		客户投诉事件数量	
	运营维度	人均营业收入	20%
		人均净利润	
		人均产能	
		人均研发支出	
		人均投入产出比	
	风控维度	信用风险损失率	15%
		市场风险（VaR）	
		操作风险损失金额	
		流动性缺口	
		业务中断事件数量	
		声誉风险事件数量	
	成长维度	社会责任和公益支出金额	10%
		年度培训投入金额	
		新增专利数	

表 10-2　信息科技项目层面的绩效评价指标示例

一级维度	二级维度	指标	权重
项目评价	整合管理	项目整合率	5%
		项目资源使用率	
	范围管理	信息系统功能与业务目标的匹配度	10%
		信息系统功能与需求计划的匹配度	
		功能点实现率	
	进度管理	工期偏差率	15%
		平均项目工期偏差率	
		里程碑按时交付数	
		项目上线吞吐率	
		项目开发总投入时长	
		项目各阶段平均处理时间/等待时间	
	成本管理	预算测算偏差率	10%
		成本执行偏差率	
		预算执行偏差率	
		平均预算执行偏差率	
	质量管理	用户验收测试（UAT）发现的问题数	25%
		投产 1 个月内的系统缺陷数	
		投产 6 个月内的系统缺陷数	
		平均缺陷修复时效	
		需求变更率	
	人力资源管理	项目人员效能	10%
		项目人员成本	
		自有人力投入占比	
	信息沟通	例会按时召开比例	5%
		项目问题清单反馈率	
	风险管理	项目风险管理	10%
		系统缺陷解决率	
	采购管理	供应商服务能力得分	5%
	关联人管理	关联人满意度	5%

第 11 章 Chapter 11
信息科技风险管理及其数字化转型

信息科技在当前社会中的重要性不言而喻,并且未来其重要性将持续强化,例如以人工智能为核心的技术将是社会的长期热点。信息科技所带来的各种科技产品、应用系统及程序大大丰富了我们的生活,提高了企业运营的效率,也协助企业进行了风险管理。虽然信息科技拥有诸多优点,但是它也带来了风险,如一般信息科技风险、信息安全风险、数字化风险、科技创新风险等。过去信息科技风险常被列入操作风险中,而现在越来越多的企业将信息科技风险单独作为一种风险来管理。企业的数字化转型是以数据和信息技术为基础支撑的,无论从信息科技本身的风险管理还是从助力数字化目标的实现来说,信息科技风险管理及其数字化转型都应被提到相应的高度。企业可以在常规信息科技风险管理方法论的基础上,融入数字技术,对信息科技的组织进行优化,对风险管理的流程进行重构,对信息科技相关的工具进行升级。

11.1 信息科技风险的基本概念

《商业银行信息科技风险管理指引》银监发〔2009〕19号指出:信息科技风险是指信息科技在商业银行运用过程中,由于自然因素、人为因素、技术漏洞和管理缺陷产生的操作、法律和声誉等风险。

《商业银行业务连续性监管指引》银监发〔2011〕104号指出:业务连续性管理是指商业银行为有效应对重要业务运营中断事件,建设应急响应、恢复机制和管理能力框架,保障重要业务持续运营的一整套管理过程,包括策略、组织架构、方法、标准和程序。

《证券基金经营机构信息技术管理办法》明确信息技术服务的范围包括:重要信息系统的开发、测试、集成及测评,重要信息系统的运维及日常安全管理,其他。

《保险公司信息系统安全管理指引(试行)》保监发〔2011〕68号明确信息系统安全,是指利用信息安全技术及管理手段,保护信息在采集、传输、交换、处理和存储等过程中的可用性、保密性、完整性和不可抵赖性,保障信息系统的安全、稳定运行。

总体来看,信息科技风险是指在信息科技治理和管理、信息安全、信息系统建设、IT项目管理、信息系统运行和维护、业务连续性、信息科技外包等领域,由于管理和执行存在的问题而导致的合规遵循、业务中断、效率低下、成本增加、系统失败、数据泄露、财产损失等风险,这种风险通常表现为操作风险。信息科技风险管理是指运用风险管理的理念、流程、方法和工具对企业的信息科技战略、信息技术、信息技术资产、数据等领域存在的风险进行识别、评估、控制、监测和报告的过程及结果。

信息科技风险可以划分为信息技术战略和规划风险、信息科技治理和管理风险、信息安全和数据安全风险、信息系统建设和项目管理风险、信息系统运行维护风险、业务连续性风险、信息科技外包风险。针对特定领域的重点管控还可以分出信息科技合规风险、数字化风险、大数据安全风险、新兴科技风险、全球化信息技术风险、信息科技绩效风险等。

信息科技风险的一个显著特点是信息技术的因素较多,而信息技术相比信用风险、操作风险等在认识和理解上更具难度,掌握信息技术背后所涉及的数学、物理学、计算机科学、软件与微电子、网络和通信工程等知识是一件很有挑战的事情。

信息科技风险管理的关键维度包括战略规划、预算、组织和职责、人才和考核、业务、流程、研发、应用、信息沟通、监督检查。

11.2 信息科技风险管理的发展

信息科技风险管理的发展主要体现在各种法规和政策的发布及要求上,而这些法规和政策主要分为信息科技风险和信息安全管理两大领域。信息安全是信息科技风险管理的重要模块之一,信息安全风险属于信息科技风险。

1986年,英国中央计算机与电信局(CCTA)发布第一版《信息技术基础架构库》

（Information Technology Infrastructure Library，ITIL），这是一个针对企业的 IT 服务管理标准，标志着完整的 IT 服务管理方法论体系的建立。2019 年 2 月，ITIL 更新至 ITIL4。

1985 年 12 月美国国防部公布《可信计算机系统评估准则》（Trusted Computer System Evaluation Criteria，TCSEC），该准则是计算机系统安全评估的第一个正式标准，俗称橘皮书。TCSEC 将计算机系统按照安全要求由低到高分为 4 个等级——D、C、B 和 A，每个等级下面又分为 7 个级别——D1、C1、C2、B1、B2、B3、A1，每一级别要求涵盖安全策略、责任、保证、文档四个方面。

20 世纪 90 年代，英国、法国、德国和荷兰在 TCSEC 的基础上发布了《信息技术安全评估准则》（ITSEC，俗称白皮书），提出了信息安全的保密性、完整性和可用性。

1993 年，美国、加拿大和欧洲共同体联合制定了《信息技术安全评估共同准则》，这也就是日后的 ISO/IEC15408 标准。

1996 年，信息系统审计和控制协会（ISACA）发布《信息及相关技术的控制目标》（COBIT）。这是一个国际公认的、权威的安全与信息技术管理和控制的标准，是基于 IT 治理、面向 IT 全过程的 IT 治理和审计指南。2019 年 ISACA 对原标准进行了修订并发布了 COBIT 2019 版。

1999 年，中国国家质量技术监督局发布《计算机信息系统安全保护等级划分准则》（GB17859），规定了计算机信息系统安全保护能力的五个等级，分别是用户自主保护级、系统审计保护级、安全标记保护级、结构化保护级、访问验证保护级。

2003 年，《国家信息化领导小组关于加强信息安全保障工作的意见》（中办发〔2003〕27 号）明确提出信息安全等级保护的概念，同时明确要重点保护基础信息网络和关系国家安全、经济命脉、社会稳定等方面的重要信息系统。

2007 年和 2008 年，我国先后颁布《信息安全等级保护管理办法》和《信息安全等级保护基本要求》，正式实施信息安全等级保护制度这两份法规文件被称为国家等级保护 1.0。

中国电子工业标准化技术协会信息技术服务分会推出了《信息技术服务标准》（Information Technology Service Standards，ITSS），这是一套基于 ITIL-ITSM 和 ISO 20000 理论设计的适合中国特色的信息技术服务标准库，全面规范了 IT 服务产品及其组成要素，可用于指导 IT 实施标准化和可信赖的 IT 服务。

2005 年，国际标准化组织（ISO）发布《信息技术服务管理体系标准》，即 ISO 20000。这是一个关于 IT 服务管理体系要求的国际标准，它帮助识别和管理 IT 服务的关键过程，保证提供有效的 IT 服务以满足客户和业务的需求，代表着 IT 服务领域的优秀实践。

2005 年，ISO 发布《信息安全管理体系标准》（ISO 27001），该标准定义了信息安全管理体系（ISMS）的要求，是一个用于建立、实施、运行、监视、评审、保持和改进信息安全管理的体系标准，强调安全控制。2013 年 10 月，ISO 对该标准进行了修订，形成了 2013 版本，共设计了 14 个安全领域、35 个安全控制目标和 114 条安全控制措施。

2009 年以来，我国监管机构先后发布了《商业银行信息科技风险管理指引》《商业银行业务连续性监管指引》《证券基金经营机构信息技术管理办法》《保险公司信息系统安全管理指引（试行）》等文件，对金融机构的信息科技风险提出了管理和操作要求。

2010 年，全国信息安全标准化技术委员会发布《信息安全技术 信息系统等级保护安全设计技术要求》（GB/T 25070—2010），2019 年将该标准作废，更新并发布了《信息安全技术 网络安全等级保护安全设计技术要求》（GB/T 25070—2019）。GB/T 25070—2019 标准称为国家等级保护 2.0。该标准将信息安全技术要求总共划分为 5 个安全等级（第一级到第五级），每一个等级又分为安全计算环境设计技术要求、安全区域边界设计技术要求、安全通信网络设计技术要求、安全管理中心设计技术要求，然后再分为通用安全、云安全、移动互联安全、物联网、工业控制系统的子项安全技术需求。

2011 年 12 月，原证监会先后发布了《证券期货业信息系统安全等级保护基本要求（试行）》（JR/T 0060—2010）和《证券期货业信息系统安全等级保护测评要求（试行）》（JR/T 0067—2011），规定了证券期货业不同安全保护等级信息系统的基本保护要求和测试要求。

2012 年，中国人民银行发布《金融行业信息系统信息安全等级保护实施》（JR/T 0071—2012）、《金融行业信息系统信息安全等级保护测评》（JR/T 0072—2012）和《金融行业信息安全等级保护测评服务安全指引》（JR/T 0073—2012）。

2017 年 6 月，我国开始施行《网络安全法》，建立和完善网络安全标准体系，提高网络安全保护能力。

2018 年 5 月，欧盟出台《通用数据保护条例》（General Data Protection Regulation，GDPR），这是当今国际上最为重要的一份数据安全和隐私保护的合规政策文件。

2020 年 11 月 11 日，中国人民银行发布《金融行业网络安全等级保护测评指南》（JR-T 0072—2020）和《金融行业网络安全等级保护实施指引》（JR-T 0071—2020）。

11.3 信息科技风险管理的常见问题和风险点

得益于信息科技的迅猛发展势头、重要作用和高度专业性，社会和企业均给予了信息科技足够多的关注和支持，这在一定程度上使得信息科技风险管理成为当今风险管理领域的明星模块。随着信息科技被大量应用到企业经营管理的方方面面，越来越多跟它相关的风险暴露出来，如技术本身的缺陷、数据安全威胁、系统开发的低效等，因此加强对这些风险的管理被赋予更高的权重。本节主要介绍4个信息科技风险管理的常见问题以及根据监管政策展开的9个领域的细分信息科技风险点。

11.3.1 信息科技风险管理的常见问题

1. 信息科技三道防线的运行不协同

三道防线的设置和运行并不难，但是实践中往往存在三道防线的协调运作问题。例如，三道防线之间对信息安全领域的管控是孤立的，三者的工作缺乏统一的部署和关联，它们之间的信息缺乏共享和沟通。

信息科技部门作为第一道防线往往更加重视部门内的管理，而轻视对业务部门、职能部门和分支机构的科技风险管理。

2. 数字化风险管理意识薄弱

此问题主要体现在两个方面：一是还没有对数字化转型和大数据应用本身的规划、研发、应用过程中的风险进行识别与管控；二是没有利用数字化的工具来开展信息科技风险管理。这些数字化的工具包括数字化的系统需求和设计、数据建模、数据指标、数据可视化、数字化项目管理和模糊评价等。

3. 信息系统建设的预算和绩效管理水平低

就企业总体信息科技预算来看：首先，缺乏科学的测算手段，导致预算管控能力降低；其次，初步预算在制定完毕后所进行的预算评审和审核机制不完善；再次，一些企业的预算评审流于形式，不能及时发现预算中存在的问题；最后，缺乏对预算执行过程和效果的评价。

就单个项目预算来说，当前主要依赖于人天及其报价来估算整体项目预算，缺乏更科学准确的测算方法。这种测算方法具有较大的主观性，容易增加操作层面的风险。

在信息系统应用的绩效方面：一是缺乏对系统建设指标的完成情况、经济效益、用户满意度、问题和故障进行专业评价；二是虽然一些监管指引给出了应用绩效评价的维度，但是缺乏具体的开展应用绩效评价的方法和工具，导致评价人员面对这种项目时无从下手。

4. 信息科技风险管理和审计能力不强

信息科技风险具有高技术特征，要求管理人员和审计人员不仅要掌握软件、网络、安全、数据库等知识，还要熟悉金融机构的业务，更要具有很强的风险敏感性，而现实情况是这样的人才在市场上较难寻到。在实践中，许多企业的第二道防线常常缺乏专业的信息科技风险管理人才，因而很难掌握先进的信息科技风险管理方法和工具。同时第三道防线的IT审计人员欠缺专业能力，虽然许多IT审计人员拥有相关的IT审计资质证书，但是他们不是信息技术相关专业背景出身且缺乏系统的审计项目实操经验，因而很难识别深层次的信息技术风险。

11.3.2 信息科技风险管理的常见风险点

信息科技风险管理常见的风险点主要从治理、管理、战略和规划、网络和信息安全管理、项目管理、系统生命周期管理、运行维护、外包管理和风险管理9个领域展开。根据监管机构的要求和行业实践，梳理出表11-1中的风险点示例。

表 11-1 信息科技风险管理的常见风险点

关注领域	常见风险点
信息科技治理	未明确信息科技风险管理的最高决策机构和最终风险承担者
	董事会未审议批准信息科技战略规划和信息科技重大投资、审核信息科技风险管理报告及信息科技审计报告
	未及时向监管机构报告重大信息科技突发事件
	数字化科技化背景下，董事会成员中没有具有信息技术和信息科技背景的成员
	未成立信息科技风险管理委员会，委员的构成不合规或不科学
	信息科技风险管理委员会未审议信息科技战略、年度规划、预算、重大投资项目、信息科技风险管理工作报告
	各级董事会和信息科技风险管理委员会未按期、合规地召开会议并就有关事项进行有效的讨论并做出决策，会议讨论和审核流于形式
	审计部门未列席信息科技风险管理委员会会议并提出独立意见
	未设立业务连续性和应急管理的组织并明确其职责，未配备相关的人员并开展相关的业务分析和应急演练
	未有效地开展数据治理工作

（续）

关注领域	常见风险点
信息科技管理	未设置专业的信息科技管理部门并明确其职责，未配置足够的、合适的人员
	未建立和持续完善各项信息科技管理制度、操作流程
	未建立信息科技管理的组织架构、岗位清单、机构职责和岗位职责说明书
	未制定信息安全策略、信息安全管理工作规划、突发信息安全事件的应急演练预案
	未建立信息科技运行维护的组织架构，未明确运行人员、维护人员及支持人员的职责和操作程序
	未识别信息科技关键岗位人员并对其采取针对性的风险控制措施。关键岗位有系统管理岗、数据库管理岗、网络管理岗、应用管理岗、安全管理岗等
	未对重要信息科技岗位的任职资质和专业胜任能力进行审核与评价
	未设置专业的信息科技风险管理机构并明确其职责，未配置足够的、合适的人员
	信息科技风险管理岗人员没有良好的职业道德和可靠的专业胜任能力，其工作流于形式
	信息科技风险管理机构未作为第二道防线严格履行对信息科技风险的识别、评估、监测、控制和报告工作
	未明确信息科技风险管理部门在信息系统建设、数字化转型、金融科技应用上的管理职责和操作职责
	未设置专业的信息科技审计机构并明确其职责，未配置足够的、合适的人员
	信息科技审计岗人员没有良好的职业道德和可靠的专业胜任能力，其工作流于形式
	信息科技审计项目不能发现重大风险并提出切实可行的改进建议
	未明确各级业务部门、职能部门、分支机构的信息科技操作规范
	各级业务部门、职能部门、分支机构关于信息科技的意见和建议不能传达至信息科技主管部门、风险管理部门或审计部门
	信息科技主管部门、信息科技风险管理部门、审计部门之间的职责分工不明确，跨部门合作不通畅
	未设立首席科技官、首席信息官、首席数据官、首席安全官等角色并明确其职责权限
	未制定确保信息科技体系有效运营的组织、人才、绩效、问责体系
	未制定和实施有效的信息科技信息披露机制
信息科技战略和规划	未定期制定信息科技发展战略规划，战略规划不具有合规性、科学性和适用性
	未设计领先且符合公司实际的信息技术架构、信息安全机构、数据治理架构
	未制定和实施企业数字化转型规划
	未制定和实施金融科技的技术规划

(续)

关注领域	常见风险点
网络和信息安全管理	未建立并维护网络及信息安全的策略、政策、制度和流程并通过信息系统对其进行控制、标准化或固定
	未组建信息安全管理团队，未引进和培育信息安全专家、骨干和操作人员
	未定期就外部信息安全监管政策、外部信息安全事件、内部信息安全风险进行测试和评估并提出改进方案
	未持续监测和报告信息安全的运行情况，特别是对于网络、数据库、重要信息系统的安全监测和分析不到位
	未制定和实施物理安全、机房安全、系统安全、资产安全、数据安全、人员安全、操作安全、外包安全等领域的管理制度
	未建立和实施信息资产的分类与保护机制
	网络的结构安全、访问控制、入侵防范、恶意代码防范、安全审计、边界完整性审查、网络设备防护管控不到位
	机房的物理位置选择、防雷击、防火、防潮、防水、防静电、制冷、电力供应、电磁防护、物理访问控制、防盗窃防尾随防破坏、用电、消防、机房管理和操作人员的管控不到位
	主机的结构安全、身份识别、访问控制、安全审计、入侵防范、恶意代码防范、资源控制、通信、软件容错、数据保护等管控不到位
	外部接入网络、系统、数据的安全管控不到位
	信息系统全生命周期的安全管控不到位
	外包项目、外包人员的安全管控不到位
	网络和信息安全事件的分级管控、汇报、应急管理不到位
	信息系统安全等级保护工作不到位
项目管理	未建立合适的项目管理组织，并明确各级项目负责人，未配备合适的人才
	未开展信息系统建设项目的合规性评估
	未制定和实施科学的项目风险管理机制
	未设计和执行有效的项目质量控制机制
	未建立项目成本的估算、预算和控制的管理机制
	未制定项目过程中各输出文档的类型以及对文档格式和内容做出规定
	没有项目需求说明书（包括项目需求分析、功能和性能要求等）
	没有项目计划书（包括经费预算、项目目标、项目进度、风险评估等）
	未进行可行性分析论证，项目目标与现有需求不匹配；项目依据不符合监管要求，或不符合组织业务和技术发展目标及原则；可行性分析时未充分考虑复用现有资源的可能性
	未制定项目的预算方案并经过恰当的审批，项目预算的调整未经过合理论证和恰当的审批

(续)

关注领域	常见风险点
项目管理	未建立立项控制机制，项目立项委员会未对需求分析、可行性论证、预算编制进行审查
	项目的采购申请、审核、招标、执行不符合公司政策
	未制定和维护供应商清单、产品清单
	未签订恰当的合同，或者合同内容不完整、不清晰
	项目未经过恰当的验收
	项目的投产未经过恰当的审批
	未在项目投产后一定时期内对项目的使用情况、存在的问题、达成的绩效进行评估
系统生命周期管理	未建立规范的项目需求管理过程，未由项目发起的业务部门人员、内部开发人员、外包开发人员、内部专家协商确定项目需求
	项目需求分析文档未经过业务部门、信息科技部门、信息科技风险管理部门的签署确认
	未按照需求说明书进行系统设计，包括规范的概要设计和详细设计文档，文档未经过恰当部门的审批确认
	系统设计文档不包括功能性设计、安全设计、业务连续性设计等多方面内容
	信息系统的开发过程管理（例如编制代码规范、源代码控制、版本控制）不到位
	未明确项目所需的配套软硬件基础设施的部署和配置的规范化管理要求
	未科学有效地对系统进行测试，例如单元测试、集成测试、用户测试等
	信息系统测试过程的安全管控不到位，例如敏感数据安全、访问控制等
	未建立信息系统试运行、正式投产运行的控制机制，例如上线投产是否包括上线申请、评审、批准、实施等环节
	系统投产使用后未进行系统评价并根据评价结果对系统功能进行调整和优化
信息科技运行维护	未建立信息系统运行维护的管理制度，并定期维护
	未将信息科技运行与系统开发和维护分离，确保信息科技部门内部的岗位制约和职责分离
	未制定详尽的信息科技运行操作说明，如在信息科技运行手册中说明计算机操作人员的任务、工作日程、执行步骤，以及生产与开发环境中数据、软件的现场及非现场备份流程和要求（备份的频率、范围和保留周期）
	未建立信息系统运行监控管理机制及技术系统，例如物理环境监控、网络安全监控、主机系统监控、应用系统监控
	未建立信息科技服务水平管理相关的制度和流程，未对信息科技运行服务水平进行考核
	未设计和执行安全配置基线管理、安全配置参数管理机制，未明确对操作系统、数据库系统、中间件系统及网络节点设备等的安全配置基线

(续)

关注领域	常见风险点
信息科技运行维护	未设计和执行科学日常管理规范，未执行容量规划、容量监测和容量变更
	未建立有效的一般变更管理和紧急变更管理流程，未对变更操作的技术可行性、可能造成的影响进行风险评估并制定有效的变更方案
	未设计和建立事件、事故和问题管理及处置机制，及时响应信息系统运行事故，逐级向相关的信息科技管理人员报告事故，并进行记录、分析和跟踪，直到完成彻底的处置和根本原因分析
	未设计和执行备份管理机制，根据数据的重要性和数据对系统运行的影响，制定数据的备份策略和恢复策略
信息科技外包管理	未制定信息科技外包战略，并明确可外包和不可外包事项，将信息科技管理责任外包
	未制定和实施信息科技外包管理制度，对供应商管理、外包项目管理（如合同协议管理、安全管理、服务水平监控、应急处置及知识移交）等没有规定
	实施重要外包（如数据中心和信息科技基础设施等）等未提前及时报告监管机构
	签署外包协议或对外包协议进行重大变更前未经过充分的分析、论证和审批
	未建立信息科技外包项目管理机制，对外包商进行尽职调查、项目合规立项、合同签订、外包实施、安全管理、人员管理、预算和成本管理、服务水平监控等未进行规范
信息科技风险管理	未建立和实施信息科技风险管理的策略、制度、操作流程并定期进行更新维护
	未配置具有专业胜任能力的信息科技风险管理人才
	未定期对公司整体信息科技风险、单个项目和系统开发、信息系统运行维护、外包、业务连续性等进行风险评估
	未建立信息科技风险监测体系，并执行监测和汇报工作
	未建立和实施业务连续性管理的策略、制度、操作流程并定期进行更新维护
	未建立信息科技应急管理组织架构和机制流程，未针对重要领域先行编制应急方案并定期开展演练，或者演练流于形式
	未做到以下几点：定期开展业务影响分析，识别重要业务与信息系统的依赖关系，设定信息系统服务恢复目标，识别支撑系统服务恢复目标所需资源，根据风险敞口制定处置策略等
	灾备中心、数据中心的风险管控不到位

11.4 信息科技风险管理的重点工作

本节从科技创新、信息系统建设的数字化管理及金融科技风险管理三方面来介绍信息科技风险管理的重点工作。

1. 科技创新

科技创新是当今社会的重要主题之一，它既是许多国家和企业获得领先竞争力的关键驱动因素，也是企业拓展蓝海战略、打造蓝海产品的有力手段。从实践来看，一般通过创新家、发明家、社会大众、企业、大学和科研院所、政府的创新及创造，以及通过合作网络的模式来打造科技创新的基础。

我国十分重视科技创新工作，"十四五"规划明确完善科技创新体制机制。深入推进科技体制改革，完善国家科技治理体系，优化国家科技规划体系和运行机制，推动重点领域项目、基地、人才、资金一体化配置。改进科技项目组织管理方式，实行"揭榜挂帅"等制度。完善科技评价机制，优化科技奖励项目。加快科研院所改革，扩大科研自主权。加强知识产权保护，大幅提高科技成果转移转化成效。加大研发投入，健全政府投入为主、社会多渠道投入机制，加大对基础前沿研究支持。完善金融支持创新体系，促进新技术产业化规模化应用。弘扬科学精神和工匠精神，加强科普工作，营造崇尚创新的社会氛围。健全科技伦理体系。促进科技开放合作，研究设立面向全球的科学研究基金。

践行科技创新可以从科技创新的原则和理论，科技创新战略制定和执行，科技创新的基础方法和工具，传统、新兴和前沿技术，科技产品的创新实践这五大核心内容展开。

2. 信息系统建设的数字化管理

信息系统建设的数字化管理包括建设流程的数字化和项目管理的数字化两大部分。信息系统的生命周期分为 5 个阶段，即机会和概念阶段、规划和设计阶段、开发和测试阶段、运行和维护阶段、关闭和退出阶段。虽然一些企业上线了 IT 项目管理系统，但是这些系统大多采用的传统模式和功能，主要基于 IT 建设项目流程进行操作管理，而不是基于数字化思维进行设计，数据采集和应用体系不规范，数据可视化程度不高，总体来看并不能满足当今数字化转型的要求。不过随着数字化转型和数字经济建设工作的推进，信息系统生命周期管理的数字化和项目管理的数字化也越来越受重视，可以预见将会有更多的人才和资源进入这个领域。

3. 金融科技风险管理

分析最近几十年我国信息安全技术有关政策和标准的演变，可以发现一个很明显的趋势，即从宏观的通用信息安全要求过渡到对特定场景特定行业的细化信息安全技术要求。例如，2019 年出台的《信息安全技术 网络安全等级保护安全设计技术要求》（GB/T 25070—2019）在通用安全标准的基础上，新增了针对云计算、移动互联、物联网和工业控制系统的安全要求。借此，我们可以确定在金融机构的信息科技风险管理领域，同样会在通用风险管理的基础上，开始重视人工智能、大数据、区块链、云计算等金融科技的风险管理要求，而且这会是信息科技风险管理领域一个新的突破和风口。

11.5 信息科技风险管理数字化转型

数字化转型本身十分依赖信息科技中的数据和 IT 要素，而对于以数据和 IT 要素作为工作内容的信息科技工作来说，其风险管理的数字化转型显得更加必要和紧迫。由于信息科技风险领域工作所具有的数据和信息化基础，其数字化转型具有更加严谨、灵活的特点，相比其他风险领域可落地性更高。

11.5.1 信息科技风险管理数字化转型总框架

在风险管理数字化转型总方法论框架的指导下，结合信息科技风险所具有的个性化特点，我们设计了一个信息科技风险管理数字化转型方法论框架。该框架从顶层设计中的使命、愿景和目标出发，进入信息科技治理、核心信息科技管理、风险监测与计量领域，再以数据、技术、业务和系统四大基础作为支撑，最后以风险管理流程和 IT 项目管理流程串联所有的模块，是一个非常完整和全面的总框架。具体如图 11-1 所示。

1. 顶层设计部分

该部分包括信息科技工作的使命、愿景和关键目标，其中关键目标包括业务、客户、运营、合规、员工和社会责任 6 个维度。业务目标符合数字化时代对于企业内部"业务 +IT"深度融合或超融合的需求，也反映了信息科技工作对于支持、赋能、引领甚至是主导产品开发、业务运营的诉求，与基础支撑领域的业务基础相呼应。

2. 主体管控部分

该部分包括信息科技治理、核心领域管理、风险监测与计量三个子模块。其中信息科技治理包括治理组织的设计和调整、部门管理、岗位管理、信息科技战略及规划、信息科技人才和绩效机制、信息披露和报告；核心领域管理包括网络与信息安全、IT 项目管理、信息系统开发建设、系统运行维护、IT 采购和外包管理、IT 风险管理、IT 合规管理、IT 审计、业务连续性和数字化风险；风险监测与计量包括 IT 项目度量、

IT 流程监控、运维监控、风险偏好、风险限额和监测指标、风险计量。

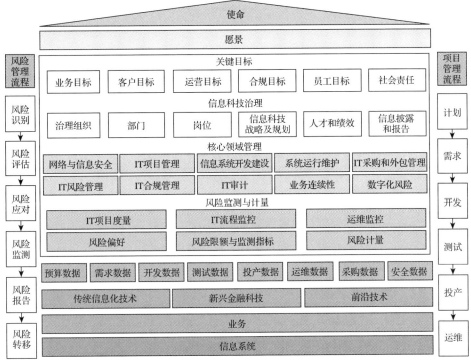

图 11-1 信息科技风险管理数字化转型总框架

3. 基础支撑部分

该部分包括支持风险管理的各种数据、各项信息技术、企业核心业务、信息系统四个子模块。其中数据方面与风险管理数字化转型总方法论框架中的数据类型不同，IT 领域我们重点关注预算、需求、开发、测试、投产、运维、采购和安全相关的数据。

4. 流程管理部分

该部分包括风险管理流程和项目管理流程（不含系统退出）。其中项目管理流程包括信息科技计划、业务和系统需求分析、编码开发、测试验收、投产发布、运行维护 6 个关键环节。此处的项目管理流程不仅针对单一系统或系统群，也可以针对单一需求或需求群。

总而言之，信息科技风险的数字化转型方法论框架是在总方法论框架的指导下，制定一个专项转型规划、明确实施路径，以适当的资金和资源投入，在不同的阶段选取不同的子领域，围绕着数字化转型的六大目标，利用传统和新兴技术建设一个包括业务、管理、数据、系统、文化在内的"五位一体"的信息科技研发、运营、应用、调整和改进的闭环结构。

11.5.2 协同信息科技风险管理三道防线

信息科技风险管理三道防线是借鉴行业内普遍采用的风险管理三道防线理论而提出的，它的主要内容是：将信息科技部门以及在数字化转型中新成立的数据管理部门作为第一道防线，重点负责网络和信息安全管理、系统开发和项目管理、大数据和金融科技研发、系统运行维护、IT 外包执行、科研评估、IT 报告；以风险管理部门、合规管理部门作为第二道防线，负责全面 IT 风险管理、IT 合规管理、数据风控、牵头业务连续性管理和风险管理报告；以内部审计部门作为第三道防线，在传统信息科技审计的基础上，拓展数字化审计和金融科技审计等。三道防线的构成如图 11-2 所示。

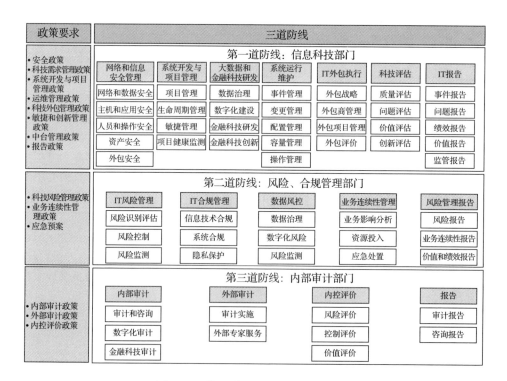

图 11-2　信息科技风险管理三道防线

企业需要利用穿透管理的方法，找到影响三道防线运作的问题所在，可以采取如下措施：组织内部或外部专家针对信息科技风险管理三道防线开展问题诊断活动，厘清现有的架构设置及职责设定，查找组织管控的症结，优化职能体系设计；结合公司的需求和业务特点，清晰明确地界定三道防线的职责死角；通过有效的渠道和机制，促进各级机构的自上而下和自下而上沟通。

11.5.3　信息科技前、中、后台转型

信息科技部门作为科技管理、科技研发、科技赋能、科技引领的集中共享中心、创新中心和服务中心，在数字化时代满足企业内部 IT 服务和对外输出 IT 服务的双重背景下，进行前中后台的转型不失为一种良好的方式。在火爆的中台概念催动下，一些领先企业已经对信息科技部门执行了中台改造，数据中台、技术中台、研发中台甚至更细的 IT 需求中台、IT 运维中台已经登上历史舞台。前中台模式是一种非常标准的通用模式，整个企业、单个部门都可以恰当应用。信息科技部门可以参考标准模式进行自身的前中后台模式改造。

1. 前台

在科技前台部分，重点打造科技条线的业务中台。在科技赋能业务和科技引领业务的宣导与需求下，信息科技部门与业务部门的深度融合、超融合已经深入众多企业管理层的经营理念之中，这也带给了信息科技部门前台特征。企业可以在信息科技部门设置产品经理岗、科技产品岗、科技业务岗、科技业务合作伙伴等职位，配置具有"业务+IT"复合经验的骨干人员，作为信息科技部门的前台职能单元，由其负责市场调研分析、业务需求采集、管理需求捕捉、需求编写和确认、产品生命周期管理等。

2. 中台

在科技中台部分，重点打造数据中台、产品中台。数据中台和产品中台作为科技条线的中间枢纽，往前与业务中台进行数据和产品交互，往后与科技后台进行研发和运维交互。在这个模式下，业务中台采集到的业务需求和数据需求通过信息系统传输至数据中台和产品中台，数据中台和产品中台受理、评审、确认后立即进入数据开发和产品开发模式，并且与后台明确分工，通力合作，完成数据和产品交付。

3. 后台

在科技后台部分，重点进行规划、开发和运维，一方面可以履行全公司的信息科技管理、系统开发和系统运行维护职责，另一方面也可以与中台做好职责切割，仅履行部分项目的研发和运行维护职责。

11.5.4 信息科技风险的控制

风险控制活动是为了确保管理层的指令得到贯彻执行、针对风险的必要措施得到实施，从而使机构实现其目标而进行的活动。

广义的操作风险包括信息科技风险，但是随着数字化和科技化的突飞猛进，信息科技已经成为重要的价值生产力和新兴高风险领域，将信息科技风险从操作风险剥离出来进行更专业、更集中的管理成为风险管理的新动态。

不同企业采用的信息科技风险控制手段各不相同，总体来说，包括政策制度、标准化建设、组织管控、流程设计、技术控制、指标监测和监测监督。具体的方式方法如图 11-3 所示。

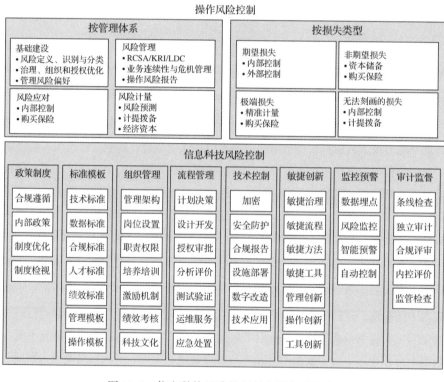

图 11-3　信息科技风险控制的主要方式方法

11.5.5 信息系统建设合规管理

纵观当今信息系统建设流程管理的优秀实践，笔者发现金融行业标准《证券期货业信息系统审计规范》（JR/T 0112—2014）中的系统建设合规审计项提出了一种标准的信息系统建设流程分解和操作规范。通过对该规范进行总结和分析，我们得到如下信息系统建设流程管理的方法。

1. 需求分析方面

应有项目需求说明书，其中至少包括项目需求分析、功能要求和性能要求；应有项目计划书，其中至少包括经费预算、项目目标、项目进度和风险评估。

2. 可行性分析方面

技术报告要有性能功能指标、交付物、项目进度计划、后期维护等可衡量的预期指标；项目目标需与现有需求相匹配；项目依据需符合监管要求，或符合组织业务和技术发展目标及原则；可行性分析需充分考虑复用现有资源的可能性，考虑是否存在同业实践案例以及案例的实施效果。

3. 预算管理方面

预算方案需要根据相关法律法规及企业章程、上级单位的有关要求报经审议批准；相关预算资料完整且归档，至少应包括会议纪要、预算申报表和预算审批表；明确预算调整原则和条件，论述预算调整合理性；建立预算调整审批程序和流程；建立IT重大预算项目特别关注制度，例如季报、半年报等。

4. 立项管理方面

需要建立3人以上（含）的项目管理审核小组或委员会，且其成员应来自无利害关系的部门；对项目管理审核小组或委员会成员实行任期制，建立审核小组或委员会专家库，并从专家库中挑选审核委员；项目管理审核小组或委员会可以采用投票、打分等决策机制；编制和保存完整有效的项目立项报告，保留立项审核小组委员会会议纪要或审批结果；对需求分析、可行性论证、预算编制进行审查。

5. 外包采购方面

对于采购申请表和专项采购请求，需先按企业内部相关规定报批再实施；对同一需求进行分批采购的，提供需求说明；建立严格的IT项目采购程序及审批流程；一般需要建立可选产品列表；明确、及时、合理地制定IT项目采购计划，计划中应包含采购方式、采购时间等内容；采购计划需经有权人审议通过，且需记录审议的会议纪要，会议纪要应由全体参会委员签字；在采购阶段应采用合理方式产生实际采购价格，并记录询价过程，询价记录应包括厂商出具的书面报价等；对单一品牌或单一来源采购的项目应有书面说明材料；对产品验收进行签字留痕、确认和复核；保管好采购相关文档和凭据。

6. 招标管理方面

建立使用人、招标人、审批人职责分离的制度，其中：使用人只负责需求、配置及初步询价；招标人应为专门工作小组或委员会，负责招标采购及谈判；审批人不参与采购；标书制定及审批必须合规，在标书中明确评标标准或打分标准；审批流程中需要确定招标公告发布渠道及时间；项目审批人员构成合理且履职尽责；审查投标人的资质是否符合标书要求；进行项目招投标的市场询价；开标、评标、中标现场流程是否符合《招标投标法》等法律法规和企业内部规定；采取相关保密措施，缩小知悉范围。

7. 商务谈判方面

组建专门工作小组或委员会负责商务谈判，保留谈判人员签字的相关记录；项目谈判前可以明确谈判程序、谈判内容、合同草案条款，并保留经法律、财务等部门一致通过的记录；项目应有谈判纪要等相关记录，并由全体谈判人员签字。

8. 供应商管理方面

需要制定供应商列表管理制度。需要收集全可选供应商的相关材料；可选供应商数量最好达到一定规模，以提高采购的有效性；定期要求供应商提供相关资质，在工商管理网站上进行验证；制定供应商评价方法，并定期评估供应商的专业能力和服务水平。

9. 合同和验收方面

建立合同管理制度和流程，并且覆盖合同准备、签订、执行、变更、终止等各个生命周期的重要阶段；合同须经过财务、法律等部门审核；在合同中签署保密内容，并设计安全手段进行敏感信息保护。

项目费用须有合同支付记录及相关审批手续，支付时须满足合同约定的支付条件。

10. 系统测试方面

系统测试应配备必要的人员、设备，必要时协调关联单位配合测试；根据系统上线要求制定测试方案，确定采用的测试方法和测试流程；测试方案及测试用例需覆盖功能、性能、容量、安全性、稳定性等方面；对测试结果进行分析和评估，并给出测试报告；建立完整、规范的系统测试流程，对测试工作的计划、实施及总结做出详细的规定；对于在生产系统上进行的测试工作，必须制定系统及数据备份、测试环境搭建、测试后系统及数据恢复、生产系统审核等计划，确保生产系统的安全。

11. 验收管理方面

测试验收前需要根据设计方案或合同要求等制定测试验收方案，在测试验收过程中详细记录测试验收结果，并形成测试验收报告；组织相关部门和人员对系统测试验收报告进行审定，并签字确认；书面规定系统测试验收的控制方法和人员行为准则；指定或授权专门的部门负责系统测试验收的管理，并按管理规定的要求完成系统测试验收工作；验收小组和招标小组成员应进行恰当隔离；相关测试报告齐备，测试报告应包括功能、性能和压力测试等；系统上线后经过合理审批流程。

12. 系统交付方面

交付时，将信息系统项目开发技术文档保存完整，且向用户提供系统建设文档和运行维护所需文档；建立交付流程，对建成的信息系统交付运行维护的活动进行规范；制定交付工作清单，作为双方交付依据，清单包括信息系统相关的软件、硬件、技术文档、管理手册、使用手册、培训材料、相关工具、协议和合同等；对运维人员和所涉及的相关各方进行培训和说明，包括交付事项的目的、范围、背景、测试要求、上线实施要求、验收要求、运维要求等；制定交付实施计划，划定交付双方的职责、交付的步骤，并留存交付过程的记录。

11.5.6　信息系统建设流程管理

前面提到企业信息化过程中伴随着大量的流程建模和流程管理工作，在数字化过程中流程管理同样扮演着核心角色。由于信息系统建设是一个遵循特定的、多样化的流程工作，因此信息科技风险管理项下的信息系统建设风险管理的一个可以关注的要点就是信息系统建设的流程管理。

在分析信息系统建设流程之前，我们先对软件开发的方法进行简要总结。信息系统建设的主轴线是需求→设计→开发→运维。基于这种关键轴可以得到信息系统开发的主流方法，有瀑布式开发、V模型开发、增量开发、原型开发、瀑布演化开发、敏捷开发、DevOps 和 BizDevOps 等。此外，在一些方法论中，敏捷开发方法还可以继续拆分为 Scrum、XP、OpenUP、看板方法、Scrumban 方法、精益模型、持续交付模型、DevOps 等。不同的开发方法所对应的开发流程是不一样的。领先实践中，根据敏态开发和稳态开发的要求选择不同的开发方法，例如重点优化业务使用敏捷迭代优化开发，重点创新领域使用快速原型创新开发，成熟稳定的业务或管理领域使用传统的瀑布式开发。下面以瀑布模型、V 模型和敏捷模型为例来进行说明。

1. 瀑布模型

瀑布模型是最经典和传统的模型，它理论上遵循严格的开发管理程序，在前一步的工作完成之后才会进行下一步的工作，先后顺序明显。这种方法比较适合明确的需求、成熟的业务、实施期限较短或中后台管理信息系统等情景下的系统开发。开发流程如图 11-4 所示。

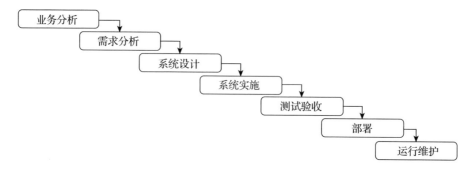

图 11-4　瀑布模型开发流程

2. V 模型

V 模型是保罗·鲁克在 1980 年提出的一种开发方法，它本质上还是瀑布式开发，但是更加重视测试工作，将测试工作提前，与开发并行，从而能够更早地发现开发中存在的问题。V 模型非常适合那些对系统的安全性能要求高和对系统缺陷容忍度低的项目。开发流程如图 11-5 所示。

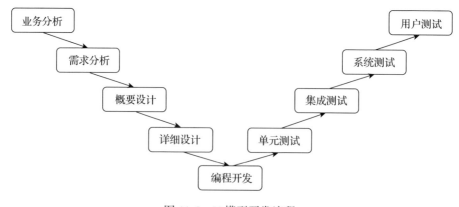

图 11-5　V 模型开发流程

3. 敏捷模型

敏捷模型是 20 世纪 90 年代逐渐兴起和发展的一种灵活的软件开发方法，能够适应快速变化的需求，十分强调业务人员、开发人员和测试人员之间的紧密合作，开发的周期一般较短，适合那些创新的、紧急的、需求不够明确的、非严格式的项目。DevOps 是 Development 和 Operations 的组合，它整合软件开发人员（Dev）和 IT 运维人员（Ops），将开发和运维并行，简化了软件开发流程，打破了瀑布式研发的严格先后顺序，使得软件开发、测试和运维过程更加可靠。DevOps 相对于一般敏捷方法的改进之处在于提前引入了运维流程，体现了从开发、测试、部署到运维的全流程敏捷思想。敏捷模型开发流程与其他模型流程的对比如图 11-6 所示。

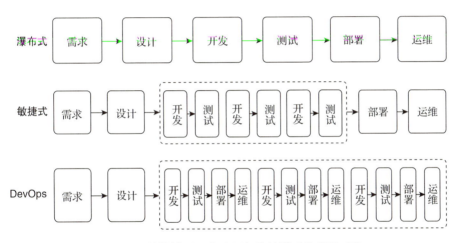

图 11-6　敏捷模型开发流程与其他模型流程的对比

11.5.7　信息科技风险指标体系建设

风险预警监测是当前大数据风控体系下非常核心的组成部分，对于信息科技风险管理来说，通过开发和部署在各 IT 领域和流程的监测指标，进行持续动态预警并以数据可视化的方式展示，能够从静态和动态、整体和局部来把握信息科技风险的最新情况。

设计风险指标，首先要明确风险领域划分是信息科技风险管理的基本前提，是风险管理目标与具体风险管理活动和流程结合的基本方式。企业可以考虑将整个指标体系划分为治理指标和管理指标，再进一步分解到 13 个子领域，具体如图 11-7 所示。

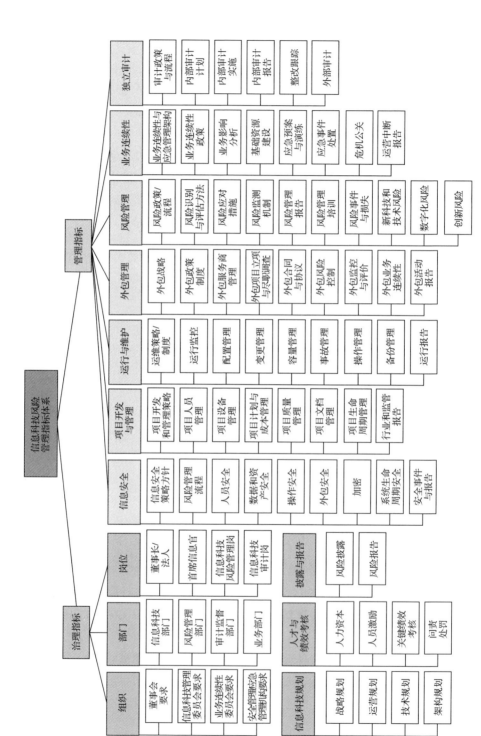

图 11-7 信息科技风险指标体系框架

指标开发的方法论有很多种，可分为定性方法和定量方法，定性方法有目标管理法、流程分析法、风险偏好传导法、KPI法、BSC（平衡计分卡）法、OKR（关键目标法）、GQM（Goal, Question, Metric，目标、问题与度量）模型、GQ(I)M模型、PSM模型等，定量方法有回归分析法、决策树法等。

这里重点介绍GQM模型、PSM模型、GQ(I)M模型，这三种模型在信息科技项目管理度量指标开发中使用较多，核心思想也是基于目标管理，与战略风险管理基于目标的精神是吻合的，因此我们再次选择GQ(I)M模型来进行示例战略风险指标的设计开发。

1. GQM 目标驱动模型

这是一种面向目标、自上而下、由目标细化到度量指标的逐步拆解求精的方法。模型结构如图11-8所示。

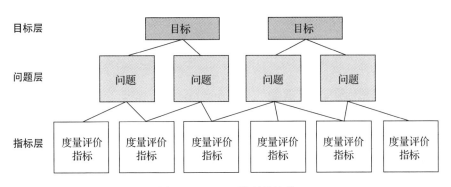

图 11-8　GQM 模型的结构

- 目标层：为评价对象设定一个目标。
- 问题层：针对上述目标提出问题，用问题来描述实现特定目标的风险或绩效因素。
- 指标层：回答上述问题，对具体问题进行刻画。

2. PSM 实用度量模型

该方法通过信息驱动，帮助组织平衡业务目标和技术之间的关系，包括度量信息模型（MIM）和度量过程模型（MPM），其中MIM模型的结构如图11-9所示。

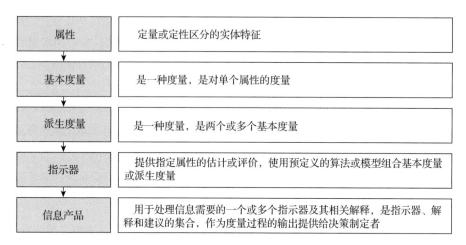

图 11-9　PSM-MIM 模型的结构

PSM 模型定义了 7 种通用的信息来表示特定信息并划分优先级，分别是进度和进展、资源和成本、产品规模和稳定性、产品质量、过程性能、技术有效性和客户满意度。

3. GQ(I)M 目标驱动指示模型

这是在 GQM 模型基础上融合 CMMI 能力模型得到的模型，它与 GQM 模型的最大差别是在问题层和指标层之间增加了指示层。模型结构如图 11-10 所示。

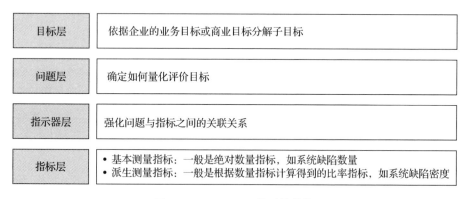

图 11-10　GQ(I)M 模型的结构

GQ(I)M 模型使用者首先根据确定的商业目标分解度量目标，其次围绕如何度量目标细化问题项，然后根据问题定义指示器，最后构造该指示器所需的度量和数据元素。

使用 GQ(I)M 模型构定义和设计指标的基本过程如下。

1）确定目标。参照过程模型的结构对目标进行分解，根据过程的子过程组成情况，将度量目标分解为针对子过程的子度量目标。

2）提出问题。针对度量的目标提出相应的问题来初步分解目标，形成可操作的度量行为，定义的是可回答的具有实践意义的问题，以确定进展或者目标的实现。

3）定义指示器。指示器层由问题导出，通过指示器层（一般是图表）进一步导出基本度量和派生度量，定义相关指示器。指示器可以直接与目标及问题对应。

4）定义指标。确定了为解决问题构造指示器所需收集的数据要素，在属性层定义关键属性，从属性再得到具体的度量。针对已建立的度量目标，通过提问的方式确定度量项。

PMI 协会的 PMBOK 理论标准将项目管理过程划分为启动、计划、执行、控制和结束 5 个过程，以及集成管理、范围管理、时间管理、成本管理、质量管理、人力资源管理、沟通管理、风险管理、采购管理、关联人管理 10 个领域，我们选取其中的时间管理并使用 GQ(I)M 方法进行指标构建，如表 11-2 所示。

表 11-2 使用 GQ(I)M 构建指标示例

一级维度	二级维度	目标层	问题层	指示器层	指标层	定义或计算公司
项目管理	时间管理	时间进度管理有效，在规定的时间内完成需求交付，项目能按期交付	项目的关键路径如何确定？如何保障按照关键路径准时完工	需求时间管理情况：反映特定阶段的工期投入偏离计划工期的程度	工期偏差率	（实际工期－计划工期）/ 计划工期
			里程碑是否设立？每个里程碑能否准时交付	需求里程碑进度情况：反映需求按照事先设定的里程碑的交付情况	里程碑按时交付数	需求流程中未按时交付的里程碑数量
			需求管理工作的时间效率是否符合预期	项目的规模和所消耗时间情况：评价单位时间内的功能分析及开发的效率	时间管理平均生产率	产品功能点规模/团队项目管理工作投入的总工时
			需求总投入时间是否过长	需求工期投入情况：反映需求生命周期全过程的总投入时长	需求开发总投入时长	需求开发开工至需求投产全过程的总天数
			需求项目平均处理时间是否过长	需求测试缺陷解决效率：反映一定量需求在生命周期过程所消耗的单位时间	需求项目平均处理时间	各需求累计总投入天数/需求数量

信息科技风险指标体系的建设要考虑四个方面：从数据上来看，应以定量指标为主，以定性指标为辅；从分布上来看，应涵盖信息科技的关键领域；从机构上来看，须覆盖总部和分支机构；从风险防线来看，须立足三道防线。

三道防线在开发信息科技风险监测指标体系时，首先应立足于自身的职能定位和风控角色来开发，其次对于三道防线的共同指标可以开展信息共享以减少重复资源投入，最后要设计一套指标监测结果的应用机制。

企业需要将指标落实到风险监测系统中开展 24 小时动态监测，并以数据可视化的方式展现。同其他风险领域的监测指标一样，信息科技风险管理指标也需要进行持续的调整和优化。

11.5.8　开展信息科技的全面和专项审计

信息科技审计是信息科技风险管理的非常重要的手段，体现了其第三道防线的独立监督和评价的职责。

信息科技的执行主体主要有两种，一是内部审计部门的 IT 审计团队，二是通过审计外包的方式聘请的第三方专业机构。

信息科技审计的主要标准有国际上的 IT 标准（如 ISO 27001、ITIL4、COBIT），国内监管部门发布的信息科技风险指引、安全等级保护标准、信息科技审计指引，以及企业内部的各项信息科技政策和制度。除此之外，信息系统审计认证、信息安全认证、网络技术认证、数据库管理认证等行业规范也可以作为审计的标准。

信息科技审计按照内容可划分为信息科技全面审计、信息科技治理和管理体系审计、信息安全审计、IT 项目和信息系统开发审计、信息系统运行维护审计、业务连续性审计、数据治理审计、数据质量审计、信息技术外包风险审计及数字化风险审计等。每一种审计还可以进行整合或拆分，划分出更多的审计项目类型，在实践中往往会将多个 IT 专项审计项目同时开展。

由于信息科技审计的范围十分广泛，每一个领域均需要掌握特定的、专业的信息科技知识，许多审计部门的 IT 审计团队往往缺乏拥有专业胜任能力的审计人才。此时建议适当地引入第三方顾问公司，或者从信息科技部门招募技术骨干组建敏捷审计团队。

第三部分 *Part 3*

数字化转型专题

风险管理除了按照风险对象的不同进行划分外，还可以按照其他视角进行切分，例如按照切入方式、业务类型、产品管理等。切入方式维度，常见的有基于"战略导向"的风险管理、基于"流程"的风险管理、基于"财务"的风险管理和基于"技术"的风险管理；业务类型维度，常见的有信贷业务风险管理、投资业务风险管理、中介业务风险管理等；产品设计维度，常见的有产品战略和市场管理、新产品设计管理、产品生命周期管理等。

第二部分介绍了7个风险领域的管理体系和数字化转型，本部分将在此基础上从实操的角度精选三个内容进行专题介绍，分别是切入方式视角的流程风险体系管理、业务类型视角的信贷业务管理和产品管理视角的数字化信贷产品设计。

第 12 章
战略级流程风险体系的数字化转型

企业管理中的流程一般被划分为治理流程、管理流程和业务流程,其中:治理流程针对特定的顶层设计和管控领域,如公司架构、权限分配;管理流程针对特定的企业管理领域,如人力资源、财务会计;业务流程针对特定的业务领域,如信贷业务、保荐业务。无论是治理、管理还是业务,都需要通过流程进行环环关联和操作,各种不同的一级、二级、三级等流程构成了企业经营管理活动的基本要素,也潜藏了各种不同的风险。

从治理、管理和业务的操作来看,企业数字化转型可以说是对各种层级的流程进行数字化的过程。与传统流程管理不同,数字时代的流程风险管理体系必须融合业务战略和科技战略。基于流程来进行数字化转型和过去基于流程进行信息化建设的原理十分相似,两者均通过对流程进行设计、调整、重构和优化等,切分出不同颗粒度的流程,再识别出信息化改造点或数字化改造点。基于流程风险体系的数字化转型正是在这样的背景下提出的,这是企业实现风险管理数字化转型的一个良好的切入点。

12.1 战略级流程风险体系建设简介

从 21 世纪初开始的内部控制体系建设,到 2005 年 10 月提出的流程银行及随后在全国范围内开展的流程银行再造,这些经营管理体系的设计和流程优化是甲方与乙方公司长期以来持续进行的企业活动。随着内外部经营环境的不断变化，企业有必要保持对流程体系的动态管理，进行流程体系的梳理和优化是一个很好的管理方法。通过战略级流程的设计、编写流程体系文件，有助于达到如下目标。

1）公司治理方面，可以从深度的战略视角设计流程，以宏观＋微观的视角满足董事会、高管层、总行总部部门、分／子公司、基层营业机构的管理诉求。

2）操作风险、合规风险与内部控制方面，可以支撑风险管理特别是操作风险管理、合规管理／内控管理的环节覆盖。

3）全面风险管理方面，有效的流程设计、完善的操作规范、精准的风险提示，有助于识别、评估和控制风险，并且降低由操作风险引发的其他风险，也可以防止操作风险向其他风险转移。

4）流程标准化、固化方面，形象直观、步骤标准且能够进行环节控制、检查监督的流程，有利于提高操作效率，减少运营成本。

5）信息技术和系统控制方面，可以通过信息技术（如区块链）、信息系统（如自动化控制工具）来加强风险控制，减少人力资源的投入，降低人员操作风险。

6）员工培训和指导方面，一套优秀的流程体系文件可以让不具备相关知识和技能的新员工获得学习、操作有关业务和系统的良好指导，也可以用于新老员工的知识技能培训。

虽然今天这种早期的流程体系建设方法整体上仍然适用，但是需要说明的是，在新时代传统的基于流程管理的风险体系设计和优化要想在日益激烈的竞争中持续产生效益，就需要将数据、数字化数字技术与流程风险结合，而基于数字化的流程风险体系会成为新的重点。

12.2　战略级数字化流程风险体系建设的框架

基于业务战略和科技战略的数字化流程风险体系设计、优化和标准建设是一个自上而下的、全面的复杂工程。首先，从战略的理解和澄清开始，理解公司的愿景、使命和目标，分析公司的战略规划；其次，根据战略目标进行组织架构和岗位体系建设；接着，对关键业务和职能领域进行识别和梳理；然后，设计一套确保战略和流程体系顺利执行的绩效考核机制；最后，通过开发信息系统来标准化流程体系建设的成果。战略级数字化流程风险体系建设的框架如图12-1所示。

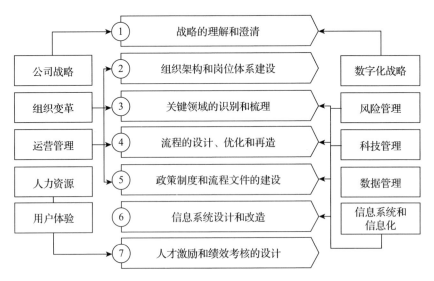

图 12-1　战略级数字化流程风险体系建设的框架

企业的运营管理为关键领域的识别和梳理，流程的设计、优化和再造，政策制度和流程文件的建设提供支撑，而风险管理则贯穿于三者的各个环节：通过对关键领域、关键流程和关键环节识别风险和设计控制措施来规范操作；人力资源管理和人才管理则为流程体系建设提供人才管理和绩效考核，为体系建设提供人力和激励；科技管理和信息系统则为流程体系的信息化、数字化和智能化提供技术基石。

狭义上来说，战略级数字化流程风险体系建设的框架由一个战略、三个目标、六项能力组成。

一个战略是确定以操作流程和管理流程为基础要素的数字再造战略，这种战略与普遍意义上的数字化战略不同，它强调流程的数字化和数字化后的流程风险。

三个目标分别是：1）人本关怀，包括以客户为中心的价值创造和客户体验，以员工为诉求的使命认同和职业回报；2）财务改善，流程管理的最终目的是反映在财务报表上的收入增加、成本降低和利润上升；3）风险可控，不要求杜绝一切风险但能够合理控制风险，不突破合规底线但能够塑造创新文化。

六项能力分别是：1）人才能力，只有深耕业务、技术、风险和流程管理的专业人才方能理解与执行流程风险体系的数字化转型；2）变革能力，只有自上而下的高级管理层认同和推动才能迅速采取变革措施；3）数据能力，能够充分挖掘和利用已有的数据，能够将各种流程进行数字化改造；4）科技能力，具备良好的基础设施、研发能力才能将意识和理论付诸实践；5）激励能力，需要充分的物质和精神激励才能激发转型的活力；6）创新能力，流程的优化和再造恰如开发一个新的产品，缺乏创新的设计不具备持久的影响力。

12.3　战略级数字化流程风险体系建设的程序和方法

12.3.1　战略的理解和澄清

在战略的理解和澄清方面可以开展如下工作。
- ❏ 获取公司的战略相关文件，包括但不限于中长期战略规划文件，短期经营计划文件，与战略相关的运营、产品、人力和绩效、信息技术等的局部战略文件，以及战略评价、战略审计文件。
- ❏ 理解上述文件，以获得对于公司经营的宏观和微观、内部和外部环境的深刻认识。
- ❏ 理解公司的目标、愿景、使命和价值观。
- ❏ 了解董事会、高级管理层、员工的期望以及公司的经营风格。
- ❏ 使用战略分析的基本方法对现有战略进行一次简化的再分析。
- ❏ 获取战略的执行效果，查找未能达成目标规划的影响因素。
- ❏ 识别存在的机会和风险，进行恰当的验证，提出合适的改进建议。
- ❏ 其他。

12.3.2　组织架构和岗位体系建设

基本的思路是基于公司的战略规划和战略举措，对组织架构、岗位体系进行重新设计和数字化再造，这种变化可能涉及整个公司，也可能只是进行局部修改。

通俗来讲，组织架构体系建设就是公司设立哪些部门和机构，它们的具体职责分别是什么。同理，岗位体系建设就是公司设立哪些岗位，它们的具体职责分别是什么。组织架构设计的常用方法在第 10 章介绍过，概括来说就是组织分析和组织设计，同理，岗位体系建设的常用方法是人力资源管理中的工作分析和工作设计。下面我们简单介绍一下工作分析和工作设计。

工作分析是指对特定的工作进行清晰的界定，让任职者清楚工作的内容，并确定完成这项工作所需要的资质、知识和技能，即让一个即使从未从事过某项工作的人也能清楚该工作是如何完成的。工作分析的基本流程是前期准备、调查调研、信息收集、工作分析、完成分析。具体的方法可以是资料分析、问卷调查、访谈询问、流程分解、职责分解等。

工作设计包括工作内容设计、工作职责设计、工作关系设计三部分。工作设计的方法论有科学管理理论、绩效管理理论、时间管理理论、工作特征管理理论、员工关系管理理论等。

很多情况下，企业并未执行严格、科学的分析和设计过程，一般都是参考一个领先实践，再结合自身的战略、业务和经营特点对现有的组织与岗位进行改造。

完成此部分工作之后，至少要生成新的公司组织架构图（含全公司的组织架构，以及各个职能部门或业务部门的组织架构分解）、公司组织的职责说明书、公司岗位清单、公司岗位职责说明书。

12.3.3 关键领域的识别和梳理

近些年流行的流程体系梳理和优化项目，一般通过人工方式以6～8项表格对现有的企业经营活动进行梳理，作为后续设计和优化的基础。这些表格一般包括内部政策制度梳理表、外部监管法规梳理表、内部组织与职责梳理表、业务和产品梳理表、信息系统梳理表、现有流程梳理表、竞争对手梳理表。除此之外，随着数字化和金融科技的推广，还可以增加关键数据梳理表、关键信息技术梳理表、智能模型梳理表等。

在梳理过程中及梳理完成后，都需要对现有经营活动中存在的问题、风险、缺陷和差距进行分析与评价，作为后续流程优化的基础。

流程风险体系的数字化转型尽管对上述传统方法进行了更新和改进，但仍然不是最先进和最高效的。对此，本书在传统方法的基础上提出基于"财、人、系统"的三大措施来进行优化。

一是"财"。此处的核心是战略与财务报表分析。许多公司的战略在制定时存在较多的人为主观因素，缺乏详细、准确的财务分析和预测，因此极有可能导致即使严格执行了战略规划也不能取得预期的财务效果。战略规划是开始，财务报告是结束。流程分析人员应该对战略和财务报告进行正向和反向的关联分析、影响分析和预测分析，识别拉低财务绩效的消极因素，将其提炼为关键领域。

二是"人"。此处的核心是战略和人的分析。人（包括内部员工和外部客户）是企业经营活动和价值创造的根本，也是企业风险管理的重要来源。许多公司的战略往往突出各种内外部环境分析，却弱化了对内部员工和外部客户的分析，导致许多看似宏伟壮丽的蓝图和规划一到执行层面即变成"流水账"，员工不支持、不理解，客户不满意、不认可。流程分析人员应该以同理心来挖掘员工和客户的痛点，将这些痛点提炼为关键领域。

三是"数据和系统"。此处的核心是战略、数据和系统的分析。许多公司每年都会新建和投产数量众多的信息系统，采集和应用大量数据，在系统规划和开发上投入了大量的资源，却往往忽视了数据和系统的应用效果。许多信息系统不但不能取得预期的使用效果，反而带来了新的信息科技风险。流程分析人员既要识别流程中的数据，盯紧信息系统建设流程，更要关注系统投产后的应用绩效，对投入了大量资源而未能达到预期效果的系统进行深入分析，并将分析所得的问题提炼为关键领域。

12.3.4 战略流程的设计、优化和再造

这一步是基于监管要求和行业领先实践，结合业务战略和科技战略对各项流程进行设计和分类，采集和应用相关环节的数据信息，并嵌入新兴技术控制手段。在根据内部控制规范及其相关指引对内部控制五要素的子类进行细分的时候，每家企业的做法既有共性又有差异。在保持核心要素齐全的前提下，企业可以根据自身的管理偏好、特点和风险情况对其进行个性化细分。内部控制体系框架如图12-2所示。

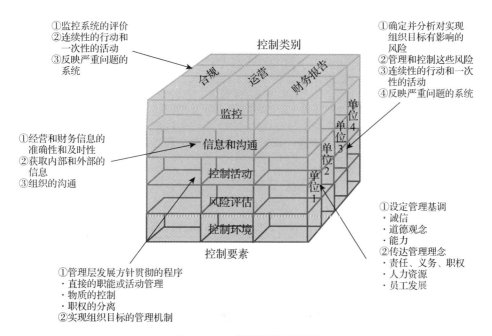

图12-2　内部控制体系框架

在自身总体的内部控制规范指引下，企业可以对核心要素进行差异化分解，并推导出细化的内部控制模块。根据监管要求和行业领先实践，我们得到一种内部控制体系框架的主要内容示例，如表 12-1 所示。

表 12-1　内部控制体系框架的主要内容

内部控制要素	要素分解	主要内容
内部环境	公司治理	董事会及其委员会的设置和运行、监事会及其委员会的设置和运行、高级管理层的责任
	政策与目标管理	公司战略、核心政策管理、经营计划和目标
	授权管理	授权及其附属的权限管理是内部控制的核心手段，至少包括授权和转授权，以及由此衍生出来的很多常规授权、专项授权、特别授权、临时授权
	组织架构	组织架构的设计和调整是企业管理的重要组成部分，是企业经营运转的基础，合适的组织架构有助于提高生产效率，减少运营成本，控制经营风险
	企业文化	高级管理层的风格、营销文化、风险文化、合规风险、员工行为准则、企业品牌与服务
	人力资源	人力资源规划、人才招聘培训、岗位设计、员工管理、薪酬福利、绩效考核、人力资本
风险识别、评估及管理	风险识别与评估	通过各种调查、检查、分析、测试、评价等识别风险并评估风险的大小、成因、影响等
	风险管理	全面风险管理，信用风险、操作风险、市场风险、合规风险、流动性风险、法律与合规风险、声誉与舆情风险等风险的管理
	风险报告	全面风险管理报告、信用风险管理报告、操作风险管理报告、市场风险管理报告、流动性风险管理报告、洗钱风险管理报告
运行控制		设计开发、流程管理、采购外包、财务管理、资金业务、授信业务、国际业务、中间业务、渠道管理、柜台运营、安全保卫、行政办公、后勤管理、信息技术、信息系统、应急与处置
信息交流与沟通	信息交流沟通	自上而下和自下而上的沟通、内部和内外部沟通、会议、印章、督办、保密、宣传、诚信举报、投诉、报告
	文件控制	制度管理、公文管理、合同管理、证照管理、印刷品管理
	记录与档案控制	企业应当以书面或者其他适当的形式，妥善保存内部控制建立与实施过程中的相关记录或者资料，确保内部控制建立与实施过程的可验证性 新形势下，记录和档案已经不局限于传统的纸质文件和 Word、Excel 等电子文档，还包括许多结构化和非结构化数据
	统计	信息管理、信息统计。在数字化和金融科技浪潮下，信息管理和信息统计具有十分重要的意义，它不仅是管理决策分析的前提，也是经营预测和风险研判的强力抓手

(续)

内部控制要素	要素分解	主要内容
检查监督与持续改进	审计	内部审计是一种独立和客观的鉴证、监督、评价和咨询活动，这里特指鉴证、监督和评价
	事后监督	事前操作、事中审查、事后监督
	检查管理	风险检查、合规检查、纪检检查
	考核管理	经营考核或者绩效考核是内部控制的关键手段之一，具有非常好的控制效果
	违规处置和改进措施	信访与投诉、案件与问责、违规处理、改进措施
	体系评价	管理评估、内部控制评估。当前在很多金融机构并未单独开展管理评估项目，更多的是一些局部、零散的管理评估。内部控制评估是企业审计监督或内部控制合规事务的重要工作，一般包括年度全面评估和非年度专项评估

不同类型的中小型金融机构，如商业银行、证券公司、保险公司、信托公司、贷款公司、互联网金融公司等，其业务活动具有较大的差异，应该根据企业自身的性质和定位设计合适的业务管理流程。图12-3是商业银行内部流程体系的一种示例。

公司层面

控制环境	风险评估	控制活动	信息与沟通	内部监督
公司战略 组织架构 企业文化 人力资本和人才 社会责任	风险评估 信用评级 管理评估	组织变革 授权管理 审查审批 流程管理 技术控制	信息管理 财务报告和信息披露 信息技术支持 反舞弊和举报投诉	内部审计 内部控制评价 纪检 履职评价

管理活动

风险管理	会计运营	信息科技	法律合规	其他
战略风险　洗钱风险 信用风险　声誉风险 市场风险　合规风险 操作风险　消费者权益 流动性风险	清结算 结售汇 票据操作 现金与金库管理 重要空白凭证 会计印章管理	数字化转型 金融科技研发 信息系统外包管理 信息系统安全管理 信息科技项目管理 信息系统运行维护管理	制度管理 合同管理 诉讼管理 知识产权管理 关联交易管理	采购管理 费用管理 安全保卫

业务活动

公司金融业务	零售金融业务	贸易融资与贸易结算	资金同业
授信申请与调查 授信审批与放款 贷后监控与保全 票据贴现 担保承诺业务 委托代理业务 公司网银	小企业贷款 微小企业贷款 个人贷款 个人理财 借记卡/信用卡 委托代理业务 个人网银	信用证　　保理 打包贷款　托收 押汇　　　进口代收 福费廷　　跨境人民币结算 保函	存放/拆借 自营投资 票据转贴/再贴/回购 债券投资 同业存单 资产证券化/信贷 资产转让

图12-3　商业银行内部流程体系示例

12.3.5 政策制度和流程文件的建设

1. 流程文件介绍和分类

行业内大部分公司将内部政策制度划分为章程、基本制度、管理办法和操作规程四类（见图12-4），一般将其作为正式的制度性文件。除此之外，许多企业还会发布一些指引文件，如年度风险政策/指引。

章程	基本制度
属于纲领性文件，是企业所有制度的基础 • 公司章程 • 审计章程	涉及全行重大的、具有战略意义的基本管理事项，或公司章程规定应由董（监）事会审议通过的制度，是对企业主要经济活动进行的概括性规定 • 信贷业务基本制度 • 人力资源管理基本制度
管理办法	操作规程
指为落实基本规章规定的某项管理制度而制定的涉及全行经营管理活动的某一类工作、产品或岗位工作的规范性文件，是对基本制度的细化 • 个人贷款业务管理办法 • 员工绩效考核管理办法	指为落实具体规章而制定的关于某项具体工作、某个具体产品、某个具体岗位操作标准的规范性文件。特点是操作性、实用性强，是全体员工履行岗位职责的操作指南 • 个人经营性贷款业务操作规程 • 销售人员业绩考核操作规程

图 12-4 企业内部政策制度体系

需要注意的是，并非所有的文件都必须按照上述分类来命名，一些特殊的对象使用其他的名字更符合其实际意义，如应急计划和应急预案。

2. 常用的流程图图标

各种办公软件中的图标是相同的，因此无论使用其中的哪一个工具，最终出来的流程图几乎没有差异。最常使用到的图标及其所代表的含义如图12-5所示。

3. 流程文件的一般结构

流程文件的结构通常能反映所处理对象的逻辑严谨性和条理清晰性。经过甲方和乙方企业的实践，我们总结出如表12-2所示的较为通用的文件结构。它不会过于简单或过于复杂，能够较为科学地表达所处理对象的基本情况和概要细节，在甲方和乙方企业中都有较高的认可度。

第 12 章 战略级流程风险体系的数字化转型 ❖ 319

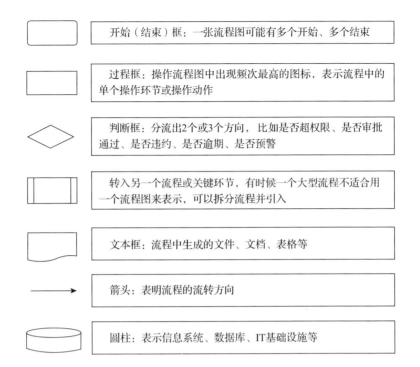

图 12-5 流程图图标及其说明

表 12-2 企业内部操作流程文件的内容结构示例

编号	一级标题	二级标题	说明
1	目的		清晰地阐述该业务活动或管理活动所要达到的目的,需避免空虚、笼统的描述
2	适用范围		完整的适用范围描述至少包括适合的业务、产品、机构、时间、约束对象
3	定义、缩写和分类	定义	描述该制度中涉及的核心业务、管理对象、专有名词以及需要特别说明的关键信息
		名词缩写	一些复杂的名词,如专业机构名词、公司名称、英文名词等需要使用缩写的词
		分类	如描述零售信贷业务的标准分类,以及需要说明本制度所使用的分类业务
4	组织、岗位及其职责权限	组织及其职责权限	描述管理和执行该活动所涉及的治理层、管理层,以及执行所涉及主要组织机构的名称、职责和权限
		岗位及其职责权限	描述管理和执行该活动所涉及的治理层、管理层,以及执行所涉及主要岗位的名称、职责和权限

（续）

编号	一级标题	二级标题	说明
5	基本原则		描述该活动所需遵循的核心原则，避免空虚、笼统的原则
6	基本规定		很多活动需要遵循一些基本的规定，这些规定不适合放在操作规范里
7	流程与风险	流程图	流程图可以使用企业喜欢的模式和风格，总体上不应过于简单或过于复杂，以达到出版标准为目标，在流程图中尽可能标识数据和技术要点
		操作规范	每个流程的每个环节由什么部门的什么岗位做什么事情，需遵循5W1H原则来描述
		风险描述	描述该操作环节涉及的业务风险、数据分析和技术风险，力争精确穿透，而不是列出一些宏观的、表面的风险
		控制措施	针对该环节涉及的风险，设计人员控制、流程控制、数据控制、技术控制等措施，以降低风险发生的可能性和负面影响
8	信息沟通		信息沟通的设计和执行的重要性往往被忽视，在制度中明确信息沟通的要求可以提高组织内信息的同步性，可以降低经营成本和提高工作效率
9	检查监督		描述主要的业务和管理活动需受到检查监督控制，具体的字段可以根据自身特点进行设计。独立检查监督是内部控制和风险管理的重要手段
10	评价管理		描述本流程活动设计的关键绩效评价指标、风险评价指标和价值评价指标，包括定性指标和定量指标
11	相关法律法规和内部制度		遵循内外部的合规要求是设计流程文件的基本前提

有的公司使用流程图、部门岗位及其职责表、操作规范表、风险识别和控制措施表、检查监督表等作为流程梳理工具和流程风险体系文件的主体内容，以帮助金融机构进行风险和控制识别，建立风险库、控制库。在书面层面形成这些图表后，可以进一步将其嵌入风险管理系统或业务操作系统中，通过信息系统进行可视化展示甚至自动化控制。

4. 流程图及操作规范示例

流程图可以使用 Visio、Excel、PPT、Word 等工具来进行编画。用 Visio 工具编画的流程图风格如图 12-6 所示。实践中关于流程图编画的常见问题有：流程的梳理和分解不合理，导致流程图无法清晰、简洁地表达业务的操作，常常过于复杂或者过于简单，关键流程未展现；流程图图标使用错误；流程图排版不美观、不对齐，流程框或大或小；流程操作与部门岗位的映射不正确，等等。

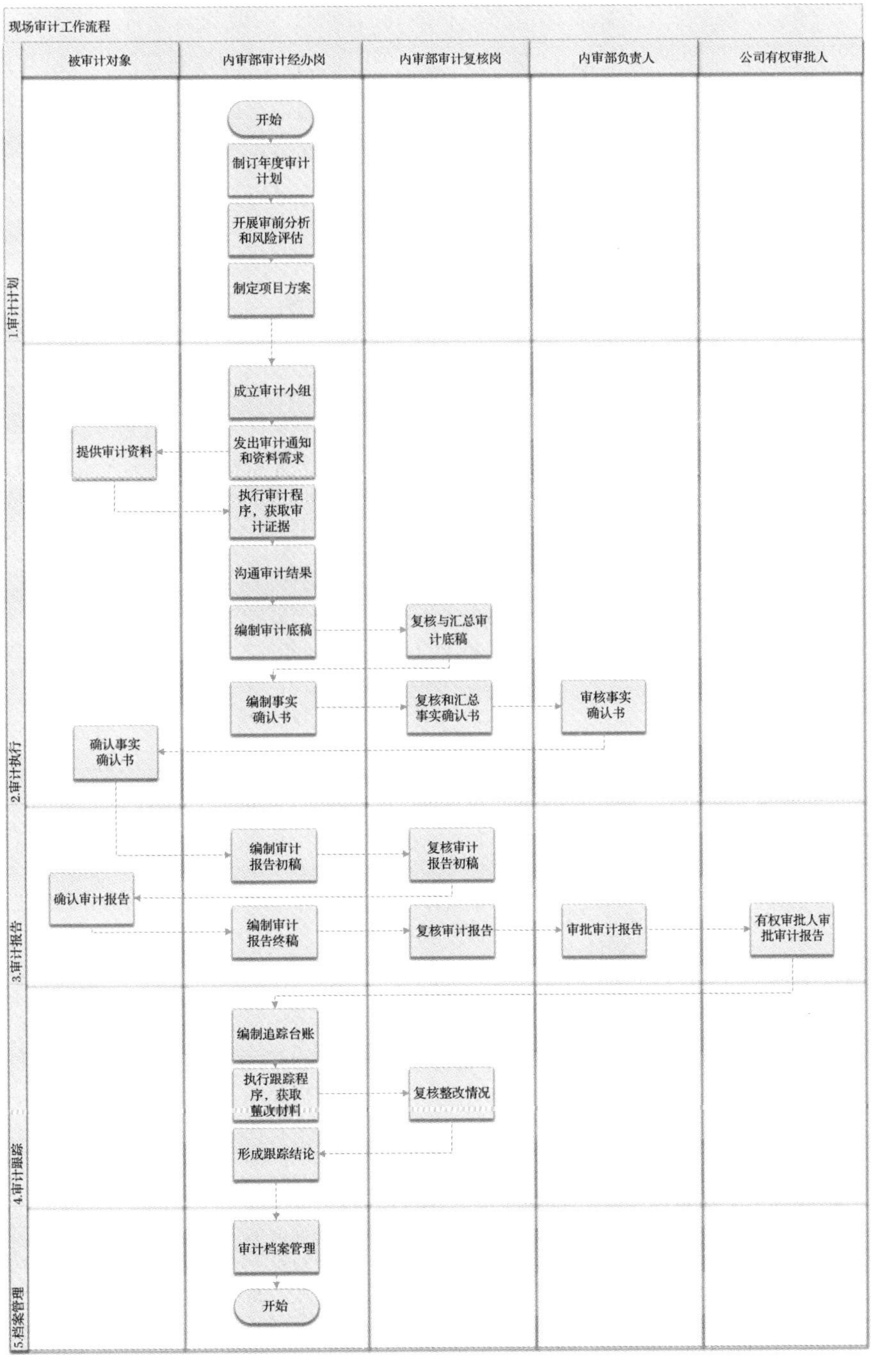
现场审计工作流程
被审计对象
内审部审计经办岗
内审部审计复核岗
内审部负责人
公司有权审批人
1.审计计划
2.审计执行
3.审计报告
4.审计跟踪
5.档案管理
开始
制订年度审计计划
开展审前分析和风险评估
制定项目方案
成立审计小组
发出审计通知和资料需求
提供审计资料
执行审计程序，获取审计证据
沟通审计结果
编制审计底稿
复核与汇总审计底稿
编制事实确认书
复核和汇总事实确认书
审核事实确认书
确认事实确认书
编制审计报告初稿
复核审计报告初稿
确认审计报告
编制审计报告终稿
复核审计报告
审批审计报告
有权审批人审批审计报告
编制追踪台账
执行跟踪程序，获取整改材料
复核整改情况
形成跟踪结论
审计档案管理
开始

图 12-6　流程图示例

由于流程图一般并不能表达出完整和准确的内容，因此为其配备一些操作说明是十分必要的。字段构成没有唯一标准，企业可以根据自身的偏好和目的来恰当地设置字段。基于风险管理目的的流程图操作说明至少应包括流程环节、风险描述和控制措施三个字段。流程环节必须与流程图中的操作环节保持一致，风险描述应尽可能准确且有深度，控制措施应保持与风险的逻辑关系且措施是可行、有效的。具体示例如表 12-3 所示。

表 12-3　流程图操作说明示例

流程环节	风险描述	控制措施
制订年度审计计划	年度审计计划制订前分析不到位，导致审计对象未覆盖高风险领域	部门负责人对审计计划需做审核，审核要点包括但不限于如下方面，审核结果记录在审计计划的备注信息中，并随同审计计划向董事会、审计委员会汇报 1）审计对象和范围是否覆盖了当年度监管法规的要求 2）审计对象和范围是否与当年度公司战略和 KPI 保持一致 3）审计对象和范围是否考虑了董事会、监事会和高级管理层的需求 4）审计对象和范围是否考虑了过往内外部检查、风险监测、问题整改的结果 5）审计对象和范围是否超出审计部门的资源投入、审计人员的专业胜任能力范畴
成立审计小组	审计小组成员与被审计事项存在独立性冲突，该种冲突可能增加审计人员与被审计人员之间的潜在利益冲突，降低审计结果的客观性	审计人员在加入审计小组时，必须向审计部负责人进行独立性披露。审计部负责人必须了解审计人员的过往工作情况，并根据审计人员的披露信息，评估是否与被审事项存在独立性冲突。独立性披露和评估的结果，需记录在项目方案中
执行审计程序，获取审计证据	未严格按照内部审计准则、内部审计实务规范等要求执行审计程序，导致未能发现风险事项，增加审计风险	1）审计部对审计人员开展《中国内部审计准则》《国际内部审计准则》《国际内部审计实务规范》的培训教育，使其掌握严格审慎的审计方法论和审计职业道德规范 2）审计人员在执行审计程序的过程中，充分收集审计证据，并将审计要点、审计过程、审计结果、审计证据记录在审计底稿中
编制审计底稿	审计底稿编制不符合审计准则的要求，未能记录完整、准确的审计要点、审计过程、审计结果、审计证据等信息，导致审计风险	项目主审对审计底稿的风格进行统一布局，并对审计底稿进行复核。项目负责人对审计底稿进行审核，对于不符合要求的退回修改，并在纸质版或电子版审计底稿中留下审核记录

（续）

流程环节	风险描述	控制措施
编制事实确认书	事实确认书中所描述的问题不明确、不完整，审计证据不足，增加与被审计人员的信息沟通成本，甚至导致错判	1）审计人员应严格执行审计程序并获取充足的审计证据，对于存在不清晰、不完整的事实应补充核查。描述用语应逻辑清晰、用词准确、简明扼要、易于理解、数据准确 2）审计人员在提出和描述审计问题时，可以考虑监管法规的要求、对运营有效性和资产安全性的影响、行业领先实践等因素，应避免缺乏充分理由或依据的主观判断，避免提出仅为个人怀疑的问题 3）项目主审和项目负责人应分别对事实确认书进行复核，核实审计证据的充分性和所选取的审计标准的合理性，并在纸质事实确认书上留下复核记录
编制审计报告初稿	审计报告不符合审计准则的要求，所列问题不符合实际，缺乏重点，缺乏对风险的判断，逻辑混乱，用词冗余，提出的改进建议无法落地等，可能降低审计工作的权威性，并增加审计风险	审计人员应当在审计实施结束后，以经过核实的审计证据为依据，形成审计结论、意见和建议，出具审计报告。如有必要，审计人员可以在审计过程中提交期中报告或临时报告。审计报告的编制应当符合下列要求 1）实事求是、不偏不倚地反映被审计事项的事实 2）要素齐全、格式规范，完整反映审计中发现的重要问题 3）逻辑清晰、用词准确、简明扼要、易于理解 4）充分考虑审计项目的重要性和风险水平，对于重要事项应当重点说明 5）针对被审计单位业务活动、内部控制和风险管理中存在的主要问题或者缺陷提出可行的改进建议
执行跟踪程序，获取整改材料	未及时开展审计问题整改追踪或者追踪不到位，导致风险事项未能被及时有效纠正，进而无法达到应有的审计效果，降低审计工作的成效	项目主审应根据审计报告所载明的审计整改时限要求，及时开展整改追踪，其中对于大型或复杂项目的审计问题，可以单独成立整改跟踪审计项目 1）对于已采取纠正措施的事项，审计人员应当判断是否需要深入检查，必要时可以提出应在下次审计中予以关注 2）当被审计单位基于成本或者其他方面的考虑，决定对审计中发现的问题不采取纠正措施并做出书面承诺时，审计部负责人应当向董事会或者高级管理层报告 3）问题整改追踪或跟踪审计的过程和结果，可以通过整改台账、整改报告等形式进行书面记录，并交由项目负责人复核

5. 流程文件的复核和评审流程

流程文件作为一种严肃的、正式的书面文件，需要经过恰当的复核和评审后方能投入使用。主办机构完成初稿的编制后，需要提交本部门内的领导审核，无误后提交各相关部门进行修改和确认，最后通过公司的高级管理层、风险管理委员会或者其他机构进行评审。具体工作流程如图12-7所示。

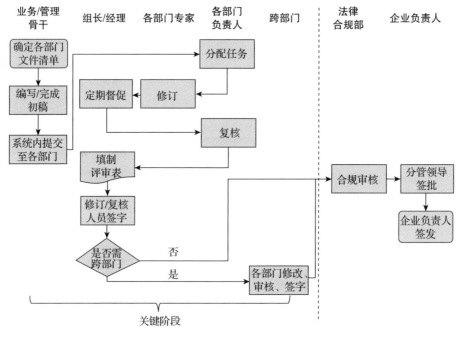

图 12-7　数字流程文件的编写工作流程

6. 流程文件的评审要点

企业在设计、挖掘和编写流程文件时常会出现如下错误。

1）整体格式方面：破坏文件结构模板，选错模板；编号错误，标点错误，对齐错误，有多余的空行。

2）目的和适用范围方面：目的描述不准确，只写适用机构，不写适用的业务或管理活动，未填写适用的干系人，未写禁止性事项（如有）。

3）职责权限方面：职责不全；总部和分支机构、管理和操作职责描述顺序颠倒，未描述权限。

4）基本原则和规定方面：填"无"；编号不正确；内容与职责、操作规范、检查监督重复。

5）风险点方面：无风险点名称，无控制措施，无控制部门/岗位；分类不准确，等级不准确。

6）流程图方面：流程图过于简单或复杂；流程部门/岗位从左至右级别混乱；流程框用错，流程框大小不统一、名字过长；流程图排版不规则、不美观；阶段名称显示不齐全。

7）操作规范和控制要求方面：编号经常出错，空行无规律；大量文字累积；未选择操作部门或岗位（二者必选其一），控制措施未分类。

为了识别和修正相关错误，需要提前提出相关的评审措施，我们选取部分领域进行梳理并设计相关的评审要点，具体如表 12-4 所示。

表 12-4 企业内部流程文件评审要点

修订/评审内容		修订/评审标准
目的		是否针对文件涉及的活动阐述目的；是否反映实施文件期望达到的效果
适用范围		适用范围是否规定了适用的机构和活动；如有涉及禁止性的情况，是否已说明；干系人是否梳理完整
定义、缩写和分类		定义是否规范准确；是否列明缩写词；是否对相关概念进行合理分类；是否描述了数字化相关的定义、缩写和分类
职责与权限		职责是否准确全面；部门/岗位是否与流程图保持一致；数据和系统权限是否描述清晰；不相容职责是否符合控制要求
基本原则与规定		内容是否符合监管和企业内部的最新规定；内容是否符合内部实际情况
流程描述与控制要求	管理要点	包括业务、数据和技术在内的管理要点设置是否合理，要点规范是否全面、合规
	流程图	流程图是否涵盖业务流程和数据流程；流程图名称是否正确；流程逻辑关系是否清晰；阶段环节是否合理；部门岗位是否准确；流程走向是否合规并符合内部实际情况
	操作规范和操作要求	操作规范描述是否合规、全面；操作部门/岗位是否正确；数据控制和技术控制措施是否描述准确；是否标识一般性、数字化、自动化和智能化控制
	风险点	风险点识别是否合理；风险点名称/描述/控制措施/控制部门是否合理；风险分类是否合理；风险等级是否合理；针对风险的业务、数据和技术控制措施是否完整、准确
检查监督		检查活动是否符合企业内部实际情况；检查监督各字段要素是否填写完整；检查监督活动是否可落地
相关法规和制度		是否已关联文件涉及的外部法律法规和制度
相关文件和表单		是否已上传文件所涉及的表单、协议等其他附件

12.3.6 信息系统设计和改造

信息系统的设计和改造包括新系统的开发与现有系统的改造两部分。新的流程设计和优化完成之后，部分信息系统中对应的功能需要随之调整，例如业务权限的变化需要在系统中变更权限的配置，业务流程的优化需要在信息系统中变更操作流程。

传统的流程风险体系建设初步完成之后，需要对业务管理系统、操作风险管理系统、内部控制系统、合规管理系统、人力资源管理系统等进行局部改造。基于数字化的流程风险体系建设初步完成后，还需对相关的信息系统进行数字化改造。

最后，企业应认识到基于流程体系的设计、优化和标准化建设是一个长期的、动态的过程，企业管理层和各部门员工应持续监控风险管理和内部控制的运行、创新情况，紧盯领先实践。在未来可以关注的事项如图12-8所示。

图 12-8　数字化流程体系建设未来的关注事项

12.3.7　人才激励和绩效考核的设计

一个战略级的流程风险体系，从业务战略、人才战略和科技战略开始就建立起愿景目标、关键能力、核心举措、预期效果、结果反馈之间的因果关系。在这种因果关系中，人才激励和绩效考核往往会成为核心举措之一，并且联动预期效果和结果反馈。人才激励和绩效考核是战略级流程风险体系的重要组成部分。除了一般的人力资源方法、战略绩效工具，企业还可以通过如下方法构建人才激励和绩效考核机制。

首先，基于战略目标分解法，将业务战略、人才战略和科技战略逐项分解到多个一级子目标、二级子目标甚至三级子目标；其次，针对每一级子目标映射到具体的业务流程和管理流程，并识别出关键的流程和关键流程环节；再次，针对关键流程和关键环节识别其价值、质量、效率、问题和风险,并尽可能使用量化方式;最后,对价值、质量、效率、问题和风险设计激励措施和考核指标。

人才激励和绩效考核的设计应充分考虑人本关怀、独立客观和公正公平,从而促进战略级流程风险体系有效落地。

12.4 流程中风险点挖掘和设置的方法

1. 风险识别介绍

风险的定义是一个事件发生的可能性(概率)及其带来的影响(损失)。在流程中设置时应注意风险描述应紧紧围绕定义展开,且控制措施应针对风险描述展开。

风险识别的步骤是先感知风险,再分析风险。感知风险是风险识别的基础,分析风险是风险识别的关键,通过分析风险识别可能导致风险事故的各种因素,并为之拟定控制措施。

如何进行风险识别?主要通过调查和研究事件来识别风险。例如,通过调查和研究事件发现,引起贷款损失的风险因素可能是客户还款能力不足、内部授信额度偏高。引发还款能力不足的原因可能是信用风险,如客户经营利润下降、客户投资交易损失惨重等,也可能是操作风险,如没有及时处理担保物,确保第二还款来源。引发授信额度偏高的原因可能是信用风险,如借款人评级被下调后额度未更新,也可能是操作风险,如审批人员内部舞弊、违规提高授信额度,内部额度测算规则不合理等。

2. 风险识别的方法

具体来说,风险识别的方法主要有以下几个。

1)专家判断法:富于经验的领导、业务骨干人工判断并设置风险点。

2)监管法:从国家法律法规及中国人民银行、银保监会、外管局发文中查出重点监管指标、对象、流程、风险等。

3)案例法:从已发生的内部风险事件、外部风险事件案例中分析风险点,从企业内部损失数据、外部损失数据(如事件名称、时间、单位、损失金额、业务类型等)中分析和归纳风险点。

4)测试法:风险测试是对辨识出的风险及其特征进行明确的定义与描述,分析和描述测试风险发生的可能性高低,测试风险发生的条件等。常用的测试法有纸上测试、全面运行测试、穿行测试、回归测试、压力测试等。

5)风险与控制自我评估法:以流程为实施对象,通过定期识别与评估业务范围内潜在的风险以及目前具备的控制措施,了解业务范围内所面对的风险事件的风险暴露分布、控制失效的原因，据此采取有效的应对措施，将操作风险暴露控制在能够忍受的范围内。

6）情景演练/情景分析法：在模拟的、逼真的假定情景下进行各种业务处理，对处理过程中出现的风险情况进行记录、分析和评估，将合适的风险设置成风险点。

7）外部风险清单法：借助风险主体的外部力量，利用外界的风险信息和资料识别风险，引用市面上具有前瞻性又符合自身特征的风险清单。

8）内部风险清单分析法：采用专业人员设计好的表格或问卷来识别风险，主要分析风险主体面临的风险因素。

9）BowTie分析法：又称为"蝴蝶结分析法"，主要用于风险评估、风险管理及事故调查分析、风险审计等。可以帮助人们更好地理解风险的成因、风险事件、风险的后果以及何时何地用何方法控制风险。

除上述方法外，还可以选用财务指标分解法、绩效指标分解法、因果分析法、决策树分析法、关键风险指标法、业务影响分析法、数学模型/模拟法（如蒙特卡洛模拟）等。

（1）监管法

这种方法是指从国家法律法规、各类监管机构的政策指引中筛选出重点监管指标和管理要求，进而识别风险等。以下以《流动资金贷款管理暂行办法》（原银监会〔2010〕第1号）举例说明，如表12-5所示。

表12-5 监管法识别风险点示例

法规	合规条款	监管要求	风险提示	风险分类
《流动资金贷款管理暂行办法》	第五条 贷款人应完善内部控制机制，实行贷款全流程管理，全面了解客户信息，建立流动资金贷款风险管理制度和有效的岗位制衡机制，将贷款管理各环节的责任落实到具体部门和岗位，并建立各岗位的考核和问责机制	建立流动资金贷款风险管理制度和有效的岗位制衡机制	未建立有效的贷款风险管理制度和流程，并在流程中明确各环节的岗位职责，可能导致业务开展权责不清晰，影响业务效率和增加贷款风险	操作风险
	第十五条 贷款人应建立和完善内部评级制度，采用科学合理的评级和授信方法，评定客户信用等级，建立客户资信记录	采用合理的评级和方法确定客户信用等级	未建立有效、适用的评级方法和模型，可能导致评级结果不能准确地反映客户信用风险，可能造成贷款损失	操作风险
	第十七条 贷款人应根据贷审分离、分级审批的原则，建立规范的流动资金贷款评审制度和流程，确保风险评价和信贷审批的独立性	建立规范的流动资金贷款评审制度和流程	未对贷款营销、调查工作与风险评级、贷款审批工作进行隔离，可能导致发放高风险贷款	操作风险
	贷款人应建立健全内部审批授权与转授权机制。审批人员应在授权范围内按规定流程审批贷款，不得越权审批	建立健全内部审批授权与转授权机制	未进行审批权限控制，存在越权审批或超权限审批，可能导致发放高风险贷款	操作风险

（2）专家判断法

利用风险专家、业务专家的从业经验来分析管理对象，识别风险。我们用一个票据业务案例来解释专家经验法的应用。一笔使用贷款资金作为保证金来签发承兑汇票的业务的过程如图 12-9 所示。

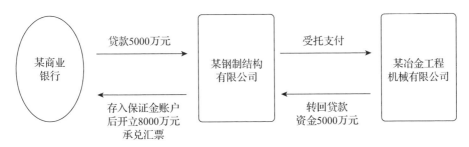

图 12-9　专家判断法识别风险点示例

通过分析，我们找到风险识别突破重点：既发放贷款又签发承兑汇票的企业，且两者时间相距较近。进而可以识别出风险：

1）收款人提供保证金，保证金由收款人转入借款人账户，导致保证金来源不合规；

2）承兑汇票收款人将贴现资金转回出票人（借款人）做承兑保证金，贴现资金回流后做保证金，导致循环开票风险；

3）未设置合理有效的绩效考核指标，可能导致业务人员为了个人利益，违规操办高风险业务。

（3）流程图分析法

该方法将风险主体按照生产经营的过程、活动内在的逻辑联系绘成流程图，针对流程中的关键环节和薄弱环节调查风险、识别风险，示例如图 12-10 所示。

流程图不能识别企业面临的一切风险。因此，必须根据风险管理单位的性质、规模以及每种方法的用途将各种方法结合起来使用。

流程图是否准确，决定风险管理部门识别风险的准确性。流程图需要准确地反映企业经营活动的全貌，不得有疏漏和错误。

以一笔大金额的信贷业务放款支付为例，贷款发放与支付环节存在的主要风险如下：

1）未对放款材料进行审批控制，可能未落实贷款用信条件和担保条件即发放贷款；

2）未对授信额度与放款金额做校验，借款人风险敞口超过授信额度，可能引发信用风险；

3）未对合同和借据做审查，合同文本或借据要素错误，可能导致诉讼风险或操作风险；

4)未按照规定进行受托支付而采用自主支付,资金使用监管不到位,可能导致借款人挪用借款并引发贷款损失。

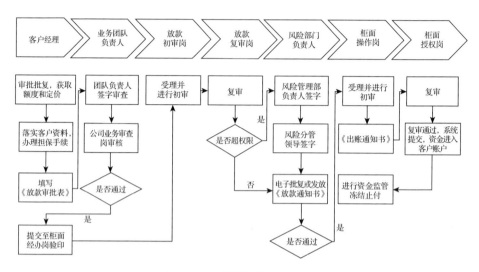

图 12-10 流程图分析法示例

(4)决策树分析法

该方法从某一事故出发,运用逻辑推理的方法寻找引发事故的原因,从宏观的角度分析事故形成的过程,即从结果推导出引发风险事故的原因。该方法认为,任何一个事故的发生,必定是一系列事件按时间顺序相继出现的结果,前一事件的出现是后续事件发生的条件,在事件发展过程中,每一事件有两种可能的状态,即成功和失败。决策树分析法的过程如图 12-11 所示。

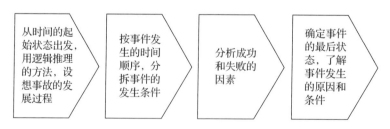

图 12-11 决策树分析法的过程

以贷款业务为例,决策树分析的过程如下。通过分析得出,风险的结构和推导过程如图 12-12 所示。

1)未对贷款客户追加担保措施即发放贷款,普通客户可能存在还款能力和还款意愿不足的情况,导致贷款无法回收。

2)未对贷款客户进行有效的贷后管理,如贷后检查、监控预警及风险分类,可能导致贷款无法回收。

3)未在贷款客户发生违约事件后及时诉讼追索,可能导致贷款损失。

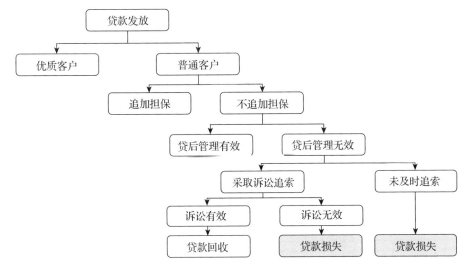

图 12-12　定性决策树分析法示例

(5)鱼骨图分析法

鱼骨图分析法又称因果分析法,是一种用于分析风险事故与引起风险事故原因之间关系的比较有效的分析方法。鱼骨图是将引起风险事故的原因归为类别和子原因,画成形似鱼刺的图形,如图 12-13 所示。

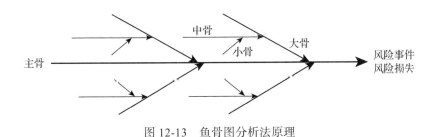

图 12-13　鱼骨图分析法原理

基本步骤是:首先,确定风险事故;其次,分出主骨、大骨、中骨和小骨,其中主骨在引发风险事故的过程中起决定作用,大骨是影响结果的主要原因(第一层次原因),中骨是影响大骨的原因(第二层原因),小骨是影响中骨的原因(第三层原因);

最后，根据影响因素的重要程度，将具有显著影响的重要因素标示出来。例如，巴林银行倒闭风险事件的鱼骨图分析如图 12-14 所示。

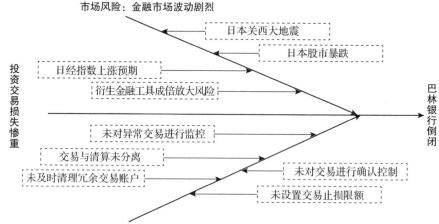

图 12-14　巴林银行倒闭风险事件的鱼骨图分析

（6）BowTie 分析法

BowTie 分析法以风险事件为基础，根据因果关系分析，往前追溯到导致风险事件的因素（风险源），往后追溯到风险事件的后果（风险后果），然后通过在风险源、风险事件、风险后果三者之间设定屏障以隔断其间的关系，达到阻止风险事件发生、降低风险损失的目的。如此一来，可以从风险源、安全屏障、风险事件、风险后果中提炼出风险。总体上这种方法有些类似鱼骨图分析法，它的具体结构如图 12-15 所示。

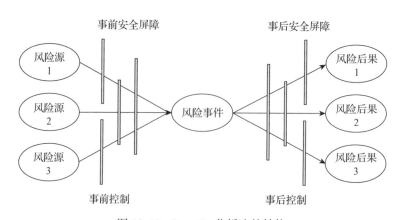

图 12-15　BowTie 分析法的结构

（7）回归分析法

回归分析的方法是寻找各种现象或变量之间的相关关系，因而可以用来分析风险事件、风险后果与各种风险因素之间可能存在的关系。例如，要构建一个信用违约概率回归模型来寻找影响违规概率的各种潜在指标，其中每一个指标代表一种风险因素，可以使用回归分析进行数据建模，最后筛选出对违约概率风险具有显著影响的因素。示例如下。

1）针对某类型的制造业企业，选取盈利能力、偿债能力、营运能力、资本结构、现金流量、市场因素六大类指标中的 31 个指标。

2）将指标放入模型进行筛选（可以用逐步回归法），选择统计性质上最为显著的指标进行检验。

3）模型结果显示，最后有 4 个风险因子入选，分别是市盈率、资产负债率、固定资产周转率、经营活动产生的现金流净额/流动负债。

4）在分析违规概率这种风险时，可以重点关注上述 4 个因子，以便于识别出风险。

12.5 流程中数据点挖掘和设置的方法

将流程进行数字化的一项关键工作是在全生命周期流程中识别恰当的环节节点，将其设置为数据点，再采集数据进行分析和应用。具体实现方法概括如下。

1）可以使用一个定性树模型方法进行流程分解。所谓定性树模型是指采用非数学统计方法基于工作分析对流程进行树分解，该过程中可以考虑使用目标分析法辅助进行工作分析。例如在商业银行分支机构的信贷业务开展活动中，我们设定第一级流程为：业务营销→客户申请→业务调查→审查审批→合同签约→放款支付→贷后管理→资产保全。

对初步流程进行树模型分解，得到第二级流程为：制定机构信贷业务发展策略→营销规划→客户营销→客户意向提出申请→业务可行性初评→客户正式提交业务申请→业务受理和资料采集→业务调查→信用评估→业务审查→业务审批→出具审批结论→合同签约→放款申请→放款审核→出具放款结论→资金划拨申请→资金划拨审核→资金划拨→贷后检查→风险监测→风险分类→到期管理→逾期保全→不良资产处置→呆账核销等。

同理，我们可以继续使用定性树模型法分解得到第三级、第四级流程。

2）在得到恰当的流程分解结果后，基于公司的信息化和数字化基础，对流程各环节进行"数据点"打标签。例如针对上面的第二级流程，我们初步将客户正式提交业务申请、业务受理和资料采集、信用评估等支流程标记为数据点。实际上这些流程已经基本上实现了数字化，新时期需要做的是对数字化程度较低的策略制定、营销规划、客户营销等进行数字化改造。

3）选取已被标记为数据点的流程进行数据采集、分析和应用的纸面穿行分析，评估数据的获取的途径、方法、困难和成本等因素，做好详细的分析记录。以针对客户营销流程为例，初级要求为客户营销方案的电子化、线上化，中级要求为客户营销方案的数字化、智慧化，高级要求为客户营销全过程的数字化、智慧化和可视化，例如客户营销活动全过程的数据捕捉、跟踪和控制。

4）将采集的这些数据汇总到信贷业务系统或者营销管理系统，形成智慧信贷业务营销管理数据库。基于此数据库，可以进行大数据挖掘和深度应用，再反馈至业务流程活动，形成流程数字化管理闭环。

想要顺利完成上述工作，风险管理人员必须具备深厚的业务知识，对公司内部的信息系统和数据非常熟悉，并且具有严谨的、结构化的工作思维和方法。实践中，建议成立专项小组，选取特定的流程开展试点，取得初步成果后再逐步推广，从而为完成核心业务、关键流程和重点机构的流程数字化转型奠定基础。

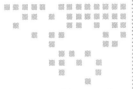

第 13 章

信贷业务和数字化信贷管理转型

信贷业务既是对于商业银行和类银行机构来说最为重要的一种业务,也是信用风险管理的核心对象。在商业银行信息化建设的初期,建立核心系统和信贷业务系统是首要任务。得益于信贷业务系统的开发和迭代,多数银行的授信业务在电子化、线上化方面取得了丰硕的成果。加上信贷业务流程中的风险评级、决策审批、贷后预警、智能催收环节引入了大数据统计模型或指标监测模型,使得其数字化具备了扎实的基础。

信贷业务的数字化转型或者数字化的信贷管理的过程为:一是从流程上对尚未实现线上化操作的环节继续进行线上改造;二是对已经实现线上化的流程进行自动化、智能化升级;三是对于所有的环节再次深挖数字化要素,形成新一轮的数字化接力。为了实现这个过程,我们必须进行信贷业务的数字化流程管理,它是整个授信业务数字化转型的关键。另外,我们还要通过金融科技,特别是大数据、高性能计算、云服务、区块链、人工智能、移动互联网等技术来重塑信贷业务核心能力,打造信用风险管控新平台。

13.1 信贷业务及其管理简介

信贷业务是指贷款机构对借款人发放贷款的行为,一些企业将其称为"授信业务"。"信贷"一词侧重于贷款机构基于借款人的信用情况发放贷款;"授信"一词侧重于贷款机构基于借款人的信用给予一个贷款额度,借款人获得贷款额度后可以使用贷款资金。信贷管理就是对信贷业务全生命周期的管理,如信贷客户管理、信贷担保管理。本节主要介绍信贷管理的相关概念、流程以及主要的信贷产品。

1. 信贷管理概述

信贷业务是对申请人核定一个授信额度,之后将资金投向相关的企业、个人或项目并回收本息的一种资产业务,实质上也是一种投资业务。

信贷管理,从广义上理解,包括信贷业务战略规划管理、制定和实施信贷业务政策、各项信贷管理制度和业务操作流程、开发各种信贷业务产品、信贷业务流程管理、信贷业务风险管理、信贷业务信息系统建设、信贷业务审计监督和信贷业务绩效管理等诸多方面;从狭义上理解,是指标准信贷业务流程中的贷前调查、贷中审查和贷后检查管理。

1)信贷业务战略。信贷业务战略是公司战略的重要组成部分,特别是在以经营各类信贷业务为主的金融机构中,业务战略的核心即信贷业务战略。一般来说,金融机构会以 3 年为一个周期来制定未来的信贷业务战略规划。

2)信贷业务政策。政策和制度一般会被作为一个整体来进行阐述。在一些观点中,政策被作为在制度确立之前先行推出的规定,它介于战略和制度之间,有承上启下的作用。在企业实践中,信贷业务政策最重要的代表就是信贷业务战略和年度信贷政策,一般对当年的信贷业务定位、策略、方向、关键指标和基本要求等做出规定。

3)信贷管理制度。按照内部控制合规管理体系下的领先实践,一般将企业管理制度划分为三个层级,分别是基本管理制度、管理办法、操作规程。信贷管理制度据此可以分解为信贷管理基本制度、个人贷款管理办法、公司贷款管理办法、个人消费贷款业务操作规程、流动资金贷款业务操作规程、银行承兑汇票贴现业务操作规程等。

4)业务操作流程。业务操作流程是信贷业务流程管理的重要载体之一。目前对于通过标准化的业务流程设计和规范化的操作要求来控制信贷业务的操作风险与合规风险已达成共识,并且优秀的、有效的业务操作流程还可以在风险控制的同时提高操作效率,进而节约企业资源,最终有利于创造企业价值。

5)信贷业务风险管理。信贷业务是一种以经营信用风险为主的业务,可以说一笔贷款的发放和收回就是一个信用风险的生命周期。信用风险一般是指借款人的违约概率和违约损失率,是一种外部风险,但由于经办和管理信贷业务是贷款经营企业的内部行为,因此附属在该业务上的操作风险还有许多。如此一来,信贷业务风险管理主要涉及信用风险管理和操作风险管理,其中操作风险管理涵盖了大量的合规风险。

本书认为，信贷业务风险管理最为核心且难度较大的模块是借款人的信用评级、业务合规性、贷后风险预警监控、精准资产风险分类、减值准备及风险加权资产计量等。

6）产品开发管理。当前一些信贷管理理论并未纳入产品开发和产品管理，这是不全面的，信贷产品的开发是开展信贷业务的基本前提，产品管理的全流程也是一项复杂的且具有操作风险、合规风险、流动性风险等的综合工程。产品开发管理一般涵盖市场调研、产品规划、产品设计、产品开发、产品上线、产品运行、产品退出等环节。

7）信贷业务审计。当前企业的风险管理一般划分为三道防线，其中内部审计作为第三道防线履行对各项业务和管理活动的独立、客观审计职能。内部审计部门根据股东、董事会、管理层的期望以及风险评估、审计人才和资源投入等情况，针对信贷业务制定审计计划并执行审计检查评价，目的是改善信贷业务管理，控制信贷业务风险，提高信贷业务内控和绩效水平。

2. 信贷产品

信贷产品一般是指基于信用关系设计的贷款产品，也可以称为"贷款产品"。现有主流法律法规或监管规定中对于几种主要贷款的定义和流程界定如下。

按照《个人贷款管理暂行办法》的规定，个人贷款是指贷款人向符合条件的自然人发放的用于个人消费、生产经营等用途的本外币贷款。贷款的基本流程包括受理与调查、风险评价与审批、协议和发放、支付管理、贷后管理。

按照《流动资金贷款管理暂行办法》的规定，流动资金贷款是指贷款人向企（事）业法人或国家规定可以作为借款人的其他组织发放的用于借款人日常生产经营周转的本外币贷款。贷款的基本流程包括受理与调查、风险评价与审批、合同签订、发放和支付、贷后管理。

按照《固定资产贷款管理暂行办法》的规定，固定资产贷款是指贷款人向企（事）业法人或国家规定可以作为借款人的其他组织发放的，用于借款人固定资产投资的本外币贷款。贷款的基本流程包括受理与调查、风险评价与审批、合同签订、发放和支付、贷后管理。

按照《项目融资业务指引》的规定，项目融资是指符合以下特征的贷款：1）贷款用途通常是建造一个或一组大型生产装置、基础设施、房地产项目或其他项目，包括对在建或已建项目的再融资；2）借款人通常是为建设、经营该项目或为该项目融资而专门组建的企事业法人，包括主要从事该项目建设、经营或融资的既有企事业法人；3）还款资金来源主要是该项目产生的销售收入、补贴收入或其他收入，一般不具备其他还款来源。

13.2 信贷业务组织、岗位及其职责

信贷业务及其衍生的类信贷业务是商业银行、信托公司、财务公司、小额贷款公司、互联网信贷公司的核心业务，围绕信贷业务设计公司的组织、岗位及其职责是信贷管理人员的基本工作之一。有效的信贷组织、岗位及其职责是设计信贷产品、执行信贷业务操作、管理信贷业务风险和开发信用风险信息系统的前提。本节主要基于常规实践给出一般信贷业务中常见的组织、岗位的设置及其职责设计。

1. 信贷业务组织及其职责

1) 公司金融部：拟定客户管理、产品管理的政策制度；负责公司客户的贷款营销、客户管理、关系维护、客户风险的日常监测；可以牵头公司信贷业务产品管理，做好客户及产品的市场调研分析，开展同业和区域业务发展动态研究，发布动态信息和业务指导意见；统筹进行公司条线营销人员管理、营销机构管理；协助其他部门开展信贷风险管理和资产保全工作。

2) 零售金融部：拟定客户管理、产品管理的政策制度；负责零售客户的贷款营销、客户关系维护、客户风险的日常监测；可以牵头零售信贷业务产品管理，做好客户及产品的市场调研分析；统筹进行零售条线营销人员管理、营销机构管理；协助其他部门开展信贷风险管理和资产保全工作。

3) 信贷管理部：研究和分析国家金融方针和地方产业政策；负责制定和完善信贷业务发展规划、策略、制度和操作流程；研究和追踪各项信贷相关的监管合规政策并将其应用于日常管理和信贷审批；规范指导信贷业务全流程的操作管理和风险管理，制定信贷业务操作手册；开展各项信贷数据报表调研；监测、控制信贷资产质量，做好业务数据的统计、分析、预测及披露。

4) 审查审批部：拟定各项信贷业务的审查和审批操作规范或指引，设计各种审批模式，强化审批授权体系管理；按照监管合规要求、内部政策制度、风险管理偏好等开展业务审查和审批工作，出具详细的审查报告、审批结论；如有必要，对于复杂业务可以参与前期独立的平行贷前调查。

5) 风险管理部：负责全面风险管理及体系的建设；制定风险管理战略和策略、偏好、管理框架、年度计划、风险应急预案及提出控制措施；进行风险统计、量化管理、风险系统建设、业务连续性管理；建立有效的风险防范监测体系和机制并持续监控，进行风险预警；是调查、分析、应对、报告各项风险信息的归口管理部门。

6) 资产保全部：负责通过集中清收或分散清收的模式，通过现金清收、贷款重组、资产抵债、呆账核销、风险代理、打包出售和资产证券化等方式，实现不良信贷

资产的处置和保全,以最小化信贷资产损失。

7)法律合规部:研究监管法律合规政策,提供政策解读或合规提示;拟定信贷业务相关的合规政策、合同文本;负责对信贷业务操作及管理流程进行合规审核;为信贷业务产品开发、业务营销、业务执行、资产保全提供法律支持或合规咨询;有序组织开展合规检查、内控检查、案件防控检查等活动;制定和执行信贷业务相关的违规积分机制;以内控为基础统筹流程管理体系的建设和优化。

8)内部审计部:通过独立、客观的审计活动和咨询活动,在授权范围内对经营机构和职能部门的信贷业务操作与信贷管理活动进行设计层面、执行层面的审计评价和咨询支持;建立数据分析和监控系统,对信贷业务违规行为和风险事项进行预警监测;与风险管理部等部门对不良贷款、违规贷款、风险事件等开展履职调查、责任界定,并提出问责处罚建议。

2. 信贷业务岗位及其职责

(1)基层机构的岗位

1)客户经理或业务经理:负责客户营销;受理客户申请,收集整理申请资料和信息并判断是否符合基本准入条件;进行现场和非现场尽职调查并记录调查过程;对初次申请的客户进行信用评级初评;撰写调查报告,提示各类风险,签署调查意见;在信贷系统内录入客户基本信息、申请信息、评级信息;维护客户关系。

2)风险经理岗:负责参与现场或非现场调查,履行独立调查监督和风险评价职责,交叉分析借款人具有的潜在风险,出具风险评价报告。

3)综合管理岗:负责协助客户经理收集、整理与传递业务资料;保管业务营销资料和初期未移交的信贷档案;管理信贷业务印章,登记与维护业务台账;在企业征信系统中查询客户贷款卡、征信等资信状况信息;负责系统测评工作,包括现金流量测算、财务指标测算等;负责业务报批,向信贷管理岗提交尽职调查报告及业务资料。

4)综合柜员岗:负责放款环节的支付操作、相关票据的验票工作,办理抵(质)押权证的入库保管手续。

5)团队负责人、部门负责人:负责按规定参与贷款业务的现场调查;审核信用评级初评结果;审阅客户经理的送审资料,签署复审意见;提交机构的有权人签署最终意见。

6)机构负责人:负责按规定参与重大、复杂或特定业务的现场调查;按规定参与小企业业务的面谈走访;审查客户经理送审资料的完整性、准确性,签署机构内的最终审查意见。

（2）总部、分行层面的岗位

1）信贷管理岗：可以针对不同的职责设置差异化的岗位，如信贷政策岗，拟定信贷管理相关的管理办法及操作流程，并组织实施；负责接收营销内勤提交的尽职调查报告及相关业务资料，对照送审资料目录查看形式要件是否完整；提示客户经理补齐缺失的要件；登记台账。

2）放款审核岗：负责审核放款资料的完整性和准确性；审核放款条件是否已经落实，合同和支付申请书是否无误；在系统内登记和维护放款信息。

3）风险管理岗：可以针对不同类型的风险设置差异化的岗位，如信用风险岗、市场风险岗、操作风险岗、信息科技风险岗，拟定风险管理相关的管理办法及操作流程，并组织实施；组织各职能部门和经营机构开展风险识别和评估工作；建立风险损失数据库，同时针对高风险点制定风险应对方案；开展风险检查和风险自查工作，收集风险数据，并对相关风险数据进行分析；组织相关部门制定风险及危机应急预案，并组织预案演练；定期编制风险报告并提交。

4）合规管理岗：组织推动合规体系建设，组织对企业的政策制度和业务流程进行合法、合规审查，确保合法合规经营；通过多种途径开展合规风险的识别、评估和报告工作；制定违规积分评判标准，收集统计各类违规事件并执行扣分处理；组织开展各类案件的排查、分析，并按时向上级汇报案件防控管理工作。

5）内控管理岗：制定内控管理相关政策制度和操作流程，建立和完善流程管理机制；组织进行流程系统性分类，建立流程体系；负责流程管理相关技术工具的开发，进行流程有效性评估；通过内控评估、内控检查、流程审核、流程监测和流程维护等进行全流程运行管理。

6）定价管理岗：负责设计贷款产品开发过程中的定价策略，对实际业务办理过程中定价低于经营机构授权范围的申请进行审批。

7）信贷审计岗：拟定各类信贷业务的审计制度和操作规程，完善审计程序、方法和工具；按照审计计划进行信贷业务现场、非现场审计工作，包括对信贷相关的离任、离岗、任期内责任审计及违规、违纪等事件的审计，出具审计报告或调查报告。对信贷业务办理过程中违法违纪的机构和责任人提出审计意见，与风险管理部协同对违规贷款、新增不良贷款进行责任认定。

13.3 金融科技和数字时代下信贷业务的发展

现代信贷业务的发展主要历经了5种不同的形式，分别是基于传统"三查"的信贷、互联网金融信贷、金融科技信贷、区块链金融信贷及分布式金融信贷。

1. 基于传统"三查"的信贷

"三查"具体是指贷前调查、贷中审查和贷后检查。基于这个模式的业务如今仍然是各类金融机构的核心业务，它通过设计由人操作的贷前调查、贷中审查和贷后检查流程，来完成贷款资金的发放和回收，是最为常见的信贷业务模式。贷款业务"三查"已经成为开展信贷业务的基石，无论其他类型的贷款如何创新和变化，始终无法绕开"三查"。

2. 互联网金融信贷

这是一种极具中国特色和中国优势的信贷业务，主要是指P2P网贷和互联网线上贷款。P2P是一种点对点（或者个人对个人）的基于P2P平台撮合交易的线上贷款，随着P2P陆续暴雷和监管机构推进风险管控，目前已逐步淡出公众的视野。而互联网金融信贷在新监管、新技术、新模式的推动下仍然在不断创新和改进。例如，中国人民银行苏州市中心支行联合苏州地方金融监管局、企业征信公司围绕互联网金融，依托征信大数据，创新推出纯信用的线上融资的"征信贷"产品。这种"征信贷"产品通过移动终端连接多家商业银行和小微企业，小微企业在App上提交融资申请，征信平台将其推送给金融机构（小微企业也可在App上直接向特定商业银行提交融资申请），金融机构受理后，根据征信平台的数据进行审核，审核通过后在线上发放信用贷款。

3. 金融科技信贷

金融科技信贷是一个较为宽泛的概念，主要是指利用金融科技重构的信贷业务。与传统信贷业务相比，利用金融科技的优势是可以对借款人实施精准画像，设计智慧客户分类模型，开发智能审批决策引擎，进行自动风险预警和智能催收，使得信贷业务流程和风控技术发生很大的变化。例如中国农业银行的网捷贷和微捷贷产品就属于这种类型。

4. 区块链金融信贷

区块链金融信贷是基于传统信贷，融合利用区块链的思想和技术来设计的信贷业务。常见的模式是通过区块链结合贸易单证、舱单、交易物流、应收账款、存货、大宗商品、供应链金融资产证券化来再造信贷业务。它当前主要包括区块链供应链金融产品、区块链贸易金融产品、区块链票据产品。例如：上海票据交易所2018年1月成功上线并试运行数字票据交易平台；中国人民银行于2018年6月初步完成一套依托区块链技术、以智能合约为载体的数字票据技术基础设施，可以将国内企业的支票数字化。此外，腾讯以区块链技术为底层打造了供应链金融服务平台"星贝云链"，美的财务公司打造了金融区块链票据应用平台，浙商银行建设了基于区块链技术的移动数字汇票平台，赣州银行上线了全国首单区块链票链业务等。

5. 分布式金融信贷

分布式金融信贷一般是指纯区块链技术模式下的信贷，其中 DeFi 借贷是当前十分重要的一种分布式金融信贷，它的一个核心特点是资产通证（Token）化。目前它主要有 4 种产品形式，分别是 P2P 借贷撮合（如 Dharma、dYdX）、稳定币（如 MakerDAO）、流动池（如 Compound）、无抵押贷款（如 Aave 闪电贷）。

13.4 信贷业务的数字化流程管理

如前文所述，基于流程的数字化转型是当今的一个转型热门方向，而对于信贷业务来说，信贷流程的数字化再造也是该业务进行数字化转型的一个突破点。本节梳理和总结了常见的信贷业务标准化流程，为各企业认识和设计相关的信贷业务产品、开发数字化信贷业务系统提供参考。

13.4.1 信贷流程

1. 信贷业务的线下业务流程

信贷业务的五大核心流程为贷前调查、审查审批、放款支付、贷后管理、资产保全，它们可以进一步拆分为客户营销、客户申请、业务受理、贷前调查、信用评估、审查审批、合同签约、放款申请、放款审核、放款支付、贷后检查、预警监控、风险分类、逾期管理、资产保全、问责处罚等。此外不同银行的流程设计具有一定的差异，例如部分银行实行综合授信审批制下的放款审核机制，即在综合授信审批完后，给予较短的额度有效期，在有效期内无须重新发起单项贷款审批。还有一种是在综合授信审批完后，给予较长的额度有效期，一般为一年，在综合授信额度项下使用单笔贷款需重新发起贷款调查、审查审批，只不过贷款调查和审查审批流程经过了简化。

2. 信贷业务的线上业务流程

信贷业务的线上业务一般以互联网零售贷款为主，主要分为全自动线上贷款和半自动线上贷款，前者以信用贷款为主，后者以抵押贷款为主。全自动线上贷款的基本流程是获客、申请、调查、审批、放款、贷后管理、催收，其中贷后管理一般不进行传统线下的贷后检查，更多通过互联网或大数据的方式进行贷后风险监控。半自动线上贷款的基本流程为获客、申请、调查、审批、担保落实、放款、贷后管理、催收。此类贷款额度较高,一般需进行传统线下的贷后检查。线下流程主要是担保落实。目前已经有部分银行的抵(质)押手续办理进行了自动化,线下流量已经极少。

信贷业务有5种基本流程,它们是按照定性树模型的方法进行层层分解而得到的,代表了市面上常见的信贷业务流程实践,分别见图13-1~图13-5。

1)该流程直接强调贷款"三查",如图13-1所示。

图 13-1　信贷流程1

2)这是最为常见的一种信贷业务流程描述,它将贷款"三查"合理地拆分出10个关键子流程,如图13-2所示。

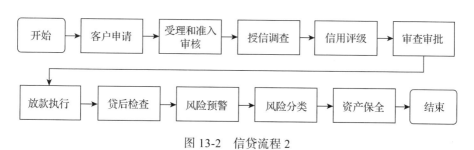

图 13-2　信贷流程2

3)该流程考虑了综合授信和综合授信项下单笔放款业务的差异,将两个流程嵌套在一起。在综合授信审批结束、出具授信额度后,一些金融机构在该额度项下发起放款申请前还需进行一次专项调查和审批。这种流程一般适用于大型、复杂和长期贷款项目,如图13-3所示。

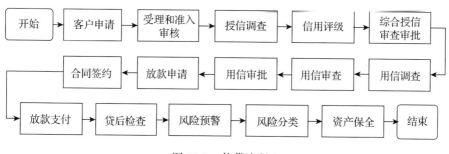

图 13-3　信贷流程3

4）该流程在第三种流程的基础上，加入了业务规划和客户营销等环节，更能体现信贷业务的全貌，如图 13-4 所示。

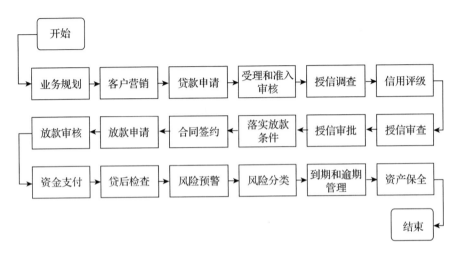

图 13-4　信贷流程 4

5）该流程在第三种流程的基础上，新增了信贷政策、出具审批结论等环节，对合同签约、资产保全环节进行了明细项分拆，如图 13-5 所示。

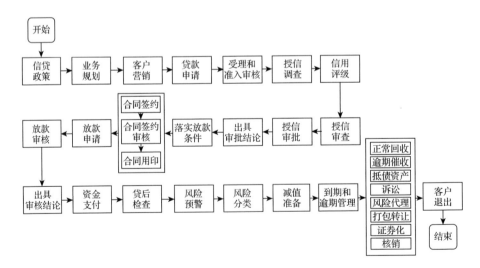

图 13-5　信贷流程 5

13.4.2 贷前调查

1. 贷前调查及其数字化转型

贷前调查是指信贷业务经理或客户经理在受理借款人的业务申请后,提交贷款审批流程前的一系列过程,包括:接收借款人的各类申请材料并进行初步核实,若判定满足基本信贷准入条件,则通过现场或非现场的方式进一步获取、核实、分析、评价和披露有关借款人自身信用资质、所申请信贷业务、贷款用途和担保等方面的情况;撰写专项调查报告,提示和评估借款人的信用情况、业务合规性以及信贷业务可能存在的风险并提出控制措施,为信贷审查审批决策提供依据。贷前调查的框架和流程如图 13-6 所示。

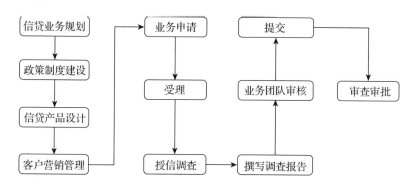

图 13-6 贷前调查的框架和流程

按照申请性质的差异,贷前调查可以划分为首次申请、新增申请、审批复议、重组贷款、展期贷款、合同变更等类型。在贷前调查工作之前还有四项核心工作需要提前准备,分别是信贷业务规划、政策制度建设、信贷产品设计和客户营销管理,它们一般不属于狭义贷前调查的范畴,但是可以归为信贷业务贷前准备工作。狭义贷前调查的流程可分为客户申请、业务受理、调查核实、前期审查、提交申报 5 个子阶段。

1)客户申请是指借款人通过线上或线下的方式提交申请需求,按照信贷政策制度的规定准备基本申请材料,手工提交至客户经理或者直接在信息系统中录入后提交。

2)业务受理是客户经理或信息系统接收到借款人提交的资料,初步判断是否符合准入条件,若不符合则直接退回申请。这是信贷业务全流程管理与风险控制的第一个环节,对于建立和保持良好的客户关系、及时发现潜在风险因素、拓展信贷业务具有重要意义。

3)调查核实是贷前调查流程的最重要环节,根据不同的贷款品质、性质、风险程度，一般通过单人调查、双人调查、团队调查、信息系统自动核查、第三方外包核查等方式交叉组合进行，其中双人调查是主流形式。该阶段末期需要撰写调查报告，部分机构还需撰写风险评价报告。调查核实的质量直接关系到后续贷款审批决策的科学性和有效性。

4）前期审查是贷款在正式提交审查审批部门时，由经营机构/团队内的风险经理、业务复核人员或机构负责人对所撰写的调查报告进行复核审查，通过后方能提交至上一层级审查审批机构。

5）提交申报是前续环节完成后，一般由客户经理或风险经理提交至审查审批部门进行下一流程。

贷前调查的数字化转型包括三个方面：一是基于上述框架对每一个操作环节的工作逐个进行数字化改造，一般是利用新一代信贷管理信息系统和作业平台对操作流程在线上化的基础上进行智能化改造；二是利用数字化技术深化贷前调查工作的科学性、有效性和智慧性，例如利用数字化技术促进落实贷前调查的基本要求和优化作业机制，改善贷前调查的风险管理水平；三是利用金融科技和风险管理技术直接开发智能贷款，通过信息系统自动完成调查过程。需要注意的是，贷前调查工作面临着监管机构的审慎监管要求，各项变革改造应以遵循合规政策为前提。

数字化贷前调查的实现方法包括但不限于：
- 制定规则化的贷前调查策略，将策略嵌入信贷业务系统、电子渠道系统和移动展业系统等；
- 设计数字化的客户准入规则，实现自动化筛查；
- 标准化、结构化、格式化调查报告，并实现调查报告字段信息的自动获取；
- 客户名单（白名单、灰名单、黑名单）管理的自动化筛查和控制；
- 对调查对象进行大数据画像和关联关系图谱化，再通过画像和图谱识别风险；
- 财务报表或财务数据的自动化核查与校验；
- 互联网负面信息扫描，如企业实际控制人的"黄赌毒"扫描；
- 工商、税务等信息的自动化查询和判别；
- 授信用途的大数据比对分析；
- 调查报告标准化和自动化生成。

2. 贷前调查的基本要求和作业机制

（1）基本要求

贷前调查作为信贷风险管理的第一道防线的核心，直接对后续审查审批、放款支付和贷后管理工作产生决定性的影响，因此该项工作必须遵循相应的要求。

1）独立客观要求。与客户不存在利益冲突，遵守职业道德，客观、公正地开展贷前调查，确保调查的独立性、客观性。

2）尽职调查要求。调查人员需严格按照企业已经设定并生效的调查政策、程序和规范执行每一步调查工作。

3）完整准确要求。开展调查前应该设计充分、完整的调查方案，方案的内容可以包括调查方式、调查程序、调查内容、调查重点等，确保调查过程完整，获取的资料准确。

4）双人调查要求。信贷业务执行主、协办双人调查机制。主办调查人员对信贷客户和业务的授信资料、调查分析过程和结论负主办责任，协办调查人员负协办责任。

5）实地调查要求。调查必须对客户及其高度关联企业进行实地现场调查，按照调查指引要求亲自获取原始的真实资料。

6）信息核实要求。通过向客户本身、客户的往来单位和人员、银行同业、中介机构、政府管理部门、官方网站和互联网、专家等咨询，直接和交叉核实所获取信息的真实性。可以采取电话、函证、实地检查、公开信息查询、防伪鉴定、舆论筛查、同业交流等多种方式核查信息的真实性。

（2）作业机制

可以设计贷前调查的平行作业机制，有三种常见的模式：一是风险管理部的风险经理与客户经理平行作业；二是审查审批部的审查审批人员与客户经理平行作业；三是公司金融部的风控人员与客户经理平行作业。

1）对于复杂客户、复杂项目、重点客户、重点项目，可以视情况实行上述三类平行作业机制，实际上是一道防线和二道防线合作，强化对客户的尽职调查和风险评价的效果。

2）在一道防线和二道防线平行作业的机制下，风险管理部、审查审批部、公司金融部要将评价报告第一时间发送至审批部门。

3）对于普通业务、常规业务，风险管理部、审查审批部、公司金融部可以事先设置应急型的业务提前介入工作机制，工作方式主要包括业务预受理、业务预分配、业务预审查及列席贷审会等。

4）对于重大业务，各级审查审批部门要与其他职能部门、经营机构建立快速联动的工作机制，通过同步平行作业方式共同完善风险评价报告和授信方案。

3. 贷前调查工作的常见风险点

对于贷前调查工作的常见风险点主要从授信政策与合规、调查执行两个维度展开，如表13-1所示。

表 13-1 贷前调查工作的常见风险点

关注领域	常见风险点
授信政策与合规	违规将贷款尽职调查职能外包给第三方
	利用信贷职务上的便利，挪用、侵占企业信贷资金或者借款人资金
	在办理信贷业务中收受不合规、不恰当的费用
	未按照"实质重于形式"原则，对同业投资业务穿透识别或故意隐藏投资方向
	向借款人转嫁抵押评估费用、抵押登记费用以及违规向客户转嫁成本
	贷前调查时未对借款企业进行流动资金需求测算
	给予借款人的授信额度超过理论授信额度
	存贷挂钩，虚增存贷款规模
	发放假名、冒名授信或以他人取得授信
	表内外资金直接或变相用于土地出让金融资
	利用或虚构政府购买服务合同违法违规融资
调查执行	贷前不尽职，仅满足形式上的要求，未穿透至实质风险
	贷款"三查"不尽职，接受壳公司贷款、重复抵质押、虚假抵质押、违规担保
	违规通过第三方中介、返利、延迟支付、以贷转存、以贷开票等方式吸收存款
	未对客户资料进行认真、全面的核实，导致存在虚假资料和不完整的资料
	未对证明客户贷款用途的各项资料进行核实，未能严格和准确地识别真实的贷款用途
	未对借款人信用状况进行评估
	未对抵押物的真实性、合规性进行调查
	未对借款人关联方和关联交易情况进行调查分析
	未对抵押物权证合法性、真实性进行核实，未按规定调查核实抵押物、质物、保证人代偿能力
	对借款人收入情况、还款能力、重大信用记录审查不严等
	票据业务贸易背景尽职调查不到位，导致持票人恶意串通，套取银行信用
	未充分核实票据业务保证金来源，导致保证金不实
	未严格调查房地产开发企业资质，违规受理"四证"不全的房地产开发项目融资
	对信贷业务的合规性、安全性、盈利性的调查不充分，调查结论不清晰

13.4.3 信用评级

1. 信用评级及其数字化转型

信用评级是指利用各种恰当的内外部数据信息，对特定法人、自然人、债项等进行信用等级评估。信用评级是信贷业务管理和信用风险管理的核心领域之一，也是信用风险数字化转型的关键举措之一。在信贷业务中,信用评级主要有零售客户信用评级、非零售客户信用评级、债项评级等。

信用评级可以采用的方法、程序,以及如何进行信用评级的数字化转型,详见第6章。

当前在监管机构的规定下,金融机构对于信用评级主要采取内部评级法。完整的内部评级体系包括内部评级体系的治理结构,非零售风险暴露内部评级和零售风险暴露风险分池的技术标准,内部评级的流程,风险参数的量化,IT 和数据管理系统,内部评级的验证、考核和审计。

内部评级流程包括评级发起、评级审核、评级认定、评级推翻和评级更新。信用评级工作的基本框架和流程如图 13-7 所示。

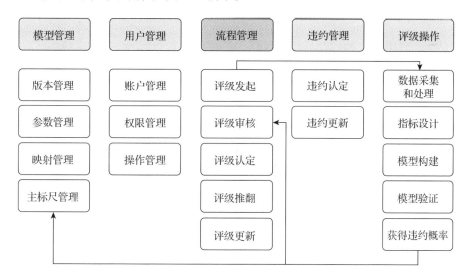

图 13-7　信用评级工作的框架和流程

信用评级的数字化本身在风险管理各项工作中就是数字化程度最高的领域,其转型方法在第 6 章已经有较为详细的介绍。信用评级的数字化转型至少包括四个方面:一是从操作流程的角度提高操作的自动化、敏捷化和智能化水平;二是以大数据、云计算和 AI 等技术用更低的成本开发更加完整、准确的模型;三是信用评级和调查、审查和预警的数字化联动;四是丰富评级数据的来源,提高数据的数量和质量。

2. 信用评级工作的常见风险点

对于信用评级工作的常见风险点从评级体系、模型管理、评级操作三个维度展开,如表 13-2 所示。

表 13-2 信用评级工作的常见风险点

关注领域	常见风险点
评级体系	未建立信用评级的内部管理体系，包括但不限于内部评级体系的治理结构、技术标准、内部评级的流程、风险参数的量化、IT 和数据管理系统、内部评级的验证、考核和审计
模型管理	使用了不正确的数据、方法、验证、校准等因素，导致模型的准确性、稳定性存在缺陷，具有模型风险
	信用评级模型的参数维护没有设置内部控制措施，如岗位分离、职责分离、审批和敏感性分析
评级操作	未将信用评级的操作流程和规范通过信息系统进行固化、标准化，而使用电子文档进行手工测算
	信用评级输入的原始数据，如客户基本信息、财务报表、贷后数据等不准确
	信用评级结果的推翻没有进行恰当审核，或者为了达成某些业务目的，随意调高客户的信用等级

13.4.4 审查审批

1. 审查审批及其数字化转型

审查审批是指有权人基于事先制定的标准和程序，对借款人的信用资质、申请材料、贷款要素等进行审查和审批，并出具是否同意发放贷款的结论。贷款的审查申请一般由经营机构的主办客户经理发起，经审查、审批、审阅后，形成最终的授信决策意见。

根据不同的信贷业务特点，以及贷款经营机构的管理水平，审查审批一般存在三种基本模式：第一种是人工审批，第二种是机器审批，第三种是"人工+机器"协同审批。

审查审批执行严格的授权管理机制，通过企业统一授权和转授权，明确各级审批人员的业务审批权限。各级审批人员按照授权内容执行审查、审批，严禁超权审批和越权审批。一般来说，经营机构对超出本机构审批权限的业务在辖内完成调查、评审和审批程序后，才能上报上一级管理机构。

当前主流机构的信贷业务均实行统一综合授信管理机制，在给予借款人综合授信额度后，其项下的单项授信或单项用信审批又存在两种方式，分别是重新进行审批和无须另行审批。例如，某借款人通过综合授信审查审批获得一个授信额度，该额度通常会被给予一个有效期，在有效期内借款人可以随时发起用信申请并提供相关材料，贷款经营机构会重新执行一个简化的审查审批程序，出具是否同意用信的结论。

可以给予评审人员、审查人员、审核人员或审批人员恰当的权限,并通过该类人员构成有权人团队,其中有权审批人一般包括单人审批岗、独立审批官、贷款审批委员会(简称"贷审会")、贷审会牵头审批人或主任委员、首席风险官、行长等。实践中一般按照 2/3 原则判断是否通过贷款审批,但若贷审会中风险管理部负责人、审查审批部负责人、法律合规部负责人中有两人以上投反对票,即使满足 2/3 表决通过条件,仍应对这些关键风控部门负责人的意见进行仔细研讨,确认风险可控后最终确定是否发放贷款。

审查审批的工作框架和流程如图 13-8 所示。该工作往前承接贷前调查、信用评级,往后则为放款支付提供决策结果。审查审批的数字化转型是在智能风控的基础上利用智能模型进行自动化审批决策,对于暂时无法有效实现自动决策的部分,则继续利用数字化技术对操作流程进行逐项的自动化改造。

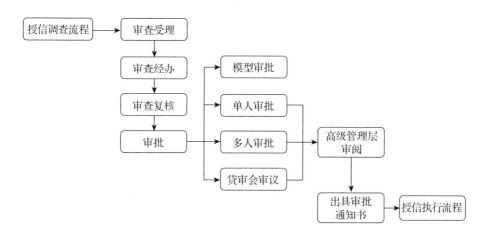

图 13-8 审查审批工作的框架和流程

同时由于审查审批具有多种不同的模式,审批的效果和风格受审批的组织架构、人员技能、企业文化等影响很大,因此该部分的数字化转型一定要考虑组织、人才和文化因素的影响,最好能结合多样化的企业内部因素进行综合考虑。

审查审批的数字化转型要以实现审查审批的基本要求为目标,考虑多种不同的审批模式,覆盖关键的审查要点,充分利用风险计量模型和新兴技术,实施自动化审批决策和智能审查审批辅助。

数字化审查审批的实现方式包括但不限于:

❏ 大数据智能审批模型的设计和开发;
❏ 利于数字化的规则实现自动规则审批,这种方式对于低风险对公业务、一般零售业务非常适用;

- 基于大数据风险决策引擎实施自动化审批；
- 人工审批的过程中进行独立客观的大数据风险提示和视图；
- 为审查人员提供互联网大数据负面信息扫描；
- 对信贷业务进行标签化，基于同类标签的信贷业务进行不同人员、不同时期、不同方式的审批结果的自动化比对；
- 审查人员对调查报告进行文本分析，寻找调查风险；
- 审查报告的文本分析；
- 财务报表或财务数据的有效性自动核查；
- 自动化征信数据和财务数据分析；
- 审查报告的自动化生成；
- 针对续做业务，对贷后检查中采集的数据进行智能分析，并自动向审查审批人员提示风险。

2. 审查审批的基本要求

1）独立客观要求。各级信贷审查人员必须客观、公正并独立地审查授信项目，不得以权谋私，不得假公济私，不得带有偏好和偏见参与业务审查审批。

2）审慎授权要求。企业需要根据风险偏好、信贷业务类型、特定的流程、机构、审批人员的资质技能等维度进行审慎审批授权，通过建立书面审批权限表、授权书和信息系统权限控制来对这种权限进行明确与控制，各级审批人员必须严格按照权限审批业务。

3）尽职审查要求。同尽职调查一样，审查审批人员需按照内部操作指引逐项对每一个风险点进行审查，确保审查的全面完整。优秀的审查审批人员在完成内部操作指引中要求的审查后，还会根据自身的经验获取更多的信息来提出更具洞见的审查意见。

4）严谨审慎要求。基于严谨审慎的理念来执行严谨审慎的审查审批是把控风险的必要条件，符合金融机构审慎经营的要求。

5）风险揭示要求。审查人员应充分揭示借款客户和贷款业务存在的各项风险，深刻理解潜在风险带来的预期损失。风险揭示不得流于形式或照搬调查报告的内容，审查人员应有充分的权力对不合格的贷款予以退回。

3. 审查审批的操作模式

根据每家企业的不同特征，贷审会审议设置的层级和人数各不相同。一般来说，较为常见的是设置分行三人贷审会或五人贷审会、区域五人贷审会、总行五人贷审会或七人贷审会，会议召开方式有线下会议和线上会议两种方式。数字化转型过程中，随着协同办公软件的进步，新出现了"线上静默"审核机制。该机制下审批人员无须召开线下或线上会议，而是在信贷管理系统中在线浏览和评审贷款报告，以类似 Word 批注的形式直接提出审核意见，并通过系统功能关联到相关的责任人，责任人的回应和解决措施均完整记录在相关的审批意见项下。系统通过智能文字识别技术识别责任人，再通过协同通信办公软件进行即时信息提示，大大提高审批效率。

实践中贷审会一般采用合议制，投票表决人数为单数，每位参会委员必须出具同意或者不同意的明确意见，对于不同意的意见须给出明确的理由，对于同意的意见尽量给出理由，并对其个人出具的审批意见负责。对于以条件满足为同意前提的表决意见，除非在贷审会当场提出并获得认同，否则委员不得以带条件同意方式投票和发表审批结论。

一般贷审会审议的业务需经三分之二以上（含）与会委员表决同意方可认定为审批通过，其中主任委员或牵头审批人具有一票否决权。贷审会审议完成后，按照授权机制，如有必要还需提交首席风险官或行长进行最终审阅决策。

每个贷审会配置一名会议秘书，负责发放会议通知、会议材料、选定审批委员、提醒召开会议、编制会议纪要、编制审批结论、发出审批通知书等。实践中，为了提高委员现场审批效率，建议至少提前 2 天将有关材料发送至各委员处。

投票采用记名或不记名的形式，一般以记名为主，所有投票必须在贷审会会议当场完成，除特殊情况不得将审议表带到会议室外投票。每场贷审会结束后应立即唱票，接受参会人员的监督。如有必要，可以邀请独立审计人员列席会议。审计人员不得参与投票。

正常业务流程、业务复议流程、合同变更流程的操作模式存在一定的差异。如果定义正常业务流程为标准化流程，为提高审批时效，在风险可控的前提下，可对业务复议和合同变更流程在标准化流程的基础上进行简化。

4. 信贷审查审批的关键点

信贷审查审批应执行"穿透"原则，利用各种技术手段发现底层风险和实质风险，切忌流于形式和只关注表面现象。具体来说，主要包括如下关键点。

1）业务的完整性审查核实：审查客户的基本资料是否完整，包括电子信息与影像；审查业务的基本资料是否完整，包括电子信息与影像；审查调查报告和分析评价意见，包括但不限于调查报告的完整性、调查意见的清晰性。

2）资料的合规性检查核实：营业执照是否有效，授权书和委托书是否合格，董事会决议是否有效，签字是否存在问题；财务报表是否经过恰当审计；经营数据和财务数据是否准确。

3）业务的合规性审查确认：审查业务主体是否合规；贷款用途是否合规；审查特殊行业的经营资质是否合规；审查信贷投向是否符合国家产业政策、信贷政策和内部信贷政策规定；审查特定行业和项目是否取得相关的批准文件；审查业务申请是否符合集中度和限额的要求；信贷额度的测算是否准确；信用等级是否符合准入要求；担保手续是否合规。

4）业务的风险性审查审批：审查客户的整体信用资质，审查真实的贷款需求；审查客户的还款能力；审查担保能力；审查关联方风险；审查贷款业务潜在的其他风险。

5）业务的效益性审查审批：审查在拟定的金额、定价、期限等条件下，基于相关的风险测算收益水平，评价该业务办理可带来的效益。

5. 审查审批的发展

传统上，对于公司信贷业务，多数金融机构一般实行基于信贷专家、风险专家、审批专家和内部评级模型的信贷审批模式，一些金额机构严格坚持实行专家人工审批机制，小额零售贷款一般实行模型自动化审批，小微企业贷款实行人工审批和自动审批结合的方式。在一些知名的欧美银行：对于非零售业务，执行信用风险模型以支持审查审批，同时结合信贷专家的个人经验、专业判断做出最终决策；对于零售业务，即使是金额较大者，模型自动化审批也是主流。

第一种思路是，基于有效的风险计量模型，利用风险参数和评级结果，结合历史客户的信用风险特征加大自动化审批。对于公司信贷业务（以主权、金融机构、一般公司为主）实施差异化审批机制，增加自动化决策也是发展方向；对于零售业务（包括小微金融、个人贷款）应基本推广和应用自动化审批；如果获得比较准确的风险参数，对于 PD/LGD/EAD 较小、期限较短的业务执行模型自动化审批；对于 PD/LGD/EAD 较小、期限较长的业务，要么直接拒绝，要么强化和补充核查，再人工审批。

第二种思路是，利用强化的大数据风控和算法技术。例如，国内某领先股份制银行采取了以下措施：打造智能反欺诈平台，基于全量数据的毫秒级分析，业务零中断，数据零丢失；投产智慧审批机器人，全方位接入百项大数据信息，包含人行征信、工商、法院等200多个数据源，提供海量级标签；在专家经验的基础上，通过大数据方法论进行万维特征深度挖掘，共建立 17 个决策项目、近 1000 个策略点、20 个模型，准实时自动采集数据，形成客户 360 度精准画像。1 分钟内可给出贷款预审结果，正式审批时更可实现秒级贷款自动审批。

6. 审查审批工作的常见风险点

关于审查审批工作的常见风险点主要从授信政策与合规、审批的组织、审批的执行三个方面展开，如表 13-3 所示。

表 13-3　审查审批工作的常见风险点

关注领域	常见风险点
授信政策与合规	通过明显不符合国家产业政策、信贷政策、信贷投向的业务
	违规将表内外资金直接或间接投向"两高一剩"等限制或禁止领域
	未对集团客户进行统一授信管理，集团客户统一授信管理和联合授信管理不力，大额风险暴露指标突破监管要求
	以利率倒挂等形式办理贴现业务，开展资金套利
	向从事转贷或投资套利活动为主业的客户提供融资
	超出客户需求发放流动资金贷款
	违规向地方政府提供贷款
	违规接受自身股权质押并以此作为担保发放贷款
	未严格审查房地产开发企业资质，违规向四证不齐、资本金不足的房地产企业发放贷款
	违规向已竣工的项目发放项目贷款
	向关系人发放信用贷款或发放担保贷款的条件优于其他借款人同类贷款条件
	通过违反国家有关规定从事股票、期货、金融衍生产品等投资的授信项目
	通过以授信作为注册资本金、注册验资和增资扩股的授信项目
	直接或变相为房地产企业缴交土地出让价款提供融资，或者直接或变相为房地产企业发放流动资金贷款
	存贷挂钩，以存款作为贷款审批和发放的前提条件
	嵌套多层融资通道，提高客户融资成本
	签发无贸易背景的银行承兑汇票，或办理无真实贸易背景的票据贴现业务
	保证金来源不合规，如信贷资金、贴现资金转为保证金
	串用、挪用或提前支取保证金
	滚动开立承兑汇票，虚增业务规模

（续）

关注领域	常见风险点
审批的组织	未选定具备恰当的职业道德、专业胜任能力的人员担任审查审批人员，未按照待审批的授信对象特征选择恰当的人员组建审批委员会
	未严格执行审贷分离，存在利益相关或冲突人员参与贷款审查审批
	审批委员会审议贷款时缺少充分的讨论和评价，审议过程流于形式
	审批委员会未保留充分有效的审议记录
	重大项目的审批流程和决策机制设置不合理
审批的执行	未尽职审查借款人信用状况、抵押物、担保人、借款用途、贸易背景
	贷款"三查"不尽职，接受壳公司贷款、重复抵质押、虚假抵质押、违规担保
	向不具备借款主体资格的借款人发放贷款
	向关系人发放信用贷款或向关系人发放贷款的条件优于同类贷款
	未能充分进行风险核查、分析和评价，分析过程和结论引用调查报告或者过往审查报告的内容
	未能穿透审查贷款用途的合规性及客观评价授信的合理性
	未对借款人资料的真实性、借款用途、偿还能力、还款方式、风险程度进行"穿透式"测评，对借款人贷款申请资料的充足性、真实性和合法性审查不到位
	未对客户的信用等级、资金缺口、担保能力等进行恰当的重新计算或复核
	对抵质押担保物是否充足审查不到位
	违规审批同意发放异地贷款
	对投资业务底层基础资产风险管控不到位
	对于创新业务未进行充分的合规性审查审批并保留充分的证据

表13-4和表13-5分别给出了个人类贷款和公司类贷款的风险评价报告的一种格式化模板。数字化转型可以将风险评价活动尽可能地进行线上化和自动化改造，包括具体评价工作和报告的自动化生成。

表13-4　个人类贷款风险评价报告示例

客户名称				项目名称				
授信方案	业务品种	申报金额	用途	期限	利率	利率调整方式	结息方式	
	担保方式							
风险审查与评价	最终审批权限							
	合规分析	资料完整性、合规性						

(续)

风险审查与评价	合规分析	主体资格	
		申贷项目	
		征信状况	
		关联企业	
		管户机构	
		经营情况	
		担保条件	
		其他	
风险审查与评价	安全性风险分析	用途额度	
		偿债能力	
		经营真实性	
		担保条件	
		资产情况	
		信用评级	
		其他	
	可行性风险分析	效益分析	
		存量对比	
		贷款期限	
		其他	
	其他风险点提示	行业风险	
		经营风险	
		偿债风险	
		违约风险	
		抵质押物风险	
		其他	
	综合意见		

表 13-5　公司类贷款风险评价报告示例

客户名称					项目名称				
授信方案		业务品种	申报金额	用途	期限	利率	利率调整方式	结息方式	
		担保方式							
	最终审批权限								
基本情况	申请人的历史沿革和基本信息								
	股东及出资情况、重大股权变动								
	申请人的人员情况、组织架构和内部控制情况								

(续)

基本情况	关联企业信息	
	征信调查	
	金融机构合作情况	
合规性	资料完整性	
	资料合规性	
经营情况	采购情况	
	生产情况	
	销售情况	
财务状况	财务尽职调查	
	财务状况分析	
	法律调查	
担保情况	保证	
	抵押	
	质押	
授信方案评价	定价审查	
	额度审查	
	融资结构安排	
风险评价	借款人基础资料方面	
	挤占、挪用及关联交易风险	
	担保（抵质押、保证）	
	单一客户授信限额测算	
	合规风险分析	
	借款人信用评级	
	综合审查意见	

13.4.5 放款支付

1. 放款支付及其数字化转型

放款支付是指从贷款业务最终审批批复下达至提交会计部门进行资金划拨和账务处理为止的各项工作，一般包括根据终审意见落实放款条件、合同签约、落实担保手续、办理权证入库手续、核对印鉴、放款审核与资金支付等。放款支付阶段的重点是对授信业务操作风险、法律风险进行最后把关，该阶段也是数据集中和信息管理的重要阶段。放款支付工作的框架和流程如图13-9所示。

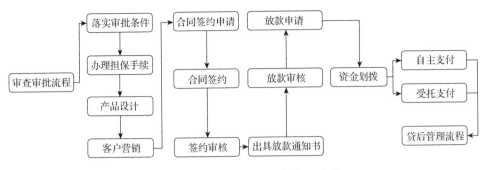

图 13-9 放款支付工作的框架和流程

放款支付的数字化转型具有良好的基础，相关企业已经基本实现了线上化的放款流程。未来数字化转型的重点领域则是对放款条件落实、担保手续办理、合同签约及其审核、放款审核、资金支付审核进行数字化改造。数字化的放款支付举措包括但不限于：

❑ 放款条件的自动化匹配校验；
❑ 资金用途的系统合规性自动控制；
❑ 智能化授信额度统一控制；
❑ 合同自动扫描和审核；
❑ 智慧放款审核；
❑ 智慧资金支付审核；
❑ 自动征信核查和分析。

放款支付环节一般伴随着较大的操作风险或合规风险，因此该模块的数字化转型可以与企业的操作风险、合规管理数字化转型结合。总体来说，打造新一代的信贷作业平台是实现该目标的有效方法。

2. 业务流程和操作规范

实施有条件放款时须遵循"先落实放款条件，后执行放款"的原则。放款支付的流程主要包括放款条件落实、合同签约、放款申请、放款审核、资金支付。

1）放款条件落实。放款条件落实是指根据审批部门出具的审批通知书中所载明的放款条件，逐项落实后才能发起放款申请。最常见的放款条件落实包括缺失资料补充、担保手续落实。担保手续落实是指由授权人员前往国土局、房管局、工商局、交通局、专利局等办理抵质押登记等手续。

2）合同签约。合同签约前，首先需要由法律合规部门设计标准化合同模板，并设计对空白合同的内部控制措施。在放款条件落实后，一般由客户经理或者风险综合人员通过信息系统线上流程或者手工线下流程就已批准的业务发起合同签约申请，填写金额、币种、期限（起始日期、到期日期）、用途、还款方式、用款方式、利率、费用、银行账号、担保等内容，填写完后提交审核，确认无误后可以发起放款申请流程。需要说明的是，一些流程较为简单的机构不单独设计合同审核流程，而是直接由放款审核岗执行。

3）放款申请。客户经理或者风险经理在确认已落实各项放款条件，资料准备已经充分、完整之后，可以提交放款申请，并附上全套放款资料。

4）放款审核。放款审核有两种常见作业模式：一是在某独立部门（一般是风险管理部）项下设立放款审核组，二是设立全国性或区域性的放款中心进行集中化操作。在这两种模式下，一般设置有放款审核初审岗、放款审核复审岗。具体来说，放款审核初审岗受理业务部门提交的放款申请和全套资料，审核放款资料的完整性、合规性，审核对外支付的合规性、合理性；审核审批条件落实情况，审核担保手续完整性和有效性。放款审核的重点是审核操作风险而不是信用风险。审核通过后，通过系统自动化或线下方式将放款通知单、借款凭证或借据、受托支付或自主支付审核单等资料送资金会计部门（部分机构为营业柜台部门）进行资金支付划拨。

5）资金支付。资金划拨人员审核支付资料的完整性和有效性，确认无误后在核心系统中操作放款，打印相关的放款账务凭证。资金支付环节需要重点审查自主支付和受托支付的合规性，特别是是否满足自主支付的相关前提条件。

各家企业的放款支付流程总体上差异并不大，某股份制商业银行两家分行的放款操作流程见图13-10和图13-11。

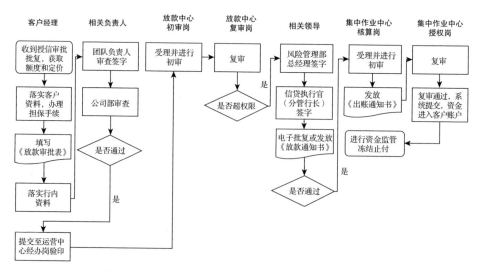

图13-10 某股份制商业银行的公司类贷款放款流程1

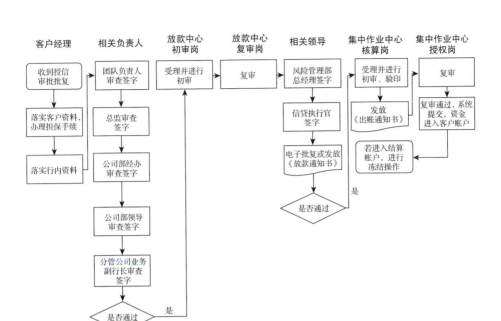

图 13-11 某股份制商业银行的公司类贷款放款流程 2

3. 放款支付工作的常见风险点

对于放款支付工作的常见风险点从授信政策与合规、放款管理和执行两个方面进行总结与梳理，如表 13-6 所示。

表 13-6 放款支付工作的常见风险点

关注领域	常见风险点
授信政策与合规	审批条件落实不到位，违反审批条件放贷
	信贷资金长期滞留账户
	对不符合自主支付条件的贷款执行自主支付
	资金监管不到位，应受托未受托，未实贷实付
	项目融资未执行实贷实付，导致以贷转存、以贷付息
	接受重复抵质押、虚假抵质押
	向项目资本金未到位的企业发放固定资产贷款
放款管理和执行	未建立规范统一的标准化放款流程
	未明确不同类型业务的放款审核要点
	放款审核岗与审查审批岗的职责存在交叉，分工不明确

(续)

关注领域	常见风险点
放款管理和执行	合同模板不统一，频繁变更合同版本未能及时通知业务机构
	合同签订程序违规
	合同的设计存在缺陷，或者合同填写错误、合同填写不完整
	伪造印章、虚假合同用印，提前在空白合同上用印
	放款资料收集、整理、扫描不到位

13.4.6 贷后管理

1. 贷后管理及其数字化转型

根据《流动资金贷款管理暂行办法》的规定，贷款人应加强贷款资金发放后的管理，针对借款人所属行业及经营特点，通过定期与不定期现场检查与非现场监测，分析借款人经营、财务、信用、支付、担保及融资数量和渠道变化等状况，掌握各种影响借款人偿债能力的风险因素。

贷后管理是指从借款人用信放款至其授信项下全部业务结清为止的授信业务管理工作。贷后管理工作的框架和流程如图13-12所示，具体包括贷后检查、贷款监测、风险预警、风险分类、到期和逾期管理以及为确保信贷资产安全而实施的其他管理工作，如资产保全。

1）贷后检查是指贷款发放后，贷款人对借款人执行借款合同情况及借款人自身的经营情况进行跟踪和检查。如果发现借款人未按规定用途使用贷款、借款人自身信用资质发生较大变化等极有可能加大贷款风险的情形，可提前收回贷款或采取相关保全措施。

2）贷款监测包括放款后贷款资金流向监测、资金用途监测、重点客户和重点业务监测、外部信息监测（如舆情、司法）。

3）风险预警是指运用多种信息、工具、系统和方法，动态、实时地识别授信客户的风险信号，分析、评估其风险状况，并及时采取适当措施，以化解风险的主动性、动态管理过程。

4）风险分类，又称为"五级分类"，是指银行按照监管政策和内部规范，根据风险程度将贷款划分为不同类型的过程，其实质是判断借款人及时足额偿还贷款本息的可能性。五级分类具体包括正常、关注、次级、可疑和损失，其中后三类被认定为不良贷款。

5）到期和逾期管理是指客户业务接近到期时通知客户还款，以及贷款发生逾期后进行管理和操作的行为。

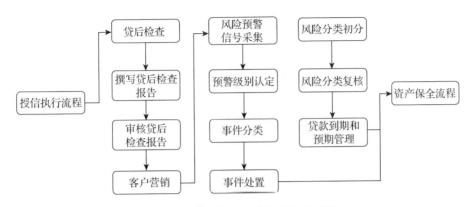

图 13-12　贷后管理工作的框架和流程

实践中，对大量的不良贷款进行追根溯源和穿透检查，会发现贷款资金被挪用、贷款用途不真实的比例非常高，因此贷后管理过程中一旦发现资金流向异常、贷款用途不真实的信息，应立即纳入风险预警流程管理。

贷后管理是当前信贷业务数字化转型的重点领域，数字化贷后管理的核心是利用大数据和人工智能技术执行自动化的贷后检查、贷后风险分析和预测、智能风险预警、自动化风险分类、智能化贷后检查和贷前调查、贷中审查的联动、贷后客户风险演变分析、自动化贷后检查报告，从而实施智慧贷后转型。基于知识图谱的风险监控技术和基于指标监控的预警技术在最近几年的企业实践中案例相对较多，也是一些领先甲方企业和乙方咨询公司重点投入的领域。在信息化时代，其实已经有企业开始进行贷后风险预警方面的探索和实践了，但是效果不尽相同。数字化时代的贷后风险预警的重点是在以往的基础上发力全面性、精准化、预测性、可视化。

为了加强信息沟通和共享，减少管理成本，贷后管理过程中的有关客户及贷款的风险信息在第一、二、三道防线应支持共享，信贷管理信息系统根据客户管护权、辖内管理原则在业务经营、贷后管理、风险管理、审计监督等部门通过提醒、查询和报表等形式共享客户预警信息、分类信息、贷后检查信息。

2. 业务管理要求

贷后管理从信贷资金发放至客户账户后即开始，直到贷款全部收回后结束。参与贷后管理的组织包括经营机构、风险管理部、信贷管理部、内部审计部等。贷后管理的核心工作是贷后检查、资金监控、风险预警和风险分类，更细化的工作则包括客户回访、业务和客户数据维护、资金流向监控、资金用途核查、问题业务管理、档案管理、模型维护、监管数据报送等。

贷后管理，首先要进行贷后检查，然后进行持续的贷后监控，再定期进行风险分类。企业可根据内部管理的要求设定应在多少个工作日内完成首次贷后检查。如果在首次检查中发现风险信号，则进入信号采集流程并相应地进行风险预警流程。

1）贷后检查。金融机构要对借款人、担保人、抵（质）押品等进行定期及不定期的现场、非现场检查，如有必要，还需要对借款人的关联方进行交叉检查。贷后检查一般通过双人形式进行。在现场贷后检查时，可以同步进行客户回访工作，制定标准化回访文件，详细记录回访信息，谨防回访流于形式。贷后检查形成的《贷后检查报告》一定要经过授权部门的恰当审核和应用。

2）资金监控。资金流向决定了借款人是否按照批准的用途使用贷款。用途的合规风险会交叉传递给信用风险，是贷后检查的重点核查对象。金融机构需要通过线上或线下的方式开展监控，详细记录资金的流向、金额、交易日期、用途，以及信贷资金的划付去向与合同约定用途是否一致等信息。

3）风险预警。统一智能信贷风险预警是当前信贷业务数字化再造的重点内容之一，实施24小时动态监测预警，提前发现潜在的风险因素、风险事件是该项工作的目标。企业应如下建立预警管理信息系统：一是通过系统自动采集定量预警信息，利用规则、指标或机器学习模型识别企业风险；二是通过经营机构、风险管理部门或贷后管理部门人工采集定性预警信息，再统一由系统进行智能判断。

一旦发现风险预警信息，应按照预警流程启动预警确认，甚至触发突发风险事件流程。若未出现风险预警信息，金融机构则根据相应频率进行常规的定期贷后检查，如果在检查过程中发现的预警信号可以触发风险预警流程，应及时上报。

4）风险分类。金融机构应按照信贷资产风险分类的监管指引制定内部的分类规程，设定合规的风险分类频率，如果在分类过程中发现预警信号也可以触发预警信号流程。内部审计部门应加强对五级分类及时性、准确性的独立检查。

在贷款检查、监测分析和风险预警中发现问题信贷业务后，应及时采取措施进行控制。一是展开问题信贷业务的专项检查，了解受信客户的还款意愿、经营情况、还款来源、拥有的有价值资产情况等，并对业务的风险状况进行估计调整，提出控制和降低风险的具体措施；二是可以采取增加检查频次、额度冻结、贷款重组、资产保全、追加担保、调整利率或者提前还款等措施。

3. 贷后管理工作的常见风险点

对于贷后管理工作的常见风险点主要从授信政策与合规、贷后检查、资金挪用和风险分类 4 个维度进行梳理，如表 13-7 所示。

表 13-7 贷后管理工作的常见风险点

关注领域	常见风险点
授信政策与合规	对贷款资金监控未穿透至最终投向，导致资金被挪用，包括资金被挪用作承兑汇票保证金、被流入股市或房市等限控领域
	逾期贷款分类不准确，重组贷款分类不准确，借新还旧贷款分类不准确
	人为调整贷款逾期天数，规避逾期贷款入账要求
	大额风险暴露指标突破监管要求
	利用票据业务调节存贷款规模及资本占用等监管指标
贷后检查	贷后检查流于形式，未能及时发现客户风险
	贷后检查报告未经恰当审核且质量低
	贷后检查未能发现贴现资金回流至出票人
	贷后检查未能发现个人综合消费贷款、经营性贷款、信用卡透支等资金挪用于购房
资金挪用	借款人未按约定用途使用贷款，信贷资金被挪用
	个人综合消费贷款、经营性贷款、信用卡透支等资金挪用于购房
	信贷资金回流至借款人账户，信贷资金被挪用为保证金
	信贷资金通过影子银行渠道违规流入房地产市场
	信贷资金被用于理财产品、信托投资、股票业务、不动产、股权、期货等投资活动
	并购贷款、经营性物业贷款等贷款管理不审慎，资金被挪用于房地产开发
	流动资金贷款被用于固定资产投资
风险分类	为了掩盖风险或进行套利，未按贷款五级分类的定义和标准客观评价贷款质量，故意低估贷款风险
	人为操纵风险分类结果，隐匿资产质量
	未按照监管规定下的逾期天数准确分类
	故意输入不正确的或虚假的财务报表等分类信息，用于贷款风险分类测算
	重组贷款的风险分类不准确
	未按约定用途使用贷款的分类不准确
	借新还旧贷款分类不准确

13.4.7 资产保全

1. 资产保全及其数字化转型

资产保全是指信贷资产发生质量下降、进入资产保全部门后,对其进行经营管理和不良资产化解处置工作。资产保全流程主要包括启动资产保全、不良资产处置方案审批、不良资产处置措施与终止。资产保全工作的框架和流程如图 13-13 所示。

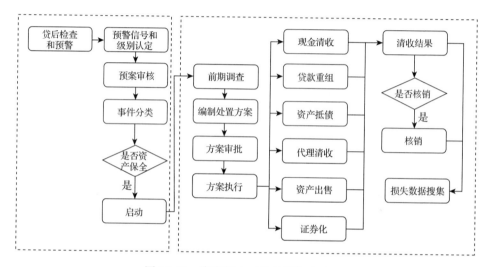

图 13-13 资产保全工作的框架和流程

不良资产管理是指收集、分析、处理与不良资产相关的信息,并根据不良资产的内在特性,通过科学的管理方法与流程,对不良资产实行全面管理与最佳处置,包括不良资产的处理程序、日常管理、清收处置和监测检查的全过程。它的目标是化解不良资产风险,提高贷款资产质量和效益。

不良资产的处置模式主要有集中清收和分散清收两种。集中清收是指金融机构设立一个统一的不良资产化解处置部门,由其统一进行资产保全工作。分散清收是指由不良资产所归属的经营机构自行清收。

在不良资产化解处置过程中,还涉及移交和非移交模式。在集中清收模式下,一些金融机构会将分支机构的不良资产移交给资产保全部门,这种移交有点类似于企业内部的信贷资产转让。

资产保全主要包括现金清收、委外催收、贷款重组、贷款展期、资产抵债、呆账核销、外部代理、资产转让和资产证券化等。

1)现金清收。本项是各种逾期贷款、不良资产化解处置最直接的方式,主要通过账户扣收、正常催收、协议清收、诉讼清收、破产清算等途径对不良资产进行追偿、处置并最终收回现金。

2）委外催收。本项是指将贷款未收回资金的催收委托外包给第三方专业催收公司进行催收。委外催收能够解放贷款经营机构的劳动力，但是往往可能伴随一些操作和合规风险，因此需要严格审查催收公司的资质以及监控催收过程。

3）贷款重组。本项是指针对满足重组条件的借款人因一些特殊原因无法正常还款的情况，放贷机构可以对贷款合同所约定的借款主体、借款金额、担保方式等要素，在进行恰当的调查、审批后做出调整，从而实现不良贷款的重组。一般认为贷款重组包括借新还旧贷款和其他为盘活资产发放的风险化解贷款，但是不包括展期贷款。

4）贷款展期。本项是指对满足事先设定的展期条件的贷款，借款人因一些可理解的原因而无法正常偿还贷款本息，在经过恰当的调查和审批后对贷款的到期期限进行延长。一般来说，贷款展期的次数仅为一次，展期期限累计不得超过原贷款期限、期限1年以上（不含1年）的贷款展期期限累计不得超过原贷款期限的一半。

5）资产抵债。本项是指在信贷风险资产化解处置过程中，借款人和担保人均无法用货币资金偿还债务本息，则通过协商或诉讼裁决，债务人或担保人等以实物资产或财产权利作价偿还相应债务，其中抵债资产可包括不动产、动产、财产权利等。

6）呆账核销。本项是指金融企业确定承担风险和损失后，按照监管规定、会计准则及内部政策规定，对符合呆账认定条件的债权资产和股权资产进行核销的行为。财政部发布的《金融企业呆账核销管理办法（2010年修订版）》明确了呆账的认定标准。呆账核销必须遵循严格认定条件，提供确凿证据，严肃追究责任，逐级上报、审核和审批，对外保密，账销案存的原则。呆账核销是资产保全的最后一项工作，但是经核销后的资产还可以继续保持追偿。

7）外部代理。本项是指委托律师事务所、金融资产管理公司、有不良资产管理或咨询资质的管理咨询公司等社会中介机构以提供相关咨询服务或代理追偿的方式进行的委外合作资产保全。

8）资产转让。本项是指将不良资产集中出售转让给专业处置不良资产的资产管理公司，实现不良资产的处置变现。

9）资产证券化。本项是指将缺乏流动性的不良资产通过结构性重组，转变为可以在资本市场上出售、转让和流通的证券化产品，从而实现不良资产的处置变现。

虽然在以往的信息化和数字化转型中也有催收评分、催收模型等案例，但是总体上资产保全在信贷流程中是较为薄弱的一环。由于保全原因、保全手段、操作流程等多种多样，资产保全是一个相对复杂的模块，也给数字化转型带来了很多挑战。本书认为，当前和未来的资产保全数字化转型应该重点澄清与评估风险偏好、风险策略、保全流程、保全业务规则、关键风险等因素，将保全工作划分为到期管理、正常清收、逾期1个月催收、逾期2个月催收、逾期3个月催收、不良资产处置、代账核销、风险资产责任调查、风险资产数据分析等重点模块，选择其中的3个左右先行进行变革升级，再逐步推广。

2. 业务管理要求

资产保全阶段的启动由贷后管理中的贷后检查、预警管理或风险分类触发，例如：在贷后检查过程中发现客户挪用贷款至违规领域，可以直接启动资产保全；当客户发生预警并且预警级别达到高风险级别时，可以启动风险预案并进入资产保全状态；当风险分类达到后三类（次级、可疑和损失）时，也有可能进入资产保全状态；当贷款到期后客户无力归还贷款时，也会触发资产保全。

根据单笔信贷业务的风险特点，一般进入资产保全流程后需要制定一个匹配客户总体层面的不良资产处置方案。该处置方案可以监控预警中的风险预案为基础，也可根据最新的实际情况重新制定。所有的处置方案都需经过恰当的审批。

对借款人来说，触发资产保全的原因并不一定都是负面的，部分情况可能是遭遇不可抗力因素导致，因此准确识别出客户风险因素、判断风险程度和监控风险变化显得十分重要。如果在资产保全阶段客户的信用资质或者风险情况好转，可以在观察一段时间后以审慎的方式将其转出资产保全状态，重新回到正常贷款的贷后管理状态。

从一级信贷流程来看，贷后管理是资产保全的直接入口，也有一些观点认为资产保全本身就是贷款管理的一个环节，实操中两者往往在流程上和方式上具有重合的部分。从风险管理的角度来看，将资产保全从贷后管理中剥离出来体现了重要性和专题性精神，更加有利于集中资源和能力处理高风险事项。

贷后管理中的风险预警管理和风险分类管理都可能触发客户进入资产保全状态。反过来，如果客户在资产保全阶段发生信贷质量好转，则可以回到正常客户的贷后管理状态。

资产保全阶段还有一项重要任务：收集损失数据，形成信贷业务损失数据库，以便为违约损失率建模提供数据基础。这也是实现信贷管理数字化转型的重要一环。

在处置阶段，需要收集各类处置回收金额和费用信息，并依据一定的计算模型测算每笔抵债资产和每个保全客户的损失。损失基础数据收集以主偿债人、每一个保证人、每一个抵质押物作为基本单位进行。在处置过程中需要针对以上单位收集回收金额和费用信息。

针对无法通过谈判解决且有还款来源的不良资产清收项目，可以采用诉讼方式。诉讼前要首先判断是否已过诉讼时效，对于移交前已过诉讼时效的，要求追究相关人员的责任。

贷款重组必须符合双方存在一定的互信、若不重组难以收回、重组能够降低风险等前提条件。贷款经营机构需要事先制定贷款重组的标准，明确相关的适用条件。对于处置方式为贷款重组的，应根据自身的要求选择合适的流程，一般建议贷款重组重新进行贷前调查和审查审批。由于贷款重组时已经出现了信用风险，此时最好由经验丰富的信贷客户经理和风险经理负责经办重组相关事项。

根据监管机构对于贷款核销的规定，针对满足核销条件的已采取各类清收手段依然不能收回的损失类贷款，应及时按照规定核销，企业应避免为了调节信贷业务监管指标或利润指标而进行违规核销。

3. 资产保全工作的常见风险点

关于资产保全工作的常见风险点主要从授信政策与合规、资产保全管理两个方面进行梳理，如表13-8所示。

表13-8 资产保全工作的常见风险点

关注领域	常见风险点
授信政策与合规	通过重组贷款或搭桥贷款掩盖资产质量
	人为调整贷款逾期天数，规避逾期贷款入账要求
	违规通过以贷还贷、以贷收息、贷款重组等方式延缓风险暴露，掩盖不良贷款
	为调节经营指标，人为使操作贷款风险分类不准确，违规进行贷款核销
	开展信贷资产转让、信贷资产收益权转让、以信贷资产为基础资产的信托受益权转让业务，是否存在资产不真实、不洁净转让，如直接或借道各类资管计划实现不良资产非洁净出表
	信贷资产转让相关业务，转出方安排显性或隐性回购，转入方未准确计算风险资产并计提必要的风险拨备，风险承担落空等
资产保全管理	没有专门的资产保全部门，业务职能管理分散
	没有明确将信贷管理政策制度纳入资产保全的触发条件，人工判断的随意性较大
	进行资产保全工作时手工操作，缺少系统支撑的数据流转，未能有效积累资产保全工作成果
	没有明确客户退出资产保全状态的条件，无退出操作流程与规则
	未统一进行损失数据收集，没有就损失数据收集提出明确的岗位职责和流程

13.5 客户管理、担保管理、额度管理和押品管理

信贷管理包括信贷业务全流程以及与业务相关的流程管理、风险管理、客户管理、担保管理、额度管理、押品管理等，如果以更广泛的概念来描述信贷管理，则它还可以包括信贷战略管理、信贷管理系统开发和运维管理、信贷数据管理、产品管理、人员管理等内容。

下面我们选取客户管理、担保管理、额度管理和押品管理进行重点介绍，此外流程管理、产品管理、战略管理在其他章有介绍。

13.5.1 客户管理

1. 客户管理概述

客户管理是指企业实施客户计划、构建组织团队、协同客户关系和管控客户风险的过程。广义的客户管理至少包括客户营销管理、客户信息管理、客户业务管理、客户关系管理、客户服务管理和客户风险管理，狭义的客户管理集中在客户的分类、关系和信息管理上。

实施客户管理的前提条件之一是在业务上真实、完整、全面、及时地采集有效客户的相关信息，将其整理归类并保管在数据库中，基于客户数据进行信息查询和挖掘，为操作人员提供业务办理支持，为管理人员提供决策依据。

信贷业务的客户可划分为政府机构客户（部分分类方式将其划入非零售客户）、非零售客户和零售客户。非零售客户是指已在或将在发生授信业务或者担保授信业务的企事业法人和其他经济组织，主要有公共事业单位、金融机构、一般公司客户、中小企业客户、小微企业客户（部分分类方式将其划入零售客户）、提供担保服务的企业等；零售客户是指办理信贷业务或者已为或将为授信业务提供担保的自然人，主要包括借款人和担保人，其中担保人包括自然人保证人、自然人抵质押人和自然人出质人。具体的客户类型如图13-14所示。

商业银行的核心系统和信贷管理系统一般设有客户管理专项模块，该模块的主要功能是创建和维护所有信贷业务或担保客户的重要信息。客户办理存取款业务的前提是在核心系统中开立账户、建立客户信息，同样，客户发起任何类型的信贷业务申请都必须以建立其客户信息为基础。

客户管理模块应包含政府机构客户、非零售客户和零售客户三个模块。可基于数字化思维实施客户池管理，在客户池中设计和开发相应的客户字段，各客户的主办客

户经理（管户岗）在日常工作中进行客户池字段信息登记和维护，并对各自录入系统信息的准确性、真实性负责。

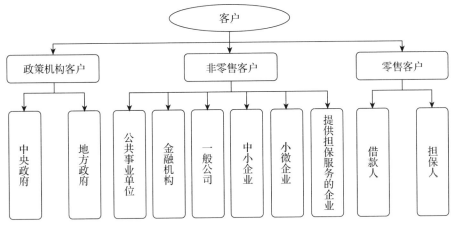

图 13-14　客户的主要类型

客户一旦完成入池操作，就可在信贷流程各个业务阶段和业务时点在系统内查询到客户的基本信息、业务信息和风险信息。

2. 客户管理的数字化转型框架

客户管理是信贷管理的重要组成部分，贯穿信贷业务全流程。实施客户池化构建客户池是客户管理数字化转型的首要任务。客户池是一个承载和记录各个客户的容器，其中记录了客户的各项信息，并构建了统一客户数据池客户画像、客户分层分类和可视化客户视图。客户池中应记录企业过去和当前的所有客户，确保客户数据的完整性及准确性。

就狭义的客户管理来说，在客户的分类、关系和信息管理方面，首先需要明确客户的统一标识（一般是在核心系统中建立客户关系、开立账户时设定一个独立且唯一的客户号），建立客户的统一视图。这个客户号将成为客户在企业内部各个信息系统中的统一标识，是客户信息管理的基础。

客户管理的数字化转型框架如图 13-15 所示。

客户营销管理包括公司战略层面的业务战略，在业务战略项下一般会设定客户战略。基于业务战略开发不同类型的产品，再定位到不同的客户开展客户营销，一旦营销成功客户将发起业务申请，进而完成客户营销管理的闭环。

客户信息管理主要包括信息的采集、维护和保护。需要采集的信息一般包括客户基本信息（如客户名称、注册信息、成立日期、所属行业、地区）、要素信息（财报、股东信息、管理层信息、行业信息等）、高级管理层信息、主要业务信息、关联方信息、财务信息、客户分类信息等。在业务存续期间，若客户信息发生变化，还需更新调整。客户发生具体的业务后，还需维护信贷业务额度、具体的放款信息、贷后信息、还款情况等。

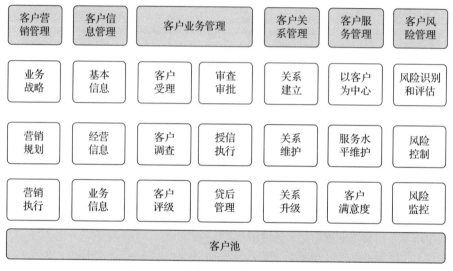

图 13-15　客户管理的数字化转型框架

客户业务管理贯穿整个业务的全过程，例如：在客户受理阶段，需要收集客户信息和资料并录入信息系统，倾听客户的需求和解答客户的疑问；在客户评级阶段，需要将核准后的客户信息录入评级系统由系统给出信用等级，这在一定程度上也进行了客户的风险划分；在贷后管理阶段，需要在客户现场进行现场检查，收集贷后资料，了解客户经营情况和贷款资金使用情况，了解客户的最新诉求和期望。整个授信业务流程是客户营销管理、信息管理、客户画像、客户业务管理、客户关系管理、客户服务管理和客户风险管理的综合体。其中，客户画像是指通过设定客户标签、采集标签数据，基于标签数据使用机器学习等方法对客户的特征进行刻画。客户画像是精准客户管理，实现精准客户经营、精准营销、精准服务、精准风控的重要前提之一。

客户关系管理（Customer Relationship Management，CRM）是指在开展信贷业务的全生命周期中对与客户相关的营销关系、客服关系和风险关系的管理。商业银行的核心系统、信贷系统一般有 CRM 模块，有的还单独建立了 CRM 系统。从具体操作层面来看，客户关系管理主要是指通过对客户的信息和数据进行分析与应用，改进业务营销能力，优化和创新产品开发，提高客户服务水平，及时识别和管控客户风险，提高客户经营能力等。

客户服务管理应树立与落实"以客户为中心"和"以用户为中心"的经营理念，通过改进服务水平来提高客户满意度、忠诚度和效益度。客户管理数字化转型的核心目的就是改进客户关系、优化客户体验和提高客户服务水平。

客户风险管理主要包括客户本身的风险和客户项下业务的风险。在客户管理模块应建立起数字化的客户风险识别、评估和监控机制，利用大数据和人工智能技术实时、动态采集数据，构建风险管理平台，并进行查询、统计、分析等应用。

3. 客户管理团队配置管理

为了更好地进行数字化时代的客户管理、改善客户体验，企业应为每个客户都配置客户经理（业务岗）和客户经理（管户岗），甚至是客户经理（客服岗）。客户经理（管户岗）应为一人，客户经理（业务岗）可为多人。

对于单一客户已配置客户经理（管户岗）的，自动享有客户经理（业务岗）职能。单一客户可配置多名客户经理（业务岗），也可只配置一名客户经理负责该客户的所有业务。

考虑到集团客户的重要性和规模，针对集团客户管理团队，除了指定一名集团主办客户经理外，还可以配置若干名协办客户经理（业务岗）。

客户管理团队的配置，可以在系统中根据不同的标签属性进行处理，按照相应的规则由系统自动匹配不同的业务岗、管户岗、客服岗以及其他服务专家，构建自动化、精准化和差异化的客户服务体系。

客户管理团队的主要职责是负责客户营销管理、客户信息管理、客户业务管理、客户关系管理、客户服务管理和客户风险管理。数字化转型后，客户管理团队应尽可能地运用数字化思维，以客户真实需求和客户体验视角切入各项具体工作。

4. 客户管理权限管理

客户信息管理实行管户人维护制度，即客户需认定管户人，并且该管户人具有该客户的相应权限，包括信息维护权和信息查看权。如客户已认定管户人，则其他用户或机构无权维护客户信息。客户管理权限一般分为三种：管户权、信息查看权和业务办理权。

1）管户权：用于维护客户信息，包括客户信息的新增、修改、删除以及客户任意资料的补登；只能由符合条件的某类角色，如管户人承担。

2）信息查看权：用于查看客户的各类信息，包括基本信息、管理信息、财务信息和信用信息等；可赋予多个机构或岗位。

3）业务办理权（含担保权）：用于为客户申请业务（含担保手续办理）；可赋予多个机构或岗位。

5. 客户规模分类管理

（1）四部委客户规模分类标准

根据国家工业和信息化部、国家统计局、发展改革委、财政部四部门下发的《中小企业划型标准规定》（工信部联企业〔2011〕300号）的规定，中小企业划分为中型、小型、微型三种类型，具体标准根据企业从业人员、营业收入、资产总额等指标，结合行业特点制定。以工业和零售业为例。

对于工业，从业人员1000人以下或营业收入40 000万元以下的为中小微型企业。其中，从业人员300人及以上，且营业收入2000万元及以上的为中型企业；从业人员20人及以上，且营业收入300万元及以上的为小型企业；从业人员20人以下或营业收入300万元以下的为微型企业。

对于零售业，从业人员300人以下或营业收入20 000万元以下的为中小微型企业。其中，从业人员50人及以上，且营业收入500万元及以上的为中型企业；从业人员10人及以上，且营业收入100万元及以上的为小型企业；从业人员10人以下或营业收入100万元以下的为微型企业。

（2）国家统计局客户规模分类标准

2017年国家统计局针对2011年制定的《统计上大中小微型企业划分办法》进行修订，形成《统计上大中小微型企业划分办法（2017）》。新办法对企业的具体划分标准如表13-9所示。

表13-9 大中小微型企业划分标准

行业名称	指标名称	计量单位	大型	中型	小型	微型
农、林、牧、渔业	营业收入（Y）	万元	$Y \geq 20\,000$	$500 \leq Y < 20\,000$	$50 \leq Y < 500$	$Y < 50$
工业	从业人员（X）	人	$X \geq 1000$	$300 \leq X < 1000$	$20 \leq X < 300$	$X < 20$
工业	营业收入（Y）	万元	$Y \geq 40\,000$	$2000 \leq Y < 40\,000$	$300 \leq Y < 2000$	$Y < 300$
建筑业	营业收入（Y）	万元	$Y \geq 80\,000$	$6000 \leq Y < 80\,000$	$300 \leq Y < 6000$	$Y < 300$
建筑业	资产总额（Z）	万元	$Z \geq 80\,000$	$5000 \leq Z < 80\,000$	$300 \leq Z < 5000$	$Z < 300$
批发业	从业人员（X）	人	$X \geq 200$	$20 \leq X < 200$	$5 \leq X < 20$	$X < 5$
批发业	营业收入（Y）	万元	$Y \geq 40\,000$	$5000 \leq Y < 40\,000$	$1000 \leq Y < 5000$	$Y < 1000$

(续)

行业名称	指标名称	计量单位	大型	中型	小型	微型
零售业	从业人员（X）	人	X≥300	50≤X<300	10≤X<50	X<10
	营业收入（Y）	万元	Y≥20 000	500≤Y<20 000	100≤Y<500	Y<100
交通运输业	从业人员（X）	人	X≥1000	300≤X<1000	20≤X<300	X<20
	营业收入（Y）	万元	Y≥30 000	3000≤Y<30 000	200≤Y<3000	Y<200
仓储业	从业人员（X）	人	X≥200	100≤X<200	20≤X<100	X<20
	营业收入（Y）	万元	Y≥30 000	1000≤Y<30 000	100≤Y<1000	Y<100
邮政业	从业人员（X）	人	X≥1000	300≤X<1000	20≤X<300	X<20
	营业收入（Y）	万元	Y≥30 000	2000≤Y<30 000	100≤Y<2000	Y<100
住宿业	从业人员（X）	人	X≥300	100≤X<300	10≤X<100	X<10
	营业收入（Y）	万元	Y≥10 000	2000≤Y<10 000	100≤Y<2000	Y<100
餐饮业	从业人员（X）	人	X≥300	100≤X<300	10≤X<100	X<10
	营业收入（Y）	万元	Y≥10 000	2000≤Y<10 000	100≤Y<2000	Y<100
信息传输业	从业人员（X）	人	X≥2000	100≤X<2000	10≤X<100	X<10
	营业收入（Y）	万元	Y≥100 000	1000≤Y<100 000	100≤Y<1000	Y<100
软件和信息技术服务业	从业人员（X）	人	X≥300	100≤X<300	10≤X<100	X<10
	营业收入（Y）	万元	Y≥10 000	1000≤Y<10 000	50≤Y<1000	Y<50
房地产开发经营	营业收入（Y）	万元	Y≥200 000	1000≤Y<200 000	100≤Y<1000	Y<100
	资产总额（Z）	万元	Z≥10 000	5000≤Z<10 000	2000≤Z<5000	Z<2000
物业管理	从业人员（X）	人	X≥1000	300≤X<1000	100≤X<300	X<100
	营业收入（Y）	万元	Y≥5000	1000≤Y<5000	500≤Y<1000	Y<500
租赁和商务服务业	从业人员（X）	人	X≥300	100≤X<300	10≤X<100	X<10
	资产总额（Z）	万元	Z≥120 000	8000≤Z<120 000	100≤Z<8000	Z<100
其他未列明行业	从业人员（X）	人	X≥300	100≤X<300	10≤X<100	X<10

（3）原银监会客户规模分类标准

根据原银监会于2007年印发的《银行开展小企业授信工作指导意见》，小企业授信泛指银行对单户授信总额500万元（含）以下和企业资产总额1000万元（含）以下，或授信总额500万元（含）以下和企业年销售额3000万元（含）以下的企业，各类从事经营活动的法人组织和个体经营户的授信。

(4)《商业银行资本管理办法(试行)》中对中小企业资产分类的标准

中小企业风险暴露是商业银行对年营业收入(近3年营业收入的算术平均值)不超过3亿元人民币的企业的债权。

13.5.2 担保管理

1. 担保概述

我国《担保法》规定的担保方式为保证、抵押、质押、留置和定金,信贷业务实践中常见的担保方式有保证、抵押、质押和保证金,各类担保方式可以通过单一担保、组合担保、追加担保等形式使用。

保证是指保证人和债权人约定,当债务人不履行债务时,保证人按照约定履行债务或者承担责任的行为。保证方式包括一般保证和连带责任保证。

抵押是指债务人或者第三人不转移对不动产、动产或财产性权利的占有,将该财产作为债权的担保。当债务人不履行债务时,债权人以押品折价或者以拍卖、变卖押品的价款优先受偿债项。

质押是指债务人或第三人向债权人移转某项财产的占有,并由后者掌握该项财产,以作为前者履行某种支付金钱或履约责任的担保。质押主要分为动产质押和权利质押。质押将会转移质押物的占有,而抵押不转移对抵押物的占管。

留置,因保管合同、运输合同、加工承揽合同发生的债权,若债务人不履行债务,债权人有留置权。债权人按照合同约定占有债务人的动产,债务人不按照合同约定的期限履行债务的,债权人有权依照《担保法》规定留置该财产,以该财产折价或者以拍卖、变卖该财产的价款优先受偿。

定金,当事人可以约定一方向对方给付定金作为债权的担保。债务人履行债务后,定金应当抵作价款或者收回。

2. 担保管理的主体

担保管理的主体涉及保证人、抵质押人、押品、押品中介机构、押品信息系统。

保证人是具有代为清偿债务能力的法人、其他组织或者公民。企业法人的分支机构、职能部门不得为保证人。保证人与债权人应当以书面形式订立保证合同。保证人包括法人、自然人两种类型。

抵质押人一般为授信申请人或第三人,包括自然人和法人两种类型。

押品包括抵押财产和质押财产。抵押财产是指为担保债务的履行,债务人或者第三人以不转移占有方式抵押给债权人的财产;质押财产是指为担保债务的履行,债务人或者第三人以转移占有或登记公示方式出质给债权人的动产、权利。

押品中介机构主要是指押品价值评估机构,部分企业还设有押品调查和贷后检查机构。

押品信息系统是指采集、存储押品信息,执行押品线上化操作流程,基于押品信息进行分析与应用的管理系统。

3. 担保管理的数字化转型框架

担保管理主要包括保证管理、抵押管理、质押管理和押品管理。担保管理贯穿信贷业务流程的每一个阶段。例如:在贷前调查阶段,可以同时进行与授信方案相关押品的建立以及保证人的引入和创建;在审批过程中,提供相关担保信息的查询和维护;在授信执行条件中,落实相关担保物和权证的入库管理与流程;在贷后,根据担保物价值维护,可以触发相应担保率的重新计算并进行提示预警、分类调整、评级调整等贷后动作;在资产保全阶段,可以从现有担保物信息中建立抵债资产相关信息。担保管理的数字化转型框架如图 13-16 所示。

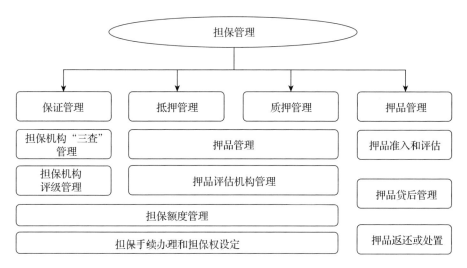

图 13-16　担保管理的数字化转型框架

13.5.3　额度管理

1. 额度管理概述

额度管理是指基于授信审批批复,由信贷管理人员、风险管理人员、信贷业务人员对客户授信额度的设立、使用、恢复、调整、冻结和解冻等操作进行管理控制,目的是控制信用风险。额度管理的范围应涵盖客户的所有授信业务，包括客户的一般授信额度、单笔业务授信等。

额度是指银行提供给授信申请人使用的所有授信产品风险敞口的合计，是在名义授信金额的基础上剔除保证金、存单或国债质押部分后的敞口金额。额度可以按照不同的使用特性分类，如图13-17所示。

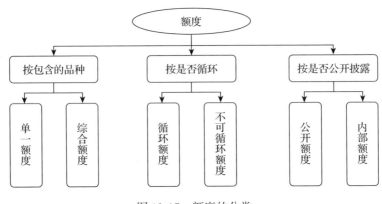

图 13-17　额度的分类

2. 额度管理的主要内容

（1）额度与单一客户限额的管理

对于单一客户，根据其所有者权益、信用等级和杠杆系数计算出他的最高承债能力，作为单一客户限额。单一客户限额通常是确定客户授信额度的重要参考。

对于集团客户，依据集团合并报表计算其最高承债能力，作为集团授信总额度的限额。

除执行监管要求（单一集团客户授信总额与资本净额之比不高于15%，单一客户贷款总额与资本净额之比不高于10%，对最大十家客户发放的贷款总额不超过资本净额的50%）外，原则上不允许单一客户授信总额度超过单一客户限额。

（2）额度占用的管理

额度占用是在给予综合授信额度后，借款人在该额度项下发生了用信行为，相应的用信金额在扣除担保影响后计算得到实际用信额度，并从剩余额度中扣除实际用信额度的过程。

已经设定单项额度的单笔授信合同，按照单项授信合同/用信敞口金额扣减相应的单项额度，同时扣减综合授信额度，单笔业务敞口合计不得超过单项额度；未设定单项额度的单笔授信合同，直接按照合同/用信敞口金额扣减综合授信额度。

计算借款人的剩余有效额度是额度占用管理的核心目的，当发起信贷业务或签订合同时，业务金额或合同金额应不超过可用额度，其中初始的可用额度等于授信额度，可用额度＝授信额度－已占用额度。

循环额度项下，业务或者合同终止时自动恢复其占用的额度；非循环额度项下，业务或合同终止时额度随即失效。

额度到期后存量业务的额度占用计算规则如下：

- 如在原授信额度到期前新的授信额度生效，则原有授信额度立即终止，存量业务自动占用新的授信额度；
- 如新的授信额度小于存量业务，则新的授信业务不得发生，直到存量业务小于新授信额度为止；
- 如原授信额度到期后不再（或尚未）审批新的授信额度，则自额度到期日起（含到期日），额度项下所有未用的授信额度一律停止使用；
- 额度到期日前签订的授信合同仍然有效，直至合同履行完毕为止。

（3）额度的流程管理

额度管理流程包括但不限于额度的申请、设定、分配、占用和串用、恢复、调整、冻结和解冻、到期管理。额度的全生命周期流程与信贷业务的整体流程具有非常强的相关性，就像一个IT需求的全生命周期流程与信息系统的整体流程具有非常强的相关性一样。在业务简单、产品种类单一的企业，额度管理相对简单一些；而在一些大型金融机构，由于多样化的产品、丰富的客户、多地区经营等因素的影响，其额度管理流程会显得很复杂，并不像表面上看到的那样清晰易懂。数字化的额度管理一定要通过一个良好的信息系统来辅助进行，并且打造授信业务中的额度中心，把控额度总流程和细节流程。

3. 额度管理的数字化转型框架

额度管理的数字化转型是在贷前调查、信用评级和审查审批、授信执行、贷后管理四大阶段对相关的额度事项进行数字化再造，主要方式有通过大数据智能授信模型自动计算额度、额度限额自动控制、额度使用的自动预警、额度占用和释放规律分析、额度组合分析等。例如，在贷前调查阶段利用智能额度管理模型对授信额度进行自动精准测算，在贷后管理阶段对额度实行自动预警。总之在整个信贷流程中需要对各阶段的额度管理实现进行关联和判别，实现额度的操作线上化、测算自动化、监控全面化、预警精准化，进而实现管理智能化。额度管理的数字化转型框架如图13-18所示。

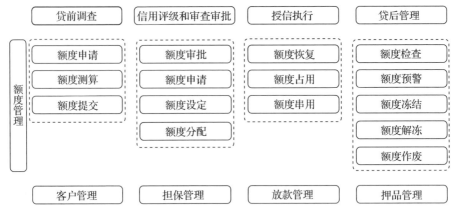

图 13-18　额度管理的数字化转型框架

13.5.4　押品管理

1. 押品管理概述

押品是指债务人或第三方为担保相关债权实现，抵押或质押给金融信贷机构，用于缓释信用风险的财产或权利。

押品理论上可以是法律承认的任何能直接或间接产生现金流的资产。押品的主要类型有：

1）现金及现金等价物，如存款账户、保证金、贵金属、存单、理财产品、保单等；

2）有价证券，如银行票据、仓单、提单、债券、股权、基金、保单等；

3）不动产，如住宅、工业用房、仓库、商业办公用房、车库、车位、期房、车间、在建工程等；

4）固定资产，如专业设备、汽车、船舶等；

5）收费权，如不动产收益权、应收账款、知识产权、资源收益权、特许经营权等；

6）大宗商品，如自然资源、普通金属、贵金属、矿产品、化工材料、木材、农副产品等；

7）名品，钱币、古玩、字画、贵重食品、奢侈品、宝石等。

抵质押率指押品担保本金余额与押品估值的比率，即

$$抵质押率 = 押品担保本金余额 \div 押品估值 \times 100\%$$

2. 押品管理的主要内容

押品管理的主要内容包括押品流程管理、信息管理、价值管理、权证管理、评估

机构管理和风险管理等。

1）流程管理，通过对押品全生命周期内的各个关键环节进行流程化控制，加强对押品的管理和风险控制。这些关键环节包括押品授信申报、贷前初次评估、抵（质）押权设立、贷后检查、价值重估、变更、处置等。

2）信息管理，需要按照监管与内部管理的各项要求，对各类合格押品进行全面、详细的信息收集，以此作为押品估值、缓释、风险控制与预警的基础。通过采集的押品信息，从分布情况、覆盖状况、行业、区域、信用等级等维度对押品进行分析和预警。

3）价值管理，价值管理的核心是押品估值，具体包括内部估值和外部估值。押品估值越准确，信贷风险的缓释准确性就越高。如果金融机构不能准确评估抵押品的价值，在发生违约事件后能够回收的资产价值会降低，回收时间相应变长，进而导致资本损耗和利润降低。一般来说，领先机构均会建立押品内部估值体系，通过实时单笔和日终批量等方式对押品进行估值，以满足对押品价值的动态跟踪与提示预警管理要求。押品估值的主要方法有市场比较法、收益还原法、成本法等。

4）权证管理，包括押品法定权证的入库和出库管理、权证的盘点。

5）评估机构管理，评估中介机构的管理包括对中介机构的认定、日常管理及动态调整等。

6）风险管理，企业应该将押品管理纳入全面风险管理体系，完善与押品管理相关的治理架构、管理制度、业务流程、信息系统等。

3. 押品管理的常见风险点

1）未建立押品的全生命周期管理机制，未能全面收集并提供押品的全面信息，未能及时变更和维护押品信息。

2）未建立押品关键风险环节的流程化控制，无法降低操作风险，实现全程监控。

3）未建立异地押品管理机制，并提供异地押品准入、评估和维护管理流程。

4）未建立和实现完善的押品内部估值体系和估值方法，提供内部评估能力，不能有效地开展押品价值初步评估、再评估，价值评估缺乏有效的内部控制和监督。

5）缺乏对合作评估机构的准入、退出和评价管理，无法建立与评估机构的合作信用记录。

6）未建立权证维护和库存管理的标准流程，入库、内部调用、权证变更、出借、归还操作缺乏审批和记录。

7）未设置押品风险预警指标并建立预警监测体系，因而无法实现押品风险监控预警和提高风险监控能力。

8）未能通过及时采集、分析、处理抵押（出质）人及押品的风险信息，实现自动识别、评估押品风险，并进行风险提示和对预警后续处理的跟踪管理。

9）未进行押品缓释分配以及相关的统计分析，未能提高风险识别及报告能力。

10）未能建立押品处置、缓释的标准和流程，对于不良资产的押品处置操作，缺乏对处置评估、价值评估、转让评估、诉讼评估等的控制。

11）缺乏有效的押品管理系统，缺乏作业流程和流程管理控制功能，押品数据标准无法统一，对于押品内部评估体系、估值理论与方法、估值模型及押品系统估值引擎的建设缺少规划。

4. 押品管理的数字化转型框架

我国的信贷业务文化十分重视抵质押担保措施，使抵质押担保成为我国信贷业务风险缓释的核心措施，再加上押品管理本身的重要性和特殊性，押品管理的数字化转型成为信贷管理数字化转型的重要领域之一。

从宏观上来说，押品管理的数字化转型策略如下：首先，建立押品治理体系，其中重点任务是设计押品管理的治理架构，并明确董事会、高级管理层、相关部门和岗位人员的押品管理职责；其次，基于全面风险管理体系框架理论构建押品管理体系，包括健全押品管理制度和流程、全授信流程的押品风险管理、押品操作全过程管理、押品信息系统、押品审计、信息采集、统计查询和文档管理等；最后，建立一个数字化的押品管理信息系统，为各项数字化举措的落地提供系统支持。

在宏观转型策略的指导下，我们从全流程风险管理和全流程控制管理两个维度来进行细化工作领域的数字化转型，具体的框架如图13-19所示。

全流程风险管理以信贷业务基本流程作为主轴，从业务申请、贷前调查、审查审批、放款支付、风险检查和监控、资产保全直到贷款结清。在不同的流程阶段，相应的抵质押人需要同步进行风险管理操作，贷款经营机构就是要对这些具体的操作进行数字化改造。

全流程控制管理以押品操作的全生命周期流程作为主轴，从押品准入、价值调查、价值评估、关联业务、落实押品、押品检查、价值重估、风险预警直到处置与缓释。在这些操作中植入了不同的控制措施，数字化转型可以从中选取部分进行改造，例如部分企业已经实现了押品准入、价值评估、价值重估和风险预警等模块工作的数字化。

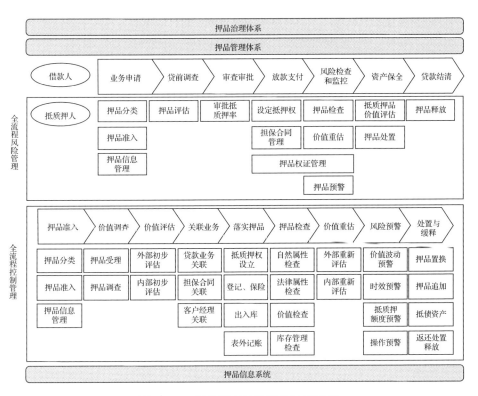

图 13-19　押品管理的数字化转型框架

13.6　信贷中台建设

"中台"的概念火爆之后,开始从互联网行业向其他行业渗透,金融行业成为实施中台模式的代表性行业。许多金融企业开始了中台战略转型和组织转型,并将中台建设作为数字化转型的一项重点工程。在风险管理领域,与中台转型密切相关的有三大中台,分别是信贷中台、风险中台和数据中台,此外还有合规中台、审计中台等。信贷中台已经成为信贷业务的数字化转型和数字化信贷管理的关键支撑,它所具有的关键领域成为信贷业务数字化转型的核心能力。

信贷中台是最近几年逐步兴起的一种基于新的组织模式、流程优化和技术革新的新信贷管理系统,它的核心是中台信息系统以及支持该系统运行的中台组织体系、人力资源、政策制度、操作流程、大数据、人工智能技术和运营机制。信贷中台的建设模式和应用架构设计千差万别,从设计理念来看,有的偏重基于传统信贷管理体系的能力分拆和聚合，有的偏向大数据智能信贷再造，还有的偏向信贷业务和信贷风险管理的融合，等等。图 13-20 所示为上述第一种信贷中台的架构。

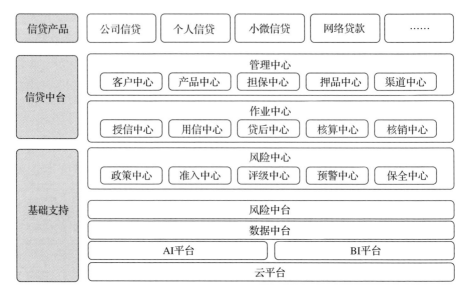

图 13-20　一种信贷中台的架构示例

例如，中国农业银行提出了数字化转型的总体部署和数字化平台六大中台的战略构想，重点聚焦信贷、营销和运营三大领域业务中台建设，推动业务服务能力从发现、沉淀到企业级复用，架起"敏态"前台与"稳态"后台之间的数字桥梁。中国农业银行数字化转型战略的思路是，按照"急用先行，分步推进"的方式，打造六大中台，包括 1 个开放银行中台，4 个业务中台（零售营销中台、对公营销中台、信贷中台、运营中台）和 1 个数据中台，整合提炼业务领域的基础金融服务能力，以组件化、服务化的方式支持前台部门根据客户需求快速组装和灵活配置，着力实现产品灵活装配、数据有效整合和资源充分利用。

在中国农业银行六大中台中，信贷中台是核心业务中台，它通过构建客户、额度、用信、担保、产品和风控等十大共享服务中心，快速支撑信贷产品迭代创新，强化风险管理。该行信贷中台通过采用领域驱动设计方法和敏捷迭代工作模式，持续整合提炼信贷领域公共业务服务，目前已累计沉淀了基础作业、授信管控和风险监控三大类近百个信贷共享服务、超过 500 个服务组件，构建起以中台共享服务体系为支撑的产品创新模式。依托信贷中台服务的复用与编排，中国农业银行先后支持了抵押 e 贷、票据 e 融、产业电商 e 贷、续捷 e 贷、房抵 e 贷等多个线上产品的快速创新，有效提升了农银 e 贷产品创新质效,研发效率至少提升 2 倍。中国农业银行的信贷中台架构如图 13-21 所示。

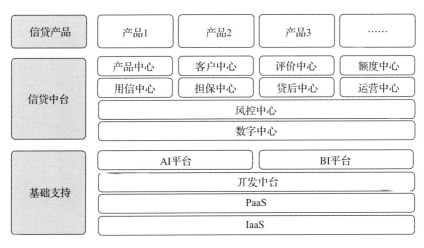

图 13-21　中国农业银行的信贷中台架构

第 14 章

数字化信贷产品设计

信贷产品既是开展信贷业务和实施信用风险管理的落脚点,又是企业经营管理和业务创收的直接来源之一。在数字化时代,我们都在努力通过风险识别、评估、监测、控制、计量和报告等手段切入风险管理的数字化转型,却往往忽略了产品本身。其实,设计数字化的产品是实现数字化转型的最直接的方式。

通过数字化信贷产品的设计,直接开发数字化产品,向业务策略、操作流程、风险控制、信息系统等之中嵌入数字化要素,形成一种新的产品管理思路。实践中,基于互联网方式的零售信用贷款、房产抵押贷款已经成为数字化信贷产品的先驱。本章将从互联网信用贷款和抵押贷款产品设计入手,介绍其产品的重点要素和注意事项。

14.1 产品管理能力模型与信贷产品设计概述

了解和掌握基本的产品管理知识是开展数字化金融信贷产品设计的一个重要前提。本节首先介绍笔者基于国内外理论和实践自研的一个领先的产品管理能力模型,然后介绍信贷产品设计的基本概要信息,如产品开发的流程。

14.1.1 产品管理能力模型

企业可以围绕业务战略需求和产品管理工作目标,结合内部经验和外部实践构建基于业务、数据和技术三大价值导向的产品管理体系,从基础、核心和创新三个领域打造新一代产品管理能力模型，并丰富产品的内涵，将产品划分为业务类产品、服务类产品和技术类产品，以统一的大数据智能产品中台为支撑，以产品经理为运营中枢，将业务机会转化为业务价值。新一代产品管理能力模型如图14-1所示。

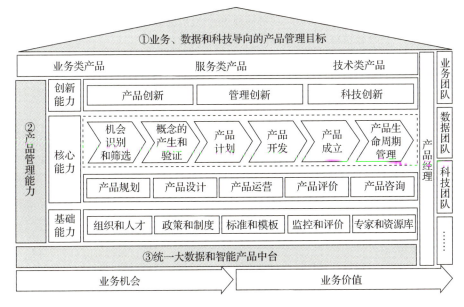

图14-1 新一代产品管理能力模型

新一代产品管理能力模型引入了国际上通用的产品管理核心"六环"流程，即机会的识别和筛选→概念的产生和验证→产品计划→产品开发→产品成立→产品生命周期管理，代表了行业内最经典的产品管理思路和方法。

该模型强调打造企业综合产品管理三大能力，即基础能力、核心能力和创新能力。它之所以提出创新能力，一个重要原因是在国家和社会普遍强调科技创新、金融创新的背景下，国内很多领先企业都在加速产品创新能力探索和实践，创新能力已经成为产品管理领域的重要竞争力之一。

该体系模型主要由目标、能力和系统三大核心模块组成，通过产品经理（或类似角色，如产品管理岗）连接业务团队、科技团队和数据团队，构建一个完整的体系，为产品管理规划奠定方法论基础。

1）产品管理目标：总体目标由以业务、数据和科技为导向的三位一体的要素构成，目的是实现"又快又好"的产品设计和交付，在激烈的竞争环境中抢占数字化转型的高地，实现企业价值。

2）产品管理能力：为了"又快又好"地实现上述目标，充分吸收数字化时代信息科技发展和科技创新的理念，结合产品管理的工作性质和内容，企业需要从基础能力、核心能力和创新能力三方面打造新能力域，构建一支先进、强大的产品管理团队。

3）统一产品中台：脱离传统业务系统和产品系统等应用系统的架构约束，融入低代码开发、微服务架构、大数据和人工智能等新兴技术，旨在基于智能协同理念打造一个新的产品管理平台，实现产品管理流程工作的线上化、便捷化、智能化。

14.1.2 信贷产品设计概述

一般来说，良好的新产品开发和管理的基本过程是：商业机会的识别和筛选→概念的产生和验证→新产品计划→产品开发→产品成立和市场导入→产品的生命周期管理（见图14-2）。无论金融机构、互联网科技公司还是其他行业里的公司，均是基于这样的一套标准化产品管理办法进行产品开发和运营的。信贷和类信贷产品也可以遵循这样的方法论。

图 14-2 产品开发的流程

本章所述的信贷产品设计对应于上述过程中产品开发模块的"新产品计划"中的产品设计部分，主要是指设计产品的各项功能、特征、要素以及运行该产品所需的支持因素。其中，重点是该产品相关的组织、岗位和职责设计，操作流程和操作规范设计，以及产品本身各模块的设计。

当前的信贷产品已经是相对成熟的数字化产品了，在金融信息化阶段将线下纸质信贷业务升级为线上电子化操作信贷业务时，已经完成了信贷业务的初级数字化转型。近年来，随着金融科技、数据积累、风控模型、渠道合作等技术的进步或模式的创造，纯自动化、智能化的零售信贷产品已经十分成熟。

总结一下，数字化的信贷产品至少可以从三个方面来理解：一是基本实现线上化操作的传统信贷业务；二是全自动化的互联网零售信贷业务；三是有待继续进行数字化的公司信贷业务和小微企业信贷业务。支持这三种数字化信贷产品经营管理的关键包括数字化的部门岗位及其职责、数字化的操作流程和业务规范、数字化的信贷要素设计、数字化的风险决策引擎、数字化的风险监测和报告、数字化的信息系统支持等方面。

14.2 数字化部门、岗位及其职责设计

数字化部门、岗位及其职责设计的核心是基于公司的战略目标和规划对支持其实现的各种要素与资源进行分配、调整和优化。组织、岗位及其职责的设计等内容在第10章有详细介绍,此处不再赘述。基于数字化的定位,我们需要突出部门和岗位的数字化要素,例如可以设置数字化信贷产品管理岗,设计该岗位的数字化工作职责和数字化技能要求等。

1. 部门职责设计

部门职责设计的示例如表14-1所示。

表14-1 部门职责设计示例

一、基本信息			
部门名称:产品管理部			
上级机构:CEO		下级机构:产品管理室、产品设计室、产品运营室	
二、部门及其职责概述			
产品管理部是公司各类金融产品的统筹管理的主管职能部门,统筹管理新产品设计、产品日常管理、产品运营操作、产品管理的数字化转型、产品管理系统的数字化改造等事项,具体负责拟订各类产品管理政策制度,跟踪国家相关部门的监管政策,制定产品设计和流程规范,研究公司数字化战略和运营计划,与相关部门合作进行产品开发,建立完善产品管理相关的数字化系统、模型及工具,统计各类产品设计、管理、运营等数据并向管理层报告			
三、工作关系			
1	内部关系	公司各部门	
2	外部关系	客户、第三方合作机构等	
四、部门职责			
序号	职责概括	职责描述	关键绩效指标示例
1	产品规划	负责根据各业务条线提出的创新思路或需求,组织完成需求细化、整合工作;主动跟踪市场产品创新趋势,根据技术发展和市场变化,主动提出总部产品创新需求;进行资金端投资者和资产端借款人的细分研究、市场定位分析、竞争分析等	项目规划、业务需求的合理性,工作规划制订和修订的完备性、及时性,部门的成本费用情况
2	组织建设	负责公司产品管理组织架构与产品人员的队伍建设和业务指导;与人力资源部合作,开展产品设计专业岗位的培训及考评	部门绩效达成率、骨干员工流失率、本部门员工的个人绩效反馈与评估制度执行情况

（续）

序号	职责概括	职责描述	关键绩效指标示例
3	政策制度	对外负责跟踪国家相关部门出台的监管政策，并进行产品合规完善；对内负责组织制定总部层面各类产品管理基本政策，制定并维护各级的产品设计相关制度、管理流程等	制度制定和修订的健全性、及时性
4	数字化转型	负责产品管理工作的数字化转型变革，推进数字化产品管理方法、操作流程、信息系统建设，研发数字化管理工具，进行数字化转型推广培训，研发数字化新产品	数字化转型规划完成的及时性，数字化举措的完整性和准确性，数字化转型的效果
5	产品设计	负责设计与开发各类金融产品，如信贷类产品和理财类产品；负责针对单个产品进行市场分析和策略制定、产品设计、产品盈利分析、业务合同设计、产品运作相关的组织与职责设计、产品运营制度流程设计等；负责产品上线后分支机构、客户反馈情况的统计整理工作，并及时将问题提交IT部门进行产品优化	新产品需求计划完成率，客户或销售量的增长速度，产品运行缺陷
6	产品管理	梳理业务产品目录，组织编制产品手册。定期评价现有产品的销售绩效，并根据评价结果采取相应的措施；负责统计分析各类产品相关数据，为部门负责人和公司管理层提供分析报告；组织相关人员进行业务培训，并对新产品进行市场营销与拓展，组织相关人员进行新产品业务培训	新产品上线后运行情况，用户体验满意度
7	业务管理	负责产品采购、产品包装和需求分析；设计和推广公司业务一揽子金融产品和服务组合，对新产品进行市场营销、拓展与业务支持	营销方案数及效果，产品市场占有率，产品影响力指数
8	产品运营	负责制定产品手册与操作规程，对产品运营结果进行成本效益分析，实施产品的升级和维护；负责产品端到端流程的梳理、维护和优化；负责产品销售前部署、上架及产品到期跟踪、资产清算结算等	产品手册完成率，新产品业务增长率
9	系统管理	参与各总部系统项目开发，协助项目经理、业务经理落实产品从需求提出、系统开发到功能测试和上线各个阶段的工作	系统功能合理性，产品业务系统升级优化次数
10	其他事务	完成管理层交办的其他事务	管理人员满意度

2. 岗位职责设计

岗位职责设计的示例如表14-2所示。

表 14-2 岗位职责设计示例

一、基本信息			
岗位名称：产品设计岗			
直接上级：产品管理部经理		直接下属：无	
所属部门：产品管理部		岗位编码：LL_P01	

二、职责说明		
序号	职责概括	职责描述
1	体系建设	协助部门负责人开展金融产品设计管理体系建设，制定和维护产品设计管理标准、策略、流程、报告等制度与方案，并推动执行
2	工作计划	负责制定金融产品市场研究、设计研发、更新迭代、产品培训等的工作计划，经相关领导确认后推动执行
3	市场研究	负责收集、反馈市场信息和客户需求，进行金融产品的市场调研、竞品分析和客户需求分析
4	数字化转型	负责研究金融产品管理的数字化转型，从战略、组织、人员、流程、系统等方面对传统产品进行数字化改造
5	产品设计	负责设计金融产品的交易结构、产品要素、业务流程，并撰写产品说明书和产品大纲、业务操作指引文档等，参与数字化信贷产品的设计
6	合同拟定	协助拟定金融产品相关的业务合同、服务协议文本
7	需求落地	负责提出产品开发需求，与内部系统开发团队沟通业务需求和系统功能，协助推动产品开发和系统功能测试验收
8	产品培训	负责编制金融产品的培训材料，提出相关业务的培训需求，获批后组织实施培训计划
9	产品推广	协助开展金融产品的宣传推广与市场营销，并参与新产品的营销包装、品牌宣传及制定相关宣传方案
10	统计分析	负责收集、整理、统计分析与金融产品相关的信息，为产品迭代和优化提供参考，并与其他部门共享相关信息
11	合规管理	负责跟踪国家有关部门出台的监管意见，并根据要求完善金融产品
12	其他	上级领导交办的其他工作

三、工作联系		
1	内部联系	主要与销售管理部门、系统开发部门、法律合规部门就产品设计中的销售运营、IT 系统、合规要求等进行沟通确认
2	外部联系	主要与监管机构、资金方、第三方合作机构等就产品设计的监管沟通、资金融通和产品交易结构等进行沟通确认

四、任职资格		
1	学历专业	大学本科及以上学历,金融、经济、财务、科技等相关专业
2	工作经验	3~5年金融行业相关工作经验;拥有商业银行/信托公司/互联网金融/小贷行业产品设计经验优先;参与过金融产品策划项目优先
3	资格证书	无
4	知识技能	热爱金融行业,熟悉信贷产品管理流程,掌握较为全面的金融知识,熟悉信贷业务方案、信贷业务监管规定 掌握信贷产品设计的基本理论,能够运用数字化的思维、方法和工具进行产品设计 擅长与团队进行沟通和协调,具有优秀的项目管理能力,执行能力强,具有创新意识,逻辑思维清晰
5	其他要求	为人诚实正直,对工作勤勉负责

14.3 数字化流程和操作规范设计

业务流程设计包括业务操作流程及其系统流程图、业务操作规范两大模块,其中业务操作流程及其系统流程图可以结合设计,也可以分开设计。当前业务流程设计主要基于Visio、PPT、Word、Excel工具进行,有的企业还会使用一些特殊的绘图工具。

流程的梳理、关键流程的识别、流程图的绘制、操作描述等内容已在第12章详细阐述过,此处不再重复介绍。

图14-3是一个用Excel绘制的流程图示例。表14-3是对该Excel流程图的部分操作说明。

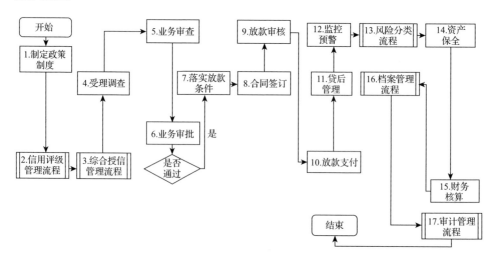

图 14-3 Excel 流程图示例

表14-3 上述Excel流程图的部分操作说明

步骤	项目	控制点	控制描述	是否关键控制	执行人	数字化要点示例	风险提示	输入	输出
1	制定政策制度	1.1 制定并维护制度	跟进监管部门颁布的最新法律法规，并及时调整公司内部的流动资金贷款业务制度，待公司领导审批通过后执行	Y	信贷部、风控部、董事会	根据法律法规和监管内部制度等设计数字化风控策略、规则	流动资金贷款业务制度不符合监管规定	各监管机构最新颁布的法律法规	流动资金贷款业务制度
2	信用评级管理流程	2.1 评定信用等级	办理行年度信用评级业务发生时，需对客户进行评定；具体业务是否评定信用等级，是否符合准入标准	N	信贷部受理调查岗	自动化大数据智能评级模型调用	申请流动资金贷款业务的企业未定信用等级	年度信用等级	经确认的最新信用等级
3	综合授信管理流程	3.1 核定授信额度	办理业务前，并借助BS系统核实记合账，查询贷款登申借人是否超额授信	N	信贷部受理调查岗	自动化授信计算模型和额度控制	未严格核实企业用信是否超出授信额度	综合授信额度	经确认的可用授信额度
4	受理调查	4.1 收集并核实授信申请资料	对于授信申请资料，借助外部网络并与集团财务部等相关部门沟通，多渠道核实其真实性和准确性	N	信贷部受理调查岗	数字化尽职调查	1）未严格审核资料的真实性信申请资料 2）客户经理伪造授信申请资料 3）贷款申请人伪造授信申请资料	根据授信申请资料确定的授信申请资料	已收集的全套授信申请资料
4	受理调查	4.2 初拟用信方案	与客户就贷款申请内容进行确认，了解客户的实际用款需求。根据客户申请材料、调查核实、合理核定抵押物，并拟写调查报告、初定用信方案，如金额、期限、利率等基本要素。同时根据相关资料进行系统信息录入，核对录入信息和相关资料信息一致无误	N	信贷部受理调查岗	格式化授信方案、部分字段字段数据获取的自动	1）缺乏与客户的有效沟通 2）对客户的经营、财务、信用等级做细致调查 3）高估押物价值 4）业务操作错误录入错误	已收集的全套授信申请资料	初拟的用信方案
4	受理调查	4.3 复核用信方案	审核申请材料及用信方案，对初查报告内容进行复核	N	信贷部门经理岗	自动化审批、授信方案文本分析	同上	初拟的用信方案	复核的用信方案

14.4 数字化信贷产品关键模块设计

虽然信贷产品是一个相对标准化的产品,可供创新和再造的空间有限,但事实上不同公司的贷款产品设计方法论存在差异,再结合相关的授信要素、业务流程和金融科技,打造差异化的信贷产品是可行的。本节主要介绍信贷产品关键模块的设计思路和要点。

14.4.1 贷款产品设计概述

产品设计流程众多且风格各异,有的倾向于遵循严格的标准方法论,有的则倾向于加入个性化的、富有创意的程序。我们在标准流程的基础上提出如下产品设计流程:战略和策略制定(市场调研、战略分析、策略制定)→产品核心要素设计(产品结构、准入政策、贷款要素、风险政策和风控规则)→产品的财务分析、盈利预测和损失预测→产品的合规性设计(主要涉及政策制度、各类合同和协议、合规报备)→产品的运营设计(产品的组织、岗位及其职责,业务操作流程,会计核算,绩效和佣金的计算与分配,保全催收,应急计划)→产品的信息系统设计(包括各类App、数据库、应用系统、信息技术设备等)。具体框架如图14-4所示。

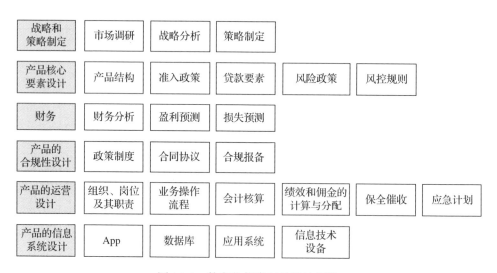

图14-4 数字化信贷产品设计框架

市场调研和战略分析应采用科学的方法论和工具,提供信贷产品设计前的宏观和微观市场研究结论,从需求采集和分析开始,接着进行市场竞争分析,最终得到产品战略、定位和目标。

产品核心要素的设计将根据市场调研及产品战略、定位和目标，充分考虑企业内部的资源能力，并借鉴国内外先进信贷产品设计经验，完成产品结构、准入政策、贷款要素、风险政策和风控规则的设计。

在上述思想的指导下，一份完整的产品说明书应尽可能涵盖上述内容，实践中也可以将其写在不同的文档中。

产品设计文档应该实行基本的内部控制：一是记录版本信息，具体来说，包括但不限于版本号、编制或修订的内容概要、编制人、修订人、审核人、生效时间；二是设置访问权限，实行最小授权原则；三是做好备份，防止文件损坏或丢失；四是保持文档的标准化、简洁化，注重排版布局，设置目录。

14.4.2 贷款的基本属性设计

本节介绍产品的基本属性。关键字段可以是产品名称、产品编号、产品状态、产品类型、产品经理、业务负责人、风险负责人、技术负责人、产品简介、贷款性质、授信方式、放款资金来源、主要的客户渠道。

产品名称一般是一个精简的、个性化的、具有营销效果的名字，如"创业贷""兴业贷""科技贷""房抵贷""薪金贷""助学贷"。

产品编号一般按照企业内部的个性化规则确定，要求精简、易于识别和建立索引。一个产品有一个唯一的编号。

产品状态是指产品在全生命周期中所处的状态，例如计划中、开发中、投产中、销售中、退出等。

产品类型可以在监管机构零售贷款产品分类的基础上进行个性化改造，按照授信对象、关联标的、担保类型等进行差异化组合，本身没有唯一的标准。

产品经理是指负责产品全生命周期管理的责任人，是最懂该贷款业务的人，他主要负责贷款产品设计、维护和监控工作，其核心职能是市场调查和分析、产品概念提出和验证、制定产品计划、设计和编写产品说明书、协调产品开发、推动产品上市、监控产品运行并做好产品退出后管理。

业务负责人、风险负责人和技术负责人是产品的三个关键人员角色，分别负责业务端、风险段和技术端的信息输入、确认或开发工作。明确业务负责人、风险负责人和技术负责人十分有利于产品过程管理、责任管理和风险管理工作。

产品简介是用一句简短的话来准确描述产品的关键性质和特点。例如，汽车抵押贷款产品是指以个人名义申请，以合格汽车作为抵押，为生活消费需要的个人发放的贷款，用于解决个人短期资金需求，实行"抵押担保授信、支持随借随还、等额本息计息"。它主要面向20～50周岁的中国公民客户，借款人须为抵押物所有权人，贷款最高额度为30万元人民币，最长期限为12个月。

授信方式在不同的理解下意义并不一样，一般来说可以是授信额度的计算依据，如基于借款人信用资质的授信、基于借款人担保品的授信等。

放款资金来源主要有自有资金、同业借款、第三方合作贷款、委托贷款等。资金来源必须符合监管机构的要求。

主要的客户渠道是指贷款业务潜在的客户来源，按是否自有可以分为自有渠道和合作渠道，按是否线上可以分为线上渠道和线下渠道。渠道分析是贷款业务营销调查和营销分析的重要模块，在产品设计时务必进行审慎的调研评估。

14.4.3 贷款的交易结构设计

同资产证券化产品一样，贷款产品的交易结构设计是极其重要的一环。交易结构设计包括贷款业务设计的法律主体、贷款主体间的法律关系、贷款资金在各主体之间的流转关系。对于商业银行等持牌金融机构来说，贷款业务一般涉及的主体很少，主要是商业银行自身、借款人或担保人；对于非持牌的互联网金融机构来说，贷款业务往往涉及多个主体，如资金方、贷款经营机构、渠道机构、担保人、保险公司、支付中介等。

交易结构设计可以按照如下步骤进行。

1）识别主体并明确相关信息。这一步主要梳理参与贷款业务的各个法律主体，明确公司类型（如商业银行、金融科技公司、保险公司），对各主体进行简要介绍，明确其在贷款业务中担任的角色（如资金方、担保方、渠道方），明确各主体在此贷款业务中拥有的权利及承担的责任。

2）设计贷款主体间的法律关系。这一步主要根据各主体的角色、权利和义务，构建各个主体间合法合规的合作关系，例如商业银行提供资金给助贷公司，担保公司提供保证担保。对于法律关系一般需要编画一个关系图来进行可视化展示，以便于读者清晰掌握这种抽象的关系。

3）描绘贷款资金的流转关系。这一步主要根据贷款业务以资金流作为业务穿行关键标的的原理，在法律关系的基础上进一步识别与明确贷款资金在各个主体间的流入和流出。需要注意的是，除了贷款资金外，与该业务相关的各种利息和费用的资金流向也应该全面、准确地识别和描绘出来。

实践中,经常将法律关系图和资金流转图合二为一,统一编画在一张图中,如图 14-5 所示。

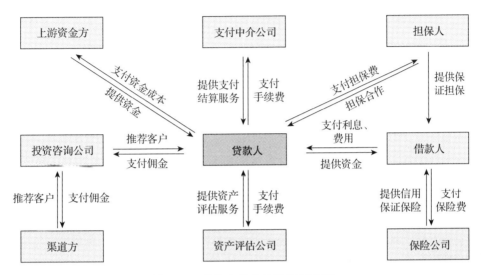

图 14-5　贷款产品交易结构图示例

14.4.4　贷款的关键要素设计

随着中台模式在部分企业中的落地和推广,产品中台被一些企业作为一种新型中台引入,并发展成信贷产品设计中实现数字化转型的一个好方式。产品中台中产品设计的核心原理借鉴了制造业中工厂标准化作业模式,将各类型产品进行目录化、标签化和参数化,将产品的各个要素进行标准化处理后形成各种组件,再以标签和参数配置的形式快速实现产品组装。

信贷产品是一种标准产品,特别是其中的贷款关键要素十分适合用产品中台模式进行参数化配置和模块化组装。对信贷产品进行中台工厂化设计的基本步骤如下:

1)梳理和识别所有的信贷产品清单,按照特定规则进行分类和索引;

2)基于制造业工厂化组装生产的原理识别信贷产品,确定各类型产品的关键要素及其值,形成各种产品组件;

3)对各组件进行标签化和参数化,设计参数化管理的标准;

4)根据场景和需求进行灵活的组装,得到一个新的产品。

关键要素包含贷款六要素以及其他关键要素。贷款六要素是指贷款对象、贷款额度、贷款期限、贷款用途、贷款定价、担保方式,其他关键要素包括但不限于还款方式、还款频率。下面仅就其中的几个关键要素进行介绍。

1. 贷款期限

一般以月计，期限不足一个月的用天计，常见的有 15 天、30 天、3 个月、6 个月、12 个月、24 个月、36 个月。

2. 贷款用途

贷款用途可以分为个人消费用途、个人经营用途，产品设计时应尽可能穿透至最底层的用途。切记在产品设计文档中明确禁止不合规的贷款用途，如进入股票或房地产市场。

3. 贷款定价

这是零售信贷产品设计的重点。贷款定价包括利息和费用，其中费用又可以分为保险费、担保费、评估费、服务费、手续费、中介费等。零售信贷产品的贷款定价一般会根据贷款期限、还款方式等做出差异化的设计，也就是说，同一种贷款产品在不同的期限和还款方式下贷款定价不一样。

在产品说明书中，应该详细列示各种费用累计的总成本及各项费用的明细构成和计算方式。每一项利息或费用都需描述清楚计息的基准、利率基准、具体的利率或费率、计算天数、扣收方式等。部分机构的零售贷款涉及多方交易，因此还需明确各费用的收取主体、趸缴或期缴、结算方式、结算时间等。

4. 担保方式

信贷业务中的担保方式的设计可以考虑无担保和有担保两类，其中无担保通常是指信用方式，有担保主要有保证担保、抵押担保、质押担保和保证金。

1）信用方式是指依靠借款人的个人信用资质，不提供其他担保措施。

2）保证担保是指保证人为借款人履行借款合同项下的债务向贷款人提供担保，当借款人不按借款合同的约定履行债务时，保证人按保证合同约定承担连带责任。保证担保可以进一步分为一般保证、连带责任保证、最高额保证、信用保证保险以及其他保证。

3）抵押担保是指借款人或者第三人（抵押人）不转移对贷款人可以接受抵押的财产的占有，以该财产作为抵押物向贷款人提供担保，当借款人不履行债务时，贷款人有权按照抵押合同的约定以抵押物折价或者以拍卖、变卖抵押物所得的价款优先受偿。抵押担保可以继续划分为动产抵押和不动产抵押。

4）质押担保是指借款人或者第三人（出质人）将贷款人可以接受质押的动产或者

权利移交贷款人占有或者依法办理质押登记手续，以该动产或者权利作为质物向经办行提供担保，当借款人不履行债务时，贷款人有权按照质押合同的约定以质物折价或者以拍卖、变卖质物所得的价款优先受偿。质押担保可以继续划分为动产质押和权利质押。

5）保证金是指在某笔贷款发放前或某笔票据出票前，贷款人对借款人按贷款金额或票面金额的一定比例预收的资金。这部分资金存放在专门的保证金账户，是降低信用风险的有效手段之一。

5. 还款方式

还款方式主要有等额本息、等额本金、等本等息、到期还本付息、气球贷等。

1）等额本息：借款人每期以相等的金额（分期还款额）偿还贷款，每期归还的金额包括每期应还利息、本金，按还款周期逐期归还，在贷款截止日期前全部还清本息。

2）等额本金：借款人每期偿还等额的本金，同时付清本期应付的贷款利息，而每期归还的本金等于贷款总额除以贷款期数。

3）等本等息：将贷款的本金总额与利息总额相加，然后平均分摊到还款期限的每个月中，每个月的还款额是固定的，但每月还款额中的本金比重逐月递增，利息比重逐月递减。

4）到期还本付息：借款人需在贷款到期日还清贷款本息，又称利随本清。该还款法一般适用于贷款期限为一年或一年以下的个人贷款。

5）气球贷：一种采用全新还款方式的房贷产品，其贷款利息和部分本金分期偿还，剩余本金到期一次偿还。气球贷前期每期的还款金额较小，而在贷款到期时则剩余较大部分的贷款本金，需要借款人一次性偿还。

6. 还款频率

针对自定义的还款方式，还款的频率有按日还款、按周还款、按季还款、按半年还款、按年还款、一次性还本付息、不定期还款等。

14.4.5　贷款的基本准入规则设计

基本准入规则设计包括对借款人资质准入、担保品准入、渠道准入、历史信用记录准入、第三方风控信息准入等的设计。

1）借款人资质准入的要素有国籍、年龄、户籍、职业、经常居住地、婚姻状况等。

2）担保品准入视担保品的不同要求完全不一样，例如，房地产的准入要素一般包括抵押形式、是否唯一住房、抵押的套数、房产类型、区域、估值、面积、房龄、产权关系、产权类型、出租情况等，而存单的准入要素一般包括是否为本行存单、开户人、金额、期限、资金来源等。

3）设计渠道准入是因为很多金融机构的零售贷款客户来源为各种外部渠道中介。金融机构应该制定审慎的渠道合作制度，明确准入要求，规范合作行为。

4）历史信用记录准入的要素主要有历史贷款的五级分类情况、信用卡申请和违约情况、历史贷款的逾期记录、贷款的申请次数等。

5）设计第三方风控信息准入主要是因为许多零售贷款的开展需要引入第三方公司的大数据。第三方风控信息准入的要素至少应该包括公检法信息、互联网负面信息、税务信息、黑名单和第三方征信。

14.4.6　贷款的交易规则设计

贷款的交易规则设计包括账户管理、额度管理、放款管理和还款管理四个部分。账户管理部分应明确借款人放款账户和还款账户的要求；额度管理部分应描述清楚是否循环贷款、循环动用条件是什么、是否支持续贷、续贷条件是什么等；放款管理部分应明确放款的支付方式、自主支付的适用情形；还款管理部分需描述还款方式、还款手段、还款信息提示等内容。

14.4.7　贷后管理设计

贷后管理设计包括提前还款规则、展期规则和逾期催收规则的设计。

1）提前还款规则应描述清楚是否允许提前还款、是否允许部分提前还款、提前还款的前提条件、提前还款的操作规则、提前还款违约金及其计算方式、提前还款服务费及其计算方式。

2）展期规则需描述清楚是否允许展期、展期的前提条件、展期的额度规则、展期的期限规则、展期的利息费用规则、展期的次数规则、展期的审批流程和规则、展期费用及其计算方式。

3）逾期催收规则应描述清楚是否存在宽限期、具体的宽限天数、宽限期内违约金和逾期费用的计算方式、逾期违约金及其计算方式。

其他模块，如政策制度、合同、审批规则、绩效和佣金的分配与计算、信息系统的设计，此处不再展开描述。

14.5 数字化零售信用贷款和抵押贷款设计

如前文所述,信贷产品设计包括战略和策略制定、产品核心要素设计、产品的财务分析以及盈利和损失预测、产品的合规性设计、产品的运营设计和产品的信息系统设计。在诸多具体的产品设计中,从业务流程和操作着手逐步设计每一个环节,再进行组装并形成一个完整的产品是一种较好的办法。下面以个人信用消费类贷款和个人房产抵押类贷款为例进行说明。

14.5.1 个人信用消费类贷款

个人信用消费类贷款是最成熟的一种数字化贷款,无论传统商业银行、互联网金融公司还是金融科技公司均研发和上线了这类产品,如中国农业银行的网捷贷、平安普惠的卡贷。数字化的个人信用消费类贷款遵循如下标准流程,实现的方式是将前端App、中端信贷管理系统和后端信贷支持处理系统相结合,并100%线上化、自动化、智能化完成图14-6中的动作。

1)客户申请。借款人通过App端录入基本信息(如身份信息),App端判断信息录入的完整性和准确性,自动进行身份验证。

2)准入判别。通过App端嵌入的判别规则自动判断借款人是否符合基本的准入规则,如是否符合职业、年龄、地区、基本征信要求。

3)反欺诈。通过系统内的反欺诈模型自动判别是否属于欺诈申请,遇到特殊和复杂情况系统无法自动处理时可以转入人工处理。各家公司各个产品的反欺诈规则有一定的差异,示例规则如:借款申请人与历史借款申请人联系方式相同,但姓名或证件号码不同。

4)信用评级。通过系统的信用评级模型计算客户的违约概率并映射到信用等级,得到客户分类,此外部分产品还有独立的客户分类模型。

5)额度计算。通过系统内的额度测算模型,根据借款人的信息计算出一个恰当的、审慎的信用额度并将结果通过App推送给借款人,并为额度设定有效期。

6)放款申请。借款人在得到有效额度后,在有效期内可以发起放款申请,录入放款信息。

7)放款审核。系统自动进行放款审核。

8)资金出账。放款审核通过后,系统将款项划拨至借款人预留的银行账户。

9)贷后监控和催收。此种贷款一般不会进行单独的贷后检查,而是以贷款整体或分池或者按照特定的维度进行批量贷后监控。对于到期后的贷款,应用智能催收技术辅助催收。

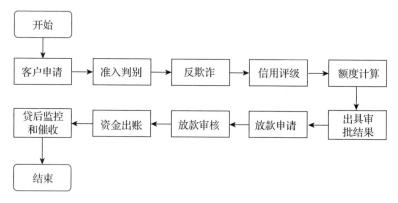

图 14-6　个人信用消费类贷款的数字化流程

14.5.2　个人房产抵押类贷款

个人房产抵押类贷款也是数字化信贷领域较为成熟的一种贷款，它与个人信用消费类贷款的最大区别是引入了房产抵押，因而增加了押品评估和办押两个流程，其余部分在操作上并无显著差异。押品评估是指依据公允的、科学的方法对房地产进行合规性判断和价值评估，并作为额度计算的一个核心要素。办押是指贷款人和借款人到房地产交易主管部门进行抵押手续办理。个人房产抵押类贷款的数字化流程如图 14-7 所示。

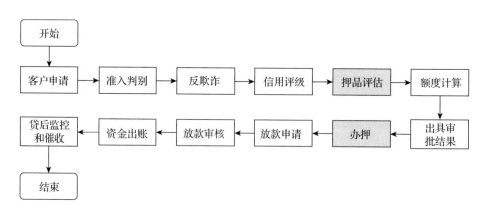

图 14-7　个人房产抵押类贷款的数字化流程

在个人房产抵押类贷款的电子化、信息化和数字化发展演变中，抵押手续办理一直以来都是最难进行数字化改造的模块之一，核心原因是抵押手续必须通过国家房地产交易主管部门才能办理。不过近些年来部分金融机构与经营所在地房地产交易主管部门合作，能够通过远程线上柜台办理抵押手续，实现了最后一个线下环节的线上化改造，也为抵押手续的数字化改造奠定了基础。

综上，数字化的零售信用贷款和抵押贷款的关键特征是通过前端 App 和后端应用系统实现信贷流程的完全线上化，通过准入策略、反欺诈模型、信用评级模型、客户分类模型、授信额度模型、审批引擎等之中的多个组合实现贷前和贷中风险的数字化，通过大数据精准标查、大数据预警、自动风险分类、资金用途监控等实现贷后管理的数字化，实现风控的自动化和智能化，通过大数据催收策略、智能催收系统和催收分析模型实现资产保全的智能化。为了达成这些结果，必须根据业务流程在各环节通过信息系统采集相关的数据，再以数字化技术进行挖掘、分析和决策，最终实现数字化信贷产品的闭环流程。

推荐阅读

《银行数字化转型：路径与策略》

本书将分别从行业研究者、行业实践者、科技赋能者和行业咨询顾问的视角探讨银行数字化转型，汇集1个银行数字化转型课题组、33家银行、5家科技公司、4大咨询公司的研究成果和实践经验，讲解银行业数字化转型的宏观趋势、行业先进案例、科技如何为银行数字化转型赋能以及银行数字化转型的策略。

《银行数字化营销与运营：突围、转型与增长》

从营销和运营两个维度，深度解读数字化时代银行转型与增长的方法。

在这个数字化时代，银行如何突破自身桎梏，真正完成营销和运营方面的数字化转型？在面对互联网企业这个门口的"野蛮人"时，银行如何结合自身优势，借助数字化方式实现逆势增长？书中涉及数十个类似的典型问题，涵盖获客、业务、营收等多个方面。为了帮助读者彻底解决这些问题，书中不仅针对这些问题进行了深度分析，寻求问题出现的根源，还结合作者多年的银行从业经验给出了破解方法。

《中小银行运维架构：解密与实战》

这是一部全面剖析中小银行运维架构和运维实战经验的著作。作者团队均来自金融机构或知名互联网企业，有丰富的运维实战经验，近年来持续探索中小规模银行如何推广和落地虚拟化、容器化、分布式、云计算等新兴技术，综合运用各种技术手段，打造高质量、自动化、智能化的运维体系，提升系统稳定性和运维效率。

本书是该团队的经验总结，书中把一些优秀的实践、流程、方法固化为代码、工具和平台，希望对银行、证券、基金等行业的科技团队或金融科技公司有所帮助。